Rousseau after two hundred years

ROUSSEAU

AFTER TWO HUNDRED YEARS

Proceedings of the
Cambridge Bicentennial Colloquium

Edited by

R. A. LEIGH

*Professor in the Faculty of Modern and
Medieval Languages, University of Cambridge
and Fellow of Trinity College, Cambridge*

CAMBRIDGE UNIVERSITY PRESS

Cambridge
London   New York   New Rochelle
Melbourne   Sydney

Published by the Press Syndicate of the University of Cambridge
The Pitt Building, Trumpington Street, Cambridge CB2 1RP
32 East 57th Street, New York, NY 10022, USA
296 Beaconsfield Parade, Middle Park, Melbourne 3206, Australia

First published 1982

Printed in Great Britain by
Western Printing Services Ltd, Bristol

Library of Congress catalogue card number: 81–7672

British Library Cataloguing in Publication Data

Cambridge Bicentennial Colloquium (*1978*)
Rousseau after two hundred years.
1. Rousseau, Jean-Jacques – 1712–1778 –
Criticism and interpretation
I. Title II. Leigh, R. A.
848'.5'09 PQ2053.A5

ISBN 0 521 23753 X

Contents

Introduction   *page* vii
Acknowledgements   xi
List of contributors   xiii
List of principal abbreviations   xv

I POLITICS AND SOCIOLOGY

1 Rousseau and Kant: principles of political right   3
   Stephen Ellenburg
2 Deux Contrats sociaux: Hume et Rousseau   37
   Jacques Voisine
3 La Place et l'importance de la notion d'égalité dans la
   doctrine politique de Jean-Jacques Rousseau   55
   Robert Derathé
4 Rousseau et Marx   67
   Jean-Louis Lecercle
5 La Cité et ses langages   87
   Bronisław Baczko
6 From the orang-utan to the vampire: towards an
   anthropology of Rousseau   109
   Christopher Frayling and Robert Wokler

II LANGUAGE, LITERATURE, MUSIC

7 The idea of love in *La Nouvelle Héloïse*   133
   John Charvet
8 L'Héritage littéraire de Rousseau   153
   Bernard Gagnebin
9 Rousseau et l'éloquence   185
   Jean Starobinski
10 Rousseau écrivain   207
   Michel Launay

11 Rousseau and his reader: the technique of persuasion
    in *Émile*   225
    Ronald Grimsley

12 Rousseau et la morale du sentiment (lexicologie, idéologie)   239
    John Stephenson Spink

13 Les fonctions de l'imagination dans *Émile*   251
    Marc Eigeldinger

14 Modernité du discours de Jean-Jacques Rousseau sur la
    musique   263
    Marie-Élisabeth Duchez

    Index   285

Introduction

Jean-Jacques Rousseau died on 2 July 1778. From 14 to 17 July 1978, the bicentenary of his death was commemorated by a bilingual colloquium held at Trinity College, Cambridge, under the somewhat ambitious title: 'Two hundred years of Rousseau: a balance-sheet of his life and work/Rousseau après deux cents ans: bilan d'une vie et d'une œuvre'.

A dozen specialists were invited to read papers to an audience of about a hundred other scholars interested either particularly in Rousseau or in the eighteenth century in general, who discussed the papers with their authors. This book contains the original papers in full and a somewhat abridged and revised account of those discussions.

As was only to be expected, the papers did not in fact achieve the desired synthesis. Rousseau is too vast and too elusive a subject for convenient encapsulation. Indeed, it is unlikely that a completely satisfactory account of him and his work will ever be given. He spans an intimidatingly wide range of subjects (anthropology, sociology, political theory, religion, ethics, education, language, fiction, music and drama); and the complexities and refinements of his ideas, their application to different circumstances or different phases in the history of society, call for a degree of insight, sensibility and sophistication which is too often inhibited by the polemical animus his work and personality so frequently arouse.

To these difficulties must be added the problem of his influence, which has never been completely surveyed, no doubt on account of the frightening immensity of the task. Rousseau requires the attention of encyclopedic minds, and demands both the synchronic and diachronic approaches. However, it is an unfortunate fact that preoccupation with his influence has muddied retrospectively the interpretation of his thought. Too often it has obscured rather than elucidated his meaning. His ideas have been persistently assessed in the light of events which came later, his vision has been glimpsed through the

screen of subsequent philosophising with which he has little in common, and which he would have rejected in bewilderment or even
contempt. He has also been, to an unusual extent, the prey of sciolists,
journalists and polygraphs. In particular, more than any other writer,
Rousseau has suffered from critical fixation on the 'paternity' approach.
He has too often been regarded primarily as the father of certain ideas,
attitudes or events. The father of romanticism; the father of intuition-
ism and subjectivism (and therefore of laxity) in ethics and religion;
the father of the French Revolution (of its achievements or of its
excesses and its horrors); the father of socialism, of anarchism, and
latterly of totalitarianism.

The 'paternity' approach has usually meant that writers tend to take
sides, consciously or unconsciously, for or against him in direct proportion to their approval or disapproval of the movements and attitudes
he is alleged to have fathered. In English-speaking countries, the
attitude has generally been accusatory or even indictive, a neat inversion
or reciprocation of Rousseau's own position. As a result, he has often
been, not so much an object of study, investigation or understanding,
as a scapegoat or a whipping-boy. It was therefore almost a relief to
see him hailed recently as the true ancestor of ecological movements
designed to protect and preserve the environment. However that may
be, for a long time many have felt that, in Rousseau studies, as in other
matters, 'la recherche de paternité est interdite'.

But far-reaching though his influence was, Rousseau is not simply
a writer of historical importance: his work remains of immediate
interest to us today. He is not only the most original, the most profound
and the most controversial of all the great eighteenth-century writers:
he is also the most topical. Some years ago, *The Observer* published a
letter from an employee in the Vauxhall works at Luton, who wrote:
'[. . .] in the trim shop the other day we were having such a heated
discussion on the merits of J.-J. Rousseau as a philosopher, that the
final inspection discovered that cars were rolling off the line without
steering columns' (27 October 1963, p. 30).

It is odd that Rousseau, who has been blamed for so much, should
in addition have to shoulder responsibility for some of the short-
comings of the British car industry. However that may be, it is not
difficult to account for the renewal of interest in his work since the
War. He will always, of course, have three principal claims to our
attention. He was a challenging thinker, an outstandingly great writer,
and a fascinating personality. But today the problems he raised have
become more, not less acute, and their solution increasingly urgent.

Rousseau wrote about the origins of society, the nature of authority

and liberty in the state, the aims and methods of education, the foundations of religion and morality, the nature of happiness, and the way
it might be attained. But behind all these momentous questions, there
loomed even vaster issues. He raised the fundamental question of
where modern civilisation was leading mankind. He put forward the
alarming and unpopular view that humanity had taken the wrong
turning, and had, perhaps irretrievably, lost its soul, all notion of the
real point of existence, of everything which really makes life worth
living. Regeneration was problematic and precarious: and the way to
it was hard and stony, unattainable perhaps. This was the most un-
settling implication of all. There are no panaceas in Rousseau, only the
summons to unceasing effort.

His voice was a dissonant one in an age which (to judge by its
articulate members) found immense satisfaction in material progress,
correlated the well-being of humanity with the advancement of learning,
and displayed a form of complacency which led Edward Gibbon to
write: 'We may readily acquiesce in the pleasing conclusion, that every
age of the world has increased and still increases, the happiness, the
knowledge and perhaps the virtue of the human race.' Some would
have suppressed that tell-tale 'perhaps'; but even taking it as it stands,
we are more likely today to endorse Rousseau's view than Gibbon's.
However, in one respect at least Rousseau's message and example are
far too radical for all but a few. He did not want us all to take to the
woods, or live on acorns and the water of the nearest brook. But he
did believe (as Stendhal was to say later of Englishmen, seeing the
effect but not the cause) that modern man was 'victimé par le travail'.
Even in the eighteenth century, Rousseau noted that we work, not to
sustain life, but to acquire things we don't really need, which then
become more necessary to us than necessities themselves. This is the
secret of our enslavement, the garlands of flowers that conceal the
chains. If we were to cut our requirements down to necessities (even
generously interpreted), no one need work more than a few hours a
day. The curtailment of luxury would mean liberty. Such a message
falls uneasily today on the ear of the acquisitive society, in which the
insistent pressures of advertising and public opinion ensure that we
do our duty as consumers, in which we are all engaged in the game of
keeping up with the Joneses, and in which everyone is somebody else's
Jones. Of course, we shall never do as Rousseau suggests. That is
why, as Marcel Raymond has said, he is 'd'autant plus actuel qu'on ne
l'a pas suivi', why he will always remain both the prophet and the
critic of modern times.

Acknowledgements

Arrangements for the colloquium were greatly facilitated by generous grants from the British Academy, the Swiss foundation Pro Helvetia, and the French Government; but above all our thanks are due to the Master and Fellows of Trinity College, Cambridge, who massively subsidised both accommodation and meals, and placed at our disposal the Old Kitchen, the College Hall, and the handsome room in which the colloquium itself took place. An unexpected and most welcome addition to our amenities was a concert version of *Le Devin du Village*, organised by Dr Frayling. The administration of the colloquium owed almost everything to the unobtrusive and omnipresent efficiency of Dr Marian Jeanneret.

Contributors* and participants in the discussions

*Baczko, Bronisław
    Professor, Faculty of Letters, University of Geneva

Baker, Felicity
    Department of French, University College, University of London

Berry, C. J.
    Department of Politics, University of Glasgow

Bloch, Jean H.
    Department of French, Bedford College, University of London

*Charvet, John
    London School of Economics and Political Science, University of London

Cook, Malcolm
    Department of French, Westfield College, University of London

*Derathé, Robert
    Professor emeritus, Faculty of Social Sciences, University of Nancy

*Duchez, Marie-Élisabeth
    University of Paris

*Eigeldinger, Marc
    Professor, Faculty of Letters, University of Neuchâtel

*Ellenburg, Stephen
    Professor, Department of Politics, Mount Holyoke College, South Hadley, Mass.

*Frayling, Christopher
    Professor, Royal College of Art, London

*Gagnebin, Bernard
    Professor, Faculty of Letters, University of Geneva

*Grimsley, Ronald
    Professor, Department of French, University of Bristol

Hall, Gaston
    Reader, Department of French, University of Warwick

Hope Mason, John
    Author, London

Howells, R.
    Birkbeck College, University of London

Jeanneret, Marian
    Fellow, Director of Studies in Modern Languages and College Lecturer in French, Trinity College, Cambridge

Jimack, Peter D.
    Professor, Department of French, University of Stirling

*Launay, Michel
    Professor, Faculty of Letters, University of Nice

*Lecercle, Jean-Louis
    Professor, Faculty of Letters, University of Paris X (Nanterre)

Leigh, Ralph Alexander
    Professor, University of Cambridge, Fellow of Trinity College, Cambridge

Matthey, François
    Professor, University of Neuchâtel

Robinson, Philip
    Department of French, University of Kent at Canterbury

Seyrig, mme H. (Hermine de Saussure)
    Author, Neuchâtel

Simonsuuri, Kirsti
    University of Oulu, Finland

*Spink, John Stephenson
    Professor emeritus, Department of French, Bedford College, University of London

*Starobinski, Jean
    Professor, Faculty of Letters, University of Geneva

Taylor, S. S. B.
    Professor, Department of French, University of St Andrews

*Voisine, Jacques
    Professor of Comparative Literature, Sorbonne Nouvelle, Paris III

*Wokler, Robert
    Department of Government, University of Manchester

Principal abbreviations

AR	*Annales de la Société Jean-Jacques Rousseau*, Geneva, 1905–
BV	Bibliothèque de la Ville
Considérations	*Considérations sur le gouvernement de la Pologne*
CS	*Contrat social*
Dialogues	*Rousseau juge de Jean-Jacques: dialogues*
DM	*Dictionnaire de Musique*
Discours II	*Discours sur l'origine et les fondemens de l'inégalité parmi les hommes*
EOL	*Essai sur l'origine des langues*, éd. Charles Porset, Bordeaux, 1968
Inégalité	See above, *Discours II*
La NH	*Julie, ou La Nouvelle Héloïse*
LCB	*Lettre à Christophe de Beaumont*
LD'A	*Lettre à M. d'Alembert sur les spectacles*, éd. M. Fuchs, Lille–Geneva, 1948
LM	*Lettres écrites de la montagne*
Leigh	*Correspondance complète de Jean-Jacques Rousseau*, ed. R. A. Leigh, Geneva, Oxford, 1965–
Pléiade	*Œuvres complètes de Jean-Jacques Rousseau*, éd. B. Gagnebin and Marcel Raymond, Paris, 1959–
Projet	*Projet de constitution pour la Corse*
RHLF	*Revue d'histoire littéraire de la France*
SC	*Social Contract*
SV	*Studies on Voltaire and the Eighteenth Century*

I

POLITICS AND SOCIOLOGY

Rousseau and Kant: principles of political right*

STEPHEN ELLENBURG

The meaning of Rousseau's political philosophy was already controversial during his lifetime, and disagreements have multiplied in the
two hundred years since his death. Among the enormous number of
interpretations are those which approach Rousseau's ideas from the
standpoint of Kant's philosophy.[1]

This Kantian approach seems promising for several reasons. The
influence of Rousseau's ideas upon Kant is undeniable.[2] Also, Rousseau
and Kant agreed about some matters. For example, both took man's
capacity for free will to be a distinctive quality of his nature, distinguishing man from other animals.[3] Indeed, Rousseau's conception of man's
moral freedom in the *Social Contract* – 'For the impulse of appetite
alone is slavery and obedience to law one has prescribed for oneself
is freedom' – suggests Kant's definitions of ethical autonomy or
positive liberty.[4] And both defended what they called republican
principles of political right.[5]

Moreover, the purpose of Rousseau's political thought appears
Kantian in character. Although Rousseau never systematically pursued
the epistemological concerns of Kant's critical philosophy, Rousseau
believed that his writings combated a kind of empiricist scepticism.
Rousseau criticised Hobbes, Mandeville, Locke, and Helvétius for,
he asserted, having reduced morals and politics to individuals' calcula-
tion of exclusive advantages.[6] Similarly, Kant argued that ethics and
politics cannot be based upon natural inclinations of self-love or on
utilitarian happiness.[7] Rousseau's intention to 'test fact by right', his
claim that we must 'know what ought to be in order to appraise what

* Arthur R. Gold, Richard A. Johnson, and William S. McFeely commented on
an earlier version of this paper. This paper was written during a leave of absence
from Mount Holyoke College supported by a Humanities Fellowship from The
Rockefeller Foundation. Cornell University Press has granted me permission to draw
upon my earlier study: *Rousseau's Political Philosophy: An Interpretation from Within*
(Ithaca, 1976).

is', his criticism of Montesquieu for having 'ignored the principles of political right', and his rejection of Grotius's 'persistent mode of reasoning [which] is always to establish right by fact'[8] – each of these positions is roughly analogous to Kant's transcendental method and to Kant's claim that 'before the advent of critical philosophy there was no philosophy', only 'various ways of philosophising'.[9] Critical philosophy establishes the competence and scope of reason itself, so that now 'moral principles [. . .] could] stand of themselves a priori'.[10]

I do not propose here to consider directly Kantian interpretations of Rousseau's political thought. Instead, by sketching Rousseau's and Kant's conceptions of political right, I wish to restate the case for the extraordinary originality of Rousseau's political thought. For I believe that a Kantian reading of Rousseau misses fundamental aspects of Rousseau's thought. Specifically, a Kantian perspective obscures Rousseau's radical egalitarianism and his condemnation of all familiar politics as enslavement. In other words, I believe that Rousseau and Kant defended different principles of political right, that Rousseau's insistence upon the liberty of literal self-government cannot be identified with Kant's defence of a coexistence of subjects' lawful liberties. I also wish to suggest how a Rousseauist society of free rather than enslaved citizens must make unusual, sometimes terrifying, and distinctively un-Kantian demands of politics. Finally, I shall examine three critical issues which Rousseau had to raise but failed to resolve: the motives of participants to an original contract of self-government, a divided vote in a legislative assembly of a sovereign citizenry seeking to declare its general will, and, last, the justification of criminal punishment in a free society. Because of his radical egalitarianism Rousseau could not avoid these issues. Because Kant's conception of political right is fundamentally inegalitarian these same matters were not problematical for him.[11]

True, in a significant formal sense, Kant's political thought has an egalitarian dimension. Kant required that juridical laws be publicised, apply to all subjects, and be impartially enforced. Only in this manner can the juridical duties of subjects be equal and reciprocal.[12] Beyond this truism of legal constitutionalism, however, Kant's conception of political right is not egalitarian. For Kant defended the division of civil society between rulers and ruled. Governmental rulers are legally empowered both to legislate on behalf of a people and to secure subjects' obedience to law by means of legitimate coercion.[13] A people merely consents tacitly to its external rule by others.[14] Among Kant's major purposes, then, was to justify a ruler's authority to compel the ruled, to define and to justify a limited scope for 'external compulsive legislation'.[15] Both the making and enforcing of juridical law always involved a political superior's coercive command of an inferior.[16]

As an a priori principle of universal justice, Kant defended a 'co-existence' of subjects' external liberties.[17] He further argued that this universal principle of justice is 'united with' and indeed 'means the same thing' as the 'authorisation to use coercion' against violence.[18] For when an act involving 'a certain use of freedom is itself a hindrance to freedom according to universal laws', then securing subjects' lawful liberties entails 'the use of coercion to counteract' this violence.[19] More generally, as a rational creature man seeks a juridical law which limits the natural freedom of all men. But man also 'requires a *master* to break his self-will and force him to obey a universally valid will under which everyone can be free'.[20]

In Kant's ethics, in what Kant called his doctrine of virtue, the free self-constraint of a moral agent's own legislative reason can subdue his natural impulses. In this manner partially rational man reluctantly performs the duties of virtue for the sake of duty itself; he acts in accordance with the moral law; and he acquires positive freedom. In Kant's politics, however, in what Kant called his doctrine of law, compulsion by rulers is essential to the performance of one's perfect duties towards others.[21] Kant argued that 'nature of man' arguments are impermissible because such arguments contain empirical and contingent matters.[22] Similarly, Kant maintained that the 'necessity of public lawful coercion' in politics does not rest on our experience of violence but is rather an 'a priori Idea of reason'.[23] But Kant dwelt on the 'unsocial sociability' of man's nature in a way that lends a Hobbesian intensity to his justification of compulsion by rulers.[24] A Kantian state of nature is a condition of 'unrestrained', 'wild', and 'brutish' freedom.[25] In this condition of 'external lawless freedom', man is generally inclined 'to play the master over others'.[26] But men's natural antagonisms become 'in the long run the cause of a law-governed social order'. For without men's natural antagonisms, there would be none of that productive resistance 'inevitably encountered by each individual as he furthers his self-seeking pretensions'.[27] In juridical society, man's viciousness and immaturity are 'veiled by the compulsion of civil laws, because the inclination to violence [. . .] is fettered by the stronger power of the government [. . .]'.[28] Nature and society, interest and duty, natural violence and juridical peace, brutish lawlessness and enforceable legal restraint, therefore, are permanently opposed in Kant's political thought and necessitate a division of civil society between rulers and ruled.[29]

Rousseau condemned as enslavement the external exercise of power

over men. Except for the unequal relationships of parent to child and
of husband to wife,[30] Rousseau denounced all dependence upon the
commanding or obeying will of another. He denounced every arrangement, official and unofficial, which differentiates ruler from ruled.
Indeed, Rousseau's condemnation of political inequality from the
point of view of the ruler as well as the ruled, his claim that a ruler is
also unfree because he commands another, reveals the extent of his
radical egalitarianism. Repeatedly, in examples ranging from the
relationship between a tutor and an infant to the relationship between
rich and poor,[31] Rousseau took delight in pointing out that one who
rules another is not free, that 'one who thinks himself the master of
others is nonetheless a greater slave than they'.[32] Because the ruled
withhold or modulate the obedience demanded of them, because a
ruler must take into account the opinions and prejudices of those whom
he would command, 'domination itself is servitude'.[33]

Because political inequality is itself enslavement, the scope, degree,
numerical extent, and expected benefits of external rule are never at
issue in Rousseau's understanding of political right. Similarly, Rousseau's discussion of political right does not consider how the exercise
of political power by some persons over other persons might be voluntary, just, revocable, benevolent, representative, limited, impartial,
officially promulgated, in conformity with constitutional law, and the
like. In a Rousseauist free society, ruler and ruled are the same persons.
For Rousseau's radical egalitarianism *is* a demand for literal self-
government. A Rousseauist free society guarantees that 'each citizen
is in a position of perfect independence from [the will of] all the
others'.[34]

In further contrast to Kant, Rousseau used the concept of nature
as the justification for literal self-government. The concepts of both
natural liberty and natural equality served as Rousseau's criteria of
political right and are finally synonymous in their implications for
social man. In the first form of this appeal to nature, Rousseau asserted
that man is by nature a 'free being'. Rousseau also described mankind's
natural condition as one in which natural liberty must remain un-
threatened. Because of his presocial isolation, the natural savage could
not even appreciate the meaning of 'servitude and domination' or of
'power and reputation'. The savage 'breathes only repose and freedom'.[35]

It must be stressed that Rousseau's conception of natural liberty
concerns negative liberty, in the sense of man's freedom from the
commanding or obeying will of another. Further, this standard of
natural liberty can neither refer to moral freedom nor correspond to

what Kant defined as ethical autonomy or positive liberty.[36] For moral freedom, in Rousseau's view, does not carry the sanction of natural right. Men can become either morally free or morally unfree only after they have left the natural condition of presocial isolation, only when they have been morally transformed by the conflicting loyalties and identities which membership in society provides.[37] Indeed, moral freedom could not be fundamental to Rousseau's political thought because the natural savage is in fact morally unfree. Natural man obeys, automatically and unreflectively, his natural impulses of love of self (*amour de soi*) and pity.[38] Further, as I shall discuss presently, Rousseau's defence of moral freedom is only an instrumental one, for he argues that social men's general will must take precedence over their particular wills if they are to remain completely independent of the will of one another.

Because an insistence upon negative liberty pervades Rousseau's political thought, he maintained that man's 'liberty consists less in doing one's own will than in not being subject to the will of others; it consists further in not subjecting the will of others to our own. Whoever is master cannot be free; and to rule is to obey.'[39] And when, in the *Social Contract*, Rousseau argued that men's 'common freedom is a consequence of man's nature' and that any renunciation or transfer to others of one's liberty is 'incompatible with the nature of man' and can never be compensated, he could only be referring to negative liberty.[40] In this sense, Rousseau also claimed that the social contract solved the 'fundamental problem' of politics by assuring that social man 'obeys only himself and remains as free as before'.[41]

Rousseau also appealed to 'the equality nature established among men' in order to denounce all relationships of political inequality. Specifically, Rousseau distinguished two unrelated kinds of inequality: physical, and moral or political. Physical inequality, established by nature, 'consists in the difference in age, health, bodily strength and qualities of mind and soul'. Such differences remain 'barely perceptible' to presocial savages. Moral or political inequality, in contrast, comprises the 'different privileges that some men enjoy to the prejudice of others, such as to be richer, more honoured, more powerful than they, or even to make themselves obeyed by them'. This political inequality is 'authorised by positive right alone' and 'is contrary to natural right whenever it is not combined in the same proportion as physical inequality'. Rousseau ridiculed this possibility of proportionate combination in civil society, noting that merely to ask if there might be 'some essential link' between physical inequality and political inequality is 'a question perhaps good for slaves to discuss in the hearing of their masters, but not suitable for reasonable and free men who seek the truth'.[42] And throughout the Geneva manuscript of the *Social Contract* and the definitive text itself, Rousseau construed every defence of political inequality as at bottom an attempt by 'proponents of despotism' to defend slavery. Aristotle's notion of natural slavery and Grotius's defence of contractual slavery figure in Rousseau's wholesale condemnation of his predecessors. But Rousseau also condemned, as presupposing or defending enslavement, conceptions of political right based on a people's contractual authorisation of external rule, an extension of parental authority to civil society, the claims of the wealthy, the interests of rulers, the right of the strongest or of conquest, and prescription or tacit acquiescence.[43] 'These words *slavery* and *right*', Rousseau thundered, 'are contradictory; they are mutually exclusive.'[44]

The importance of Rousseau's appeals to natural liberty and natural equality can be seen in another way. For a Rousseauist free society further exhibits a necessary uniting of nature with society in the sense that the impulses comprising man's natural goodness have become the virtuous sentiments of new social men. In order to remain free, a citizen's interest must become his civic duty.[45] Only a truly virtuous citizenry, only citizens who adhere to their general will of civic virtue, can remain self-governing: 'The homeland cannot exist without liberty, nor liberty without virtue, nor virtue without citizens; [. . .] without citizens, you will have only vicious slaves, beginning with the leaders of the state.'[46] Thus, citizens avoid dependence upon the commanding or obeying will of one another by rejecting those particularistic loyalties and identities – their particular wills – which are politically exclusive and socially divisive. Every particular will expresses a desire for political inequality, or else it would not be a particular will.[47] Correspondingly, the only permissible authority in a legitimate state is that authority of a single, united people over itself. And Rousseau defended the direct and continuous exercise of legislative power by a sovereign citizenry while arguing that the division or alienation of popular sovereignty constitutes enslavement. Self-governing citizens, then, obey, and are obligated to obey, only those civil laws which they themselves have legislated directly and those customs which inhere in their common life.[48] More specifically, a people can be obligated by its general will alone. And a people's 'indestructible' general will can never be legitimately represented by particular persons.[49]

Rousseau recognised no intermediate possibilities between liberty and slavery. Hence his indictment of external rule. Perhaps, by listing the matters which comprise this indictment, I can suggest something of the range, if nothing of the vehemence and surrounding arguments, of Rousseau's condemnations.[50] Rousseau's indictment includes, first of all, formal institutional arrangements which, often authorised by corrupt men, constitute legal enslavement: a division or alienation of popular sovereignty, representative government,[51] a monarchical form of government,[52] hereditary magistrates,[53] geographically large states composed of large populations,[54] and a large number of complicated civil laws.[55] Less official, but intrinsically enslaving nonetheless, are those social arrangements which also render men dependent upon the particular wills of one another and which usually accompany legal enslavement: economic specialisation, an economic division of labour, economic inequality, and struggles between rich and poor;[56] a preoccupation with acquiring property and a desire for luxuries;[57] commerce, economic competition, and the use of money as a medium of exchange and for collecting taxes;[58] and the use of mercenaries and tax farmers.[59] Each of these matters expresses man's vanity (*amour-propre*), that socially acquired desire for invidious distinction which amounts to a will to dominate one another.[60] Less official still, but to be condemned nevertheless are modern printing and the modern mania for books;[61] the sciences and the arts;[62] complicated schemes of financial auditing;[63] learned academics, contemporary colleges, modern historians, and tendentious interpreters of Scripture;[64] modern forms of entertainment;[65] and cosmopolitans who proclaim their love of humanity.[66] Common to all these forms of enslavement, official and unofficial, are professionals themselves, the marionettes of modern society for whom citizenship and civic virtue are now but a sham: priests,[67] accountants,[68] magistrates who govern,[69] doctors and their submissive patients,[70] lawyers,[71] scientists,[72] playwrights and actors,[73] and especially philosophers.[74] All are lapsed citizens.

This indictment also tells us what Rousseau meant by a truly virtuous citizenry and by an egalitarian common life. The virtuous citizen is a versatile, active amateur and a devout patriot. He performs useful manual labour for the economic subsistence of his family.[75] He rushes to attend legislative assemblies.[76] He serves in a citizens' militia and does not shrink from risking his life in defence of his homeland.[77] He performs corvées of public service with patriotic zeal.[78] He participates in public celebrations and outdoor festivals of civic piety.[79] He obeys the ancient laws of his state, and he honours the memory of the wise legislator who founded his state.[80] He carries in his heart affection for his fellow citizens, and he cannot conceive his own interests diverging from their interests.[81]

And the egalitarian common life of a virtuous citizenry? Such
citizens enjoy a simple, memorisable code of civil law.[82] Public education begins a training in citizenship, as future citizens learn the history
and geography of their homeland and become skilled in economically
useful crafts.[83] If private property exists, goods are exchanged by
means of an imaginary unit of currency or preferably by bartering. Any
taxes are paid in kind. Private ownership is supplemented by the
common ownership and use of land, and by communal warehouses
for storing an agricultural surplus.[84] And the extent of private ownership is strictly controlled by sumptuary laws.[85] Various forms of
censorship and especially of self-censorship prevail, the latter illustrated by Rousseau's defence of a civil religion.[86] Disobedience is rare
but its punishment severe.[87] And, when the bonds of common life
slacken, an unofficial although intolerant public watchfulness provides
further self-censorship.[88]

In order to define this egalitarian principle of political right, Rousseau presented his view of the original social contract. I wish to suggest
that Rousseau's idea of this contract is unclear because the parties to
such an act of association are without motive. And this difficulty is
duplicated, in an even more troublesome manner, when Rousseau
discusses the historical foundation of a legitimate state by a legislator.
Rousseau's legislator, by providing constitutional laws, is actualising
the original contract of civil association. Further, Rousseau restricted
the establishment of a legitimate state to simple men living in loose
clusters of families who have not yet been consumed by *amour-propre*.
But such simple men could have no reason for participating in a social
contract or for consenting to the foundation of a legitimate state by a
legislator.

No such issue of popular motivation could arise in Kant's version
of an original contract. For, as we have seen, a Kantian state of nature
is one of lawless violence. But because partially rational men can
deliberate and choose, they overcome such violence by tacitly consenting to the establishment of representative government. Further,
because the formation of juridical society is obligatory, because every
person has the right to live in peace, anyone may use force in order to
compel others to live under a civil constitution.[89]

Rousseau, in contrast, could not locate either his social contract or
a legislator's foundation in a Hobbesian state of natural war. For
Rousseau insisted that war is artificial, a product of men's late social
evolution, not natural. Thus, he maintained that the true state of
nature was a presocial condition of peaceful isolation, laziness, and
ignorance. Also, while rejecting the view that force could be the basis

of political right, Rousseau restated his position that men can become enemies only by convention or through social practice.[90] Most important, as Rousseau argued in the *Discourse on Inequality*, men who are already at war with one another can only institute the legal enslavement of representative government.[91] In other words, when serious conflicts do exist among men, when one's interest no longer remains and can never again become one's civic duty, then an irreparable and worsening state of war exists. A legitimate civil society cannot be instituted in order to escape from war because war itself is the emblem of a deteriorating common life. Thus, the participants in a legitimate contract would prevent or postpone a state of war, rather than escape from or terminate a state of war, as in Kant's view. Correspondingly, a legislator establishes a legitimate state only before a state of war threatens or erupts, not during a state of war. For, as Rousseau argued, among the many 'conditions for founding a people' which a legislator must take into account, there is one condition 'that cannot substitute for any other, but without which all the rest are useless: the enjoyment of prosperity and peace'.[92]

In the *Social Contract*, Rousseau pointed to simple men's needs, especially their need for self-preservation.[93] But because such men are at peace, he could only be referring to prospective needs that simple men themselves could not appreciate or act upon at the moment of contract. So the motive to contract, the motive to this 'most voluntary act in the world',[94] is Rousseau's own pessimistic historical evolution described in the *Discourse on Inequality*: men 'need' to postpone an inevitable decline into enslaving warfare. But for the participants to have the foresight to appreciate this prospect of enslaving warfare, they would have to be already engaged in that very warfare which precludes their contracting to found a legitimate state.[95]

The idea of a legislator's actualisation of this original contract presents greater difficulties. For Rousseau could not sustain his egalitarian principle of political right. His failure is a flagrant one. And Rousseau appears to have been aware of this failure, if only because he tried to disguise his difficulties under a barrage of specious reasoning and disarming eloquence.

Rousseau's problem is that a legislator does legislate on behalf of a people. Yet Rousseau tried to deny that this foundation of the state involves either a delegation of popular sovereignty or a representation of a people's general will. Rousseau's reasons for this denial are that an 'emerging people' cannot be expected to give itself fundamental laws; that the foundation of a legitimate state is an exceptional, temporary, and unrepeatable event designed to establish popular sovereignty and to provide that sense of civic loyalty which constitutes a people's general will; that a true legislator is a man of extraordinary virtue and intelligence; and, last, that the legislator's activity does not pertain to either sovereignty or government.[96] For these reasons Rousseau asserted that the legislator's activity has 'nothing in common with human domination'.[97] And because the laws he drafts are accepted in a 'free vote of the people', his authority is an 'authority that amounts to nothing'.[98]

This notion of a free vote of the people only confirms Rousseau's difficulties. For mere consent to external rule is not what Rousseau meant by free citizenship. Further, there is a retroactive character to this expression of popular consent. And, again, it is not clear how a simple people, a people who combine 'the simplicity of nature together with the needs of society',[99] could be motivated either to reject or accept the legislator's laws. And when, as Rousseau required, popular ratification is obtained through the legislator's invocation of divine authorship,[100] then both retroactive consent and consent to laws specifically have been completely undermined.

A second instance of Rousseau's inability to sustain his egalitarian principle of political right concerns the significance of a divided vote in a legislative assembly. Rousseau argued that a numerically dominant portion of a sovereign citizenry does not in fact command a smaller, opposed portion of the assembly. This issue is important not only because of the obvious challenge to self-government posed by a divided vote but because legislative assemblies are themselves so important to Rousseau. For legislative assemblies are the only means by which a citizenry can govern itself, the only means by which a sovereign citizenry declares its general will and enacts civil law. Frequent legislative assemblies are also the most effective means of postponing governmental usurpation of a people's legislative powers.[101] For when magistrates legislate, all citizens are enslaved, there is no longer true law, and the state has shrunken in membership to include only magistrates who now claim to represent a people's general will.[102] Thus, a lot is at stake in the interpretation of that familiar and obscure passage in the *Social Contract* where Rousseau, invoking the general will as the 'constant will' of all citizens, claimed that outvoted citizens have also consented to all laws.[103]

A Kantian reading of this passage is possible. From a Kantian perspective, a portion of the citizenry, torn between particular wills and its general will, has made a mistake concerning what the nature of the general will requires. When a citizen is compelled to accept the decision of a majority, he is only being compelled to be morally free, to remain loyal to his own higher self, his 'constant' general will. And he is so compelled by a fair decision procedure implicit in the unanimous original contract. In a Kantian interpretation, then, Rousseau is understood to have defended majority rule as a matter of political right. A majority of citizens is entitled to command a minority.

There are several reasons for rejecting this Kantian–majoritarian interpretation, even if one ignores Rousseau's views that all are enslaved when particular persons claim to represent a people's general will and that what commends a general will, in preference to particular wills, is not the greater intrinsic rationality of a general will. Although Rousseau's proposed resolution of the divided vote issue carries overtones of citizens' remaining morally free, Rousseau initially posed the issue in terms of negative liberty: 'But it is asked how a man can be free and forced to conform to wills that are not his own. How can the opponents be free yet subject to laws to which they have not consented?'[104] Further, Rousseau never assumed that a citizenry's aggregative declaration of its general will, that 'will of all' obtained by a counting of votes, conforms to its general will.[105] For if 'all the characteristics of the general will' are not found in the numerically dominant view, then 'there is no longer any freedom regardless of the side one takes'.[106] Indeed, the sheer forcefulness of superior numbers is so unrelated to considerations of political right that Rousseau also maintained that a unanimous vote might err and that varying pluralities should be required for different kinds of issues.[107]

Rousseau, then, did not even attempt to defend a majority's right to rule a minority.[108] And the way he perceived the issue of a divided vote, and the way he always distinguished declarations of a general will from a general will itself, preclude majority rule. For Rousseau, a counting of votes is only an unavoidable, convenient mechanism by which a sovereign citizenry more or less accurately declares its general will. And acceding to the outcome of a vote is a mere 'maxim' of politics, an 'established convention'.[109] But when the larger number does obligate all citizens, the challenge to self-government posed by a divided vote remains. Rousseau's argument, however, dissolves the challenge itself. His argument implies that a divided citizenry is not genuinely divided, that the issue of a majority's rule has not arisen after all.

Rousseau's argument contains two assertions and one assumption. His assertions are that the 'constant will of all members of the State is the general will, which makes them citizens and free', and, second, that when a civil law is proposed in an assembly, citizens are asked not if they approve or disapprove of the proposal but whether in their judgement the proposed law conforms to their general will. His assumption is that the numerically dominant view does express 'all the characteristics of the general will' on this occasion. Rousseau, taking the position of an outvoted citizen, concluded that when 'the opinion contrary to mine prevails, that proves nothing except that I was mistaken, and that what I thought to be the general will was not'. Further, if my own view had prevailed, then 'I would have done something other than I wanted' and I would not have been free.[110] Thus, by shifting the issue from a matter of external rule to that of an outvoted citizen's true intention, and by arguing that an assembly has not been truly divided when its members are not agreed, Rousseau denied that a majority commands a minority. It would appear to follow that, whenever a 'will of all' corresponds to the general will, every vote is thereby unanimous, even when some citizens have voted in opposition.

Rousseau also argued that a citizen consents to those criminal laws 'that punish him when he dares to violate one of them'.[111] Yet criminal punishment is a third instance of Rousseau's failure to sustain his egalitarian principle of political right. Like a divided vote, punishment finally disappears in its attempted justification.

Kant, whatever the notoriousness of his retributive views, confronted no such need to deny the coerciveness of criminal punishment by government. For when the purpose of authorising representative government is to overcome natural violence, then punishment properly involves 'a relationship of a superior to a subject'.[112] Government punishes a criminal's reversion to the natural state of lawless violence. Rousseau, in contrast, must argue that, when punished, a disobedient citizen is not ruled by government but rather continues to rule himself. Moreover, criminal punishment is itself an extreme example, and therefore also an unfair test, of Rousseau's critical need to preserve his unique distinction between legislative sovereignty and executive government. Legitimate government can only administer the laws which a sovereign citizenry has legislated.[113]

To justify 'the death penalty inflicted on criminals' Rousseau offered two different arguments. The first is prior consent. Now, natural man does not have a natural right to dispose of his own life which he could transfer to the sovereign in the original contract. Nor does a participant anticipate his own execution when entering into a contract whose end is the preservation of the contracting parties. But the contract's end of preservation implies the means necessary to that end; and such necessary means include 'some risks, even [. . .] some losses'. So, 'it is in order not to be the victim of a murderer that a person consents to die if he becomes one'. But here Rousseau stopped abruptly and immediately shifted to a second argument, perhaps because his first argument more restates than resolves the issue. For the issue is not that a disobedient citizen had earlier legislated the criminal law by which he is punished. The issue is rather what prior consent might mean, or might be shown to mean, in this instance of executive administration. In Rousseau's second argument, however, prior consent is dropped, along with the faint suggestion of a disobedient citizen's punishing himself indirectly. For now a criminal, by having broken the law, is seen to have broken irreparably the social contract and to have ceased to remain a member of the state. The criminal has waged war against his former homeland. This 'rebel and traitor' is punished, by death or exile, 'less as a citizen than as an enemy'. For 'such an enemy is not a moral person but a [natural] man, and in this case the right of war is to kill the vanquished'.[114]

This second argument illustrates how Rousseau saw disobedience of self-imposed rules threatening common life, but it is not a persuasive justification of criminal punishment. Although he defended a natural instinct of self-defence, Rousseau argued against a natural or conventional right to *kill* the *vanquished* in warfare.[115] Moreover, although Rousseau equated crime with treason, a convicted 'public enemy'[116] and his forfeited homeland scarcely continue to confront one another as parties to a state of war. Indeed, the issue of the relationship between legitimate government's executive power and a disobedient citizen-subject is completely skirted in Rousseau's formulation of foreign parties at war. Most important of all, a justification of punishment based on a hastily asserted right of war no longer remains a matter of punishment. It becomes, instead, simply a matter of war. For such so-called punishment is no longer a social practice defined by common laws. Seemingly punitive action has become an application of mere force, not a lawful imposition of a penalty.[117]

These three matters of a motive to contract, a divided legislative vote, and criminal punishment may appear to be weaknesses or to reveal inconsistencies in Rousseau's political thought. But these apparent weaknesses instead confirm the integrity and originality of Rousseau's thought. For they result from his trying to develop and to sustain a pervasive principle of radical egalitarianism. Unlike Kant, Rousseau passionately believed that men are entitled by natural right to govern themselves.

Notes

1 See, for example, Ernst Cassirer, *The Question of Jean-Jacques Rousseau,* ed. and
 trans. Peter Gay (Bloomington, 1963), pp. 55–6, 60–2, 66–7, 82, 104–5; Ernst
 Cassirer, *Rousseau, Kant and Goethe: Two Essays,* trans. James Gutman, Paul
 Oskar Kristeller, and John Herman Randall, Jr (New York, 1963), pp. 1–60;
 Carl Joachim Friedrich, *The Philosophy of Law in Historical Perspective,* 2nd edn
 (Chicago, 1963), pp. 122–30, 193–4; and Andrew Levine, *The Politics of Autonomy: A Kantian Reading of Rousseau's Social Contract* (Amherst, 1976), *passim.*
2 See Cassirer, *Rousseau, Kant and Goethe,* pp. 1–18.
3 *Discourse on Inequality* (Pléiade iii.141–2); *Émile* (Pléiade iv.581–9). (Except
 where indicated, translations of Rousseau are my own.) *The Doctrine of Virtue*
 [Part II of *The Metaphysics of Morals*], trans. Mary J. Gregor (Philadelphia, 1964),
 pp. 51–3, 99–100; *Foundations of the Metaphysics of Morals,* trans. Lewis White
 Beck (Indianapolis, 1959), pp. 46–7, 53, 58, 70; 'On the common saying: "This
 may be true in theory but it does not apply in practice"', in *Kant's Political
 Writings,* ed. Hans Reiss, trans. H. B. Nisbet (Cambridge, 1970), pp. 74–7.
4 *CS* (Pléiade iii.365). (I have used the translation in *On the Social Contract,* ed.
 Roger D. Masters, trans. Judith R. Masters (New York, 1978).) *Critique of
 Practical Reason,* trans. Lewis White Beck (Indianapolis, 1956), pp. 33–4, 49,
 137; *Foundations of the Metaphysics of Morals,* pp. 51–2, 54, 59–60, 64–5, 68, 74–6;
 The Metaphysical Elements of Justice [Part I of *The Metaphysics of Morals*], trans.
 John Ladd (Indianapolis, 1965), pp. 12–13.
5 *SC,* pp. 379–80, 405; *Perpetual Peace,* trans. Lewis White Beck (Indianapolis,
 1957), pp. 13–15, 29–30, 44; 'The contest of faculties', in *Kant's Political
 Writings,* pp. 184–7.
6 Preface to *Narcisse* (Pléiade ii.965–6); *Discourse on the Sciences and Arts* (Pléiade
 iii.27); *Émile,* pp. 338–9, 584, 596–7. See also *Last Response* (Pléiade iii.231);
 SC p. 320n; *Considérations* (Pléiade iii.956, 969); *Dialogues* (Pléiade i.970–2); and
 Rêveries (Pléiade i.1022).
7 *Critique of Practical Reason,* pp. 37–40, 96, 134–5, 158–60; *Foundations of the
 Metaphysics of Morals,* pp. 27, 30n, 60–2; *Doctrine of Virtue,* pp. 44–5, 118, 120,
 122; *Metaphysical Elements of Justice,* pp. 15–17; 'Theory and Practice', pp. 64,
 68, 70–1.
8 *Discourse on Inequality,* p. 182 (I have used the translation in *Jean-Jacques Rousseau:
 The First and Second Discourses,* ed. Roger D. Masters, trans. Roger D. and
 Judith R. Masters (New York, 1964)); *Émile,* pp. 836–7; *SC,* p. 353.
9 *Metaphysical Elements of Justice,* p. 5.
10 *Foundations of the Metaphysics of Morals,* p. 27n.
11 My implicit method here, if method it be, especially in so abbreviated and
 incomplete an instance, informs many interpretations of Rousseau's thought.
 It might be called a method of unity. To comprehend Rousseau's philosophy,
 one must begin by assuming that Rousseau's political ideas were meant to
 make sense and to be consistent. When one goes on to try to reconcile unclear
 with straightforward passages, then one is in effect also assessing the substantive character of this assumed consistency. The persuasiveness of an interpretation, in turn, may be a matter of its capaciousness, that is to say, of the
 extent to which an interpretation can incorporate and make sense of Rousseau's

diverse political writings and of his seemingly unclear or contradictory utterances. Such a method is especially useful in the case of Rousseau, for commentators have found, and doubtless will continue to find, passages in Rousseau's writings which substantiate virtually any interpretative thesis, label, or slogan.

12 *Metaphysical Elements of Justice*, pp. 43–4; 'Theory and Practice', pp. 75–6; *Perpetual Peace*, pp. 44, 47–8, 50–1.

13 'Theory and Practice', p. 82; *Metaphysical Elements of Justice*, pp. 81–2, 111–18. Moreover, those persons whom Kant called active citizens, the persons who would vote for legislative representatives, constitute a small portion of a state's adult population. *Metaphysical Elements of Justice*, pp. 78–80; 'Theory and Practice', pp. 77–8.

14 *Metaphysical Elements of Justice*, p. 78; 'Theory and Practice', pp. 77–82, 85.

15 *Metaphysical Elements of Justice*, p. 76.

16 *Metaphysical Elements of Justice*, pp. 82, 110; 'Theory and Practice', pp. 73, 90; *Perpetual Peace*, pp. 16–17, 30.

17 *Doctrine of Virtue*, pp. 40–1, 56–7; *Metaphysical Elements of Justice*, p. 34; 'Idea for a universal history with a cosmopolitan intent', in *Kant's Political Writings*, p. 45; *Immanuel Kant's Critique of Pure Reason*, trans. Norman Kemp Smith (New York, 1929), p. 312.

18 *Metaphysical Elements of Justice*, pp. 35, 37; *Doctrine of Virtue*, p. 41. Two exceptions to this identification of justice with the authorisation to use coercion are an appeal to equity, which admits a right without coercion, and an appeal to necessity, which admits coercion without any right. *Metaphysical Elements of Justice*, pp. 39–42.

19 *Metaphysical Elements of Justice*, pp. 36–7, 71.

20 'Idea for a Universal History', p. 46 (*emphasis in original*).

21 *Doctrine of Virtue*, pp. 36–8, 41, 66; *Metaphysical Elements of Justice*, pp. 20–1.

22 *Foundations of the Metaphysics of Morals*, p. 5.

23 *Metaphysical Elements of Justice*, p. 76.

24 'Idea for a universal history', p. 44. Although the second section of 'Theory and Practice' is subtitled 'Against Hobbes', Kant's only 'criticism' of Hobbes (p. 84) is 'that the people too have inalienable rights against the head of state, even if these cannot be rights of coercion'.

25 'Idea for a universal history', pp. 46, 48.

26 *Metaphysical Elements of Justice*, pp. 71–2.

27 'Idea for a universal history', pp. 44–5.

28 *Perpetual Peace*, p. 41n. See also *ibid.*, p. 17.

29 Kant's ethics are similarly predicated on a permanent opposition between nature and reason, sensuous inclinations and the law of duty, self-love and the categorical imperatives of morality. (*Doctrine of Virtue*, pp. 42, 43; *Foundations of the Metaphysics of Morals*, pp. 13–15, 78; *Critique of Practical Reason*, pp. 37–40, 86–7.) In matters of ethical duty, inclination and reason are 'in combat', with 'slavish' impulses of nature always representing 'obstacles' to the performance of duty. (*Doctrine of Virtue*, pp. 37–8, 149, 154, 157, 159; *Critique of Practical Reason*, pp. 5, 78; *Metaphysical Elements of Justice*, pp. 29–50.) Man's self-regarding inclinations must be continuously 'rejected', 'struck down', 'overcome', or 'humiliated' by his reason. (*Critique of Practical Reason*, pp. 75–6; *Doctrine of Virtue*, p. 39n.) Thus, man's free will lies not in his capacity to choose for or against the moral law but rather in 'the property of not being

constrained to action by any sensible determining grounds'. (*Metaphysical Elements of Justice*, p. 27; see also *Foundations of the Metaphysics of Morals*, pp. 29–30; *Critique of Practical Reason*, p. 122.) And man thereby strives to raise himself 'from the crude state of his nature, from his animality'. (*Doctrine of Virtue*, p. 45; see also *Critique of Practical Reason*, p. 89.) Or, to put this opposition between nature and reason another way, Kant argued that one's own happiness could never be a duty or an obligatory end. For obligation implies a constraint to action; and every man, because of his natural impulses, already seeks his own happiness. (*Critique of Practical Reason*, p. 32; *Doctrine of Virtue*, pp. 44–5, 53ff.)

30 For a discussion of Rousseau's attempted justification of these two exceptions within familial society, and of his denial of citizenship to women, see my *Rousseau's Political Philosophy: An Interpretation from Within* (Ithaca, 1976), pp. 271–6, 306–10.

31 *Émile*, pp. 254, 261, 287–8, 296–8, 312–13, 362, 366; *Discourse on Political Economy* (Pléiade iii.276–7); *Discourse on Inequality*, pp. 174–6; see also *La NH* (Pléiade ii.572–3).

32 *Social Contract*, p. 351.

33 *Émile*, p. 308.

34 *SC*, p. 394.

35 *Discourse on Inequality*, pp. 152, 161, 192.

36 To be sure, the language of negative liberty and of moral freedom can be identical. For example, the notions that man obeys his own will alone, that man is master of himself, and that man performs only self-imposed duties can characterise both negative liberty and positive liberty. And these formulations appear throughout Rousseau's political writings.

37 *Discourse on Inequality*, pp. 151–3, 162.

38 *Discourse on Inequality*, pp. 152–7.

39 *LM* (Pléiade iii.841–2). The context here contrasts 'independence' and 'liberty'. The former – 'doing one's own will' – is that lawless impetuousness of pre-social man which, in civil society, enslaves all men. Or, as Rousseau wrote in the manuscript margin: 'Whenever there are slaves there are masters.' (*LM*, p. 1693).

40 *SC*, pp. 352, 355–6.

41 *SC*, p. 360.

42 *Discourse on Inequality*, pp. 111, 193–4, 131–2. Similarly, at the end of the first book of the *Social Contract*, Rousseau's discussion of the original convention concludes 'with a comment that ought to serve as the basis of the whole social system. It is that rather than destroying natural equality, the fundamental compact on the contrary substitutes a moral or legal equality for whatever physical inequality nature may have placed between men [. . .]' (*SC*, p. 367).

43 *Ms de Genève* (Pléiade iii.297–305); *SC*, pp. 352–9, 365–7, 407, 412, 432–3; see also *Discourse on Inequality*, pp. 181–5; *LM*, pp. 806–7; *Émile*, pp. 836–9.

44 *SC*, p. 358.

45 *SC*, pp. 364, 373, 374, 427; *Émile*, pp. 311, 817–19. For a discussion of how the virtuous sentiments of a self-governing citizen represent the fulfilment of man's natural goodness, see my *Rousseau's Political Philosophy*, pp. 177–81, 296–7, 302–4, 312–16.

46 *Discourse on Political Economy*, p. 259.

47 *SC*, pp. 368, 372–4, 391, 438; *Discourse on Political Economy*, pp. 252–3; *Fragments*

on the State of War (*Pléiade* iii.615). Thus, except for the 'sanction' of criminal law which I discuss below, Rousseau sought only an internal 'guarantee' of the duty of citizens to obey, and found this guarantee in the social bond itself, in a self-governing citizenry's sense of civic duty and civic loyalty. For this reason the permanent sovereignty of a people has a self-validating character and carries a 'natural' or self-enforcing sanction. *SC*, pp. 394, 364, 372–5, 378–9, 437–8.

48 *SC*, pp. 362–3, 368–70, 374–5, 394, 395, 396, 421–3, 425–7, 429–30, 432. For a general discussion of Rousseau's view of a rule of law, see my *Rousseau's Political Philosophy*, pp. 122–31, 194, 199–200.

49 *SC*, pp. 361, 368–9, 374, 423, 429–31, 437–8.

50 However, such a list, and the characterisations of both the virtuous citizen and an egalitarian common life which follow, are somewhat misleading because they do not take full account of Rousseau's attentiveness to variations of time and circumstance. For Rousseau did distinguish degrees of enslavement. He grudgingly acquiesced in inegalitarian practices that seemed to him less vicious than their likely successors. And because Rousseau also believed that men had been self-governing in an ancient, often unrecorded past and that there was no remedy for contemporary enslavement, he recommended to modern men palliatives which might slow down that accelerating decline into enslaving warfare which he first charted in the *Discourse on Inequality*.

51 *Discourse on Inequality*, pp. 183–4; *SC*, pp. 352–3, 355–6, 430–1; *Considérations*, pp. 975, 979.

52 *SC*, pp. 370–1, 408–13, 415.

53 *SC*, pp. 406, 454–5.

54 *SC*, pp. 387, 390, 397, 405, 425–7, 429, 431; *Discourse on Inequality*, p. 112.

55 *Discourse on Political Economy*, p. 253; *Émile*, pp. 524, 857; *Considérations*, p. 958.

56 *Observations* and *Last Response* (*Pléiade* iii.49–51, 79–80); *Discourse on Inequality*, pp. 171–5, 187–8; *Discourse on Political Economy*, p. 272; *SC*, pp. 391–2; *Considérations*, p. 1002; *LD'A*, p. 155.

57 *Discourse on the Sciences and Arts*, pp. 19–20; *Discourse on Inequality*, pp. 203, 206–7; *Considérations*, pp. 964–6.

58 *Considérations*, pp. 1005–8; *Émile*, pp. 460–3, 468, 470, 477; *La NH*, pp. 548–51; *Projet* (*Pléiade* iii. 905, 920).

59 *SC*, pp. 428–9; *Projet*, pp. 933–5, 940–1.

60 *Discourse on Inequality*, pp. 188, 219; *Émile*, pp. 492–3; *Dialogues* (*Pléiade* i.846–7).

61 *Discourse on the Sciences and Arts*, pp. 27–8; *Émile*, pp. 454, 602, 620.

62 *Discourse on the Sciences and Arts*, pp. 6–7, 13–15, 17–18.

63 *Projet*, pp. 929–32; *Considérations*, p. 1003; *SC*, p. 429.

64 *Discourse on the Sciences and Arts*, pp. 24, 26–8; *Observations*, pp. 45–50; Preface to *Narcisse*, pp. 956–66; *Émile*, pp. 250, 526–9, 627; *LCB* (*Pléiade* iv.969–75); *LM*, pp. 694–700, 724–6.

65 *LD'A*, esp. pp. 20–1, 80–5, 129, 131, 154, 156, 165; *Discourse on Inequality*, p. 155; *Émile*, p. 677; *La NH*, pp. 251–4.

66 *Ms de Genève*, p. 287; *Émile*, pp. 248–9; *Considérations*, p. 960.

67 *SC*, pp. 462–4.

68 *Discourse on Political Economy*, pp. 256–66.

69 *Projet*, p. 901.

70 *Discourse on Inequality*, pp. 138–9; *Émile*, pp. 269–70, 256–7, 1306.

71 *Considérations*, pp. 1000–2.

72 *Discourse on the Sciences and Arts*, esp. p. 26.

73 *LD'A*, esp. pp. 45–6, 75, 106–8.

74 *Discourse on the Sciences and Arts*, pp. 18–19; *Dialogues*, pp. 844–5, 862–5, 889–91, 964–9; Preface to *Narcisse*, pp. 967–9; *Observations*, pp. 40–1, 55–6; *Last Response*, pp. 72–5; *Lettres morales* (*Pléiade* iv. 1088–90); *De l'honneur et de la vertu* (*Pléiade* iii.505).

75 *Projet*, pp. 904, 911; *Émile*, pp. 469–70; *SC*, p. 427.

76 *SC*, p. 429.

77 *Discourse on the Sciences and Arts*, pp. 22–4; *Discourse on Inequality*, p. 113; *SC*, pp. 375, 466–7; *Considérations*, pp. 1013–16; *Émile*, pp. 699–700.

78 *SC*, pp. 428–9; *Projet*, pp. 929–34.

79 *LD'A*, pp. 168–9, 170, 173, 175–6; *Considérations*, pp. 957, 995.

80 *Discourse on Inequality*, pp. 112–14; *Discourse on Political Economy*, pp. 249, 258; *Considérations*, pp. 1002–3.

81 *Discourse on Political Economy*, pp. 256, 258; *Émile*, pp. 804–5, 810–14.

82 *Discourse on Inequality*, pp. 187–8; *SC*, p. 437; *Projet*, pp. 903, 916; *Considérations*, p. 1001; *Fragments on Laws* (*Pléiade* iii.492).

83 *Discourse on Political Economy*, pp. 254, 259–61; *Considérations*, pp. 966–70.

84 *Projet*, pp. 904–5, 916–17, 920–1, 924, 931; *SC*, p. 367.

85 *Projet*, pp. 931, 936–7; *LD'A*, pp. 124–5.

86 *SC*, pp. 458–9, 467–9; *Discourse on Inequality*, pp. 222–3.

87 *Discourse on Political Economy*, pp. 245, 265; *SC*, pp. 376–7, 368; *Projet*, p. 940; *Considérations*, pp. 965–6; *LD'A*, pp. 87–90.

88 *Discourse on Inequality*, p. 112; *LD'A*, p. 79; *Considérations*, pp. 1019, 1020–1.

89 *Metaphysical Elements of Justice*, p. 77; 'Theory and Practice', p. 90; *Perpetual Peace*, pp. 10n, 49. However, the formation of a cosmopolitan constitution, a lawful federation of republican states, must be voluntary.

90 *Discourse on Inequality*, pp. 135–7, 138, 140, 152–5, 159–61, 202–3; *SC*, pp. 351–2, 354–5, 356–8.

91 *Discourse on Inequality*, pp. 176–8, 180–2, 185–6, 187.

92 *SC*, p. 390. Rousseau's view that a state, destroyed by revolution and civil war, might be 'reborn so to speak from its ashes' only confirms this requirement of peace. For such rebirths are 'rare' and 'exceptions'; and a people must have lost all memory of the 'horror of the past'. Thus: 'Free peoples remember this maxim: Freedom can be acquired, but it can never be recovered.' *SC*, p. 385; see also *Considérations*, pp. 1036–7.

93 *SC*, pp. 360, 375, 376, 419–20.

94 *SC*, p. 440.

95 One hesitates to describe Rousseau's political thought as that of a contract theorist, and for good reasons. In the *Discourse on Inequality* he condemned the familiar, orthodox contracts of both association and governmental authorisation. In the *Social Contract*, his own version of an original contract is unique because it involves a people's moral self-transformation and because it establishes a permanently sovereign citizenry. And the later establishment of legitimate government, Rousseau argued, cannot derive from a contract between a people and its magistrates. But when the participants to a legitimate contract also remain without a motive for the foundation of their association, when they lack the needs and memories which the establishment of self-government would postpone, one may further doubt that Rousseau was a contract theorist. For a discussion of the inegalitarian contracts of civil association and of governmental authorisation in the *Discourse on Inequality*, and of

that egalitarian contract of civil association in the *Social Contract* which requires both men's 'total alienation' and the 'strengthening of men to be free', see my *Rousseau's Political Philosophy*, pp. 153–60, 238–50.

96 *SC*, pp. 380–6.
97 *SC*, p. 382.
98 *SC*, p. 383.
99 *SC*, p. 391.
100 *SC*, pp. 383–4.
101 *SC*, pp. 424–8, 434–6.
102 *SC*, pp. 421–3, 430.
103 *SC*, p. 440.
104 *SC*, p. 440.
105 *SC*, pp. 361, 371–2, 383, 441.
106 *SC*, p. 441.
107 *SC*, pp. 439–41. A unanimous error occurs 'when the citizens, fallen into servitude, no longer have either freedom or will. Then fear and flattery [of rulers] turn voting into acclamations.'
108 According to Littré (1956–8 edition), although the term *pluralité* was in common use and meant both plurality and majority, the term *majorité* had been taken from England in the eighteenth century and was used by Voltaire in 1760. Rousseau, however, studiously avoided using the term *majorité*. In the *Social Contract*, he used instead the following phrases: 'le petit nombre de se soumettre au choix du grand' (p. 359), 'la loi de la pluralité des suffrages' (p. 359), 'la grand pluralité des suffrages' (p. 439), 'la voix du plus grand nombre' (p. 440), 'la pluralité' (p. 441), 'entre l'unanimité et l'égalité il y a plusieurs partages inégaux' (p. 441), 'l'excédent d'une seule voix' (p. 441), and, with reference to voting during the Roman republic, 'la pluralité des suffrages' (p. 450), 'la pluralité des écus bien plus qu'a celle des voix' (p. 451), and 'la pluralité' (p. 452). The convention of translating Rousseau's expressions as 'majority', and especially as 'majority rule' and 'qualified majorities', is misleading.
109 *SC*, pp. 440, 441, 359.
110 *SC*, pp. 440–1.
111 *SC*, p. 440.
112 *Metaphysical Elements of Justice*, p. 120.
113 When an assembled citizenry legislates, and when the object of its legislation is general so that its laws apply to all members, then citizens of the state, as subjects, obey only their own laws. But the political whole cannot apply its own laws to parts of the whole because such actions would establish that distinction between rulers and ruled which constitutes enslavement. In order to prevent a situation where the political whole rules a part, Rousseau defended what he called legitimate government and required that its powers remain non-legislative or executive in character. This executive power serves as an 'intermediary' between a sovereign citizenry, which alone legislates, and the same citizens who, as subjects, are simultaneously obligated to obey their own laws. Thus, legitimate government executes the sovereign's laws in particular cases, so that the object of this government's 'decrees' is always particular and never general. In this manner only government can apply and enforce criminal laws in particular cases. For while the original contract entitles a sovereign citizenry to enact criminal laws and to establish penalties for their violation, this

sovereign, Rousseau insisted, is prohibited from exercising the power of rightful punishment with reference to particular subjects. (*SC*, pp. 374, 395–400, 421–3, 426–36, 369, 377.) For a fuller discussion of the non-governing character of Rousseau's legitimate government and its non-contractual institution, see my *Rousseau's Political Philosophy*, pp. 255–65.

114 *SC*, pp. 376–7.
115 *SC*, pp. 356–8.
116 *SC*, p. 377.
117 Rousseau appears to have thought that punishment, finally, is always a matter of superior force, that punishment, although deserved, could never be justified as a matter of political right. For he often recommended terrifyingly severe punishments, as appropriate in both free and enslaved societies, in a manner that suggests that disobedience and its punishment are always a waging of war. For a discussion of Rousseau's views of punishment, see my *Rousseau's Political Philosophy*, pp. 189–91, 196–7, 270.

Discussion

R. A. LEIGH: Professor Ellenburg has got us off to a flying start. It would be quite impossible, in the course of a brief discussion, to do justice to all the points he has made. May I set the ball rolling by making a few, somewhat random remarks on his stimulating and wide-ranging paper?

1. I think we should all agree that conflicting opinions about the meaning of Rousseau's political ideas cannot be arbitrated by reference to Kant, any more than differences over the meaning of the general will can be arbitrated by reference to Fichte or Hegel. This, of course, is not to deny the influence of Rousseau on Kant, nor the interest of a comparison between the political outlook of Kant and Rousseau.

2. You have said that 'in a Rousseauistic free society, ruler and ruled are the same person'. Not quite, for a government always intervenes, as an executive, it is true, not as a legislator. Perhaps a closer approximation to Rousseau's thought might be that in Rousseau's contractual community authority and obedience are the obverse and reverse of the same coin.

3. 'Rousseau defended the direct and continuous exercise of legislative power by a sovereign citizenry.'

I fear this formulation may be misunderstood: we would then lapse into Talmon's error. Rousseau specifically opposes the notion of 'a people in continuous session': that may or may not be Jacobinism or populist totalitarianism, but it is certainly not Rousseau. He says so, in so many words. In his contractual community, the sovereignty of the people is exercised by the expression of the general will, accepting or rejecting proposals put forward at the periodic assemblies of the people, duly convoked in accordance with the provisions of the constitution: and only on such occasions.

4. The role of the 'Legislateur' has, of course, been much discussed. He is not really a 'Legislator' at all; he is the man who frames the constitution for the approval of the people. A popular assembly is not

a drafting committee. Even ordinary laws would normally have to be drafted previously, presumably by the government or by a citizen or body of citizens acting through a constitutional mechanism.

5. My reading of the *Contrat social* has convinced me that Rousseau was not opposed to representative government, and that this statement, often repeated, is a historic misunderstanding of his position. What he was opposed to was *sovereign parliaments*. He doesn't care very much about the *form* of government, so long as the people remains sovereign, i.e. is the legislative body. He discriminates sharply between *law* (acts of sovereignty) and *acts of government* (performed in execution of the law).

6. Rousseau's 'indictment of external rule'. Your amplification of this point raises doubts in my mind about some aspects of the method implied in your paper. I seemed to hear notions juxtaposed from the *Inégalité*, the *Contrat social*, the Geneva manuscript of the *Contrat social*, the *Économie politique* and the Corsica and Poland books. Perhaps there were others which escaped me. Is it right to put them all on the same level, as though they formed part of a single organised work or theory? On the one hand, the relationship between some of these texts is one of the unresolved problems of Rousseau scholarship, or at least a matter of controversy. On the other hand, there is the general problem of the relationship between political principles laid down in what may provisionally be assumed to be a kind of vacuum, and their application in concrete historical situations (Corsica, Poland): and Rousseau makes it clear that the principles of the *Contrat social* cannot be applied in every existing community.

7. The problem of the origin of society is different from the problem of the philosophical foundation of political justice. It is a pity they were ever confused (as they have been in contractual theory). Was it not one of Rousseau's merits that he tried to extricate himself from this confusion in the *Contrat social*? 'Comment ce changement s'est-il fait? Je l'ignore. Qu'est-ce qui peut le rendre légitime? Je crois pouvoir résoudre cette question' (1.i). He has not been entirely successful in avoiding this confusion, but at least he tried.

So, to ask about motives seems to me to stress the less fruitful side of the *Contrat social*, and to sink back into that bogus historicity from which Rousseau (it seems to me) was attempting to extricate himself. To ask about motives is to distract attention from the fact that the *Contrat social* seeks above all to establish normative criteria by which the functioning of existing institutions may be judged.

If, however, we must ask about motives, are they not succinctly stated in the *Contrat social*? 'Je suppose les hommes parvenus à ce point où les obstacles qui nuisent à leur conservation dans l'état de nature l'emportent par leur résistance sur les forces que chaque individu peut employer pour se maintenir dans cet état' (I.vi). But once again, may I emphasise that, in the *Contrat social*, Rousseau is concerned more with foundations than with origins.

Again, if we say that Rousseau restricted the establishment of a legitimate state to 'simple men living in loose clusters of families who have not yet been consumed by *amour-propre*', then we are once more fusing the problem of the juridical basis of a just society with the question of historic formation of real societies: we are being attracted out of the orbit of the *Contrat social* into that of the *Inégalité*. We are also making nonsense of the arguments of those who think that one of the aims (some would say, the principal aim) of the *Contrat social* was reform in Geneva. Since such interpreters of the work include Rousseau himself, this must give us pause.

For all these reasons, and some others, I don't find myself convinced that Rousseau was a 'radical egalitarian'.

8. One last point: you think that Rousseau regards the punishment of criminals as an act of war. That may be so, but cannot his justification for penal sanctions in a just and free society be put in a less dramatic way? Civil liberty is obedience to the law you have participated in settling or have acquiesced in. Breaking the law, therefore, is not liberty. That phrase, 'they will be forced to be free', which some have regarded (or affected to regard) as so sinister, has a perfectly innocuous meaning: it means simply 'they will be forced to obey the law'. Since this is, in fact, the practice in all societies, I cannot see what all the fuss is about. Of course, in Rousseau's mind, his aphorism could be true only in a free and just society.

S. ELLENBURG: Thank you. I'd like to begin with the sixth of your eight points. Perhaps, by first clarifying my 'implicit method', as you call it, I can expedite my responses to your other, more substantive points. For you also quarrel with a number of points in my paper while I instead was making only a single, albeit pervasive, point. My single point was that Rousseau's political thought, unlike Kant's, is animated by a demand for literal self-government, for radical political equality. Or, in its negative form, Rousseau, again unlike Kant, condemned, as enslavement, political inequality itself. Nearly all your substantive points involve aspects of my single point.

You are quite correct to detect that I have drawn upon nearly the full range of Rousseau's political writings. My justification for doing so is twofold. First, Rousseau repeatedly asserted that his political ideas and writings constituted a single and consistent whole, that to understand his political ideas one could not approach his writings in a piecemeal manner. And to accusations of inconsistency, Rousseau expressed relentless exasperation and hostility. Second, I am generally persuaded by Rousseau's claims to wholeness and consistency. And I believe that, as something of a methodological principle, critics or interpreters must attend, explicitly and self-consciously, to the entire range of Rousseau's writings. For I cannot see how it is possible to try to make sense of Rousseau's political ideas without comparing what he said here with what he said there, without clarifying the meaning of a troublesome passage or concept by locating its place in his entire corpus.

Now, in describing my so-called method, I do not mean that scholars can avoid interpretive judgement and inference. Nor do I think possible that 'resolution' of Rousseau's political thought which would silence disagreement and controversy. Obviously, Rousseau's texts would be pale and dull matters if such a final word were possible. And Rousseau was simply too powerful a writer and thinker, and too original a political theorist, to invite such a conclusive interpretation.

In sum, I do indeed treat the political writings you mentioned as parts of 'a single organised work or theory'. But I have not put Rousseau's writings 'all on the same level'. The circumstantial qualifications accompanying both my list of matters comprising Rousseau's indictment of external rule and my list of considerations defining egalitarian politics were intended to permit a variety of levels. More specifically, Rousseau's Polish and, to a lesser extent, Corsican proposals contain clear but also acknowledged compromises and betrayals of his principle of political right, compromises and betrayals dictated by given historical circumstances. And I can see no illustrations by Rousseau of his principle of political right except for his largely mythological descriptions of Neuchâtel and his 'ancient' or 'original' Geneva, a Geneva for which historians find little evidence.

In your second point, you suggest that ruler and ruled are not the same in a Rousseauist free society because 'government always intervenes'. It seems to me that Rousseau's legitimate government can intervene only in the case of criminal punishment. And, as I argued in my paper, Rousseau went to great lengths to deny, or rather to conceal, that this government is actually governing when punishing disobedient subjects. Correspondingly, if government were to intervene, indeed if criminal punishment were frequent, then citizens are no longer self-governing but are instead enslaved.

I accept your suggestion that in a Rousseauist free society 'authority and obedience are the obverse and reverse of the same coin'. Perhaps

I might briefly develop this suggestion, because Rousseau's radical egalitarianism can also be seen in his understanding of popular sovereignty and in his unique distinction between this legislative authority of a sovereign citizenry and the executive power of government.

Each member of a just society is both citizen and subject, Rousseau asserted. That is to say, single subjects are obligated to obey those civil laws which they have legislated as citizens, as indivisible members of a corporate whole. In such a situation, and assuming that the object as well as the source of the general will remains general, as Rousseau also required, the members of a political whole are self-governing. The political whole alone simultaneously commands and obeys itself, and the body politic is not divided between ruler and ruled. Further, it is precisely to avoid an enslaving division between ruler and ruled that Rousseau required a legitimate government of a purely executive character. For if a sovereign citizenry were also to execute or apply its own civil laws to particular subjects, then this whole would be commanding a part.

This non-governing character of Rousseau's legitimate government is further seen in his view of its initial and non-contractual institution. This clumsy 'complex act' involves, first, that a sovereign citizenry determine the form of government, and, second, that the people, as a non-sovereign and temporarily democratic magistracy, select the magistrates to occupy governmental offices. Thus, questions of the kind and extent of contractual obligation between citizen-subjects and government cannot arise, because there has been no contractual authorisation of rulers by the ruled, no consent of a governed people.

With reference to your fifth point, namely that Rousseau was not opposed to representative government in the *Social Contract* but to sovereign parliaments which have usurped popular sovereignty, I am not persuaded, for several reasons. First, in your reading, it would probably be impossible to understand why Rousseau also condemned as enslaving that representative government described in the *Discourse on Inequality*. For this government is established on the basis of a kind of consent, is initially limited in the scope of its powers, and so on. Second, in contrast to Kant, Rousseau never sought to determine the legitimacy of government by reference to its institutional structure, the distribution of powers among possible branches of government. Indeed, because of his unique distinction between the legislative authority of a sovereign citizenry and the executive power of legitimate government, Rousseau's legitimate government could not even include a legislative branch. Thus, the only form of government which Rousseau ruled out as illegitimate in principle does not concern the sovereignty of a parliament but rather the specifically monarchical form of this government. Third, I would repeat what Rousseau said has happened whenever a citizenry's sovereignty has been usurped by any governmental body which legislates to any extent. He asserted that, whenever representatives legislate, there no longer exists true law, the body politic has been destroyed, the former state has shrunken to include now only those who would claim to represent a people's unrepresentable general will, and all members – both subjects and representatives – are thereby irredeemably enslaved. In sum, the only way in which Rousseau's legitimate government can be 'representative' is in its exercise of executive powers. To deny legislative power to government is to reject representative government in principle. I do accept, however, your third point in which you criticise the description 'continuous' applied to this inalienable legislative authority of a sovereign citizenry.

With reference to your fourth and seventh points, I agree that the role of Rousseau's legislator is a distinctive one and that, for Rousseau, 'the problem of the origin of society is different from the philosophical foundation of political justice'. Rousseau's social contract is not, and could not be, an event, although we, like Rousseau, cannot avoid talking about this non-event as if it were, in Rousseau's phrase, an 'act of association'. And this is why in my paper I distinguished between Rousseau's *idea* of an original contract and the historical actualisation of this principle of political right by a founding legislator or lawgiver. Perhaps it suffices to repeat that the idea of a possible motive to this contract, not its historical occurrence, seems to me unclear or unanchored. Correspondingly, in describing the historical foundation of a just state by a legislator, Rousseau was again at pains to conceal a temporary denial of self-government. And if there is an alternative explanation for Rousseau's repeated sleights of hand while discussing the legislator's foundation, an alternative, that is, to radical egalitarianism, I am not aware of it.

With reference to your eighth point, I would repeat that it is Rousseau who was compelled by his radical egalitarianism to see the punishment of criminals as an act of war, that Rousseau did not avail himself of your 'consent' justification. However, I agree that there is nothing sinister in the phrase *forcer d'être libre*, even if I do not accept your somewhat Kantian reading of this phrase or your apparent application of this phrase to criminal punishment. In brief, I think Rousseau, in using this phrase, was only defining the unanimous character of the original contract and the moral transformation of its participants. Furthermore, if we translated this phrase in terms of 'strengthen', rather than 'force', we would be closer to Rousseau's definition, in *Émile*, of virtue as moral strength or *force de l'âme*.

Finally, you agree that 'the meaning of Rousseau's political ideas cannot be arbitrated by reference to Kant'. However, Kantian readings of Rousseau are implicit as well as explicit. I've just intimated that your understanding of Rousseau's justification of punishment is Kantian. Similarly, I think we miss the thunder of Rousseau's political thought – its originality and its sometimes terrifying character – when Rousseau's legitimate government is understood to intervene regularly or when Rousseau is understood not to have rejected representative government as such.

R. WOKLER: I should like first of all to join Professor Leigh in commending your paper for its wide-ranging treatment of so many important features of Rousseau's philosophy. I would, however, like to raise three points.

While I may have some doubts about the distinctions you have drawn between the two thinkers, I agree very largely with your claims about Kant's intellectual debt to Rousseau, and particularly with your remark that Kant shared Rousseau's belief that we must know what ought to be in order to appraise what is. I think both Rousseau and Kant perceived that facts about political and social life must not be confused with statements of right and duty (such confusion was, after all, decried by Rousseau as the principal shortcoming of Montesquieu's political theory), though I'm sure that you are correct to regard both thinkers as holding the view that there were necessary links as well as dichotomies between these two spheres. Perhaps the nature of those links ought to be considered in more detail; but may I add a few words about an equally important thesis along the same lines which was adopted by the two men?

I think Kant saw in Rousseau's philosophy not only a proper conception of the ties between what ought to be the case in principle and what is the case in fact. He also came to recognise, and share, Rousseau's view that in order to have a firm grasp of what is the case at present we need to know what must have been the case in the past. Kant clearly understood the significance of Rousseau's attempt to reconstruct the history of civilisation in the context of his moral theory, and whereas many commentators of the period followed Voltaire in ridiculing his account of the state of nature on the grounds that it was an illusory or degraded paradise, Kant saw that it was no paradise at all, and that Rousseau required such an image not in order to *go* back to it, but rather in order to *look* back upon it so as better to understand and confront the tangible realities of the contemporary world. This appreciation of Rousseau's philosophy of history as an integral part of his system of ethics we owe to Kant, I believe, more than to any other figure of the Enlightenment.

My second point concerns a fairly limited aspect of your paper: your account of Rousseau's conception of liberty. You speak of natural liberty in his theory as 'freedom from the commanding or obeying will of another', but I wonder whether that definition does not apply more strictly to his view of civil liberty. For Rousseau supposed *this* form of freedom to be the absence of control over one's conduct by the will of other persons, or the lack of subjection of one's own will to an external authority. I don't wish to open a discussion here about the various senses in which Rousseau might have understood the idea of liberty, but I think you may be mistaken to regard natural liberty in his theory as 'freedom from the commanding or obeying will of another', since in the two main passages that come to mind in which he discusses the concept (in the *Discours sur l'inégalité* and the *Contrat social*), he describes such liberty as the absence of a constraint exercised upon us not by other persons but by Nature, not by wills but by instincts, and not by authorities outside us but by impulsions within. I also believe that in defining natural liberty in a way that more resembles his definition of civil liberty you may equally have misconstrued the meaning of moral liberty in his doctrine. At any rate I find it hard to understand why you should maintain that individuals in his state of nature must really be morally unfree in some sense, in so far as he continually stresses the point that in their natural condition persons can have no moral characteristics at all. As you have pointed out, for Rousseau autonomy (a conception of freedom greatly admired by Kant) could be realised only in certain types of political association; while, therefore, we might be morally unfree or enslaved in most actual communities, it seems to me more confusing than helpful to describe amoral and naturally independent creatures as morally unfree.

My third point is a more general critique of your paper. Though it may be said that Rousseau was in the main a radical egalitarian thinker while Kant allowed for fundamental inequalities in his doctrine, both of these propositions are contentious. However, given the important contrast that you draw here between their ideas, I'm rather surprised that you take so little notice in your paper of those features of their respective doctrines which most bear out your thesis. For, to my mind, the main argument in favour of your view is the fact that, whereas Kant was explicitly concerned only with equality in a juridical and formal sense which excluded all reference to the distribution of social and economic benefits, Rousseau addressed himself directly to the need for approximate social and economic equality to give substance to the political equality of citizens. He insisted that there could be no political liberty in the state without economic equality as well. Whereas Kant saw the principle of equality mainly in terms of the impartial rule of law, in Rousseau's philosophy it was conceived in terms of overcoming relations of dependence in all spheres of interpersonal life. In fact, as is clear from the second *Discours*, he supposed political inequalities to have had a largely economic foundation through the institution of private property, and I think it could be shown that in the *Contrat*, and in other writings too, the moral imperatives of political equality require substantially egalitarian economic objectives as well. Yet these features of Rousseau's egalitarianism are hardly discussed at all in your paper, and you focus instead upon his doctrine of 'political right' and even speak of a 'juridical society' as obligatory in his theory. It seems to me that by addressing yourself almost entirely to these legal and formal aspects of his doctrine you tend to undermine your own case about the radical egalitarian nature of his politics. At any rate it isn't clear to me that the principles on which you have concentrated are more radical than those of Kant, nor even precisely why you regard them as egalitarian in a way that Kant's philosophy of law is not.

S. ELLENBURG: I agree about Kant's unusual appreciation of Rousseau's philosophy of history. Further, there is a symmetry in their methods: a method which resorts to the necessary fiction of a state of nature and a method which resorts to the necessary fiction of a *Ding an sich*. Rousseau and Kant are seeking a position from which to deduce the facts of observation. And each is reasoning as much as one has to, but no more, in order to explain the existent.

Moreover, Rousseau and Kant differ not only about the state of nature and political right but about the significance of politics itself. The question of political right is marginal within Kant's philosophy: his ethic does not depend upon his politics because his ethic centres on duty without respect to the existence or structure of the state. Thus, one cannot get at the significant parts of Kant's thought by considering relations *among* men. For Rousseau, in contrast, there can be no separate ethics. Rousseau's ethics *is* his politics. Rousseau is quintessentially a political theorist; and in that consists part of Rousseau's novelty in the history of political thought. If, for Kant, duty itself is a corvée, for Rousseau corvées and civic duties generally express citizens' egalitarian relations to one another.

With reference to your second point, my understanding of Rous-

seau's conception of liberty, once again, was not a 'limited aspect' of
my paper. Moreover, my argument was that the liberty of a self-
governing citizen is the social equivalent of man's natural liberty, that
when Rousseau asserted in the *Social Contract* that social man must
remain 'as free as before', the 'before' here refers to man's presocial
independence in the 'earliest' state of nature. As to the character of
this natural liberty, both the *Discourse on Inequality* and *Émile* portray
natural men as free, indeed absolutely free, in the sense that they
neither command nor obey one another. Correspondingly, I find
Rousseau's natural man to be morally unfree so that, as I argued, moral
freedom lacks the critical sanction of nature: natural man *is* under the
constraint of instincts.

But it is only from the perspective of later social men, who might
themselves become morally free or unfree, that I made this ascription
concerning natural man's moral unfreedom. I made this retrospective
judgement in the same way that Rousseau defended man's natural
goodness while acknowledging that 'goodness' here is a retrospective
ascription made in terms of later social men. Moreover, that what
passes for moral freedom in a Rousseauist free society lacks the sanction of nature can be seen in another way. This imperative of 'moral
freedom' or of civic virtue, this requirement that citizens adhere to
their general will of civic virtue, often repudiates aspects of man's
natural goodness. Criminals are punished and enemies are killed in
war, if indeed these considerations can be distinguished. Both actions
repudiate man's natural pity for his species. Risking, even giving up
one's life in defence of one's *patrie* goes against man's natural *amour
de soi*. And the civic duty of performing useful work completely
repudiates man's natural indolence.

In sum, I do not disagree that, in their own terms, Rousseau's
natural men are, as you say, 'amoral'. But, in addition, would not Kant
judge as fatal to *his* understanding of moral freedom this collective
discipline of a Rousseauist free society?

I thought I had made your third point, that Rousseau's radical
egalitarianism is no mere matter of legal or formal considerations. I
would recall my discussion of the circumstances in which a legislator
must found a free society and my two lists of Rousseau's indictment of
external rule and of an egalitarian common life. Each list begins with
formal or legal matters and then goes on to mention unofficial considerations of the social and economic character you describe. But I
hesitate over your formulation that, for Rousseau, 'political equality'
required 'approximate social and economic equality'. I think even this
distinction distorts Rousseau's politics. For Rousseau, politics cannot

be compartmentalised because politics itself comprises the very character and circumstances of common life. For example, Rousseau asserted
in the *Social Contract* and elsewhere that *mœurs* constitute the most
important kind of law, even more important than those civil laws
which a sovereign citizenry must legislate directly. We risk missing
this distinctive aspect of Rousseau's originality if we assign ideas or
writings to separate categories labelled politics, economics, education,
religion, and the like.

More specifically, I don't think that in the *Discourse on Inequality*
Rousseau 'supposed political inequalities to have had a largely economic foundation through the institution of private property'. The
acquisition of private property is itself, for Rousseau, an expression of
amour-propre, of that particularistic will to dominate others which
enslaves all men, rich as well as poor. Hence, immediately after his
wonderful denunciation of private property, Rousseau paused to note
that the idea of private property is dependent upon many prior ideas
which developed during the centuries of mankind's evolution from a
presocial state of nature. Similarly, the unequal distribution of private
property, for Rousseau, constitutes an enslaving politics. Further, this
reading of Rousseau's understanding of private property in the *Discourse* can be reconciled with Rousseau's other, seemingly inconsistent
statements on private property and its unequal distribution: for
example, his somewhat hesitant 'justification' of a civic right to private
property in the *Discourse on Political Economy*, his restrictions upon
private property in the *Social Contract*, his retention of limited private
property and the provision for common property in the Corsican
proposal, his frequent defence of sumptuary laws, his attack upon
private property in the *Considérations* and, indeed, Émile's bean patch
episode and Rousseau's discussion, in the *Confessions*, of the prospect
of his inheriting Claude Anet's overcoat.

In sum, private property was no more a private or merely economic
matter for Rousseau than it was, say, for Marx. Like Marx's critique
of classical 'political economy' in the *Manuscripts of 1844*, Rousseau
in the *Discourse* was unable to assume or merely to reject private
property. Rousseau had to explain, to account for its occurrence. And
a consuming desire for property constitutes that disintegrating politics
in which all men, possessed by an ambitious mimicry to dominate, are
enslaved to one another, rich as well as poor.

J. CHARVET: Your point that Kant allows for a distinction
between rulers and ruled in his political theory, which is wholly absent
from Rousseau's thought, seems to take no account of the fact that
for Kant the ruler's authority existed only insofar as his will conformed

with the general united will of the people. This is a rational, not an empirical will, and the people do not have necessarily to consent empirically to the laws. But, while there are differences between the two, Kant also has a notion of the sovereignty of the people lying in a general will.

I do not understand your use of the term 'negative freedom'. It seems to be the idea that one is not dependent on the will of another man. But positive freedom also expresses essentially the same notion of not being dependent on an alien will. Thus one cannot argue that Rousseau is a negative freedom theorist solely on the grounds that the idea of freedom present in his political theory is that of being independent of the will of others.

Again, you argue that one cannot justify the submission of the minority to the majority in cases of divided votes in Kantian terms, i.e. that the majority will is the real rational will of the minority also, because this would in effect justify simple majority rule, and Rousseau is not a simple majoritarian. But it is evident that a Kantian argument on the divided vote issue would not justify simple majority rule; it justifies the majority will only when that will is identical with the general will.

S. ELLENBURG: First, you're quite right about a Kantian ruler's realising a people's rational will; but this consideration erodes the extent to which Kant's politics is based upon popular sovereignty, except in a formal sense. Moreover, I don't see how this consideration can affect my interpretation of Rousseau's politics. Perhaps I should repeat, once again, that Rousseau was not interested in the basis – the content or the rationality – of a ruler's coercive commands. For the only guarantee of citizens' obligation to obey, Rousseau argued in the *Social Contract*, is an internal one: the strength of the social bond itself, citizens' virtue alone. Rousseauist citizens obey only rules, never rulers.

Second, I agree that positive liberty, like negative liberty, 'expresses essentially the same notion of not being dependent upon an alien will'. However, I did not base my case for Rousseau's negative freedom on this indisputable characterisation of the two concepts. I argued that, for Rousseau, the demands of natural liberty are synonymous with the demands of natural men's moral or political equality. Now, for Kant, the realisation of positive freedom in no way requires radical political equality. Kant's ethical person can be morally free although in irons. In contrast, Rousseau in the *Social Contract* applauded the inscription of the word *libertas* on the front of prisons at Genoa, because this inscription signified the freedom of law-abiding citizens – but not of prisoners.

The achievement of Kantian moral freedom, then, remains a personal, limited, private-sphere matter. In the public sphere, in Kantian politics, subjects are justifiably coerced by rulers. Finally, Kantian moral freedom cannot explain a critical aspect of Rousseau's demand for absolute negative liberty, namely that the ruler is also enslaved in every ruler–ruled relationship.

The 'logic' of your third point is analogous to that of your first point. You are again putting forth a *non sequitur*, of this sort: because Kant's position on majoritarianism is as you describe, a Kantian interpretation of Rousseau's apparent majoritarianism is possible. Further, I did not say that a Kantian interpretation of Rousseau's divided vote problem would amount to a justification of *simple* majoritarianism. Nor, correspondingly, did I reject the view that Rousseau defended majoritarianism on the grounds that Rousseau thought a majority could not err. As I reported in my paper, Rousseau's denial that a divided assembly has been divided requires, as Rousseau stated, that a 'will of all' in fact corresponds to the general will. To ignore this explicit requirement makes unintelligible, not merely unpersuasive, Rousseau's awareness of and attempt to resolve the divided vote issue.

Deux Contrats sociaux: Hume et Rousseau

JACQUES VOISINE

I

'Eh, Messieurs, nous savons bien tous que la société n'est pas l'œuvre de la raison pure, que ce n'est pas un contrat qui est à son origine, mais des influences autrement mystérieuses et qui, en dehors de toute raison individuelle, ont fondé et continuent de maintenir la famille, la société, tout l'ordre dans l'humanité.'

L'affirmation que lançait Maurice Barrès à la tribune de la Chambre des députés en 1912, pour justifier son refus de voter les crédits destinés à la célébration du deuxième centenaire de naissance de Jean-Jacques Rousseau, aurait pu servir de conclusion à l'essai de David Hume 'Of the Original Contract', paru en 1748 dans la troisième édition de ses *Essays Moral and Political*.

Est-ce à dire qu'il est dès lors vain de comparer son bilan négatif avec le *Contrat social* que publie Rousseau une vingtaine d'années plus tard? Pourtant le rapprochement entre ces deux titres a été fait plus d'une fois, notamment par Th. Redpath lors de la commémoration à Dijon, en 1962, du deuxième centenaire du *Contrat*. En 1947, Sir Ernest Barker réunissait sous le titre *Social Contract*, dans un recueil réimprimé en 1960 puis en 1976, les trois 'contrats' de Locke (qui n'utilise pas ce titre), de Hume et de Rousseau – en les faisant précéder d'une introduction qui garde toute sa valeur.[1]

Ni Sir Ernest, ni les autres spécialistes qui se sont livrés à cette comparaison, ne se sont posé la question de savoir s'il y avait pu avoir soit chez Hume, soit chez Rousseau, quelque intérêt pour les idées politiques de l'adversaire. Les deux hommes ne devaient se rencontrer que bien après la publication du *Contrat social*; mais la brève amitié qu'inaugura cette rencontre, vite dégénérée en querelle retentissante, eut on le sait des échos dans toute l'Europe lettrée, et des conséquences profondes sur la vie de Jean-Jacques dans ses dernières années. On aimerait savoir si les deux nouveaux amis – amis pour quelques semaines – ont discuté théorie politique au cours de ce mémorable voyage de Paris à Londres, dans l'hiver 1765–6, et du séjour à Londres qui suivit. Rien, à une exception près que je mentionnerai – le jugement porté par Rousseau, dans une conversation avec Hume, sur son propre *Contrat social* – ne permet de le supposer. On ne trouve aucun indice en ce sens dans la *Correspondance* publiée jusqu'à ce jour par Ralph Leigh. Rien non plus n'y indique que Rousseau ait connu, avant la rencontre, tel ou tel des écrits politiques de Hume. En revanche, Hume était-il familier avec ceux de Rousseau?

Il faut, pour répondre à cette question, rappeler brièvement les circonstances de leur rencontre. En 1761, la comtesse de Boufflers, maîtresse du protecteur de Rousseau, le Prince de Conti, est entrée en correspondance avec Hume dont l'*Histoire des Stuart* a provoqué son admiration. A peine, l'année suivante, l'auteur du *Contrat social* est-il décrété de prise de corps, que mme de Boufflers sollicite de son nouvel ami écossais un appui en vue d'obtenir pour Rousseau un refuge outre-Manche. Hume adresse alors à Rousseau une lettre flatteuse, mais moins intéressante que celle dans laquelle il fait quelques jours plus tard à son ami Gilbert Elliot (Leigh 1944 et 1957) un éloge assez ambigu des écrits de Rousseau, lesquels (je traduis), bien que tientés de quelque extravagance, lui confèrent une place parmi les premiers écrivains de l'époque par l'éloquence, la puissante imagination, la hardiesse de conception dont ils témoignent. Il semble que vu la date de la lettre (5 juillet 1762) Hume n'ait pu lire alors ni l'*Émile*, ni le *Contrat*.

Mais Rousseau, à cette date, est déjà en Suisse. Quand il se trouvera de nouveau errant, trois ans plus tard, à la suite de son expulsion de l'Ile St Pierre, mme de Boufflers reprendra ses efforts en faveur de son protégé, avec succès cette fois, puisque Hume, qui quitte alors son poste à l'ambassade britannique à Paris, accepte d'emmener Rousseau à Londres. Les impressions qu'il communique à Hugh Blair de sa récente familiarité avec Jean-Jacques intéressent vivement Blair, lequel veut avoir des détails, et surtout savoir si *La Nouvelle Héloïse* repose sur une aventure vécue. Dans une longue lettre à Blair du 25 mars 1766 (Leigh 5125), Hume trace alors un portrait moral de Rousseau et consacre quelques lignes à ses ouvrages. L'*Émile* et son projet de continuation (*Émile et Sophie ou les Solitaires*), *La Nouvelle Héloïse*, y sont mentionnés (je traduis):

Je considère [*La Nouvelle Héloïse*] comme son chef d'œuvre; bien qu'il m'ait dit, lui, que c'est à son *Contrat social* qu'il attache le plus de prix; jugement aussi ridicule que celui de Milton, qui préférait le *Paradis reconquis* à tous ses autres écrits.

Nous voilà donc fixés sur le cas que fait Hume du *Contrat social* de Rousseau. Mais revenons à Rousseau, dont j'ai dit plus haut qu'il ne paraissait pas avoir eu connaissance, en tout cas avant 1765, des écrits politiques de Hume, un des premiers en date étant *Of the Original Contract* (1748). L'enquête de Marguerite Richebourg sur la bibliothèque de Rousseau (citée *Pléiade* iii.1618) établit que Rousseau n'a ni possédé ni probablement lu les *Essays* de Hume. L'essai qui nous occupe aurait dû d'ailleurs être lu en anglais, langue que Rousseau ne possède toujours pas en 1766, comme l'atteste une lettre de Milord Maréchal à Hume (Leigh 5179). On ne saurait exclure toutefois qu'il ait pu en entendre parler par Diderot, assez au courant vers 1750 de la production intellectuelle d'outre-Manche, et traducteur d'ouvrages anglais comme on sait. Simple hypothèse; car la correspondance de Diderot ne fait mention de Hume que beaucoup plus tard, lors de son séjour à Paris.

L'éventualité d'une connaissance par Rousseau des écrits politiques de Hume apparaît donc comme des plus improbables. Notre comparaison exclura toute idée d'une dette possible. Il faut d'autre part souligner que les objectifs visés dans l'essai *Of the Original Contract* et dans le *Contrat social* sont très différents. Si Rousseau entend donner à sa thèse une portée universelle, les préoccupations de Hume s'inscrivent dans la vie politique de l'Angleterre du temps, et son point de départ est l'opposition entre la philosophie *whig* contractualiste (l'hypothèse du contrat devant justifier le principe de la souveraineté résidant à l'origine dans le peuple) et les principes *tory* de fidélité au trône (impliquant sinon nécessairement la thèse du droit divin, du moins une monarchie dotée de réels pouvoirs). La référence domestique est explicite en plusieurs endroits du texte.

II

Un mot d'abord du terme *contrat* (*contract*) en anglais et en français. Hume emploie constamment *contract*, mais à la fin de l'essai *compact*, sans apparente intention d'introduire une nuance. Les exemples que donne l'*OED* semblent confirmer que les deux termes sont interchangeables. Toutefois *compact* (le mot vient de l'ancien français) est longtemps préféré dans son sens politique à *contract*, qui s'applique plutôt à des actes privés notariés.

Social Compact est le titre donné à l'ouvrage de Rousseau dans les premières traductions anglaises, et ce jusqu'en 1795; *Social Contract* apparaît en 1791 et s'impose par la suite. Le mot *contract* était déjà celui utilisé par Hobbes. Quant à Rousseau, rappelons qu'il a hésité sur le titre mais est finalement revenu au titre qu'il avait d'abord choisi, *Du Contract social*. Toutefois 'Pacte fondamental' et 'Pacte social' apparaissent avec le même sens dans des titres de chapitres de la première aussi bien que de la deuxième version.

Hume et Rousseau parlent-ils du même contrat? On sait que les théoriciens distinguaient traditionnellement le 'contrat d'association', *pactum associationis*, et le *pactum subjectionis*, terme qu'on traduit assez improprement par 'contrat de gouvernement'. Sous la plume de Hume, l'expression 'contrat originel' désigne-t-il l'un on l'autre? Il ne fait pas de doute que, à la suite de Hobbes, il intègre le second au premier en les confondant. C'est ce qui ressort de ce passage vers le début de son essai (je traduis):

Si le gouvernement prend naissance dans les bois et les déserts, c'est le peuple qui est la source de tout pouvoir et législation, et c'est volontairement, pour établir l'ordre et la paix, qu'il abandonna sa liberté native et reçut des lois d'un de ses égaux et compagnons.[2]

La confusion entre les deux types de contrat est formellement rejetée par Rousseau: 'L'institution du gouvernement n'est point un contrat' (III. xvi, titre). 'Il n'y a qu'un contrat dans l'état, c'est celui de l'association.' Rousseau n'admet pas, en effet, la délégation de la souveraineté, puisque celle-ci est inaliénable.

Il serait donc facile d'aligner les points d'antagonisme entre l'essai de Hume et l'ouvrage de Rousseau. A vrai dire, on ne ferait que prendre acte ainsi d'un dialogue de sourds, Hume parlant en historien et s'appuyant sur l'expérience commune pour montrer qu'il n'est pas d'exemple qu'un tel contrat (à la fois d'association et de gouvernement, dans son esprit) ait jamais existé – Rousseau au contraire, dont on connaît le mépris affiché pour les enseignements de l'histoire, déclarant 'je cherche le droit et ne dispute pas des faits'. Il pourrait appliquer à Hume son jugement sur Grotius, 'sa plus constante manière de raisonner est d'établir toujours le droit par le fait'. On ne peut comparer que des choses comparables; bien qu'un des premiers chapitres du *Contrat social* s'intitule 'Qu'il faut toujours remonter à une première convention', et semble ainsi poser le problème, comme le fait Hume, en termes historiques, ce n'est pas au *Contrat social* qu'il faudrait comparer l'essai de Hume, mais plutôt au *Discours sur les origines de l'inégalité* paru sept ans plus tard que cet essai, et où la démarche de Rousseau, si peu historien qu'il veuille être, consiste en la reconstitution hypothétique d'un processus historique. Il ne prétend pas écrire l'histoire, mais construire ce qu'on appellerait aujourd'hui un modèle, proposant une interprétation du passage de la préhistoire (l'homme primitif) à l'histoire (l'homme dans l'état de société). Il serait superflu de revenir ici sur les phases de ce processus si bien analysé par Jean Starobinski dans l'introduction de son édition du *Discours sur l'inégalité*. Rousseau n'a pas de peine à réfuter en effet le schéma tout théorique de Hobbes, selon lequel les individus vivant jusqu'alors en anarchie belliqueuse décident un beau jour d'établir la paix en s'unissant et en troquant leur obéissance à un de leurs semblables, plus fort, contre sa protection.

Mais Hume a déjà vu avant Rousseau que c'est là prêter au sauvage des mécanismes intellectuels qui sont ceux du civilisé (je traduis):

Aucun pacte ou accord ne fut conclu, c'est l'évidence même, avec pour objet la soumission générale; idée qui dépasse de beaucoup la compréhension propre à des sauvages. (Barker 1976, p. 149)

Dans la suite de ce passage, Hume présente son propre 'modèle' historique – moins différent qu'on pourrait le croire de celui de Rousseau et nullement inconciliable avec lui. La différence découle nécessairement des conceptions opposées que se font les deux hommes de l'état de nature. Pour Hume, comme pour Hobbes avant lui, les hommes y sont égaux ou presque égaux (intéressante nuance, sur laquelle il revient) en force physique et en facultés mentales. Il ne fait cependant aucune allusion à une perpétuelle guerre qui serait inhérente à l'état de nature (expression qu'il n'utilise pas). Les hommes sont donc 'égaux ou presque égaux', mais Hume ne prend pas à son compte l'affirmation selon laquelle

tous les hommes continuent à naître égaux, et ne doivent allégeance à quelque prince ou gouvernement que ce soit que s'ils y sont liés par l'obligation et la sanction d'une *promesse*. (Barker 1976, p. 150)

Une telle affirmation, commente-t-il ironiquement, est le fait de 'philosophes, qui ont embrassé un parti – s'il n'y a pas là une contradiction dans les termes'.

Rousseau va bientôt s'inscrire au nombre de ces philosophes, sans qu'on puisse dire qu'il ait 'embrassé un parti'. Et l'on trouverait à quelques lignes de distance, dans cette même page de Hume, les deux termes de la fameuse proposition sur laquelle s'ouvre, ou peu s'en faut, le *Contrat social*: 'L'homme est né libre, et partout il est dans les fers.' Hume écrit en effet (je traduis):

Si ces raisonneurs regardaient un peu autour d'eux, ils ne trouveraient rien dans le monde qui corresponde si peu que ce soit à leurs idées, ou puisse justifier un système si élégant et philosophique. Au contraire, nous trouvons partout des princes qui se posent en propriétaires de leurs sujets, et affirment leur droit à une souveraineté autonome reposant sur la conquête et la succession.

Rousseau, partant du principe d'une égalité virtuelle de droits mais d'une inégalité naturelle dans l'humanité primitive, rejette la thèse hobbesienne d'un état naturel de guerre entre les hommes. Pour lui, l'homme dans l'état de nature, ni bon ni mauvais, est doté à la fois de l'amour de soi qui assure la conservation de l'individu et de la commisération qui concourt à la conservation de l'espèce. Son premier besoin est la faim. Pour le satisfaire, il s'associera à l'occasion à d'autres individus, librement et temporairement, dans les cas isolés où 'l'intérêt commun devait le faire compter sur l'assistance de ses semblables'.

Même évocation, chez Hume, d'amorces isolées et éphémères d'association. Mais il ne lui vient pas à l'idée de se placer sur le plan 'économique' de la collaboration à une tâche donnée. Sans avoir fait mention d'un état de guerre qui serait naturel à l'humanité primitive, il reprend implicitement le schéma hobbesien (le grand progrès est qu'il y distingue des phases) en plaçant ces premiers rapports entre les individus sur le plan du 'maintien de l'ordre':

La force naturelle d'un homme consiste seulement en la vigueur de ses membres et en la fermeté de son courage, lesquelles ne sauraient soumettre des multitudes aux ordres d'un seul. Ce n'est que leur consentement, et le sentiment des avantages résultant de l'ordre et de la paix, qui eût pu avoir cette influence.

Mais ce consentement même, longtemps très imparfait, ne pouvait servir de base à une organisation sociale régulière. Le chef, qui avait probablement acquis cette influence au cours de la guerre même, gouvernait plus par la persuasion que par le commandement [. . .] L'usage de l'autorité de la part du chef devait être particulière à chaque cas, et requise par l'occasion; chaque jour rendant plus sensible l'utilité résultant de son intervention, il fut amené à en faire usage de plus en plus fréquemment; cette fréquence créa graduellement dans le peuple une acceptation [*acquiescence*] habituelle, qu'on appellera si l'on veut volontaire, et de ce fait précaire. (Barker 1976, p. 149)

Poursuivant sa démonstration, Hume montre que le seul fondement historique de l'autorité est la force de l'habitude, devenue peu à peu tradition et renforcée plus tard du poids qu'eut et qu'a toujours, dans le droit anglais, la jurisprudence. Il est amené ce faisant à distinguer contrat d'association et contrat de gouvernement, mais il ne le fait qu'incidemment et presque à son insu, alors que cette distinction sera fondamentale dans le *Contrat social*:

Le contrat sur lequel se fonde le gouvernement est dit être le contrat originel, et par conséquent peut être supposé trop vieux pour être connu de la présente génération. Si l'on entend par là l'accord par lequel des sauvages associèrent et unirent pour la première fois leurs forces, reconnaissons-en la réalité. Mais on ne peut supposer qu'un acte aussi antique, oblitéré par mille changements de gouvernement et de princes, conserve aujourd'hui quelque autorité. Si ce que nous disons doit avoir un sens, il nous faut affirmer que tout gouvernement légal qui impose quelque devoir d'allégeance à ses sujets, fut à l'origine fondé sur le consentement et sur un pacte volontaire. Mais outre que c'est là supposer que les enfants soient liés par le consentement des pères, de génération en génération jusqu'aux plus éloignées (ce que n'admettront jamais des écrivains republicains) – outre cela, dis-je, ni l'histoire ni l'expérience en aucun temps ou pays du monde ne le justifie. (Barker 1976, p. 151)

On imagine les réactions de Rousseau devant de telles affirmations, s'il avait pu connaître ce texte. Mais mon propos n'est pas d'insister sur ces oppositions de principe trop évidentes. Il ust plutôt de dégager les analogies entre deux analyses d'un processus historique supposé, si l'on compare à l'essai de Hume, non le *Contrat social*, mais le *Discours sur l'inégalité*. En effet la deuxième partie du *Discours* nous présente un type de contrat qui est à la fois d'association permanente et de soumission, *pactum subjectionis*: point d'aboutissement du lent processus graduel de constitution de la société civile. Historiquement parlant, il peut bien exister, pense Rousseau, un contrat à l'origine de toute société; mais c'est un faux contrat, qui sanctionne (et l'on rejoint ici Hume) la domination du fort sur le faible, ou mieux, dans la perspective économique qui est celle de Rousseau, du riche sur le pauvre. *Mutatis mutandis*, Hume souscrirait volontiers à cette vue. Rousseau reconnaît comme lui que le droit tel qu'il est pratiqué dans nos sociétés n'a d'autre fondement à l'origine que la force. La différence entre les deux points de vue, c'est que Rousseau ne se résigne pas à cette constatation; différence évidemment capitale. Mais il n'en demeure pas moins que la comparaison entre l'essai *Of the Original Contract* et le *Discours sur l'inégalité* nous met en présence de deux écrivains politiques qui, partis l'un et l'autre du schéma de Hobbes (bien que Rousseau n'en accepte pas les prémisses), le modifient chacun à sa façon dans une perspective non plus théorique mais historique, sans se faire plus que Hobbes lui-même illusion sur le fait que toute société existante est fondée à n'en pas douter sur la force ou sur une autre forme de puissance, c'est-à-dire sur l'inégalité. Le mérite de Rousseau est d'avoir fait de cette notion même, comme l'y invitait la question de l'Académie de Dijon, le ressort de l'argumentation. Hobbes, peut-être par esprit de contradiction à l'égard d'Aristote, déclare les hommes égaux dans l'état de nature. Vue toute théorique, que Hume nuance en les admettant 'presque égaux', en parlant de 'l'égalité, ou quelque chose d'ap-

prochant que nous trouvons dans tous les individus de l'espèce'
(Barker 1976, p. 149). La notion jusque là théorique d'égalité est ainsi
concrétisée, et pratiquement ramenée à l'ensemble des caractères
biologiques qui définissent une espèce. A Rousseau de franchir un pas
de plus, et à partir de l'inégalité naturelle pour se demander comment
arriver de là à l'égalité sociale, rejetant par là même le principe d'un
droit fondé sur la force.

III

De sept ou huit ans postérieur au *Discours sur l'inégalité*, le traité auquel
Rousseau donne pour sous-titre *Principes du droit politique*, et pour titre
Du contrat social, expose ce que devrait être le vrai contrat. Les travaux
des cinquante dernières années ont fait justice de la thèse d'un Rousseau chimérique, auteur d'un traité utopique. Rousseau y a multiplié
les avertissements et conseils sur la difficile application pratique de son
modèle à une situation concrète. Précautions que résume le titre du
chapitre 'Que toute forme de gouvernement n'est pas propre à tout
pays'. Du fait même de ce prudent relativisme, Rousseau se garde
bien de proposer une formule idéale de gouvernement. Ce qui ne
l'empêchera pas, on le sait, de jouer le rôle délicat de 'législateur' pour
la Corse et pour la Pologne, après s'être soigneusement documenté sur
ces peuples et leur histoire.

Hume a laissé de même un écrit où il expose un projet de monarchie
constitutionnelle susceptible de s'appliquer à la Grande-Bretagne. Il
estime qu'un gouvernement de forme républicaine ne peut s'établir
que dans une ville ou un petit état; mais, avec quelques références à
la République de Venise, c'est surtout de celle des Pays-Bas qu'il
s'inspire.

Il n'est pas impossible (simple hypothèse encore) que Rousseau ait
connu cette dissertation, traduite sous le titre 'Idée d'une république
parfaite' dans le recueil en deux petits volumes des *Discours politiques de
M. Hume*. Il s'agit des *Political Discourses* de 1752, traduits successivement dans la même année 1754 à Amsterdam par Eléazar de Mauvillon,
puis par l'abbé Le Blanc. Le nom de Le Blanc n'apparaît pas dans la
correspondance de Rousseau avant 1763, mais Rousseau connaissait
certainement ses *Lettres d'un Français à Londres*. La traduction de
Mauvillon serait selon Greig la première d'un ouvrage de Hume. Le
Blanc la juge sévèrement et obtient de Hume son accord à la publication d'une meilleure, qui semble avoir eu quelque succès puisqu'elle
est rééditée à Dresde l'année suivante. Quant aux *Essays Moral and
Political*, ils sont traduits, toujours selon Greig, partiellement en 1759

(mais le *Contrat originel* n'y figure pas) et au complet en 1764.[3] Il faut dire qu'à part quelques aristocrates dont Montesquieu, peu de Français s'intéressaient à Hume avant les années parisiennes qui allaient faire de lui, à partir de 1763, 'le bon David', et plus tard l'allié des Philosophes contre Jean-Jacques.

Le recueil de Le Blanc contient deux 'discours' ou dissertations intéressant notre propos à un degré inégal. Le premier s'intitule 'De quelques coutumes remarquables' et se divise en trois points consacrés respectivement aux gouvernements d'Athènes, de Rome et de la Grande-Bretagne. Parallèle bien caractéristique de la référence constante, en Angleterre plus encore qu'en France, aux modèles politiques de l'antiquité classique (et surtout de Rome, victorieuse de la Grèce). Le discours 12e et dernier est 'L'Idée d'une république parfaite': le mot traduit l'anglais *Commonwealth*, lui-même équivalent – déjà chez Hobbes – du *res publica* latin. Il est amusant de relever l'ironique provocation liminaire:

De tous les hommes, les plus pernicieux dans un État sont les faiseurs de projets politiques, s'ils ont la puissance, et les plus ridicules, s'ils ne l'ont pas.

Le mot est à rapprocher du second paragraphe du *Contrat social*:

On me demandera si je suis prince ou législateur pour écrire sur la politique. Je réponds que non, et que c'est pour cela que j'écris sur la politique. Si j'étais prince ou législateur, je ne perdrais pas mon temps à dire ce qu'il faut faire; je le ferais, ou je me tairais. (*Pléiade* iii.351)

Il va sans dire que les positions conservatrices de Hume, dans cette dissertation postérieure à la publication du premier *Discours* de Rousseau et antérieure à celle du second, apparaissent à l'opposé des positions radicales d'un Rousseau qui s'apprêtera bientôt à dénoncer le faux contrat. Mais il n'est pas sûr que Rousseau, qui a exprimé plus d'une fois son horreur des guerres civiles, et insiste volontiers sur l'opportunité de changer le moins possible les lois existantes, se soit élevé en faux contre cette maxime de Hume:

Un gouvernement établi a des avantages infinis, par cette seule circonstance qu'il existe.

Il serait artificiel de chercher des ressemblances entre des écrits occasionnels et un système politique. Chez Hobbes, chez Locke, chez Rousseau – lequel, à la différence de ses prédécesseurs, se place au point de vue de l'individu citoyen au moins autant qu'au point de vue de l'État, et jamais au point de vue d'un parti – la réflexion sur la nature humaine constituait la base nécessaire de la réflexion sur l'homme en société.

Bien que Hume ait publié en 1739-40 une *Traite de la nature humaine*, il ne construit pas un système politique à partir de ce traité, et ses essais ne pouvaient avoir le retentissement qu'a connu le *Contrat social* de Rousseau, plus vivant que jamais après deux siècles, et moins contesté aujourd'hui dans ses principes que dans les intentions que l'on prête contradictoirement à son auteur. Intransigeant sur la question de la souveraineté populaire inaliénable, et sur le refus, qui en découle, de tout gouvernement représentatif; attaché au principe de la démocratie directe tout en en reconnaissant la quasi-impossibilité de son application à des territoires étendus – l'auteur du *Contrat social* ne saurait accepter des formules comme celle de Hume que j'emprunte encore à la dissertation sur 'l'Idée d'une république parfaite':

La seule manière de tenir un peuple sage est de l'empêcher de se réunir en grandes assemblées.

IV

Hume et Rousseau, seuls parmi les nombreux penseurs politiques des XVIIe et XVIIIe siècles, ont manifesté par le choix du titre d'un de leurs écrits leur intention de centrer leur réflexion sur la notion de contrat. Ce qui ne pouvait manquer d'attirer l'attention des commentateurs. Il va de soi qu'en étudiant cex deux étapes d'importance inégale dans le cheminement de la pensée politique depuis Hobbes, chez qui cette notion tenait une grande place, on ne saurait ignorer le long et capital essai de Locke *The True* [. . .] *End of Civil Government*, texte auquel Rousseau doit beaucoup, mais pas plus qu'à Hobbes, que Locke l'aide à réfuter. Bien que l'essai *Of the Original Contract* de Hume soit dirigé principalement contre Locke, la notion de contrat n'est pas expressément mise en relief chez Locke, où elle n'apparaît ni dans le titre du traité ni dans celui d'aucun de ses dix-neuf chapitres. Symétriquement, la notion de droit naturel ou de loi de nature ('natural law') si importante chez Hobbes, encore chez Locke et même chez Diderot, est reléguée à l'arrière-plan chez Rousseau et chez Hume. Sans doute figurait-elle dans la formulation de la question posée par l'Académie de Dijon: 'Quelle est l'origine de l'inégalité parmi les hommes, et si elle est autorisée par la loi naturelle.' Rousseau n'a pas gardé cette mention dans son titre, et dans son *Discours* il prend ses distances avec la notion de loi naturelle; plus encore dans le *Contrat social*. Robert Derathé a montré que Rousseau n'y renonçait pas toutefois, même après le *Contrat*; mais ce n'est pas dans ce dernier ouvrage qu'on en trouve la preuve; on sait même que la première version prévoyait une réfutation en règle de la thèse de la loi naturelle. On n'en trouve pas mention non plus dans l'essai de Hume, sauf sous la forme de l'expression 'natural instinct or immediate propensity', qui évoque ici encore la biologie plus que le droit, et plus loin de l'expression 'original instinct of nature', dans la distinction établie entre deux sortes de 'moral duties', la seconde concernant évidemment ceux qu'impose la société.

v

Les rapprochements que j'ai tentés entre quelques éléments de la pensée politique de l'historien et philosophe écossais d'une part, de celle du Citoyen de Genève d'autre part, m'ont été suggérés par la constatation que personne, à ma connaissance, ne s'était encore demandé si l'on pouvait trouver là peut-être quelque explication supplémentaire à l'incompatibilité d'humeur qui devait éclater après une courte période d'apparente et soudaine amitié au début de 1766. Les conclusions qu'on peut tirer, sur ce plan, n'ont rien qui puisse surprendre. Il est évident que Rousseau et Hume étaient prédisposés à ne pouvoir s'entendre, et cela non seulement à cause des différences de tempérament, d'éducation, de sensibilité, mais aussi parce que leur pensée politique reposerait sur ce qu'on appelerait aujourd'hui des 'choix de société' absolument opposés. Je dois ici renvoyer à un article de Michel Baridon publié dans le périodique *XVIIIe siècle* en 1976 et intitulé 'Empire et patrie. Politique et esthétique comparée de Hume, Gibbon et Rousseau'. L'auteur montre bien comment le mythe romain sert dans l'Angleterre du temps à illustrer le concept de loi limitant la puissance royale, dans l'intérêt peut-être du peuple mais surtout des grands. La démarche des anglomanes français (le terme, peut-être excessif, est commode), Montesquieu, Voltaire . . ., va dans le même sens, tendant à un équilibre des situations acquises. Avec 'la génération française de 1750' (il faudrait sans doute nuancer; et Rousseau n'a qu'un an de moins que Hume), le mouvement est inversé. Le 'whiggisme à l'antique' est rejeté 'avec toute sa superstructure de valeurs païennes [. . .] au moment même où Hume entreprend de les confirmer dans un sens conservateur'. Sans entrer dans une discussion qui dépasserait mon propos et mes compétences, et laissant de côté d'autres divergences importantes entre Hume et Rousseau, notamment en matière religieuse,[4] je voudrais retenir la conclusion de l'article où l'idée d'Empire représentée par Hume (et Gibbon) est opposée à l'idéal de la Patrie selon Rousseau. On pourrait ici compléter le parallèle en opposant au mythe romain de Hume le mythe romain de Rousseau. La Rome de Rousseau, c'est la Rome républicaine des vertueux héros de Plutarque, une Rome sur laquelle le Citoyen projette un peu de l'image idéalisée de la Genève de Calvin et un peu de l'austère Sparte du Premier Discours. On se souviendra du salut adressé au passage, dans la dédicace du *Discours sur l'inégalité*, au 'peuple romain, modèle de tous les peuples libres', et du 'Parallèle entre les deux républiques de Sparte et de Rome' (*Pléiade* iii).

Bien qu'il arrive à Hume de se référer aux institutions de la république romaine, il est loin de partager les vues de Rousseau sur le commerce et le luxe. Tout au long du XVIIIe siècle, et à faveur des luttes contre la France, la revendication de l'héritage politique et culturel de Rome est courante dans la vie intellectuelle anglaise. La Rome de Hume s'apparente peut-être à l'idéal du *Patriot King* de Bolingbroke, mais plus encore à celle des *Augustans*, des admirateurs du Siècle d'Auguste, qui ont laissé ce nom à une période glorieuse de l'histoire littéraire nationale. La Rome impériale au faite de sa puissance et de son hégémonie préfigure déjà pour le Thomson des *Saisons* la fière Albion dominant les mers et s'enrichissant du commerce du monde entier qui converge vers le port de Londres.

Ajoutons incidemment qu'il serait intéressant d'étendre l'enquête, à partir de cette divergence, à toute la question de la référence à l'antiquité, référence qui conserve son importance, mais qui change peut-être de signification dans la seconde moitié du XVIIIe siècle; le cas de Hume et de Rousseau n'est pas isolé . . .[5]

Contentons-nous d'élargir le renvoi à l'histoire romaine au principe même de la démarche historique en général. Lorsque Rousseau consacre plusieurs chapitres du *Contrat social* aux institutions romaines, il n'entend pas, bien évidemment, nous proposer de créer l'équivalent de ces institutions dans les constitutions à venir, mais seulement illustrer, par des exemples, la façon dont une société donnée peut réaliser des mécanismes assurant l'exercice des vertus civiques nécessaires à la santé du corps politique. Le recours aux enseignements de l'histoire, même de l'histoire antique, est très rare dans le *Contrat social*. Quant à l'histoire moderne, on connaît l'aversion de Rousseau pour ce qu'il considère comme un répertoire d'injustices et de crimes.

Il est alors paradoxal de constater que l'histoire allait bientôt démentir le scepticisme de l'historien Hume, qui croyait pouvoir affirmer qu'il n'y avait jamais eu d'exemple d'un Contrat social et qu'il n'y en aurait sans doute jamais. Il insistait en effet dans son essai sur le caractère purement théorique d'une notion indéfendable à la lumière de l'expérience des siècles:

[cette notion] aboutit à des paradoxes incompatibles avec les sentiments communs à toute l'humanité, avec la pratique et l'opinion de toutes les nations et de tous les temps [. . .] Il ne faut pas s'attendre à ce qu'on découvre du nouveau en ce domaine. Si, jusqu'à une date très récente, personne n'a jamais imaginé que le gouvernement reposait sur un contrat, on peut certainement généraliser et dire qu'unetelle fondation est impossible. (Barker 1976, pp. 165–6)

Un passage particulièrement intéressant de cet essai (publié, rappelons-le, en 1748) vise de toute évidence le cas des colonies américaines :

Un groupe d'hommes qui quitteraient leur pays natal afin de peupler quelque région inhabitée, pourraient rêver de recouvrer la liberté originelle; mais ces hommes s'apercevraient bientôt que leur prince continuerait à affirmer ses droits sur eux, et à les appeler ses sujets, même dans leur nouvelle colonie. Et en cela il ne ferait qu'agir en conformité avec les idées partagées par toute l'humanité. (Barker 1976, p. 156)

Ni les pèlerins du *Mayflower*,[6] ni au siècle suivant l'auteur du *Contrat social*, n'étaient donc disposés à penser comme tout le monde avait toujours pensé. Et les événements allaient leur donner raison, contre les leçons de l'expérience et de l'histoire. Et Hume, et Rousseau, allaient être témoins, en 1776, de la Déclaration d'indépendance signée par les colons américains quelques semaines avant la mort de Hume. Le roi George III ne manque pas de faire valoir ses droits sur ses sujets rebelles et d'envoyer des troupes pour les ramener à l'obéissance. Hume aurait été surpris s'il avait pu connaître l'issue de la lutte. Mais ni lui ni Rousseau n'étaient plus là, en 1783, pour assister à la naissance d'une nation fondée sur la libre association des citoyens, et d'un gouvernement qui n'avait sa source ni dans la conquête ni dans la succession héréditaire.

VI

La confrontation des deux Contrats sociaux, même élargie à d'autres écrits de Hume et de Rousseau pour tenir compte de l'acception différente du mot *Contract* dans les deux titres, permet d'exclure toute hypothèse d'une influence de la pensée de Hume sur l'élaboration du système politique de Rousseau. On peut écarter de la même façon l'idée que Hume ait pu devoir quelque chose à Rousseau, en admettant même qu'il ait jamais lu le *Contrat social*, publié d'ailleurs postérieurement à la composition de la plupart de ses essais politiques (on pourrait même presque en dire autant du *Discours sur l'inégalité*).

Si ce bilan négatif ne fait que confirmer l'antagonisme de deux conceptions politiques, la démarche des deux penseurs présente néanmoins des analogies qui sont caractéristiques des progrès de la réflexion politique au siècle des Lumières. Tout en postulant à l'origine un contrat d'association, Rousseau s'accorde avec Hume pour considérer qu'il n'a pu y avoir historiquement un contrat de gouvernement, et que dans les sociétés que nous connaissons le pouvoir se fonde d'abord sur la force.

Au traditionnel postulat d'une théorique égalité naturelle, se substitue chez Hume 'quelque chose qui ressemble à l'égalité', et chez Rousseau une inégalité naturelle qu'il faut se garder don confondre avec l'inégalité civile. Les positions de l'un et de l'autre se ressentent des progrès faits en leur temps dans les sciences d'observation, particulièrement la biologie. Chez tous deux l'analyse procède selon une construction de type historique, imaginant un processus graduel poursuivi lentement à travers les générations. L'introduction d'un raisonnement historique renouvelle la spéculation philosophique et les constructions des juristes. Le fait est particulièrement remarquable dans le cas de Rousseau, lequel se révèle hostile à l'histoire telle qu'elle est écrite, mais non à la démarche historique comme telle.

Enfin, alors que le scepticisme de Hume conduit l'Ecossais à accepter implicitement la conception hobbesienne de rapports de force qui se traduisent en termes de guerre et de domination, Rousseau est poussé par sa thèse d'une nature humaine ni bonne ni mauvaise, accessible à la pitié et perfectible, à faire preuve d'imagination en envisageant aussi entre les hommes des rapports de caractère économique, fondés sur la collaboration et non plus l'opposition.

La question de l'origine des sociétés et du fondement de l'autorité ne saurait plus relever désormais de la seule spéculation des philosophes de l'école.

Notes

1 Je n'avais pas connaissance, en rédigeant ces pages, de l'article de Robert Derathé, 'L'obligation politique selon Hume', *Revue internationale de philosophie*, 1976, fasc. 115–16, pp. 92–103, article qui m'a depuis été aimablement communiqué par son auteur. On y trouvera, avec d'importantes précisions, quelques autres points de confrontation entre les idées politiques de Hume et celles de Rousseau.

2 *Social Contract. Locke, Hume, Rousseau*, with an Introduction by Sir Ernest Barker (Oxford: OUP reprint, 1976), p. 148 (Barker 1976).

3 L'essai 'On the original contract' y est traduit sous le titre 'Essai sur le Contrat primitif'. R. Derathé signale ('L'obligation politique', p. 92, n. 4) que ce recueil des *Essais politiques* de Hume en français a été réimprimé en 1972 (Paris, Vrin).

4 Il arrive toutefois que le sceptique Hume et le croyant Rousseau, tous deux hommes des Lumières, se rejoignent dans le maniement d'une ironie toute

voltairienne à l'égard des collusions entre le pouvoir politique et les enseignements intéressés des églises établies. La complaisance des autorités en place à se
réclamer de saint Paul (toute autorité vient de Dieu) est subtilement visée par
Hume au début de l'essai 'Sur le contrat originel'. Un éloquent paragraphe
semble s'ouvrir sur une adhésion à la conception déiste d'un univers régi par la
Providence, mais suggère bientôt des doutes sur la sagesse de cette même
Providence, et conclut plaisamment: 'A constable, therefore, no less than a king,
acts by a divine commission, and possesses an indefeasible right' (Barker, 1976,
p. 148).

C'est sur le même ton pince-sans-rire que Rousseau ridiculise du même coup
la thèse de l'assimilation du pouvoir royal au pouvoir paternel, et l'idée de
succession héréditaire:

> Je n'ai rien dit du roi Adam, ni de l'empereur Noé père de trois grands
> monarques qui se partagèrent l'univers, comme firent les enfants de Saturne,
> qu'on a cru reconnaître en eux. J'espère qu'on me saura gré de cette modéra-
> tion; car descendant directement de l'un de ces princes, et peut-être de la
> branche aînée, que sais-je si par la vérification des titres je ne me trouverais
> point le légitime roi du genre humain? (*Pléiade* iii.353–4)

5 Sur tout ceci, voir Denise Leduc-Fayette, *Rousseau et le mythe de l'antiquité* (Paris
1974), et R. A. Leigh, 'Jean-Jacques Rousseau and the myth of antiquity in the
eighteenth century', dans *Classical Influences on Western Thought A.D. 1650–1870*,
ed. R. R. Bolgar (Cambridge, 1978).

6 Le 'Mayflower compact', véritable contrat social, signé par 41 des 101 passagers,
s'ouvrait sur la formule: 'En présence de Dieu et en notre mutuelle présence,
nous nous combinons par le présent pacte en un corps social et politique [. . .]'.
Il est vrai que dans le même texte – ce qui va à l'appui de l'optimisme conservateur
de Hume – les futurs colons se déclaraient 'loyaux sujets de notre redouté Lord
souverain le roi Jacques' (cité et traduit par Franck L. Schoell, *Histoire des
États-Unis* (Paris 1977), p. 355).

Discussion

R. Derathé: Je vous félicite d'avoir traité avec beaucoup d'habileté un sujet difficile, puisqu'il s'agissait de comparer deux conceptions difficilement comparables. En effet, pour parvenir à des rapprochements entre ces deux auteurs, il a fallu faire le détour par le *Discours sur l'inégalité*.

Selon vous, Rousseau veut donner à son traité une portée universelle, alors que Hume est préoccupé de la politique anglaise, ce qui est parfaitement exact. Je pense toutefois que l'opposition entre les deux écrivains porte également sur les deux points suivants.

(a) La conception de la légitimité. Pour Hume, elle repose sur le précédent ou la coutume; pour Rousseau, elle doit avoir une base rationnelle.

(b) L'attitude à l'égard de la monarchie. Hume est partisan de la monarchie et résolument hostile au gouvernement populaire, tandis que Rousseau est anti-monarchiste et foncièrement républicain.

J. S. Spink: Est-ce qu'on peut ajouter qu'en ce qui concerne la justice ils sont plus proches l'un de l'autre? Si Hume accepte d'appeler les rapports de justice 'conventionnels' (*Enquiry*, App. iii), et que le contrat de Rousseau ne soit pas un vrai contrat, on peut dire qu'ils ont besoin l'un et l'autre de la notion d'*accords*, pour passer de la notion *nature* à la notion *société*. Althusser a montré que le Contrat de Rousseau n'est pas un contrat (*Cahiers pour l'analyse*, n° 8). Il n'a pas été le premier à le dire, et Hume lui-même fait remarquer qu'un contrat est une promesse, non un acte, mais c'est lui qui l'a démontré avec le plus de rigueur.

M. Launay: Il y aurait peut-être à donner des précisions supplémentaires à propos du rapprochement que vous avez fait entre le *Discours sur l'inégalité* de Rousseau et les développements de Hume concernant la notion d'*habitude*, concernant la force de l'habitude comme source de l'autorité. Vous avez parlé, pour résumer la pensée de Hume sur ce point, de force de l'habitude, renforcée par la jurisprudence. Or, il me semble que l'insistance de Rousseau sur les longs siècles qui séparent l'état de nature et les débuts de la société civile, et sur le caractère insensible des changements dans l'histoire de l'humanité, s'accorde très bien avec cette notion de 'force de l'habitude' chère à Hume. N'y aurait-il pas, dans ce souci commun à l'un et à l'autre de tenir compte du *temps*, et de l'importance de l'histoire (même si cette histoire reste hypothétique aux yeux de Rousseau), un point d'entente ou de dialogue possible entre les deux théoriciens? N'y aurait-il pas intérêt à préciser les conséquences politiques de cette notion d'habitude ou de consentement tacite chez Hume et Rousseau?

R. A. LEIGH: Ce bel exposé comparatiste des deux contrats parallèles ou plutôt divergents de Hume ou de Rousseau soulève des problèmes qui pourraient nous mener fort loin. Je me contente ici d'ajouter quelques notules sur deux questions secondaires que vous avez effleurées en passant. D'abord, en ce qui concerne les connaissances que Rousseau pourrait avoir de la langue anglaise, c'est une question encore mal éclairée. Sans doute faut-il distinguer entre langue écrite et langue parlée. J'ai l'impression qu'avant de venir en Angleterre, Rousseau savait déchiffrer (je choisis ce terme à dessein) tant bien que mal un texte anglais, à coups de dictionnaire, bien sûr, en se trompant parfois, ou même souvent, et en se reportant sans doute en cas de difficulté à des traductions, là où elles existaient. Mais en ce qui concerne la langue parlée, il était presque tout à fait perdu. C'est pourquoi il a tenu à faire ce fameux stage dans l'arrière-boutique d'un épicier à Chiswick. Du reste, cela ne l'a avancé à rien, puisque l'accent, on devrait peut-être dire le dialecte, des paysans du Derbyshire était hermétique, même pour les Anglais de la capitale. C'est pourquoi il faudrait toujours bien peser les divers témoignages dont on dispose sur les connaissances que pouvait avoir Jean-Jacques de la langue anglaise, et se demander s'il s'agit de la langue écrite ou de la langue parlée. Rappelons, à ce sujet, que Hume et Davenport lui écrivaient toujours en anglais.

En second lieu, les nombreuses entretiens que J.-J. a eus avec Hume (en français, puisque le philosophe écossais parlait couramment cette langue) ne semblent pas avoir roulé sur la politique, ni même sur les idées de Rousseau en quelque domaine que ce fût. Rappelons qu'après la 'lapidation', et surtout après les inquiétudes et les déplacements continuels qui l'avaient suivie, Rousseau fut accablé pendant longtemps par une immense lassitude, pour ne rien dire de plus. C'est dans ces conditions qu'il a déclaré à Hume (qui lui avait proposé de se perfectionner en anglais en comparant les deux traductions anglaises de son *Émile*) qu'il ne pouvait supporter de revenir sur ses propres idées ou de relire ses propres ouvrages.

En ce qui concerne Rousseau et le gouvernement représentatif, il y aurait fort à dire. Comme j'ai déjà donné mon point de vue dans la discussion qui a suivi la communication de m. Ellenburg, je n'en dirai rien ici, quitte à répéter que Rousseau était opposé, non pas tant au 'gouvernement représentatif' qu'aux parlements souverains (comme le parlement anglais). Selon lui, seul le peuple peut être souverain.

3

La Place et l'importance de la notion d'égalité dans la doctrine politique de Jean-Jacques Rousseau

ROBERT DERATHÉ

La thèse fondamentale ou centrale dans l'œuvre de Rousseau est que l'inégalité est le premier mal social, la source de tous les autres (*Réponse au Roi de Pologne*, *Pléiade* iii.49: 'La première source du mal est l'inégalité') et que, par conséquent, il faut trouver un artifice pour la supprimer dans l'état civil.

Certes Rousseau n'était pas le premier ni le seul à dénoncer les méfaits de l'inégalité. Au XVIe siècle, Jean Bodin écrit dans *Les six livres de la république* (1578, v.ii, pp. 515–16):

De toutes les causes des séditions et changements de Républiques, il n'y en a point de plus grande que les richesses excessives de peu de sujets, et la pauvreté extrême de la plupart. [. . .] C'est pourquoi Platon appelait les richesses et la pauvreté les anciennes pestes des Républiques, non seulement pour la nécessité qui presse les affamés, mais aussi pour la honte: combien que c'est une très mauvaise et dangereuse peste que la honte. Pour à quoi obvier, on cherchait une égalité, que plusieurs ont fort louée, l'appelant mère nourrice de paix et amitié entre les sujets; et au contraire, l'inégalité source de toutes inimitiés, factions, haines, partialités: car celui qui a plus qu'un autre, et qui se voit plus riche en biens, il veut aussi être plus haut en honneur, en délices, en plaisirs, en vivres, en habits: il veut être révéré des pauvres, qu'il méprise et foule aux pieds: et les pauvres, de leur part, conçoivent une envie et jalousie extrême de se voir autant ou plus dignes que les riches, et néanmoins être accablés de pauvreté, de faim, de misère, de contumélie. Voilà pourquoi plusieurs anciens Législateurs divisaient les biens également à chacun des sujets: comme, de notre mémoire, Thomas More, Chancelier d'Angleterre, en sa République, dit, que la seule voie de salut public est, si les hommes vivent en communauté de biens: ce qui ne peut être fait [là] où il y a propriété.

Comme nous le verrons, à la différence de Platon et de Thomas More, Rousseau s'efforce de trouver un remède à l'inégalité sans supprimer le droit de propriété, qui lui semble inséparable de la société civile (*Discours II*, *Pléiade* iii.164: 'Le premier qui ayant enclos un terrain s'avisa de dire, *Ceci est à moi,* et trouva des gens assez simples pour le croire, fut le vrai fondateur de la société civile'). Aussi est-il amené à envisager successivement l'égalité dans l'état de nature où il n'y a pas de propriété et la façon de la maintenir ou plutôt de la rétablir dans l'état civil.

I. L'ÉGALITÉ DANS L'ÉTAT DE NATURE

A l'appui de sa thèse, Rousseau imagine – il sait bien que c'est une fiction – un état de nature où, à la différence de l'état civil, il existe une égalité réelle entre les hommes.

1. *Rousseau et ses prédécesseurs*

Dans la *Préface* du *Discours sur l'inégalité* (*Pléiade* iii.123), Rousseau écrit:

> Il est aisé de voir que c'est dans ces changements successifs de la constitution humaine qu'il faut chercher la première origine des différences qui distinguent les hommes; lesquels, *d'un commun aveu,* sont naturellement aussi égaux entre eux que l'étaient les animaux de chaque espèce avant que diverses causes physiques eussent introduit dans quelques-unes les variétés que nous y remarquons.

En affirmant l'égalité naturelle des hommes, Rousseau n'énonce donc pas un paradoxe, mais se rallie à *l'opinion commune.* Dans un livre récent (*Anthropologie et politique – les principes du système de Rousseau* (Paris: J. Vrin, 1974), pp. 227s), m. Victor Goldschmidt conteste cette interprétation. Pour lui, l'expression *'d'un commun aveu'* ne constitue pas un renvoi à l'opinion commune, car 'il n'est pas dans les habitudes de Rousseau de se réclamer de l'opinion commune' (p. 678). 'L'expression "d'un commun aveu", dit-il, est volontairement ambiguë, parce qu'elle sert à passer d'une exigence de droit à une affirmation de fait. Le seul Hobbes, en effet, avait affirmé, dans l'état de nature, une égalité de fait, aussitôt contestée par ses successeurs, puisqu'il s'agit uniquement, comme l'explique Pufendorf, d'une "égalité de droit". Rousseau, ici, invoque cet "aveu" pour traduire une égalité de droit en égalité biologique.' Un peu plus loin (p. 257), m. Goldschmidt précise que Rousseau 'accepte tacitement la thèse de Hobbes ('L'inégalité actuelle a été introduite par la loi civile', *De Cive,* i, iii) et s'écarte de Pufendorf (l'indépendance, dans l'état de nature, exclut toute espèce d'obligation)'.

Pour ma part, je ne suis sûr que Pufendorf ait refusé de considérer l'égalité naturelle comme un fait, malgré le texte cité par V. Goldschmidt (*Droit de la nature et des gens,* iii, ii intitulé: 'De l'obligation où sont tous les hommes, de se regarder les uns les autres comme naturellement égaux'). Car, dans ce même chapitre (§ 8), Pufendorf parle de l'égalité naturelle comme d'un fait: 'La Nature', dit-il, 'faisant naître les hommes dans une parfaite égalité, et l'Esclavage supposant quelque inégalité [. . .] on conçoit tous les Hommes comme naturellement libres, avant qu'aucun acte humain ne les ait assujettis à autrui.' En outre, il est possible et même probable que Rousseau se réfère également à Locke, lequel écrit dans le § 95 de l'*Essai sur le Gouvernement civil*: 'Les hommes se trouvant tous par nature [. . .] libres, égaux et indépendants, on n'en peut faire sortir aucun de cet état ni le soumettre au pouvoir politique d'un autre sans son propre consentement.'

Il s'agit donc bien d'une 'opinion commune' ou, du moins, commune à la plupart des penseurs de l'école du droit naturel.

2. *La signification de l'égalité naturelle*

Rousseau rejoint ici Pufendorf qui, sur ce point, est exemplaire. L'égalité naturelle ne signifie pas que les hommes ont tous, par nature, les mêmes aptitudes, mais qu'aucun homme n'est, par nature, soumis à l'autorité ou à la domination d'un autre. Il n'y a rien, dans l'état de nature, qui donne à un homme le droit d'imposer sa volonté à un autre, qu'il s'agisse de supériorité intellectuelle ou de supériorité morale: 'Il serait très absurde', dit Pufendorf (*Droit de la nature et des gens*, III, ii §8),

de s'imaginer que la Nature elle-même donne [. . .] aux plus éclairés et aux plus sages la conduite des autres, ou du moins le droit de les obliger, malgré eux, à s'y soumettre. Car, outre que l'établissement de toute autorité parmi les hommes suppose quelque acte humain, la capacité de commander ne suffit pas pour donner le droit de l'exercer sur ceux qui par leur nature sont propres à obéir. De ce qu'une chose est avantageuse à quelqu'un, il ne s'ensuit pas non plus, qu'on puisse la lui faire accepter par force. Car, comme tous les Hommes ont naturellement une égale liberté, il est injuste de prétendre les assujettir à quoi que ce soit, sans un consentement de leur part, soit exprès, soit tacite.

Rousseau ne dit rien de plus, lorsqu'il écrit dans le *Contrat social* (IV.ii): 'Tout homme étant né libre et maître de lui-même, nul ne peut, sous quelque prétexte que ce puisse être, l'assujettir sans son aveu.' L'égalité naturelle est donc une égale liberté.

De là résultent deux conséquences dont la première a été déjà indiquée dans les textes que nous avons cités, c'est que, pour être légitime, l'autorité politique doit s'exercer avec le consentement de ceux qui y sont soumis ou, autrement dit, que toute autorité légitime naît d'un pacte (*Contrat social*, I.iv: 'Puisqu'aucun homme n'a une autorité naturelle sur son semblable, et puisque la force ne produit aucun droit, restent donc les conventions pour base de toute autorité légitime parmi les hommes'). C'est là une 'opinion commune' à tous les penseurs de l'école du droit naturel.

La seconde conséquence – celle-là est propre à Rousseau – est qu'il ne peut y avoir de liberté pour tous sans égalité et qu'en ce sens du moins, l'état de nature doit servir de modèle ou de guide pour l'état civil. Toute société qui ne veut pas être oppressive doit veiller au maintien de l'égalité, car, sans égalité, il n'y a plus de liberté. Le texte essentiel, qui va servir de base à notre seconde partie est celui du *Contrat social*, II.xi: tout système de législation, dit Rousseau, 'se réduit à deux objets principaux: la *liberté* et l'*égalité*; la liberté, parce que toute dépendance particulière est autant de force ôtée au corps de l'État; l'égalité, parce que la liberté ne peut subsister sans elle'.

II. L'ÉGALITÉ DANS L'ÉTAT CIVIL

Ce qui doit maintenir ou plutôt rétablir l'égalité entre les hommes dans l'état civil, c'est la loi, comme l'affirme un texte célèbre de l'*Économie politique* (*Pléiade* iii.248), reproduit dans la *Première Version du Contrat social* (i. vii, *Pléiade* iii.310):

Par quel art inconcevable a-t-on pu trouver le moyen d'assujettir les hommes pour les rendre libres? [. . .] Ces prodiges sont l'ouvrage de la Loi. C'est à la Loi seule que les hommes doivent la justice et la liberté; c'est cet organe salutaire de la volonté de tous qui *rétablit dans le droit l'égalité naturelle entre les hommes*.

1. Pour bien comprendre la rôle de la loi, il faut remonter à l'origine de l'inégalité. Dans l'état de nature, tout homme est indépendant parce qu'il n'a pas besoin, pour vivre, de l'assistance de ses semblables (cf. *État de guerre*, *Pléiade* iii.604: 'il n'a pas tant besoin des soins de l'homme que des fruits de la terre'). L'égalité et l'indépendance disparaîtront avec l'instauration de la coopération et la nécessité d'une assistance mutuelle.

Tant que [les hommes] ne s'appliquérent qu'à des ouvrages qu'un seul pouvoit faire, et qu'à des arts qui n'avoient pas besoin du concours de plusieurs mains, ils vécurent libres [. . .] et continuérent à jouïr entre eux des douceurs d'un commerce indépendant: mais dès l'instant qu'un homme eut besoin du secours d'un autre; dès qu'on s'apperçut qu'il étoit utile à un seul d'avoir des provisions pour deux, l'égalité disparut [. . . .] Sans prolonger inutilement ces détails, chacun doit voir que les liens de la servitude n'étant formés que de la dépendance mutuelle des hommes et des besoins reciproques qui les unissent, il est impossible d'asservir un homme sans l'avoir mis auparavant dans le cas de ne pouvoir se passer d'un autre: situation qui n'existant pas dans l'état de Nature, y laisse chacun libre du joug, et rend vaine la Loi du plus fort. (*Discours* II, *Pléiade* iii.171 et 161–2)

Pour Rousseau, la société est un mal parce qu'elle institue des relations de dépendance entre les hommes et, de ce fait, des rapports de domination et de soumission, car, selon la célèbre formule de l'*Émile* (II, *Pléiade* iv.311), 'la dépendance des hommes est désordonnée'.

Or, le rôle de la loi est précisément de supprimer toute dépendance particulière. Mais, pour supprimer toute dépendance particulière, il faut placer le citoyen sous la dépendance de l'État. Il faut, dit Rousseau, 'que chaque citoyen soit dans une parfaite indépendance de tous les autres, et dans une excessive dépendance de la cité: ce qui se fait toujours par les mêmes moyens; car il n'y a que la force de l'État qui fasse la liberté de ses membres' (*CS* II.xii). De là, l'accusation sans cesse renouvelée de despotisme ou de totalitarisme. Ceux qui ont formulé cette accusation n'ont pas tenu compte du but visé par Rousseau. Il s'agit, pour lui, d'obtenir dans l'état civil l'équivalent de l'état de nature, où les hommes n'ont entre eux aucuns liens de dépendance, condition de la liberté pour tous. Or, il n'y a pas d'autre moyen de supprimer la dépendance mutuelle des hommes, source d'iniquités et d'oppression, que de les mettre tous dans une extrême dépendance de la cité, car, en les soumettant à la loi, on ne les soumet à aucune volonté particulière.

2. La loi est, en effet, l'expression de la volonté générale. La signification de cette maxime a été bien exposée par Vaughan et je me bornerai à l'essentiel.

Pourquoi la volonté générale est-elle toujours droite, c'est-à-dire 'toujours droite envers les particuliers'? Pourquoi, autrement dit, ne saurait-elle devenir oppressive? C'est pour répondre à cette question que Rousseau a écrit le fameux chapitre IV du livre II, l'un des plus difficiles et des plus mal compris de tout le *Contrat social*. Dans le livre I (chap. VII), Rousseau écrit qu''il est impossible que le corps veuille nuire à tous ses membres', ce qui est évident, car ce serait vouloir se nuire à soi-même. Mais il ajoute – et c'est là la question essentielle – 'nous verrons ci-après qu'il ne peut nuire à aucun en particulier'. Or, il est loin d'être évident qu'un citoyen ne sera pas, en cas de nécessité, sacrifié au salut de tous: *Salus populi suprema lex esto*. Mais, déclare Rousseau, une telle éventualité doit être écartée, si l'on admet que 'le souverain n'est jamais en droit de charger un sujet plus qu'un autre' (*CS* II.iv), c'est-à-dire demande à tous les mêmes sacrifices, sans qu'aucun ne soit avantagé ni lésé par rapport aux autres. Si la volonté générale est toujours droite, c'est qu'elle maintient une stricte égalité entre tous les citoyens. Sans cette égalité, la souveraineté, même la souveraineté du peuple, est susceptible de tous les abus. C'est pourquoi Rousseau écrit dans le résumé du *Contrat social*, inséré dans l'*Émile* (v, *Pléiade* iv):

Le souverain ne pouvant agir que par des volontés communes et générales, ses actes ne doivent de même avoir que des objets généraux et communs; d'où il suit qu'*un particulier ne sauroit être lésé directement par le souverain, qu'ils ne le soient tous*, ce qui ne se peut, puisque ce seroit vouloir se faire du mal à soi-même.

Il y a donc une auto-limitation de la souveraineté, du fait que le souverain ne peut agir que par des lois et que les lois observent une stricte égalité entre les citoyens. La clé de la politique de Rousseau se trouve dans la formule du *Contrat social* (i.vi): 'la condition étant égale pour tous, nul n'a intérêt de la rendre onéreuse aux autres'. Par conséquent, dans l'état civil, comme dans l'état de nature, il n'y a pas de liberté sans égalité.

3. Mais, de quelle égalité s'agit-il?

A la fin du livre i (chap. ix) du *Contrat social*, Rousseau déclare qu''au lieu de détruire l'égalité naturelle, le pacte fondamental substitue au contraire une *égalité morale et légitime* à ce que la nature avait pu mettre d'inégalité physique entre les hommes'.

La formule est, certes, peu précise. On dira qu'il s'agit d'une égalité des droits, donc d'une égalité formelle, qui n'exclut pas une inégalité réelle, c'est-à-dire une inégalité des conditions ou, si l'on veut, des fortunes. Cela n'est pas ou pas tout à fait exact.

Plus qu'aucun autre, Rousseau a conscience que l'inégalité des conditions détruit en fait l'égalité des droits. 'Il y a [dit-il] dans l'état civil une égalité de droit chimérique et vaine, parce que les moyens destinés à la maintenir servent eux-mêmes à la détruire; et que la force publique ajoutée au plus fort pour opprimer le foible, rompt l'espèce d'équilibre que la nature avoit mis entre eux' (*Émile* iv, *Pléiade* iv.524). De là ce texte important du *Contrat social* iii.iv, qui ne laisse subsister aucune équivoque sur sa pensée: il faut 'beaucoup d'égalité dans les rangs et dans les fortunes, sans quoi l'égalité ne sauroit subsister long-temps dans les droits et l'autorité'. On ne sauroit dire plus clairement que, sans l'égalité des conditions, l'égalité des droits est un leurre ou une duperie.

Le problème difficile avec lequel Rousseau se trouve ici aux prises est de limiter l'inégalité des conditions sans porter atteinte au droit de propriété ou, tout au moins, sans le supprimer. La solution qu'il propose n'est pas de détruire le droit de propriété, mais d'en restreindre l'exercice ou de l'enfermer dans certaines limites: 'Ma pensée [dit-il] n'est pas de détruire absolument la propriété particulière, parce que cela est impossible, mais de la renfermer dans les plus étroites bornes, de lui donner une mesure, une règle, un frein qui la contienne, qui la dirige, qui la subjugue et la tienne toujours subordonnée au bien public' (*Projet, Pléiade* iii.931).

On trouve, à la suite de cette déclaration, un texte résolument étatiste: 'Loin de vouloir que l'État soit pauvre, je voudrois au contraire [dit-il] qu'*il eût tout*, et que chacun n'eût sa part au bien commun qu'en proportion de ses services. [. . .] Je veux, en un mot, que la propriété de l'État soit aussi grande, aussi forte et celle des citoyens aussi petite, aussi foible qu'il est possible.' C'est là une solution extrême ou peut-être même un simple souhait, car, dans la pratique, Rousseau se borne à proposer toute une série de mesures destinées à limiter l'inégalité des fortunes. Ces mesures sont exposées dans l'*Économie politique* et reprises dans le *Projet de constitution pour la Corse*.

Il n'en est pas question dans le *Contrat social*, où Rousseau écrit (ii.xi):

A l'égard de l'égalité, il ne faut pas entendre par ce mot que les degrés de puissance et de richesse soient absolument les mêmes; mais que, quant à la puissance, elle soit au-dessous de toute violence, et ne s'exerce jamais qu'en vertu du rang et des lois; et, quant à la richesse, que nul citoyen ne soit assez opulent pour en pouvoir acheter un autre, et nul assez pauvre pour être contraint de se vendre: ce qui suppose, du côté des grands, modération de biens et de crédit; et, du côté des petits, modération d'avarice et de convoitise.

La solution ainsi formulée relève plus des mœurs que de la législation, quoiqu'on lise quelques lignes plus loin: 'C'est précisément parce que la force des choses tend toujours à détruire l'égalité, que la force de la législation doit toujours tendre à la maintenir.'

Rousseau n'a pas suffisamment précisé les limites entre lesquelles devait se tenir l'inégalité. Il se borne à dire qu'il faut éviter les 'degrés extrêmes': 'ni des gens opulents, ni des gueux' (*CS* ii.xi, n), 'ni mendiants, ni millionnaires' (*Considérations* xi, *Pléiade* iii.1009) ou, d'une manière générale, ni riches ni pauvres (*Économie politique, Pléiade* iii.258: 'Le plus grand mal est déjà fait, quand on a des pauvres à défendre et des riches à contenir').

C'est manifestement une solution de compromis, qui n'est guère satisfaisante. Dans son *Contrat social*, Rousseau avait adopté une attitude plus radicale dans une note de la fin du livre i (chap. ix), qui avait retenu l'attention de Babeuf:

Sous les mauvais gouvernements, cette égalité [l'égalité des droits] n'est qu'apparente et illusoire: elle ne sert qu'à maintenir le pauvre dans sa misère et le riche dans son usurpation. Dans le fait, les lois sont toujours utiles à ceux qui possèdent et nuisibles à ceux qui n'ont rien: d'où il suit que l'état social n'est avantageux aux hommes qu'autant qu'ils ont tous quelque chose et qu'aucun d'eux n'a rien de trop.

Ce texte a une toute autre portée que les précédents et mériterait un long commentaire que nous ne pouvons pas faire ici. Bornons-nous à signaler que Babeuf a considéré la maxime finale comme 'l'élixir du contrat social' (*Pages choisies de Babeuf*, par Maurice Dommanget (Paris, 1935), p. 255), et que la formule se retrouve dans le *Projet de constitution pour la Corse* (*Pléiade* iii.945): 'Les lois concernant les successions doivent tendre à ramener les choses à l'égalité, en sorte que chacun ait quelque chose et que personne n'ait rien de trop.'

III. REMARQUES FINALES

1. *Rousseau et Aristote*

Rousseau est certainement plus proche d'Aristote que de Platon, au moins en ce qui concerne l'autorité politique.

Pour Aristote, l'autorité politique diffère de l'autorité despotique, parce qu'elle s'exerce sur des hommes libres et égaux. En outre, la liberté pour les citoyens consiste à être tour à tour gouverné et gouvernant, de sorte que tous participent à l'autorité. On retrouve le même esprit dans le *Contrat social* de Rousseau, comme l'ont signalé plus d'un commentateur moderne de la *Politique* d'Aristote. Ajoutons enfin que les deux penseurs semblent l'un et l'autre hostiles à 'l'égalité extrême' et soulignent l'importance politique de la classe moyenne qui constitue, à leurs yeux, la plus saine partie de l'État. Aristote écrit dans la *Politique* (iv. ll.1295 b25): 'La cité se veut composée le plus possible de citoyens égaux et semblables, ce qui se rencontre surtout dans la classe moyenne.' Que Rousseau soit proche d'Aristote, il suffit, pour s'en convaincre, de rapprocher du texte de la *Politique*, que nous venons de citer, une page significative des *Lettres écrites de la montagne* (ix, *Pléiade* iii.889–90) consacrée à la Bourgeoisie de Genève:

De tous les temps, cette partie a toujours été l'ordre moyen entre les riches et les pauvres, entre les chefs de l'État et la populace. Cet ordre, composé d'hommes à peu près égaux en fortune, en état, en lumières, n'est ni assez élevé pour avoir des prétentions, ni assez bas pour n'avoir rien à perdre. Leur grand intérêt, leur intérêt commun est que les lois soient observées, les magistrats respectés, que la constitution se soutienne et que l'État soit tranquille. Personne dans cet ordre ne jouit à nul égard d'une telle supériorité sur les autres qu'il puisse les mettre en jeu pour son intérêt particulier. C'est la plus saine partie de la République, la seule qu'on soit assuré ne pouvoir dans sa conduite se proposer d'autre objet que le bien de tous. [. . .] Voyez, au contraire, de quoi l'autre parti s'étaye; de gens qui nagent dans l'opulence, et du peuple le plus abject. Est-ce dans ces deux extrêmes, l'un fait pour acheter, l'autre pour se vendre, qu'on doit chercher l'amour de la justice et des lois? C'est par eux toujours que l'État dégénère: le riche tient la Loi dans sa bourse, et le pauvre aime mieux du pain que la liberté.

2. *Rousseau et Tocqueville*

Les deux écrivains attachent une grande importance à l'égalité et se sont posé, l'un et l'autre, le problème des rapports de l'égalité et de la liberté.

On sait combien leurs solutions sont opposées. Alors que, pour Rousseau, l'égalité est la condition de la liberté, elle devient chez Tocqueville un obstacle à la liberté. Pour Tocqueville, l'égalité a les mêmes effets que le despotisme, car elle place les hommes les uns à côté des autres, les isole tout comme le despotisme les sépare. Ces hommes isolés, séparés, égaux, mais également faibles sont incapables de résister au pouvoir central et unique qu'institue la démocratie. Le remède que propose Tocqueville est précisément le contraire de ce que Rousseau considérait comme l'idéal. Il s'agit, par le moyen des associations, de rendre les hommes plus dépendants les uns des autres pour qu'ils soient capables de devenir moins dépendants de l'État. Car il n'y a plus de liberté si les citoyens sont dans l'entière dépendance de l'État.

C'est en s'inspirant de Tocqueville que Bertrand de Jouvenel a pu écrire: 'La passion de l'absolutisme doit nécessairement conspirer avec la passion de l'égalité' (*Du Pouvoir* (Genève, 1947), p. 215).

Discussion

M. Eigeldinger: J'aurais deux questions à vous poser. La première concerne les rapports entre la liberté et l'égalité. Il est évident que dans l'état de nature la liberté et l'égalité sont dans une relation d'harmonie et complimentarité. En revanche, n'y a-t-il pas dans le *Contrat social* une tension dialectique entre liberté et égalité?

Ma seconde question a trait au droit de propriété. La conception que Rousseau se fait de la propriété n'annonce-t-elle pas le décret de ventôse de Saint-Just et de Robespierre en ce sens que l'idéal social consiste à multiplier la propriété, à faire de chaque citoyen un petit propriétaire?

J.-L. Lecercle: 1. Je suis tout à fait d'accord, mon cher Derathé, avec tout ce que vous avez dit avec votre clarté et votre précision habituelles. Il n'y a qu'un mot qui m'inquiète un peu; vous avez parlé un moment de la 'faiblesse' de la pensée de Rousseau, je parlerais plutôt de pensée utopique, sans aucune nuance péjorative – Rousseau se réfugia dans le passé, ce qui est une démarche utopique.

2. On vient de parler des décrets de ventôse: leurs auteurs se sont inspirés du *Contrat social*. On sait que ces décrets n'ont pu être appliqués, parce qu'ils allaient à contre-courant de l'histoire. C'est une preuve de plus du caractère utopique de la pensée politique de Rousseau. Mais en son temps une pensée démocratique ne pouvait ne pas être teintée d'utopie.

B. Baczko: Marx aussi fut un grand rêveur, et sa pensée fut également 'teintée d'utopie'!

J.-L. Lecercle: Il est vrai que Marx a été un grand rêveur. La science n'exclut pas la rêverie: Lénine a même dit quelque part qu'il fallait savoir rêver, et se comporter sérieusement avec ses rêves. Or, Marx se comportait sérieusement avec ses rêves parce qu'il cherchait les moyens de les réaliser, dans le réel lui-même. C'est là ce qui distingue la science de l'utopie, qu'il ne fait pas confondre avec le rêve.

B. Gagnebin: Vous restez fidèle, mon cher Derathé, à votre

méthode, qui consiste à interroger les principaux auteurs de l'école du droit naturel des XVIIe et XVIIIe siècles, Grotius, Hobbes, Locke, Pufendorf, Barbeyrac etc., et à lire attentivement les textes de Rousseau. J'aimerais rappeler que les notions de liberté et d'égalité sont associées dans la 'Déclaration des droits de l'homme et du citoyen' de 1789. Parmi les droits inaliénables de l'homme, il y a lieu de privilégier les notions de sûreté, de résistance à l'oppression et de propriété. Or, pour Rousseau cette dernière notion dépend non de la nature, mais de la loi; et, comme vous, je crois que l'écrivain pense que la propriété doit être limitée. Il songe à de petites communautés agricoles, comme il le fait dans son *Projet de constitution pour la Corse*.

J.-L. LECERCLE: Le texte lu par m. Gagnebin trouve son origine intellectuelle chez Linguet. C'est lui qui a dit que le peuple de l'époque était plus malheureux que les esclaves antiques, et qu'il fallait mobiliser toutes les forces sociales, et notamment la religion pour l'empêcher de se révolter.

4

Rousseau et Marx

JEAN-LOUIS LECERCLE

I

C'est une idée reçue que les jugements des fondateurs du marxisme, et de Marx en particulier, ont été sévères pour Rousseau. Un examen attentif des textes révèle que la réalité est plus compliquée. Tout d'abord, il est bien connu que le jeune Marx avait été élevé dans le culte des grands écrivains des Lumières, et que pour parvenir aux conceptions du matérialisme dialectique et du matérialisme historique, il lui avait fallu régler ses comptes avec la pensée du XVIIIe siècle, qu'il trouvait à son horizon culturel. Il est donc normal que lorsqu'il parle de Rousseau et d'autres hommes des Lumières, il se montre essentiellement critique. Mais il a toujours gardé, et il en est de même d'Engels, son admiration première pour les grandes œuvres du siècle précédent. Ce qu'il ne pardonne pas, c'est qu'en son temps on reste sur les positions de Rousseau, alors que l'histoire a marché. Et certains textes prouvent qu'il fait la différence entre le maître et les épigones. C'est ainsi, je pense, qu'il faut comprendre certains passages de son œuvre où l'on a voulu voir des marques de mépris à l'égard de Rousseau.

Dans la *Critique du programme de Gotha*, par exemple, où l'on trouve une critique systématique du socialisme lassallien, on lit la phrase suivante:

On aurait pu dire aussi bien que c'est dans la société seulement que le travail inutile, voire socialement nuisible, peut devenir une branche d'industrie; que c'est dans la société seulement que l'on peut vivre dans l'oisiveté; en un mot on aurait pu copier intégralement J.-J. Rousseau. (*Œuvres de Marx, Économie, Pléiade* i.1414)

Et Marx se livre à une critique impitoyable de divers concepts non scientifiques, et d'une rhétorique moralisante. On peut en déduire que Rousseau est assimilé à un rhéteur inconsistant. Il serait plus juste, à mon avis, de conclure que ce sont les théoriciens qui, en 1875, nourrissent leurs analyses politiques de notions empruntées à l'époque des Lumières, qui sont considérés comme des rhéteurs. Plus probant est ce qui suit: le texte le plus souvent cité quand on parle de Marx critique de Rousseau est tiré des *Grundrisse der Kritik der politischen Œkonomie*:

Le chasseur et le pécheur isolés, ces exemplaires uniques d'où partent Smith et Ricardo, font partie des fictions pauvrement imaginées du XVIIIe siècle, de ces robinsonnades qui, n'en déplaise à tels historiens de la civilisation, n'expriment nullement une simple réaction contre des excès de raffinement et un retour à ce qu'on se figure bien à tort comme l'état de nature. Le *Contrat social* de Rousseau, qui établit des rapports et des liens entre des sujets indépendants par nature, ne repose pas non plus sur un tel naturalisme. Ce n'est là que l'apparence, apparence purement esthétique, des grandes et petites robinsonnades. Il s'agit plutôt d'une anticipation de la 'société civile', qui se préparait depuis le XVIe siècle et qui, au XVIIIe siècle, marchait à pas de géants vers sa maturité. [. . .] Cet individu du XVIIIe siècle est un produit, d'une part de la dissolution des formes de société féodales, d'autre part, des forces productives nouvelles surgies depuis le XVIe siècle. Aux prophètes du XVIIIe siècle, qui portent sur leurs épaules tout Smith et tout Ricardo, il apparaît comme un idéal dont ils situaient l'existence dans le passé. Pour eux il était non un aboutissement historique, mais le point de départ de l'histoire. C'est que d'après l'idée qu'ils se faisaient de la nature humaine, l'individu est conforme à la nature en tant qu'être issu de la nature et non en tant que fruit de l'histoire. Cette illusion fut jusqu'ici le propre de toute époque nouvelle. (*Œuvres de Marx, Pléiade* i.235–6)

Je vais revenir sur ce texte important, l'un de ceux où l'on perçoit le plus clairement la nature des critiques que Marx adresse à la philosophie des Lumières, et au rousseauisme en particulier. Contentons-nous de ceci: après avoir montré que l'idée d'un producteur isolé est particulièrement absurde à une époque où les rapports sociaux ont atteint leur plus grand développement, Marx ajoute: 'la fadaise, *qui avait un sens raisonnable chez les gens du XVIIIe siècle*, a été réintroduite, très sérieusement, en pleine économie moderne, par Bastiat, Carey, Proudhon, etc.'. Cette dernière phrase, moins souvent citée, montre que le texte précédent est dirigé, non pas contre le rousseauisme et les Lumières, mais contre l'utilisation qui en est faite par l'économie politique du XIXe siècle.

Marx avait lu attentivement Rousseau. Pendant l'été de 1843, il se documente sur les révolutions française, anglaise et américaine, et entre autres lectures, il absorbe le *Contrat social* dont il recopie jusqu'à 103 extraits (*Œuvres de Marx Économie, Pléiade* ii.xxxiv). Dans *Le Capital* (1.30) il utilise une formule particulièrement incisive du *Discours sur l'économie politique* (i.1207). Son jugement sur l'individu Jean-Jacques apparaît dans un éloge que je crois personnellement trop catégorique: il se trouve dans une lettre du 24 janvier 1865 à J. B. von Schweitzer qui contient une violente diatribe contre Proudhon. Il est faux, dit Marx, de comparer ce dernier à Rousseau. Proudhon a perdu 'ce simple tact moral qui éloigna un Rousseau, par exemple, de toute compromission, même apparente, avec les pouvoirs établis' (i.1458-9).

L'œuvre d'Engels inspire les mêmes réflexions. Lui aussi critique l'idéalisme des Lumières, dont participe Rousseau, cet idéalisme revêtant les aspirations de classe de la bourgeoisie:

Le *Contrat social* de Rousseau, est-il dit dans *Socialisme utopique et socialisme scientifique*, ne vint au monde, et ne pouvait venir au monde, que sous la forme d'une république démocratique bourgeoise [et plus loin] L'État de raison avait fait complète faillite, le *Contrat social* de Rousseau avait trouvé sa réalisation dans l'ère de la Terreur.

Mais toutes ces assertions sont introduites de la façon suivante: 'Les grands hommes qui, en France, ont éclairé les esprits pour la révolution qui venait, faisaient eux-mêmes figure de révolutionnaires au plus haut degré.' Dans *L'Anti-Dühring* (1.10, Edit. Sociales 138 et 176) est critiquée la méthode abstraite du *Discours sur l'inégalité*, ainsi que le concept de l'homme isolé, indépendant de tous rapports sociaux;[1] mais l'attaque est dirigée contre Dühring qui en plein XIXe siècle reste sur ces positions, tandis que Rousseau, trois chapîtres plus loin, est célébré comme un auteur qui a manié, dans le même *Discours*, la méthode dialectique d'une façon qui ressemble, à un cheveu près, à celle de Marx dans *Le Capital*. Éloge qui a paru excessif à certains marxistes.[2]

Le point de vue des marxistes sur Rousseau n'est donc pas simple. Il est à la fois reconnaissance de la grandeur d'une œuvre qui, en son temps, à l'époque de la préparation de la révolution bourgeoise, a joué un rôle positif, et réaction critique contre l'utilisation qui en est faite par des penseurs bourgeois au moment où la révolution prolétarienne est à l'ordre du jour.

II

Voyons maintenant, avec plus de précision, en quoi consiste la critique marxiste du rousseauisme.

Il y a une première opposition qui saute aux yeux. Le marxisme est un matérialisme athée: Rousseau est spiritualiste, et à cet égard, il a une place à part dans la philosophie des Lumières. Voltaire lui aussi est déiste, mais on ne peut pas dire qu'il soit spiritualiste. Et l'attitude de Rousseau à l'égard de la religion l'a conduit à entrer en lutte ouverte contre les Encyclopédistes. La critique des marxistes porte contre la philosophie des Lumières tout entière, dans la mesure où, en matière de sciences humaines, cette philosophie est tout entière idéaliste. Mais dans le conflit entre Rousseau et les Encyclopédistes, on doit s'attendre à ce que les marxistes se réclament de ceux-ci plutôt que de celui-là, parce que les plus résolus d'entre eux, Diderot, Helvétius, d'Holbach, ont, dans le domaine des sciences de la nature, une conception du monde qui est matérialiste et athée. On sait au reste que Diderot était l'un des écrivains préférés de Marx.

Mais ce n'est pas le plus important. Les vues nouvelles de Marx et d'Engels sur le devenir historique ont été une révolution: ce sont elles qui font du marxisme une science, et c'est précisément là que le marxisme se trouvait face à face avec la philosophie des Lumières, Rousseau ne se distinguant pas à cet égard des autres penseurs de son temps. Reprenons maintenant le texte cité tout à l'heure. Que reproche Marx à la philosophie du XVIIIe siècle, et nommément à Rousseau?

A la société réelle de son temps, où subsistent des rapports féodaux hérités du passé, Rousseau oppose l'état mythique de nature, où tous les hommes vivent entièrement libres et indépendants. Ce mythe exprime, non pas une réalité historique, mais un idéal, qui est celui de la bourgeoisie. Dans la société bourgeoise, le produit du travail prend la forme de marchandises, dont la valeur recouvre des rapports sociaux. Le seul élément commun qu'il y ait entre toutes ces marchandises, c'est le temps de travail socialement nécessaire qui a permis de les produire, et le rapport le plus général qu'on puisse trouver entre les producteurs 'consiste à comparer les valeurs de leurs produits, et, sous cette enveloppe des choses, à comparer les uns aux autres leurs travaux privés à titre de travail humain égal' (*Le Capital*, *Pléiade* i.613). La société bourgeoise considère donc des individus, tous libres, tous égaux, mais théoriquement et par abstraction. Ce sont ces individus que Rousseau projette dans l'état de nature. Il fait d'eux des commencements absolus, alors que 'plus nous remontons dans l'histoire, plus l'individu [. . .] apparaît comme un être dépendant, partie d'un ensemble plus grand' (*Grundrisse*, *Pléiade* i.236), d'abord la famille et le clan, puis les communautés de formes diverses. C'est au moment où les rapports de production marchande se développent, et en particulier au XVIIIe siècle, que l'individu singulier voit dans 'les différentes formes de connexion sociale' 'un simple moyen de parvenir à ses fins personnelles, comme une nécessité extérieure' (i.236). C'est au moment où les rapports sociaux ont atteint leur plus grand développement que les hommes peuvent vraiment s'individualiser, mais seulement dans la société. L'état de nature présente comme initial ce qui est en fait le produit du développement de la société marchande. Il donne la primauté de droit à l'individu; la société n'est qu'un fait second, elle ne peut être qu'un agrégat d'individus, tous libres et égaux en droits, théoriquement. Elle doit préserver les droits d'une nature humaine qui est un absolu permanent. Mais ces droits sont formels, abstraits, purement juridiques. Théoriquement absolus, ils ne sont pas inscrits dans la réalité: par exemple le droit de propriété. Tout individu, dans la société bourgeoise, a théoriquement le droit de conserver la propriété de ses biens; mais dans les faits, le prolétaire est exclu de ce droit qui n'est en réalité qu'un privilège. La philosophie des Lumières, qui prétend affranchir tous les individus des contraintes féodales, n'a en fait abouti qu'à affranchir le bourgeois. La Déclaration des droits de l'homme est à prétentions universalistes: elle proclame le droit de tous à la propriété personnelle; elle garantit en fait la propriété du seul bourgeois.

Le marxisme rejette l'idée d'une nature humaine permanente comme étant l'ultime expression de la théologie, si laïcisée soit-elle. Ce qui pour la pensée idéaliste du XVIIIe siècle est un commencement absolu, pour le marxisme est une création progressive de l'histoire: l'homme est un produit de la nature qui a la propriété de se produire lui-même et de se transformer constamment par le travail. L'individu, conçu comme un producteur indépendant, pourvu de droits égaux à tous les autres individus, est une création tardive, apparue dans une période historique définie par un certain mode de production. L'Homme est sans doute une espèce biologique, au même titre que d'autres animaux, mais du point de vue social ce n'est qu'une abstraction. Il n'y a que *les hommes*, liés entre eux par des rapports de production perpétuellement changeants, eux-mêmes déterminés par l'état des forces productives.

La pensée du XVIIIe siècle, en matière sociale, est idéaliste. Elle oppose à l'ordre féodal existant, considéré comme absurde, un ordre idéal qui serait conforme à la raison et qui sera instauré dans la mesure où les hommes comprendront les idées des philosophes. La propagande des Lumières est de nature morale: elle oppose le bien au mal, le rationnel aux préjugés. Dans ses formes les plus démocratiques, elle se nourrit d'abstractions. Elle considère dans la société exclusivement des atomes-citoyens pourvus de droits théoriquement égaux: elle ignore les rapports sociaux réels. Elle est privée de prise sur le devenir historique, et ne peut qu'opposer l'utopie à la société qui a été formée par l'histoire. Elle affirme le droit en niant le fait; elle est une idéologie sans fondements scientifiques. Ce n'est pas un hasard si à l'époque des Lumières le seul penseur qui ait posé les fondements d'une science des faits sociaux, Montesquieu, est le plus conservateur de tous; parce que Montesquieu s'incline devant le poids des faits. Tel est le dilemme du XVIIIe siècle: le milieu est difficile à trouver entre une fidélité au réel qui conduit au conservatisme, et une exigence démocratique et révolutionnaire, celle de Rousseau, qui mène à l'utopie. Jean-Jacques caractérise parfaitement sa méthode lorsqu'il lance contre Grotius cette critique: 'Sa plus constante manière de raisonner est d'établir toujours le droit par le fait' (*Contrat social*, 1.2).

Le marxisme résout cette antinomie. Il est une idéologie en ce sens qu'il se met au service de la classe ouvrière pour lui permettre d'en finir avec l'exploitation de l'homme par l'homme. Il est une science dans la mesure où il s'appuie sur une analyse des forces sociales réelles, où il désigne les facteurs qui, en dernière analyse, déterminent le devenir historique, c'est-à-dire l'état des forces productives et les rapports sociaux qui en résultent.

Le marxisme rejette le *Contrat social* au nombre des œuvres utopiques parce que Rousseau refuse de prendre en compte la société réelle, qui est divisée en classes. Dans sa cité idéale Rousseau ne veut connaître d'un côté, que des individus, de l'autre la collectivité tout entière. Aucun groupement d'individus n'est admis, parce qu'il risquerait d'altérer la volonté générale. Par là le rousseauisme ne peut jouer de rôle déterminant dans les luttes politiques. La Révolution française, qui a été une formidable bataille de classes, a prouvé que le *Contrat social* n'était pas opératoire.[3] Tous les partis, et non pas seulement les Jacobins, comme on le croyait autrefois, l'ont utilisé, dans les sens les plus contradictoires, au gré de leurs besoins politiques. Ils y ont puisé une foule d'arguments, et par là il est bien vrai qu'il a exercé une action, mais il n'a pas servi une politique, parce que chaque parti pouvait, et souvent légitimement, s'en servir à sa manière.[4] Les diverses étapes de cette révolution s'expliquent par les conflits de classes; les formes qu'a prises le pouvoir révolutionnaire ont été improvisées par les dirigeants en fonction des nécessités de la lutte; à cet égard le *Contrat social* n'a rien dicté, et la formule d'Engels ('Le *Contrat social* de Rousseau avait trouvé sa réalisation dans l'ère de la Terreur') n'est pas justifiée. Il reste tout de même que l'exigence démocratique qui est au fond du *Contrat social* a servi de plus en plus les patriotes à mesure que la Révolution se développpait, tandis que les contre-révolutionnaires se détournaient de Rousseau. Mais il reste surtout que la Déclaration des Droits de l'homme, qui trouve son inspiration pour une large part dans le *Contrat social,* n'assure que des libertés formelles, qui, historiquement, ont laissé à la bourgeoisie la possibilité d'exploiter les classes travailleuses.

III

Tels sont, très sommairement, les principaux éléments de la critique marxiste contre Rousseau. Mais observons que cette critique porte aussi bien contre la philosophie des Lumières en général, Rousseau n'étant en matière politique que le plus hardi et le plus profond des philosophes, si l'on met à part Montesquieu, dont l'œuvre a une portée très différente. Mais la place de Rousseau dans la philosophie des Lumières est originale, et si, du point de vue de la théorie de la connaissance, le matérialisme marxiste se situe plutôt dans la postérité de Diderot, en matière politique le rousseauisme a légué un héritage où le marxisme trouve son compte. C'est ce qu'il nous reste à examiner.

Je rappellerai d'abord les thèses du marxiste italien Galvano Della Volpe. Il résume ainsi les thèses de Rousseau sur l'inégalité:

Rousseau part de la considération de deux sortes d'inégalités:

l'une que j'appelle naturelle ou physique, parce qu'elle est établie par la nature, et qui consiste dans la différence des âges, de la santé, des forces du corps, et des qualités de l'esprit, ou de l'âme; l'autre qu'on peut appeler inégalité morale, ou politique, parce qu'elle dépend d'une sorte de convention, et qu'elle est établie, ou du moins autorisée par le consentement des hommes. Celle-ci consiste dans les différents privilèges, dont quelques-uns jouissent, au préjudice des autres, comme d'être plus riches, plus honorés, plus puissants qu'eux, ou même de s'en faire obéir.

Tel est le point de départ du *Discours sur l'inégalité* (*Pléiade* iii.131). Rousseau montre ensuite que cette inégalité naturelle, dans l'état de nature, est sans grande importance, mais qu'elle en acquiert beaucoup à mesure que les liens sociaux se développent. Et il conclut en montrant qu'on peut juger de la valeur d'une société par l'accord ou le désaccord de ces deux types d'inégalités:

Il suit de cet exposé que l'inégalité étant presque nulle dans l'état de nature, tire sa force et son accroissement du développement de nos facultés et des progrès de l'esprit humain, et devient enfin stable et légitime par l'établissement de la propriété et des lois. Il suit encore que l'inégalité morale, autorisée par le seul droit positif, est contraire au droit naturel, toutes les fois qu'elle ne concourt pas en même proportion avec l'inégalité physique; distinction qui détermine suffisamment ce qu'on doit penser à cet égard de la sorte d'inégalité qui règne parmi tous les peuples policés; puisqu'il est manifestement contre la loi de nature, de quelque manière qu'on la définisse, qu'un enfant commande à un vieillard, qu'un imbécile conduise un homme sage, et qu'une poignée de gens regorge de superfluités, tandis que la multitude affamée manque du nécessaire. (iii.193–4)

L'égalité que revendique Rousseau n'est donc pas une égalité niveleuse; elle est proportionnelle, elle tient compte des possibilités diversifiées de chacun.[5]

L'égalité niveleuse, elle existe dans la pensée du XVIIIe siècle, c'est celle des sociétés utopiques. Elle aboutit à la plus infernale des tyrannies: chacun fait la même chose, parce que chacun est réduit à une égalité abstraite; ce n'est possible que si l'individu est enserré dans un réseau de règlements impératifs; la société n'est plus qu'une immense caserne. Nous voyons aujourd'hui ce que donnent de telles conceptions: c'est le Cambodge.

Et si l'on affirme à la fois l'égalité absolue, et la liberté absolue, en droit, de tous les hommes, ce qui est le fait des juristes du droit naturel, et plus que tout autre, de Locke, on aboutit à la société capitaliste. Chaque individu est libre de disposer de sa personne et de ses biens; or parmi ses biens il y a sa force de travail, qui peut être un objet d'échange. Une théorie qui proclame les droits de la personne humaine, transforme en fait la personne humaine en marchandise, contradiction terrible qui est dans l'humanisme des hommes des Lumières, Rousseau mis à part. A cet égard, Della Volpe montre que le marxisme se situe dans la lignée de Rousseau. Il utilise pour cela deux textes, l'un de Marx, tiré de la *Critique du programme de Gotha* (*Pléiade* i.1419), l'autre de Lénine, tiré de *L'État et la révolution* (Ed. de Moscou 1957, xxv.503–506). Marx se livre à une critique approfondie d'une formule lassallienne, aux termes de laquelle, dans la société socialiste 'le fruit du travail appartient intégralement, en vertu d'un droit égal, à tous les membres de la société'. Marx montre que ce droit égal est encore le droit bourgeois: 'Le droit des producteurs est proportionnel au travail qu'ils fournissent. L'égalité consiste en ce que le travail fait fonction de mesure commune.' Toutefois, ajoute Marx, 'tel individu est physiquement ou intellectuellement supérieur à tel autre'. Il y a donc inégalité de travail, et 'ce droit égal est un droit inégal pour un travail inégal [. . .] c'est un droit de l'inégalité, comme tout droit. Par sa nature le droit ne peut consister que dans l'emploi d'une mesure égale pour tous; mais les individus inégaux (et ils ne seraient pas distincts, s'ils n'étaient pas inégaux) ne peuvent être mesurés à une mesure égale qu'autant qu'on les considère d'un même point de vue, qu'on les regarde sous un aspect unique et déterminé, par exemple, dans notre cas, en faisant abstraction de tout le reste.' Mais tel ouvrier a des enfants, tel autre non, etc. Il est inévitable que l'un reçoive effectivement plus que l'autre et soit plus riche. 'Pour éviter tous ces inconvénients, le droit devrait être non pas égal, mais inégal.' Ces inconvénients sont inévitables dans la première phase de la société communiste, c'est-à-dire la société socialiste. Dans une phase supérieure, quand les individus ne seront plus asservis à la division du travail, quand aura cessé l'opposition du travail intellectuel et du travail manuel, quand le travail ne sera plus un moyen d'existence, mais le premier besoin vital, quand, avec l'épanouissement universel des individus, les forces productives se seront accrues au point de faire jaillir les richesses, alors on en aura fini avec le droit bourgeois, 'et la société pourra inscrire sur ses bannières: De chacun selon ses capacités à chacun selon ses besoins!' Dans une telle formule disparaît la notion d'égalité, qui n'est pas selon Marx la fin du communisme, lequel se propose 'l'épanouissement universel des individus', ce qui est tout différent.

Lénine a repris ce texte de Marx. Il ajoute: 'Les économistes vulgaires [. . .] font constamment aux socialistes le reproche d'oublier l'inégalité des hommes et d'en "rêver" la suppression. Ce reproche, on le voit, prouve simplement l'extrême ignorance de Messieurs les idéologues bourgeois.' Et il conclut après Marx que la société socialiste, au début, ne supprime pas le droit bourgeois, qu'elle ne le modifie que par la socialisation des moyens de production.

Della Volpe conclut du rapprochement de ces divers textes qu'il y a chez Rousseau reconnaissance de la diversité des individus, de leurs capacités et de leurs besoins, et qu'à cet égard, le marxisme est de sa lignée. Cette thèse a été contestée.[6] On a fait valoir que Rousseau tient compte des différences individuelles pour que la société reconnaisse les différents mérites et que les rangs sociaux soient proportionnels aux services que rendent les individus. Rousseau tendrait ainsi à justifier une hiérarchie fondée sur des inégalités naturelles, alors que Marx ne connaît les différences individuelles que parce qu'il veut que la société satisfasse les besoins des moins doués et empêche la constitution de toute hiérarchie qui, à partir des avantages naturels, perpétuerait des privilèges. Mais une telle critique ne me paraît pas juste. Personne ne peut contester que Rousseau n'était pas communiste. Ce qui compte, c'est qu'à l'égalité niveleuse d'autres penseurs de son temps, égalité qui ne peut s'accompagner que de la plus insupportable tyrannie si elle s'inscrit dans les faits, et qui laisse le champ libre à l'exploitation de l'homme par l'homme si elle reste théorique, Rousseau oppose le droit des individus à leur épanouissement complet, et à cet égard les théoriciens marxistes sont bien ses héritiers.

Ce qui fait, parmi les hommes des Lumières, la plus grande originalité de Rousseau en tant que penseur politique, c'est qu'il a donné un autre sens au mot liberté. Tout le monde conviendra que c'est le mot qui résume le mieux l'idéologie de Voltaire, des Encyclopédistes et des physiocrates. Rousseau a eu le mérite de mettre au jour ce qu'il recouvre. J'écarte ici sans m'attarder l'image 'totalitaire' de Rousseau. A ma connaissance, aucun rousseauiste, du moins en Europe, ne l'accepte plus. Je rappellerai seulement la question posée dans le *Contrat social* (I.vi): 'Trouver une forme d'association [. . .] par laquelle chacun s'unissant à tous n'obéisse pourtant qu'à lui-même et *reste aussi libre qu'auparavant.*' C'est le souci de sauvegarder la liberté qui est premier dans la pensée de Rousseau. Et c'est pour cela qu'il est un adversaire irréductible du libéralisme, qui donne aux plus forts la liberté d'opprimer les plus faibles. Rousseau a vu clairement que la liberté revendiquée par les Encyclopédistes, c'était entre autres choses la liberté d'exploiter autrui, les plus pauvres ayant la liberté de vendre leur force de travail aux plus riches. Il a vu que cette liberté aboutissait à son contraire. Il a refusé la foi inconditionnelle au progrès qui, selon le *Discours sur l'inégalité*, est un processus contradictoire. Dans un régime fondé sur la propriété privée, en même temps que les richesses de toute nature se multiplient, elles se concentrent à un pôle. Les pauvres, de plus en plus démunis, n'ont d'autre ressource que de faire la guerre aux riches, et les riches, pour se protéger, créent l'État, qu'ils font passer habilement pour une institution mise au service de tous et qui est en réalité à leur service exclusif. Les marxistes trouvent leur compte dans ces analyses. Le langage a changé: à l'opposition entre riches et pauvres se substitue celle des prolétaires et des capitalistes. Les marxistes ne croient pas que l'État soit le produit artificiel d'une habile manœuvre, mais ils affirment que dans une société de classes il est au service de la classe dirigeante.

J'ai jusqu'ici parlé surtout du *Discours sur l'inégalité*, et il est à remarquer que lorsque les théoriciens marxistes se livrent à la critique du rousseauisme, c'est surtout le *Contrat social* qu'ils ont en tête. Il me semble pourtant qu'il y a dans ce livre, pour la pensée marxiste, de quoi méditer. On sait que pour Rousseau il n'y a pas d'état légitime s'il n'est fondé sur la souveraineté populaire, et que le peuple ne doit d'aucune manière déléguer ses pouvoirs. Cette intransigeance aboutit à une impasse puisque Rousseau en arrive à nier la possibilité d'une démocratie dans le cadre d'un grand État: c'est une des principales raisons pour lesquelles le *Contrat social* ne s'est pas montré opératoire pendant la Révolution. Mais après deux siècles il est impossible de nier la sagesse de Rousseau. C'est une caractéristique des régimes représentatifs que les représentants se font élire sur un programme et en exécutent un autre: il y en a des exemples innombrables dans l'histoire. L'exigence de démocratie est un des phénomènes les plus importants de notre temps, à l'échelle mondiale, et nous savons tous que le combat pour la démocratie n'est jamais terminé. Les principes posés par le *Contrat social* ne doivent jamais être perdus de vue. Rousseau était un théoricien, non un praticien de la politique; il n'a pas donné de formule qui permît d'assurer dans tous les cas le fonctionnement démocratique d'un régime populaire, et sans doute une telle formule n'existe pas, puisque la vie rend vite périmées toutes les structures, mais la rigueur théorique du principe de la souveraineté populaire est salutaire. Oui, un régime n'est démocratique que lorsque la volonté du peuple s'y exprime sans être trahie par aucun groupement, aucune institution intermédiaire. C'est aux démocrates de veiller constamment à ce que la représentation, inévitable au moins dans un grand État, ne puisse dégénérer en trahison. Le principe de la révocabilité permanente des élus est sûrement un bon recours. Encore faut-il qu'il soit appliqué dans les faits, et ce n'est jamais sans lutte que ces affaires là se réglent.

Enfin, Rousseau est le père des droits de l'homme. Ne tirons pas à lui toute la couverture: nous le retrouvons en compagnie de Voltaire, de Montesquieu, de Diderot, d'autres encore. La critique que les fondateurs du marxisme ont faite des droits de l'homme reste à mon avis inébranlable. Mais elle ne peut pas être seulement négative.

Sans doute Rousseau donne aux droits de l'homme d'autres fondements que les marxistes. Sa démarche est idéaliste: elle s'inscrit dans la lignée de Platon et dans la tradition chrétienne. Pour lui l'homme de la nature est une personne sacrée parce qu'il est une créature de Dieu. L'amour de soi est un sentiment que la nature impose à tous les hommes. De l'amour de moi-même dérive l'amour de l'auteur de mon être. Aimer Dieu, c'est aussi aimer les autres créatures, auxquelles il a donné comme à moi-même une valeur absolue; c'est respecter tous leurs droits comme ils doivent respecter tous les miens. Par là, aux yeux de Rousseau, la personne humaine est sacrée, inviolable. D'où le fait qu'il ait pu écrire dans le *Discours sur l'économie politique*:

La sûreté particulière est tellement liée avec la confédération publique, que sans les égards que l'on doit à la foiblesse humaine, cette convention seroit détruite par le droit, s'il périssoit dans l'État un seul citoyen qu'on eût pu secourir; si l'on en retenoit à tort un seul en prison, et s'il se perdoit un seul procès avec une injustice évidente. (*Pléiade* iii.256)

Le problème de Rousseau est de fonder la société politique de façon à préserver ces droits imprescriptibles de l'homme de la nature. Selon Marx, Rousseau a échoué puisque ces droits, proclamés à sa suite par la Révolution, ne sont que des droits théoriques et abstraits qui permettent à la bourgeoisie d'exploiter les classes travailleuses. Et le problème de Marx est de trouver la garantie des droits réels de la personne. Cette personne humaine, pour lui, elle n'est pas fille de Dieu, mais de l'histoire. Elle n'en est pas moins la fin dernière de l'action politique. Qu'on relise à cet égard le *Manifeste communiste*. De quoi est accusée la bourgeoisie? D'avoir réduit les classes travailleuses à l'état d'instruments, de machines, de les avoir exclues du droit de propriété, d'avoir disloqué leurs familles et d'avoir réduit leurs filles à la prostitution. L'émancipation des individus n'est possible que par celle des classes travailleuses, mais elle doit permettre l'épanouissement de chaque personne, avec ses dons et ses possibilités chaque fois différents. En ce sens les marxistes peuvent se réclamer de Rousseau. On a dit souvent que le marxisme prêchait la violence, et qu'il y avait là antinomie avec le rousseauisme, qui fait l'apologie du droit. Mais le marxisme ne prêche pas la violence, il la constate, et face à l'exploitation, il refuse la soumission. Et l'auteur du *Discours sur l'inégalité*, tout autant: lorsque le despote a détruit le droit, 'il n'a point à réclamer contre la violence. L'émeute qui finit par étrangler ou détrôner un sultan est un acte aussi juridique que ceux par lesquels il disposait la veille des vies et des biens de ses sujets' (*Discours II, Pléiade* iii.191).

Nous savons que partout dans le monde, deux siècles après les droits de l'homme, se produisent des crimes auprès desquels celui des assassins de Calas n'était qu'une peccadille. Il y a recul, et la vision de Rousseau apparaît ici prophétique. Plus la masse des richesses s'accumule, plus l'oppression se fait féroce. L'humanité se traîne encore dans la préhistoire. Dans cette barbarie, des disciples de Marx, au nom de Marx, ont joué leur rôle. Mais Marx ne peut pas être tenu pour responsable de ces aberrations criminelles, accusation aussi absurde que de voir en Jean-Jacques l'homme qui a conduit les charrettes de la Terreur. L'avertissement intransigeant de Rousseau a gardé toute sa valeur: une seule 'injustice évidente' peut souiller la plus noble des causes.

IV

Je conclus. Il y a quelque quinze ans, un rousseauiste éminent m'a demandé comment je pouvais m'attacher à Rousseau, moi qui me réclamais de Marx. La question m'avait surpris: il ne m'était pas venu à l'esprit que je vivais dans la contradiction. Et je ne le crois pas davantage aujourd'hui. Rousseau, le premier, a fondé le caractère inaliénable de la volonté populaire, il reste un théoricien irremplaçable de la démocratie. Il a fondé, en même temps que d'autres penseurs des

Lumières, mais avec une éloquence qui n'appartient qu'à lui, les droits de la personne humaine. Il plaidait la cause du peuple, celle des pauvres, avec des accents qui touchent aujourd'hui les hommes de cœur aussi fortement que ses contemporains. Tout cela reste un acquis définitif de notre culture. Marx a découvert une méthode scientifique d'analyse des faits sociaux, il a fondé la science de l'histoire. Cela aussi, c'est un acquis définitif. Qu'y a-t-il d'irréductible entre les deux, en dehors du gouffre de cent ans d'histoire riches en révolutions? Ce sont deux systèmes de pensée dont chacun ne pouvait naître qu'à une certaine époque, et un marxiste n'aurait rien compris au marxisme, qui reprocherait à Rousseau de ne pas l'avoir été.

Ils restent l'un et l'autre deux grands inspirateurs, mais rien de plus. Ni l'un ni l'autre ne peut se substituer à nous pour résoudre les problèmes de notre temps. Le marxisme n'est pas un dogme, mais une méthode pour l'action; c'est à nous de trouver les solutions. Être fidèle à Rousseau, aujourd'hui, ce n'est pas aller en Ardèche se mettre à l'élevage du mouton, sous prétexte de retourner à la nature. Être fidèle à Rousseau, c'est vivre dans la Cité, en exerçant ses responsabilités de citoyen, c'est traiter en toutes circonstances, selon la belle formule de son disciple Kant, l'homme comme une fin et non comme un moyen.

Il ne seroit même pas bon dans la présente constitution des choses, qu'avides de ces douces extases ils s'y dégoutassent de la vie active dont leurs besoins toujours renaissants leur prescrivent le devoir. (*Rêveries* v, *Pléiade* i.1047)

Notes

1 Edit. Sociales 1971, pp. 59–64. Les mêmes développements sont repris dans l'introduction de *L'Anti-Dühring*.
2 Della Volpe, *Rousseau e Marx* (Editori Riuniti, 4e édit. 1974), p. 131; Louis Althusser dans *Pour Marx*.
3 Sur ce point la thèse de Roger Barny ('J.-J. Rousseau dans la Révolution française (1787–91)' (Nanterre, 1977)) a renouvelé nos connaissances.
4 C'est ainsi que les contre-révolutionnaires, au nom du *Contrat social*, ont contesté la légitimité des assemblées révolutionnaires, qui prétendaient représenter la volonté du peuple. C'est ainsi qu'au nom du *Contrat social*, la loi Le Chapelier, qui interdisait les coalitions ouvrières, a été votée.
5 Della Volpe utilise également la note xix du *Discours*: 'La justice distributive s'opposeroit même à cette égalité rigoureuse de l'état de nature, quand elle seroit praticable dans la société civile; et comme tous les membres de l'État lui doivent des services proportionnés à leurs talens et à leurs forces, les citoyens à leur tour doivent être distingués et favorisés à proportion à leurs services' (*Pléiade* iii.222).
6 Notamment par Lucio Colletti: *Ideologia e Società* (Editori La Terza, 1972), pp. 255–62.

Discussion

R. WOKLER: Among the many important problems you raise about the links between Rousseau and Marx there is at least one which might be further pursued. This is the problem of why Marx himself seems to have so little appreciated the similarities between his own doctrines and those of Rousseau, despite the connections that have been identified by others, including the ones you have so admirably developed in your own paper. Let us consider for a moment that passage from Engels's *Anti-Dühring* to which you referred. If my memory serves me correctly, Engels claimed not just that there were close parallels between Rousseau's social thought and that of Marx, but rather that the whole dialectical sequence of ideas in *Das Kapital* was identical with that of the *Discours sur l'inégalité*, so that the correspondence between the two texts amounted to their having much the same structure and form. This seems to me a somewhat stronger claim about the conceptual affinities between Rousseau and Marx than you suggested, and I think it is especially worthy of our attention because there is hardly any mention of Rousseau in *Kapital* and no mention at all there of the *Discours sur l'inégalité*. Moreover, while Marx had ample opportunity to elaborate or refute Engels's thesis about the pedigree of his own ideas, he apparently did neither.

The problem may be approached in another way, if we consider for a moment that section of *Die Judenfrage* in which Marx quotes from the chapter on the Legislator in the *Contrat social* where Rousseau speaks of the change in human nature on entering civil society. It has often been noted that this passage recapitulates the statement earlier in the *Contrat* about the metamorphosis of man through the pact of association, which substitutes truly moral liberty for natural liberty. Now I have no doubt that Marx, who read the *Contrat social* meticulously, was well aware that Rousseau's idea of changing human nature involved the substitution for one form of liberty of another that was higher. You say they both shared a radical conception of liberty: we might therefore have expected that Marx would at least have perceived *this* link between their respective philosophies in his reference. In fact, however, he focused on the second passage about our moral transformation in the *Contrat* precisely in order to oppose it. He characterised Rousseau's conception of an uplifted form of public morality as artificial and abstract, because it sets the citizen apart from the individual in his everyday life, and thus fails to recognise that human emancipation must have a social as well as a political objective. So leaving aside here the question of whether or not Marx's reading of Rousseau on this point is correct, it seems to me remarkable that he should have addressed himself directly to Rousseau's contrast between the two kinds of human nature that lies at the heart of his 'radical conception of liberty', not to endorse that thesis but in fact to reject it.

Perhaps I might offer here three tentative, and not necessarily compatible, reasons, which might help to explain why Marx took so little notice of those conceptual affinities between his own thought and that of Rousseau which have seemed so clear to you, to Engels, and to other scholars and critics. The first, quite simply, is that we have good reason to doubt whether Marx *was* in fact well acquainted with the writings of Rousseau. It seems to me surprising that a social theorist so widely read in such a broad range of subjects as Marx was, and whose major works were so often conceived as commentaries on the views of others, should have addressed himself so seldom to the ideas of a figure already regarded in his own lifetime as one of his main precursors. I doubt whether there are more than about a dozen references to Rousseau scattered throughout Marx's writings, and most of these are just made in passing. Of course, as you have indicated yourself, Marx took copious notes from his reading of Rousseau in the early 1840s, but he does not seem to have made much use of these notes thereafter. All of the 103 passages from Rousseau that he transcribed, moreover, are taken from just one text – that is, the *Contrat social*. While Marx did very occasionally refer to this work later, and while in a couple of instances he mentioned the *Économie politique* as well, I know of no direct references in his writings to the more obviously radical compositions of Rousseau – to the *Lettre sur les spectacles*, for instance, the *Essai sur l'origine des langues*, the *Discours sur les sciences et les arts*, and, most important, the *Discours sur l'inégalité*, on which Engels lavished so much praise. We can only speculate on what Marx might have said about Rousseau if he had troubled to read these texts with the care he devoted to the *Contrat*, but I think we would both agree that he ought to have found in them a theory of history, an idea of property, an account of inequality, and even a conception of alienation and its transcendence through the brotherhood of man, much more congenial to his own views than he ever imagined.

My second point perhaps runs somewhat contrary to the first, since it allows that Marx may have been more familiar with Rousseau's thought than is apparent from his references and more favourably disposed to it than he generally admitted. If this were the case, it should not surprise us unduly, since in Marx's writings there is often only meagre recognition of his most extensive debts (one thinks here particularly of Hegel's immense but little acknowledged influence on the *Grundrisse*, though I might also add the fact that Diderot, whom Marx once claimed to be his most preferred author, hardly gets a mention anywhere in his works). And Marx did not only neglect sometimes to acknowledge his sources. He frequently poured his greatest scorn upon those figures whom he most resembled as a theorist, even when his ideas in fact differed very little from those of his supposed adversaries. Here I have in mind especially his disagreements with the socialists Proudhon and Bakunin; but a fair number of other thinkers might be mentioned as well.

My third suggestion stems from your remark that the French Revolution failed to realise Rousseau's political ideals in practice. I am certainly inclined to agree with you here, but I wonder whether Marx would not have come to the opposite conclusion, and perhaps even did so. In the *Judenfrage*, after all, he joins his critique of Rousseau's abstract conception of the citizen to a more general censure of the juridical rights of man – the rights of property, equality, and security – won by the French Revolutionaries and proclaimed by them in their *Déclarations des droits de l'homme* and their constitutions of 1793 and 1795. We know that Engels supposed the Revolution to have marked the bourgeois fulfilment of the abstract principles expressed in the *Contrat social*, and I believe some such view may have been held by Marx as well. In that case Rousseau's ideals would have come to fruition, in his judgement, in a revolution that itself failed, however, to achieve man's true social emancipation. Now I think Engels on this point might provide us with a clue as to why Marx so grossly misinterpreted the political doctrines of Rousseau. For on his account, it was not only the constitutions of the Revolution that put the principles of the *Contrat* into practice; so too did the Terror. Such a thesis had of course been advanced earlier in the nineteenth century by De Maistre and especially Hegel, among others, and it had been implied even before that in the writings of Burke. As several commentators have remarked – not least Della Volpe and Colletti, whom you have mentioned – Marx, for his part, derived much if not all of what he knew about Rousseau from the interpretations of Hegel, and the last point I should like to put to you is this: Hegel's main concern with the revolutionary application of Rousseau's ideas led him, in my view, to regard them in a context which did not really help him to understand their meaning. Marx, too, was, I think, less concerned with the sense of Rousseau's thought than with its significance as an ideological expression of the aims and achievements of the French revolutionaries. However, whereas Hegel saw that significance largely in the Terror, Marx may have seen it more in the establishment of a bourgeois republic, allowing for the fact that he did not distinguish much between the constitutions of 1793 and 1795. In one case, that is, the *Contrat social* was held to be a blueprint for a revolution that had gone too far; in the other, it was understood as the manifesto of a revolution that had not gone far enough. In both cases, however, if my guess is correct, the attempts to link the *Contrat* directly to the Revolution led to striking misinterpretations of the text, and in the case of Marx in particular, the number of passages he annotated provides us with precious little evidence of any solid grasp of its meaning. It may be one of the ironies of his poor scholarship that by appraising Rousseau's works in the artificial glare of a revolutionary doctrine he regarded as defunct, he not only failed to see (or neglected to state) how closely they in fact approached his own themes. He also failed to notice how much revolutionary light and even heat they could shed upon the darker and colder corners of his philosophy.

J.-L. LECERCLE: 1. *Marx est-il en désaccord avec Rousseau sur la liberté?* Marx pense que la libération des individus ne passera que par la libération des classes exploitées; idée qui ne peut pas trouver sa place dans le système de Rousseau.

Mais s'il est vrai que Marx est en opposition profonde avec la philosophie des Lumières sur le problème de la liberté, Rousseau ne peut être mis ici sur le même plan, puisqu'il a vu, avant Marx, qu'il n'y avait pas de liberté possible dans une société où les richesses sont inégalement réparties.

2. *Les idées de Marx qui se trouveraient en germe dans le* Discours sur l'inégalité. Je n'irai pas aussi loin que vous. Le marxisme a été une révolution dans l'histoire de la pensée, et les bases philosophiques de Marx sont radicalement différentes de celles de Rousseau. Je dirais seulement que les marxistes pourraient trouver leur compte dans certaines analyses du *Deuxième Discours*; je ne crois pas qu'on puisse aller plus loin.

3. *Dans les textes de Rousseau annotés par Marx, il y en a très peu qui sont pris dans les premiers écrits.* Je n'ai pas ici la liste complète de ces

textes, mais je crois que vous avez raison. Les notes prises par Marx se rapportent surtout, comme vous l'avez dit, au *Contrat social*.

4. *Marx s'est montré hostile à d'autres penseurs qu'il a utilisés*? Là-dessus il y aurait fort à dire: mais vous avez raison d'affirmer qu'il est plus sévère pour d'autres penseurs qu'il n'a été pour Rousseau.

5. *Marx croyait que le* Contrat social *avait eu une influence déplorable sur la Révolution*. Peut-être faudrait-il nuancer. Il y a des textes où Marx s'est montré assez sévère pour Rousseau, mais comme il n'a jamais écrit son histoire de la Révolution, nous ne saurons jamais le fond de sa pensée. En tout cas, dans l'état actuel de nos connaissances, nous ne pouvons plus poser ainsi les problèmes: que signifie le mot 'influence'? Sur tout ceci, je me permets de vous renvoyer à la thèse de Roger Barny, qui sera publiée prochainement, sur *Rousseau pendant la révolution française*.

J. HOPE MASON: I would like to comment on one of the fundamental differences between Rousseau and Marx, one that is immediately evident to anyone who reads them and yet which seems to be rarely recognised. The difference is obvious inasmuch as it can be seen from the way each of these writers treats his readers. Rousseau's tone is eloquent and evocative, a constant appeal and search for agreement – 'l'authentique lecteur, mon semblable, mon frère'. His argument may be strenuous, his mood passionate, his rhetoric shocking, but he is always concerned not to impose on his reader. (See, for example, the Preface to *Émile*.) Marx's tone, on the other hand, is forceful and aggressive; sometimes invigorating, at other times repetitive, declamatory and dogmatic, almost as if he were browbeating the reader into submission.

This difference, which is manifest in many other aspects of their work, could be called the difference between *wholeness* and *power*.

Marx was preoccupied with power. He was acutely perceptive about the diffusion and deployment of power in society, and his mature work was a heroic attempt to show how power could and would be wrested from those who had unjustly appropriated it. Yet it is also clear that Marx enjoyed power; mastery, domination, *Herrschaft*, is a constant theme in his writing, and not always, or necessarily, in a pejorative sense. In his view, men realised their potential through exercising their power over nature, and his ideal of man in a communist society was that of someone like the artist who had unlimited freedom. This ideal excluded any possibility of power over other people, but it was nevertheless an expression and realisation of power, self-assertion to an unlimited degree. (The fact that Marx misunderstood the process of creation and was wrong in his idea of how artists function, as I believe he was, is beside the point.)

Rousseau, on the other hand, was concerned with wholeness. He saw human existence as a matter of living with nature; his attitude was ecological rather than instrumental. The limitations which such an attitude entails were limits which he welcomed; he saw the continual increase of needs and desires as a principal cause of human dissatisfaction. Similarly, our freedom in society is and must be limited; in a society of equals no one can have unlimited freedom. But this limit also need not be a restriction. If people have a sense of emotional wholeness in themselves and in relation to others, and if they live in a society which allows for a general participation in its activities, then everyone can come to share a sense of being part of a greater whole. In this way, we can feel about society as we feel about the natural world, and what is a necessary limitation can become a general satisfaction.

Today, as we emerge from the long shadow of the nineteenth century, with its sense of limitless possibility, and enter a future which is conscious above all of necessary limits, this difference between Rousseau and Marx is one that gives particular relevance to the work of Rousseau.

J.-L. LECERCLE: Je ne suis pas parvenu à comprendre l'opinion de M. Mason, sauf sur un point: Marx et le pouvoir. Comme beaucoup de gens, Marx croyait que par la science et la technique les hommes étendent leur pouvoir sur la nature. Mais il était un théoricien politique qui s'intéressait avant tout au pouvoir que les hommes exercent les uns sur les autres. Son objet essentiel était de trouver les moyens de réaliser l'affranchissement des classes exploitées.

R. A. LEIGH: Vous nous avez parlé de Rousseau et de Marx, mais aussi dans une certaine mesure de Rousseau et du marxisme. Il est inévitable, je pense, que certains marxistes soient amenés à voir dans Rousseau, plus encore que Marx lui-même ne l'aurait voulu peut-être, une sorte d'ancêtre. Vous nous avez parlé de Volpe: il y en a eu sûrement d'autres. Le marxisme se situe bien dans la lignée de Rousseau. Cela tient essentiellement, du moins je le crois, au fait qu'il y a dans le marxisme un double courant – le mot est peut-être mal choisi; peut-être faudrait-il dire plutôt que tout marxiste a deux mobiles: car après tout dans le marxisme il n'y a pas seulement une science, mais aussi un élan moral. C'est par l'élan moral – justice, indignation, compassion – que le marxisme se rapproche de Rousseau.

Autre chose: vous nous avez parlé de l'admiration que ressentait Engels pour le *Discours sur l'inégalité*. Or, ce discours de Rousseau (à l'encontre de ce que croyait Jean-Jacques lui-même) a eu une très grande influence au XVIIIe siècle. Entre autres, il a déclenché toute une série d'histoires de l'humanité. Étant donné l'admiration exprimée par Engels, je me suis parfois posé la question de savoir s'il n'y a pas eu, sinon influence, une sorte de filiation indirecte entre l'*Inégalité* et l'*Origine de la famille*.

J.-L. LECERCLE: 1. Il est vrai que le marxisme est à la fois une science et une idéologie. Quoique le marxisme soit une pensée pluraliste, on ne peut pourtant dire qu'il y ait sur ce point deux courants: Marx est un savant qui analyse scientifiquement le mécanisme de la formation du capital par l'exploitation des travailleurs. Mais s'il n'était qu'un savant il pourrait se contenter de décrire sans porter de jugement de valeur. Il est aussi un homme politique, et je ne crains pas de le dire, un moraliste, qui se fixe l'objectif de faire cesser la situation inhumaine des prolétaires. Ce qu'il y a de vraiment nouveau chez lui, c'est que sa morale repose sur un fondement scientifique.

2. Je ne crois pas qu'on puisse parler de filiation entre le *Discours sur l'inégalité* et l'*Origine de la famille*. Engels est parti des travaux d'anthropologie de son temps (notamment Morgan). Mais il peut y avoir des rencontres entre les deux ouvrages. La question serait à étudier.

5

La Cité et ses langages

BRONISŁAW BACZKO

I

L'Essai sur les origines des langues s'achève par le chapitre sur les 'rapports des langues au gouvernement'. Réflexions à peine esquissées, 'superficielles', comme le dit Jean-Jacques, en ajoutant cependant qu'elles 'peuvent en faire naître de plus profondes'.[1] Dans ses autres œuvres Rousseau a donné lui-même des prolongements à cette réflexion. Il nous semblait donc intéressant de nous livrer à la lecture entrecroisée de *l'Essai* et des textes politiques de Rousseau, en s'interrogeant sur les rapports entre politique et langage, problème qui préoccupait sans cesse l'auteur du *Contrat social*. Une double interrogation donc qui porte, d'une part, sur les usages de la langue appropriés à la politique et, d'autre part, sur une certaine politique de la langue impliquée par les représentations de la cité rousseauiste. Cette interrogation fait ressortir la complémentarité entre deux théories, celle de la politique et celle du langage. Mais les textes en question résistent à une lecture qui n'y cherche qu'un raisonnement abstrait ou encore l'application d'un système à des réalités données. De même que dans toute l'œuvre de Jean-Jacques le mouvement de la pensée y est guidé par l'imagination et le rêve. Rencontre donc entre deux orientations de la pensée théorique mais aussi fusion de deux rêves: du *rêve politique* de la Cité où le peuple exerce souverainement sa parole libre et du *rêve linguistique* d'un langage qui assurerait à la Cité une communication sans entraves.

Dans ce domaine vaste et complexe trois problèmes ont retenus tout particulièrement notre attention: le verbe fondateur du Législateur; l'exercice de la parole par le peuple souverain; la langue des signes et son rôle dans la formation des mœurs.

II. LE VERBE FONDATEUR

On peut lire dans l'*Essai* et dans le second *Discours* une histoire politique et morale de la langue solidaire de celle de la socialisation de l'homme, combien complexe et contradictoire. Nous n'avons ni à rétablir ni à discuter ici l'évolution historique et sociale du langage. Rappelons, tout au plus et ne serait-ce qu'à titre de points de repère, ses débuts et son aboutissement. Le langage n'est pas un pur produit de l'organisation de l'homme; à ses débuts il est 'une invention des sociétés humaines, à l'apogée de leur liberté'. A son dernier période 'le besoin des langues' lui-même s'anéantit, car on n'a plus rien à dire au peuple et les sujets n'ont plus ni désir, ni besoin de communiquer.[2] Ainsi un double sentiment marque le discours de Rousseau sur l'évolution du langage. D'une part, celui de vivre le temps de son déclin et de la dégénération de la communication; et d'autre part la nostalgie d'un *langage perdu* situé quelque part dans le temps des origines des sociétés humaines. Ce dernier langage nous ne le connaissons plus. Néanmoins il est possible de reconstruire ses caractéristiques essentielles dans une sorte d'histoire hypothétique qui épouse un rêve linguistique. Ainsi Rousseau évoque l'existence d'une 'langue-mère', langage figuré qui réunissait dans un tout harmonieux la voix et le geste. L'acte de ce langage était à la fois la manifestation de l''énergie' sublime capable de produire de plus grands effets et l'expression spontanée des sentiments de ceux qui le pratiquaient. 'Non seulement tous les tours de cette langue devraient être en images, en sentiments, en figures; mais dans sa partie mécanique elle devait répondre à son premier objet, et présenter au sens ainsi qu'à l'entendement les impressions presque inévitables de la passion qui cherche à se communiquer [. . .]. Au lieu d'arguments elle aurait des sentences, elle persuaderait sans convaincre et peindrait sans raisonner.'[3] Ces particularités remarquables de la langue-mère se retrouvaient encore dans les langues qui lui ont succédé et dont se servirent les premiers peuples pour dire 'les premières histoires, les premières harangues, les premières lois [qui] furent en vers'.[4]

Les grands législateurs savaient remarquablement exercer les langues dans la plénitude de leur énergie. On dirait que le génie politique des 'pères des nations' allait ensemble avec leur extraordinaire sens de la puissance du langage, une sorte de génie linguistique.

On connaît les termes du paradoxe qui, selon Rousseau, définit la mission du législateur. 'Ainsi on trouve à la fois dans l'ouvrage de la législation deux choses qui semblent incompatibles: une entreprise au dessus de la force humaine et, pour l'exécuter, une autorité qui n'est rien. Pour qu'un peuple naissant pût goûter les saines maximes de la politique et suivre les règles fondamentales de la raison d'État, il faudrait que l'effet pût devenir la cause, que l'esprit social qui doit être l'ouvrage de l'institution présidât à l'institution même, et que les

hommes fussent avant les loix ce qu'ils doivent devenir par elles.'[5]
Pour accomplir cette tâche aussi paradoxale qu'extraordinaire le
législateur ne dispose, en fin de compte, que d'un seul instrument, à
savoir de sa parole. Mais quelle parole étonnante que celle du législateur! Dans ses réflexions sur le langage politique Rousseau lui accorde
une importance toute particulière: c'est le modèle même de toute
parole politique agissante et conquérante. Utilisant plusieurs registres
du langage à la fois, le discours du législateur établit un ordre normatif
qui codifie l'agir. Le grand législateur ne pratique pas un discours *sur*
la politique. Son verbe est *fondateur*, il instaure la loi en la créant, pour
ainsi dire, ex nihilo. C'est une parole *agissante*, car elle transforme les
individus opposés les uns aux autres par leurs intérêts particuliers en
un être collectif, en une 'personne morale'. Le grand législateur ne
propose pas au peuple de 'vues abstraites'. Sa parole jouit d'une *force
persuasive* admirable, elle va directement aux âmes, élève les hommes
au-dessus d'eux-mêmes et donne à leurs passions une pente et une
énergie nouvelles.

Verbe fondateur, agisssant et persuasif, mais aussi verbe *contraignant*.
Pour que les peuples 'obéissent avec liberté et portassent docilement
le joug de la félicité publique' le législateur doit nécessairement faire
appel à une autorité qui 'puisse entraîner sans violence et persuader
sans convaincre'. Ainsi déguise-t-il sa parole et il adapte son langage
aux mentalités de son peuple. Les 'pères des peuples' recouraient à
l'intervention du ciel, ils attribuaient aux dieux leur propre parole.
Crier à l'imposture, comme le fait 'l'orgueilleuse philosophie', c'est
méconnaître le caractère spécifique et l'envergure de cette parole fonda-
trice. La puissance de celle-ci traduit, en fin de compte, la grandeur de
l'âme de celui qui la parle. 'Il n'appartient pas à tout homme de faire
parler les Dieux, ni d'en être crû quand il s'annonce pour être leur
interprète. La grande âme du Législateur est le vrai miracle qui doit
prouver sa mission.'

L'époque où pouvait s'exercer pleinement cette parole était celle des
mythes. Temps des mythes en ce sens qu'il fut celui de l'aube de
l'histoire et des origines des nations. Mais aussi en ce sens que le
discours du législateur fait confondre dans un seul récit les gestes de
l'homme et les actes des dieux. Le grand législateur est ainsi à la fois
créateur et héros d'un mythe. Pour persuader son peuple il se sert très
souvent du langage des signes et des actes symboliques qui 'ébranle
l'imagination'. Il offre au peuple 'des objets sensibles' et du coup 'il
parle mieux par ces objets qu'il n'eût fait par de longs discours'.[6] La
parole du législateur ne se résume guère dans l'énoncé abstrait d'un
code de lois. Elle se matérialise et se prolonge dans le mode de vie

que son peuple adopte et qui réunit en un tout harmonieux les lois aux rites et les institutions politiques aux croyances. Ainsi le verbe fondateur est pris en charge par le peuple lui-même. Il est reproduit et amplifié par l'entremise d'un système qui constitue la partie la plus importante, bien que la moins visible, de l'œuvre du législateur, à savoir ses mœurs, question sur laquelle nous aurons à revenir.

III. LA PAROLE SOUVERAINE

Le législateur qui avait réussi à persuader par son verbe chaque 'contractant' est parvenu du coup à produire par l'acte d'association 'un corps moral et collectif composé d'autant de membres que l'assemblée a des voix, lequel reçoit de ce même acte son unité, son *moi* commun, sa vie et sa volonté'.[7] A cette formule célèbre ajoutons que pour exprimer sa volonté ce 'corps moral' a nécessairement besoin de la parole. Une fois son œuvre accomplie, la Cité instaurée, le législateur se tait. *Il a éveillé le peuple à la parole politique*, et dès lors ce n'est qu'à celui-ci qu'il revient de droit à l'exercer. Toute république, au sens large du terme, et notamment tout pouvoir légitime reposent sur l'exercice, libre et inaliénable, de la parole politique par le peuple souverain. En matière de politique aucune parole ne peut se substituer à celle du peuple. Lui seul, statuant librement de lui-même, de ses lois et de son destin, est le détenteur de la parole par laquelle il énonce la volonté générale. Tout peuple auquel on a confisqué cette parole n'est qu'un peuple d'esclaves. Mais dans une société divisée en tyrans et esclaves toute parole proprement politique se meurt. Le peuple s'enferme dans le silence auquel on l'a réduit. Le pouvoir qui considère ce peuple comme 'des hommes nuls' ne lui parle plus. Il ne connaît d'autres moyens de communication que le knout et l'oukase, la force et la corruption.[8]

Les assemblées du peuple libre et souverain forment le lieu privilégié où s'établit et se maintient la communication en politique. Ces assemblées favorisent et stimulent le langage dans sa première et fondamentale expression, dans l'oralité et le geste. Entre le peuple qui parle et le peuple qui écoute il n'y a aucun intérmediaire et la parole peut ainsi se déployer sans entraves. Les citoyens assemblés discutent les affaires dans leur langue nationale; leur discours politique est aussi simple qu'univoque et se passe de tout raffinement. La spontanéité et la persuasion du langage se manifestent non pas par la graphie mais en plein exercice vivant, sur les bouches humaines. Tel est le spectacle qu'offrent les réunions des peuples simples, libres et indépendants et, notamment, les réunions du 'plus heureux peuple du monde' où on voit 'des troupes des paysans régler les affaires de l'État sous un chêne'.[9] Défendre sa parole, défendre ses assemblées authentiques contre tous ceux qui voudraient les attaquer ou les réduire à un simulacre est le devoir sacré de tout peuple et de tout citoyen qui aime la patrie et chérit la liberté.[10]

Ainsi la Cité voulue et rêvée par Jean-Jacques réunit les conditions les plus favorables à l'épanouissement de la parole politique libre dont seul le peuple souverain serait le maître. Cependant, cette représentation idéale n'implique guère l'installation d'un débat politique, plus ou moins permanent, entre les citoyens et dans les assemblées. Sa Cité modèle, l'auteur du *Contrat social* l'imaginait à l'instar d'une communauté traditionnelle, relativement restreinte, dont les membres sont fondamentalement unis les uns aux autres et tous ensembles attachés à leur patrie et cela malgré une certaine disparité des conditions individuelles. Les grandes sociétés modernes ne connaissent plus cette cohésion fondamentale. Les liens affectifs et immédiats y sont détruits; leurs membres sont profondément séparés et désunis et cela malgré les ressemblances imposées à tous par le règne du 'paraître'. Or, plus les liens affectifs entre les citoyens sont forts et plus ils attachent 'les citoyens à la patrie et les uns aux autres', plus les mœurs sont pures, plus la vertu règne sur les âmes, et moins la politique a besoin de loquacité. La parole du peuple assemblé formant un 'corps moral' est une *parole collective qui approche de l'unanimité.* L'unanimité n'était pas seulement requise par le droit naturel 'pour la formation du corps politique et pour les loix fondamentales qui tiennent à son existence'.[11] Par ses décisions souveraines le peuple assemblé répète et réconduit le premier acte de consentement unanime par lequel il avait fondé la Cité. Du même coup il exprime et affermit son unité et sa liberté qui tiennent à sa 'manière d'être' et qui lui donnent la plus grande vigueur.[12]

Ce que Rousseau appelle 'l'artifice et le jeu de la machine politique' garantit d'une part le caractère inaliénable de la parole du peuple et, d'autre part, vise à créer des conditions favorisant la voix collective et unanime. Paradoxalement, dans une Cité bien constituée la vie politique serait intense et pourtant les citoyens y discuteraient peu de politique. 'La manière dont se traittent les affaires générales peut donner un *indice assez sûr de l'état actuel des mœurs et de la santé du corps politique.* Plus le concert règne dans les assemblées, c'est à dire plus les avis approchent l'unanimité, plus aussi la volonté générale est dominante; mais les longs débats, les dissentions, le tumulte, annoncent l'ascendant des intérêts particuliers et le déclin de l'État.'[13] Le peuple s'assemble pour énoncer dans des lois la volonté générale et aucune loi n'est légitime sans son consentement. Cependant, une Cité moralement saine n'a besoin que de peu de lois, et elle ne les change que le plus rarement possible. Avant de se réunir en assemblée les citoyens ne devraient avoir 'aucune communication entre eux' en ce qui concerne les sujets à debattre et les décisions à prendre. A l'instar des membres d'un jury c'est dans le silence de sa conscience que chaque citoyen s'interroge sur ce que lui dictent la volonté générale et l'intérêt commun.[14] Dans les assemblées elles-mêmes la communication s'établit facilement et elle n'a besoin que d'un minimum de parole. Le premier qui propose une loi exprimerait une nécessité générale et universellement reconnue. Le peuple assemblé n'a pas à discuter trop longtemps et à écouter des diatribes. Il agit comme une seule personne et s'exprime dans une seule voix. 'Tant que plusieurs hommes réunis se considèrent comme un seul corps, ils n'ont qu'une seule volonté qui se rapporte à la commune conservation et au bien-être général [. . .]. Le bien commun se montre par tout avec évidence, et ne demande que du bon sens pour être apperçu. La paix, l'union, l'égalité sont ennemies des subtilités politiques [. . .]. Un État ainsi gouverné a besoin de très peu de Loix et à mesure qu'il devient nécessaire d'en promulguer de nouvelles, cette nécessité se voit universellement. Le premier qui les propose ne fait que dire ce que tous ont déjà senti, et il n'est question ni de brigues ni d'éloquence pour faire passer en loi ce que chacun a déjà résolu de faire, sitôt qu'il sera sûr que les autres le feront comme lui.'[15] Les décisions sont donc prises par acclamation et les voix individuelles se récoupent et se confondent dans la parole collective. L'assemblée populaire ainsi conçue, ou plutôt rêvée, rappellerait une sorte de fête politique où règnent la spontanéité et la concorde et la parole politique se rapprocherait du chant à l'unisson dans lequel s'expriment les sentiments communs.

La politique connaît pourtant aussi l'acclamation d'un tout autre genre. Celle dans laquelle s'exprime l'unanimité spontanée est à l'opposé de l'acclamation qu'imposent la tyrannie et le despotisme. Quand 'la crainte et la flatterie changent en acclamation les suffrages on ne délibérère plus, on adore ou on maudit'. L'unanimité ainsi installée ou plutôt imposée ainsi est celle du refus ou bien celle de la dégradation morale. La clameur mêlée de battement de mains ne traduit que le silence dans lequel a sombré la parole libre. Rousseau parle d'une sorte de cercle que parcourt l'acclamation.[16] A ses deux extrémités se situent la *parole spontanée* et la *parole opprimée*, la *parole vive* et la *parole morte*. Le langage et la parole politiques réproduisent ainsi selon leurs modes propres le cycle que parcourt chaque Cité évoluant de son épanouissement libre vers son dépérissement inéluctable.

Entre ces deux extrémités s'ouvre l'espace qui appelle tout particulièrement l'exercice de la parole politique individuelle inspirée du civisme et armée de l'art oratoire. Il ne nous appartient pas de discuter le problème de l'éloquence politique; la question est aussi vaste que complexe et elle fait l'objet de la communication de Jean Starobinski. Contentons-nous de signaler, tout au plus, que le rêve civique de la parole souveraine unanime ne contredit guère l'importance accordée par Rousseau à l'éloquence individuelle en matière de politique. Les positions respectives de l'une et de l'autre parole par rapport à l'évolution cyclique de la Cité sont différentes de même que diffèrent les contextes politiques et moraux dans lesquels l'une et l'autre s'inscrivent. La parole individuelle doit intervenir surtout dans les périodes des crises, des divisions intérieures et des dangers externes auxquels nul État ne peut échapper. C'est dans ces moments graves, quand le corps politique est frappé d'une maladie, quand l'unanimité n'existe plus et la parole collective éclate en voix discordantes que tout citoyen, patriote et vertueux, a le devoir d'élever sa propre voix, de faire entendre sa parole individuelle avec toute la force de son éloquence. Celle-ci s'impose d'ailleurs à lui comme expression spontanée des sentiments qui l'animent et qui trouvent facilement le mot et le geste justes touchant directement les cœurs. Retenons cependant que cette parole éloquente a toujours comme finalité de réveiller l'élan patriotique collectif, de l'emporter sur les égoïsmes et la discorde et du coup de rétablir l'unanimité originelle perdue. Ainsi deux images de la parole libre, à la fois complémentaires et opposées, captivent l'imagination sociale de Jean-Jacques. D'une part, c'est le rêve de la parole collective, harmonieuse et spontanée, qui proclame par acclamation la volonté commune du peuple assemblé. D'autre part, c'est le modèle antique de l'éloquence individuelle qui par son civisme réanime l'amour de la patrie et sauve ainsi la Cité des périls qui la menacent.

Pour Jean-Jacques toute parole est frappée d'ambiguïté: elle réunit et sépare à la fois, elle installe la communication mais risque de compromettre son immédiateté. La communion entre les 'âmes sensibles' se passe, à la limite, de tout mot; elle s'établit dans le silence. Cela ne peut pas être le cas dans la vie publique. Toutefois, Rousseau insiste à maintes reprises qu'un certain silence du peuple peut aussi être 'parlant', en exprimant la communication qui s'est établie et se maintient dans les profondeurs de la vie collective. Quand le peuple ne remet pas en question les anciennes lois il les réconduit tacitement et son silence est un remarquable 'indice de la santé du corps politique'. 'Du *silence universel* on doit présumer le consentement du peuple'[17] mais à condition que ce peuple est libre, qu'il détient la parole *virtuelle*, qu'il

conserve la possibilité de délibérer. Néanmoins, la Cité a nécessairement besoin d'exercer effectivement la parole politique. Rempart de la
souveraineté, la parole libre se prête pourtant trop facilement aux abus.
Tel est, notamment, le cas de la démagogie qui risque d'égarer les
esprits, d'enflammer les passions, d'exciter les ambitions et les intérêts
particuliers. Du coup les flots de paroles envahiraient la place publique.
Les cris et le vacarme feraient que personne ne serait plus entendu et
qu'à la limite toute communication serait compromise. Ainsi l'usage
libre de la parole politique dans les assemblées, droit garanti par le
pacte fondamental à tout citoyen, est une arme à double tranchant.
Pour écarter les risques qu'il comporte et pour conserver tous les
avantages qu'il présente, Rousseau cherche à établir, par 'l'artifice et
le jeu de la machine politique', l'équilibre aussi fragile que délicat entre
la parole collective et la parole individuelle, entre la parole virtuelle et
son exercice effectif, entre le consentement tacite et la parole souveraine. Pour lui la formule optimale consisterait, peut-être, à obtenir avec
le *minimum indispensable* de parole le *degré maximal* de communication
entre les citoyens.

Cependant toute communication politique a comme condition
préalable l'accord entre le *langage* et le *message*. Pour que cette communication soit possible des mots tels que *patrie, citoyen, loi* doivent
avoir leur vrai sens, saisi sans aucune équivoque par chacun et par tous.
Or précisément ces mots clés de tout discours politique 'doivent être
effacés des langues modernes'.[18] Conserver le discours politique, faire
de sorte que le destinateur et les destinataires comprennent le langage
politique et utilisent les mots dans le même sens, cela ne dépend ni de
règles du discours ni de lois mais des mœurs. Celles-ci forment le vrai
ressort du jeu de la 'machine politique'. 'Si quelquefois les lois influent
sur les mœurs, c'est quand elles en tirent la force. Alors elles leur
rendent cette même force par une sorte de réaction bien connue des
vrais politiciens.'[19] C'est dans les mœurs, au cœur même de la vie
publique, que Rousseau songe à installer un langage et une parole de
la plus grande efficacité performative. C'est à ce niveau là que la parole
n'est plus ménagée, et la Cité devient non seulement *parlante* mais
prolixe.

IV. LA CITÉ PROLIXE

Le vrai sens de la politique n'est pas l'art de gouverner les hommes
mais celui d'anoblir leurs cœurs et leurs âmes. Tel est, notamment,
l'objectif du 'grand législateur', modèle de tout 'vrai politicien'. Comme
nous l'avons déjà constaté, celui-ci ne se contente guère d'énoncer les
lois qui sont toujours plus ou moins abstraites, ni même de persuader

le peuple à les accepter. L'essentiel de son œuvre, sa partie cachée mais la plus importante consiste à former les mœurs et les coutumes, 'partie inconnue à nos politiques mais de laquelle dépend le succès de toutes les autres; partie dont le grand législateur s'occupe en secret, tandis qu'il paroit se borner à des réglemens particuliers qui ne sont que le ceintre de la voûte, dont les mœurs, plus lentes à naître, forment enfin l'inébranlable clef'.[20] Le grand législateur transmet et perpétue son verbe fondateur dans les mœurs et coutumes nationales qui forment le génie d'un peuple et son caractère singulier. L'ensemble de ces coutumes et rites, cérémonies et costumes constitue, en effet, un système d'éducation publique (on l'appellerait permanente si on ne craignait pas les malentendus provoqués par l'anachronisme). Cette éducation ne se fait pas dans des écoles et n'est pas délivrée par des instituteurs spécialisés. Elle est l'œuvre commune de tous les citoyens. Les modèles formateurs sont implantés aussi bien dans la vie publique que dans la vie privée en reliant l'une à l'autre. La finalité de cette éducation est dans une telle identification du citoyen à sa communauté qu'il ne puisse exister en dehors d'elle. Or cela ne peut se faire en exécution d'autres lois que celles qui ne se gravent 'ni sur les marbres ni sur l'airain, mais dans les cœurs des citoyens'.[21]

Ainsi faut-il qu'il soit parlé aux cœurs et que nul autre que la Cité n'exerce cette parole. Le système d'éducation publique ne forme pas seulement un moyen de transmission, un 'circuit de parole' dont dispose la Cité pour émettre son discours. L'efficacité de ce système est solidaire d'un certain *langage* qui lui seul est apte à assurer les effets désirés. 'Pour éveiller l'activité d'une nation il lui faut présenter de grands désirs, de grandes espérances, de grands motifs d'agir. *Montrer* au peuple ce qu'il doit estimer, c'est lui *dire* ce qu'il doit faire.'[22] *Dire en montrant*, c'est utiliser un langage des signes qui visualisent les modèles formateurs, les valeurs et les normes morales. Du même coup c'est élever ces signes à la dignité des symboles et des emblèmes.

Rousseau insiste à maintes reprises, aussi bien dans l'*Essai* que dans l'*Émile* et dans ses écrits politiques, sur la remarquable efficacité de ce langage 'le plus énergique où le signe a tout dit avant qu'on parle'.

Une des erreurs de notre âge est d'employer la raison trop nue, comme si les hommes n'étaient qu'esprit. En négligeant la langue des signes qui parlent à l'imagination l'on a perdu le plus énergique des langages. L'impression de la parole est toujours foible en l'on parle au cœur par les yeux bien mieux que par les oreilles [. . .] La seule raison n'est point active; elle retient quelquefois, rarement elle excite, et jamais elle n'a fait rien de grand. Toujours raisonner est la manie des petits esprits. Les âmes fortes ont bien un autre langage; c'est par ce langage qu'on persuade et qu'on fait agir.[23]

Cette caractéristique de la 'langue des signes' mériterait bien un long commentaire. En effet, elle se réfère à toute l'anthropologie de Rousseau et, notamment, à ses idées sur les rapports entre la raison et les passions, entre l'imagination et l'action. Contentons-nous de voir de plus près l'utilisation spécifique de ce langage dans la vie publique. Retenons tout d'abord quelques exemples éclairants évoqués par Rousseau.

Les Romains ont fait de cette langue un usage remarquable. 'Que d'attention chez les Romains à la langue des signes! Des vêtemens divers selon les âges, selon les conditions, des toges, des sayes, des pretextes, des bulles, des laticlaves, des chaires, des licteurs, des faisseaux, des haches, des couronnes d'or, d'herbes, de feuilles, des ovations, des triomphes; tout chez eux étoit appareil, représentation, cérémonie, et tout faisoit impression sur les cœurs des citoyens.'[24] On s'attendait, pour ainsi dire, à cet exemple antique. Où ailleurs pouvait exister pour Jean-Jacques une entente parfaite entre le message civique et le langage qui le véhicule? Plus surprenants sont les exemples modernes. Autrefois les rois imposaient à leurs sujets 'par l'auguste appareil de leur puissance [. . .] un trône, un sceptre, une robe de pourpre, une couronne, un bandeau'. L'Église catholique a 'très habilement conservé' ce langage dans son cérémonial, notamment afin d'assurer au pape, 'orné de sa thiare', le pouvoir sur ses fidèles. Finalement l'exemple qui évoque l'expérience vécue de Jean-Jacques et qui l'avait, certainement, particulièrement impressionné. La cérémonie de Bucentaure entoure toujours le Doge de l'appareil et le rend 'sacré par sa pompe'. Exemple d'autant plus remarquable que le Doge ne dispose plus ni de pouvoir ni d'autorité réels et que le gouvernement de Venise est tyrannique. Néanmoins le peuple (Rousseau dit *populace*; pourrait-il exister un vrai peuple sous un gouvernement tyrannique?) ferait 'verser tout son sang' pour maintenir ce gouvernement qui l'opprime et le méprise. Le pouvoir a réussi à s'emparer de l'imagination populaire, à détourner à son profit les émotions et les passions collectives. La langue des signes dispose donc d'une telle énergie que l'autorité qui la manie habilement arrive à substituer les illusions aux réalités.[25]

Quand le signe n'occulte pas son signifié mais le traduit fidèlement, 'l'énergie' de ce langage en gagne nécessairement. Dans ses écrits sur la Pologne et sur la Corse, Jean-Jacques songe à mettre toute cette 'énergie' au service de la Cité régénérée. Il est, certes, impossible que les nations retournent au langage originel perdu, de même qu'il est impossible qu'elles retrouvent l'état de nature. Il est par contre parfaitement possible de faire régénérer le langage, par l'entremise de l'artifice politique, de reproduire dans une invention seconde l'intuition première qui présidait à sa naissance. Ainsi la Cité ferait de la langue des signes son moyen d'expression privilégié et du même coup l'instrument de son action pédagogique. Les signes, autant de symboles et d'emblèmes, s'agenceraient en une prédication morale et civique. Le citoyen n'aura pas vraiment à apprendre à déchiffrer ce langage symbolique pour en saisir le message. Il assimilera le code dès son enfance, de la même façon qu'il apprend sa langue maternelle. Les valeurs civiques et les modèles-guides visualisés imprégneraient sa vie quotidienne et en feraient le décor permanent. Ils s'offriraient constamment à son regard, sinon s'imposeraient à lui. Ainsi chacun et tous seraient marqués par les mêmes impressions, communes et uniformes.

Une seule règle commande l'enchaînement des signes: 'dire en montrant' comment être digne de la Cité-patrie. Le langage emblématique exprimant et formant à la fois une sensibilité collective sert ainsi de ciment à la cohésion sociale. Il produit l'identification des citoyens auxquels le message est adressé à la Cité-patrie qui leur parle. La communauté s'affermit ainsi par la participation de tous et chacun au même imaginaire. Tout ce cérémonial et le décor qui l'accompagne, les fêtes, les costumes, les insignes, etc. assurent une permanente mise en scène des normes et des valeurs qui commandent la vie publique. Du même coup celle-ci connaît une sorte de théâtralisation. Les citoyens s'offrent à eux-mêmes le spectacle de leur propre civisme, ils célèbrent dans une sorte de rite l'unanimité qui confond les âmes dans un élan commun.

Il serait trop long de passer ici en revue la répertoire de signes et d'emblèmes inventés par Rousseau.[26] Les détails sont d'ailleurs moins importants que le principe et son effet paradoxal. Il s'agit, en effet, de *former* des sentiments *spontanés*, d'assurer la communication immédiate par la mise sur pied d'un langage surchargé de symboles de plus en plus *artificiels et compliqués*. A son époque Jean-Jacques n'est pas le seul à chercher de nouveaux modes d'expression de la sensibilité. Dans la deuxième moitié du XVIIIe siècle on assiste, en effet, à ce qu'on pourrait appeler la mise en place d'un code spécifique du langage sensible, à l'élaboration dans la culture des élites 'éclairées' d'une sensibilité bavarde. Nous la percevons aujourd'hui trop souvent comme factice et affectée. C'est une sensibilité qui se montre et se donne en spectacle, qui cherche un langage dont les signes seraient quasi transparents à l'égard de leurs signifiés et qui assureraient ainsi une communication immédiate. Cela revient à affirmer que les affections doivent tout 'naturellement' pencher vers un certain répertoire de signes pour devenir ainsi 'parlantes'. Inutile d'insister sur le fait que l'œuvre de Rousseau a profondément marqué cette recherche. L'auteur de *La Nouvelle Héloïse* a fourni aux 'âmes sensibles' tout un langage par l'entremise duquel elles pouvaient se reconnaître et se montrer les unes aux autres en composant autant de tableaux vivants. Mais en faisant valoir le 'langage des signes' dans le domaine de la sensibilité collective Rousseau dégage et délimite un terrain spécifique où se rencontrent et se superposent la politique et le langage, à savoir le domaine de la *propagande*.

Evidemment le terme, dans son sens et son acception d'aujourd'hui, n'appartiennent pas au vocabulaire ni de Rousseau ni de ses contemporains. Mais la chose ne serait-elle pas inventée avant le mot et risquions-nous vraiment un anachronisme? 'Montrer pour faire agir', inculquer des attitudes collectives face à la Cité en 'parlant aux âmes', 'persuader sans convaincre', n'est-ce pas mettre systématiquement toute l'efficacité et l'énergie d'un langage spécifique au service de la politique, utiliser au maximum les fonctions performatives du discours pour mettre en condition ses destinataires? Créatrice d'images, de symboles et de rites, la Cité diffuserait en permanence un discours à la fois omniprésent et caché, séduisant et agressif, auquel personne ne pourrait échapper. Elle pratiquerait toute une politique du langage, notamment de la 'langue des signes' afin de s'emparer de l'imaginaire et de le contrôler, de mettre en mouvement les passions et de les guider, de provoquer l'adhésion aux modèles désirés de comportement et d'action. En inventant ces modes et moyens d'action, Rousseau se réfère, certes, à l'exemple antique. Mais ne ferait-il pas de vers antiques sur des pensers nouveaux? Lecteur assidu de Machiavel se souviendrait-il de la maxime du *Prince*: gouverner c'est faire croire? Dans le 'langage des signes' l'auteur du *Contrat social* et de l'*Essai* découvre un instrument dont le maniement permettrait de relier le 'faire croire' au 'gouverner'. Rousseau, comme c'est très souvent son cas, ne se contente pas d'une intuition ou d'une idée isolée. Son imagination étayée par la logique spécifique de la recherche des origines et des fondements progresse à grands pas en faisant fusionner les idées et les rêves dans un quasi système. La recherche des moyens d'action politique qui auraient prise sur les 'âmes' et la réflexion sur les origines des langues se combinent et se complètent dans l'esquisse d'une théorie et d'une technique de la propagande. Pendant la Révolution, quand les circonstances vont placer le pouvoir dans l'obligation de lancer un mouvement de propagande généralisée, cette ébauche trouvera des prolongements pratiques, notamment dans le système de fêtes révolutionnaires, dans la mise en place d'un nouveau symbolisme, etc.

Certes, il était impensable pour Rousseau que l'émission de ce discours politico-éducatif soit accaparée par un gouvernement quelconque. La Cité est synonyme de peuple souverain et c'est à lui seul qu'il revient de droit à le diffuser. L'efficacité du discours impliquait sa vérité morale. Dans la Cité juste la 'langue des signes' n'est pas un simple instrument; c'est en elle que vit l'âme profonde du peuple. Contrairement à Émile, le peuple n'a guère besoin d'un mentor. Éducateur de lui-même, le peuple est aussi son propre interlocuteur et il se livre à un curieux soliloque dans lequel il se dédouble. Il adresse à lui-même le message sur son propre devoir-être, il projette devant lui-même le modèle qu'il devrait atteindre. A l'écoute de sa propre parole civique, amplifiée par la 'langue des signes', il narre à lui-même sa propre histoire dans laquelle se confondent mythes et réalités. Mais ce jeu des miroirs, ou plutôt des amplificateurs, entre le peuple idéal et sa représentation idéalisée ne risquerait-il pas de transformer les individus en simples caisses de résonance? La parole, à force de répéter toujours le même message, ne s'annulerait-elle pas elle-même? Le rêve de la Cité à l'écoute de sa propre parole collective et spontanée, n'implique-t-il pas par la force des choses, par le jeu même de la machine politique auquel Rousseau se réfère si souvent, la présence sinon d'un souffleur, alors d'un régisseur du son?

Rousseau ne se posait pas, sans doute, de questions de ce genre. Elles relèvent de notre expérience historique et non pas de la sienne. Les dangers menaçant la Cité, Jean-Jacques les voyaient du côté des forces de division et d'aliénation qui font éclater la communauté. La marche de l'histoire n'est-elle pas telle que les voix déchaînées de l'égoïsme et des volontés particulières en quête de pouvoir l'emportent en fin de compte sur la voix collective et spontanée de la communauté égalitaire? L'utopie politique et linguistique à la fois de la Cité bavarde faisait le contre-poids au pessimisme politique et historique, combien réaliste, de l'auteur du *Contrat social*. Les images parlantes installées au cœur de la Cité devait la mettre à l'abri contre sa propre histoire, ne serait-ce que pour un temps. La liberté n'est jamais acquise, c'est un bien fragile et toujours en péril. Il revient au peuple, rêvé et exalté, mythe et réalité à la fois, d'opposer toute l'énergie du verbe pour défendre sa parole contre le silence inerte du despotisme.

Notes

1 *EOL*, p. 201.
2 Cp. M. Duchet et M. Launay, 'Syncronie et diachronie', *Revue internationale de philosophie* (1967), pp. 435–6. Les auteurs proposent une lecture stimulante de la théorie du langage de Rousseau en démontrant notamment que l'*EOL* et le second *Discours* ne se contredisent pas mais se complètent et cela malgré les différences portant sur l'invention du langage et la chronologie des faits.

3 *EOL*, pp. 51–3. Cp. les observations pertinentes de J. Roudaut sur la recherche du 'langage des origines' au XVIIIe siècle: 'Pour que le langage permît à l'homme d'atteindre le réel par son intermédiaire il devait à une certaine profondeur communiquer avec l'objet [. . .] La recherche du principe unique des langues concourt à la régénération spirituelle de l'homme. La plus profonde connaissance du passé est la plus précise imagination du futur' (J. Roudaut, *Poètes et grammairiens au XVIIIe siècle* (Paris, 1971), p. 32). Sur le langage conçu comme force créatrice et énergie cf. les analyses d'André Joly dans son introduction à J. Harris, *Hermès ou les recherches philosophiques sur la grammaire universelle* (Genève, 1972), pp. 44*s*.

4 *EOL*, p. 41.

5 *CS* II.vii, *Pléiade* iii.383. J'ai insisté plus longuement sur la mission d'un 'grand législateur' dans mon livre *Rousseau. Solitude et communauté* (Paris–La Haye, 1974), pp. 306*s*, ainsi que dans mon article 'Moïse, législateur [. . .]', dans *Reappraisals of Rousseau. Studies in honour of R. A. Leigh*, éd. S. Harvey, et al. (Manchester, 1980), pp. 111*s*.

6 Les citations dans les deux paragraphes sont empruntées au *CS* II.vii, *Pléiade* iii.381–4; à l'*EOL*, p. 33; au *Discours sur cette question: quelle est la vertu la plus nécessaire au héros*, *Pléiade* ii.1623–4.

7 *CS* I.vi, *Pléiade* iii.361.

8 *Considérations*, *Pléiade* iii.1039.

9 *CS* IV.i, *Pléiade* iii.437; *Projet*, *Pléiade* iii.914–15.

10 Telle est l'idée-maîtresse des *LM*, *Pléiade* iii.816, 830, 847.

11 *Considérations*, *Pléiade* iii.996.

12 *Projet* (fragments séparés) *Pléiade* iii.946.

13 *CS* IV.ii, *Pléiade* iii.439. C'est nous qui soulignons.

14 *CS* II.iii, *Pléiade* iii.371.

15 *CS* IV.i, *Pléiade* iii.437.

16 *CS* IV.ii, *Pléiade* iii.439.

17 *CS* II.i, III.xi, *Pléiade* iii.369, 424.

18 *Émile* II, *Pléiade* iv.250.

19 *LD'A*, éd. Michel Launay (Paris, 1967), p. 143.

20 *CS*, ms. de Genève II.v, *Pléiade* iii.331.

21 *CS*, ms. de Genève II.v, *Pléiade* iii.331.

22 *Projet*, *Pléiade* iii.937.

23 *Émile* IV, *Pléiade* iv.645; le même passage se retrouve, avec quelques modifications, dans l'*EOL*, pp. 29–34.

24 *Émile* IV, *Pléiade* iv.647. Autres exemples puisés ou bien dans la Bible ou dans l'Antiquité dans l'*EOL*, pp. 33–5: *Émile* IV, *Pléiade* iv.645–6; *Considérations*, *Pléiade* iii.956–9.

25 *Émile* IV, *Pléiade* iv.646.

26 Pour une analyse plus détaillée de ce répertoire se référer à mon ouvrage *Lumières de l'Utopie* (Paris, 1978), pp. 98*s*, et sur les prolongements donnés aux idées de Rousseau dans la théorie et la pratique des fêtes révolutionnaires, pp. 243*s*.

Discussion

R. DERATHÉ: Quelques observations seulement sur ce que vous venez de dire sur le rôle du langage chez Rousseau. Vous avez parlé de 'chant à l'unisson'. Que dirait Rousseau aujourd'hui de nos débats politiques? D'un autre côté, ce que vous dites du langage qui tourne à la propagande me fait peur. Cela fait penser à l'Allemagne populaire. C'est le langage des tyrans.

B. BACZKO: Je crains toujours l'anachronisme en interrogeant Rousseau sur les problèmes de notre époque. Je dirais pourtant que dans sa perspective nos débats politiques, et notamment les débats parlementaires, témoigneraient de la fin du 'cycle', seraient un signe de la décadence à la fois du langage et de la 'machine politique'. N'oublions pas que Rousseau élabore un modèle idéal d'une démocratie directe où il n'y a pas de place pour les partis politiques. Cependant ce même modèle accorde à la parole politique un rôle privilégié – il faut que le peuple s'exprime en statuant sur lui-même. La parole politique devrait ainsi assurer la communication parfaite, entre le peuple-souverain et le peuple-sujet, entre le pouvoir et la société. Du coup, cette parole assurerait la transparence de la politique. Cependant, la parole politique, plus encore que toute autre parole, est frappée d'une ambiguïté fondamentale. Tout en assurant la communication elle risque de la brouiller. Ainsi dans le modèle de Rousseau, à la fois politique et linguistique, l'exercice de la parole politique tourne, en fin de compte, au soliloque: c'est le peuple qui se parle à lui-même. Ce modèle se retrouve, ne serait-ce qu'au niveau symbolique, dans l'expérience de la démocratie spécifique de la Révolution française. Dans l'imaginaire social un rôle tout particulier revient alors aux deux 'figures' symboliques conjuguées: le peuple idéal, par définition *un* et indivisible, qui ne peut avoir qu'*une seule* parole dans laquelle il s'exprime tout entier. Il serait intéressant d'analyser dans cette perspective les stratégies des discours révolutionnaires rivaux: l'élimination du concurrent par l'appropriation du lieu symbolique privilégié, celui où devrait s'exprimer la parole vraie et pure du peuple vertueux authentique.

Quant au deuxième point: je ne rattache guère ni la théorie ni l'expérience de la propagande totalitaire à l'inspiration rousseauiste. Cela me paraîtrait particulièrement anachronique.

M. LAUNAY: Mais est-il sûr que voir en Rousseau quelqu'un qui a dénoncé et démontré les mécanismes de la propagande relève d'une démarche anachronique? Ne pourrait-on trouver dans *Rousseau juge de Jean-Jacques*, une analyse très fine de l'imposture et d'un complot qui n'est que propagande mensongère et maléfique, et toute puissante? Et même si l'utilisation des *Dialogues*, texte fantasmagorique, peut prêter à discussion lorsqu'on analyse la pensée politique de Rousseau sur le langage et ses utilisations, n'y aurait-il pas, dans l'ensemble de l'œuvre de Rousseau, et dès l'époque des *Discours sur les sciences et les arts* et *sur l'inégalité*, une réflexion critique sur 'les sciences et les arts, moins despotiques et plus puissants peut-être, qui étendent des guirlandes de fleurs sur les fers dont les hommes sont chargés, et leur font aimer leur esclavage', bref, une réflexion et une analyse critique assez forcée de l'*imposture*, et de l'imposteur, qui sont d'abord ceux qui établissent les impôts, et qui sont les riches? Cette imposture est la propagande politique permettant de faire prendre au peuple les vessies pour des lanternes.

B. BACZKO: Je n'ai pas pensé aux rapprochements que vous évoquez. Il serait, en effet, intéressant de cerner mieux l'analyse que Rousseau fait du langage de l'imposteur et du démagogue. Pour Rousseau l'ambiguïté du langage tient, entre autre, au fait que celui-ci conserve son efficacité, notamment comme instrument d'action politique, même quand il véhicule un message faux et immoral. La 'Cité bavarde' enlèverait au langage cette ambiguïté, le rendrait transparent aux valeurs tout en mettant sa 'puissance' au service de la vertu et de la vérité. Le peuple ne peut pas mentir à soi-même, être à l'égard de soi-même un imposteur. La transparence de la parole politique est donc produite et garantie par le peuple, juste et vertueux, seul détenteur légitime de la parole souveraine. Il s'opère pourtant une sorte de glissement de la mythologie du peuple à la propagande formatrice d'un peuple quand Rousseau se pose le problème de savoir comment le 'langage des signes' pourrait rendre un peuple *réel* conforme à sa propre représentation *idéale*.

J. STAROBINSKI: 1. Dans le cas du 'complot', l'action du langage consiste à tracer une image. C'est l'image plutôt que le discours que redoute Rousseau dans le complot. Rousseau redoute l'image noircissante de Jean-Jacques.

2. N'est-il pas singulier que le langage des signes, tel que Rousseau l'imagine à l'usage de la vie civique, soit tout ensemble, comme vous

l'avez dit, extraordinairement 'bavard', et tende à instituer une communion *silencieuse*? A la limite, toutes les images devraient disparaître, et la communion devrait être assurée par le seul échange des regards. Mais les dangers et l'ambiguïté signalés dans l'emploi de l'éloquence verbale se retrouvent encore au niveau de l'échange visuel. S'en remettre au regard de tous sur tous, c'est assurer la parfaite égalité morale (aucun citoyen ne peut être plus que son regard; aucun ne peut être dépouillé de son droit de regard); mais c'est également pour les conditions d'une surveillance universelle. Aucun acte secret n'est possible; les petits États sont chers à Rousseau, pour une bonne part, du fait qu'ils favorisent l'observation réciproque des individus: les 'mœurs' s'en trouvent sauvegardées. C'est là un silence apprécié favorablement par Rousseau – à l'opposé du silence évoqué au dernier chapitre de l'*Essai sur l'origine des langues*, et qui caractérise la dissolution du lien social.

B. BACZKO: Sur votre premier point – il faudrait que je relise les *Dialogues* dans cette perspective. Il serait intéressant de voir si les images sont frappées de l'ambiguïté au même degré que la parole.

Tout à fait d'accord avec vous que l'image de la société transparente, c'est à dire d'un espace politique et sociale où rien n'est 'caché' à personne, suggère l'idée-image de la surveillance, d'un regard permanent. Le 'peuple' se surveille en permanence, est vigilant par rapport à soi-même. J'ajouterais seulement que cela n'élimine guère le besoin de la parole. Pourrait-on dire qu'il s'agit d'une parole surveillante qui correspond parfaitement au langage des signes, à une parole qui en s'imposant aux yeux regarde, observe, surveille? On retrouve cette représentation de la 'parole surveillante' dans le symbolisme et dans le discours révolutionnaire, notamment pendant la période montagnarde.

R. A. LEIGH: J'avoue être un peu déconcerté par certains sous-entendus, par tel ou tel prolongement possible de votre pensée. D'abord, dans le *CS*, s'agit-il jamais de signifier l'approbation d'une loi par 'acclamation'? Pour Rousseau j'ai toujours cru que, même en cas d'unanimité, ou de quelque chose d'approchant, il fallait un vote. L'assemblée générale doit se dérouler, me semble-t-il, dans le calme, dans la tranquillité.

Ensuite, je m'inquiète quand on parle de propagande, de démocratie populaire, à propos du *Contrat social*. En cherchant à comprendre et à interpréter Rousseau, il faut se garder de passer, imperceptiblement ou sans crier gare, du plan du *droit* au plan des *abus*. Rousseau a donné un sous-titre à son *Contrat social*: 'Principes du droit politique'. Il n'est pas responsable des *abus* qu'on pourrait faire de ses idées (erreurs pratiques) ni des interprétations abusives qui trahissent sa pensée (erreurs théoriques). Je lui laisse la parole: 'Je sais la distinction qu'il faut faire entre les intentions d'un auteur, et les conséquences qui peuvent se tirer de sa doctrine.' Sachons-le aussi.

B. BACZKO: Sur le premier point: tout à fait d'accord. Rousseau insiste, à maintes reprises, sur l'importance du vote. J'ai évoqué pourtant dans le texte aussi des exemples où le vote unanime s'exprimerait par l'acclamation.

Sur le deuxième point: Je n'aimerais pas m'engager (ni vous embarquer tous) dans un débat qui a fait couler beaucoup d'encre, que je trouve, personnellement, particulièrement anachronique et sur lequel je me suis récemment exprimé ailleurs.[1] Je suis tout à fait d'accord avec vous que Rousseau n'est pas un totalitaire. J'ajouterais seulement qu'il n'est pas non plus antitotalitaire. Il n'avait pas à affronter des problèmes qui n'étaient ni les siens, ni ceux de son temps et qui sont, hélas, les *nôtres*. Sa pensée se situe dans son monde à lui, dans un monde que nous avons perdu, pour reprendre la belle formule de Peter Laslett.

B. GAGNEBIN: Désirant dépasser le problème du langage politique pour aborder certains des principes énoncés dans le *Contrat social* qui sont particulièrement discutés, j'aimerais en appeler à l'histoire. La République de Genève a été fondée par un accord unanime des citoyens réunis en conseil général le 21 mai 1536. Calvin a respecté les institutions existantes et les a en quelque sorte codifiées. Le Conseil général au XVIe siècle a des droits électifs, constitutionnels, législatifs et financiers. Sous l'influence de l'absolutisme, les pouvoirs du Conseil général ont été réduits à la fin du XVIIe siècle à l'élection des syndics et à la fixation du prix du vin. D'où la révolte de Pierre Fatio et de ses amis en 1707. Selon le parti au pouvoir la souveraineté a été déléguée, de sorte que les conjurés sont coupables de s'être opposés aux lois fondamentales et sont, certains d'entre eux, condamnés à mort. La politique et les mœurs sont constamment imbriquées. Les délits graves entraînent des peines extrêmement dures et souvent l'expulsion de la République. Ces principes sont ceux que Rousseau développe dans le *Contrat social*, à quoi l'on peut ajouter que les citoyens sont libres de quitter leur pays s'ils le souhaitent.[2]

Rousseau juge que les institutions genevoises ont dégénéré et il soutient les revendications des représentants qui désirent s'exprimer plus fréquemment en Conseil général. Aujourd'hui encore les nouveaux

---

[1] *RHLF*, 1979, n° 2–3.
[2] Cette question a été traitée au long par R. A. Leigh dans une conférence prononcée à Genève en avril 1978 (*AR* xxxix, 1972–7, pp. 935): 'Le *Contrat social*: œuvre genevoise?'.

citoyens de Genève jurent devant le gouvernement de respecter la constitution et les lois, et des promotions civiques ont lieu annuellement pour les jeunes qui atteignent vingt ans.

Quant aux signes qui marquent le pouvoir, l'autorité, ils existaient à Genève sous la forme des bâtons des syndics. Aujourd'hui encore, quand le conseil d'État assiste à une manifestation officielle, il est précédé du sautier avec la masse et accompagné d'huissiers portant les couleurs genevoises. Il en est de même dans les autres cantons suisses.

J'ai assisté à une Landesgemeinde à Glaris, où j'ai vu l'ensemble des citoyens réunis sur la plus grande place publique. Les autorités siégeaient sur une tribune au centre de la place entourées d'huissiers et les citoyens votaient à main levée l'élection des magistrats et les lois qui étaient soumises à la ratification du peuple.

Rousseau fait allusion aux Landesgemeinde, mais non au Conseil général de Genève. Or, il a lui-même assisté à une réunion du Conseil général en la cathédrale Saint-Pierre, pour ratifier le traité de Turin conclu avec la Savoie en 1754. Rousseau écrit un traité théorique où il projette ses vues géniales, mais où il conserve le souvenir des auteurs de l'antiquité qu'il a lus et de l'histoire de Genève qu'il a vécue.

B. BACZKO: Ne pouvant aborder tous les aspects, j'avais renoncé à discuter les analyses que Rousseau fait de l'expérience politique genevoise et, notamment, du rôle qui y revient à la parole politique. Ce serait une étude passionnante à faire, notamment à partir des *Lettres écrites de la montagne*, texte par excellence politique où Rousseau réclame le droit inaliénable de tout citoyen à exercer la parole politique et s'empare de ce droit qu'on lui refuse. Comme on le sait, Rousseau était déchiré entre l'image d'une Genève idéale et celle qu'offrait la République réelle. Ce n'est pas un hasard que l'image d'un peuple idéal statuant sur lui-même et réuni sous un chêne n'évoque guère le Conseil général mais plutôt une Landesgemeinde. Pour Rousseau, la Genève de son temps était une ville où un petit groupe dominant avait confisqué au peuple sa parole. Du même coup, la Cité dégénérait, courait à une catastrophe politique et morale. Pour Jean-Jacques il ne suffit pas que le peuple détienne virtuellement sa parole souveraine; il faut qu'il l'exerce effectivement. N'est-ce pas une des idées-maîtresses des *Lettres écrites de la montagne*?

F. MATTHEY: Après ce que vous avez dit du signe qui doit voler au secours du langage et de l'ambiguïté qui lui est liée, dans le but de créer un esprit commun parmi les hommes de la cité, sans oublier que ce signe doit être chargé de valeur morale, permettez-moi de m'écarter un peu de la politique pour chercher dans la vie de Rousseau une application pratique de cette idée.

Seriez-vous d'accord de voir une réalisation effective de propagande moderne par l'image dans l'entreprise lancée par Rousseau pour faire diffuser son portrait? En effet, à peine installé à Môtiers en juillet 1762, il écrit à madame la maréchale de Luxembourg pour la prier de faire publier son portrait: 'Quand m. de la Tour a voulu faire graver mon portrait, je m'y suis opposé; j'y consens maintenant, si vous le jugez à propos; pourvû qu'au lieu d'y mettre mon nom, l'on n'y mette que ma devise; ce sera desormais assés me nommer.'[3]

Rousseau veut donc par la diffusion de son portrait gravé susciter un sentiment favorable à sa cause et transformer ainsi les effets des attaques lancées contre lui, surtout que maintenant, en exil, il a laissé la porte ouverte à tous les détracteurs, à toutes les médisances. Le portrait de La Tour devient donc un signe, un symbole de lui-même, chargé d'une valeur morale: *Vitam impendere vero*.

Ce portrait, celui de l'homme de quarante ans, devrait s'ériger en défense en attendant la rédaction des *Confessions*, et rester une présence permanente qui réveille la conscience des honnêtes gens, un rappel de l'homme qu'il est vraiment – puisque Jean-Jacques n'a jamais reconnu cette qualité qu'à cette représentation de sa personne. Toutes les autres images lui ont paru trahison.

On sait que cette tentative de propagande échoua dans son esprit, car les graveurs n'arrivèrent pas à rendre l'expression et la vie du pastel de La Tour, et Rousseau restera avec sa déception et le sentiment d'échec de n'avoir pas réussi son entreprise de défense par l'image. De plus, si les graveurs trahissent le modèle, combien se mettent à imaginer des portraits fantaisistes qui portent, en outre, son nom.

C'est d'ailleurs, ne l'oublions pas, le point de départ de la gigantesque iconographie consacrée à Jean-Jacques.

B. BACZKO: Je ne me suis interessé à la propagande qu'au sens spécifique de ce mot et, notamment, à l'utilisation des signes et des images comme instrument de former les mentalités et les comportements politiques des citoyens. Mais, certainement, les réflexions de Rousseau sur ce sujet ne peuvent être isolées de ses idées (ni de ses fantasmes!) concernant tout acte de persuasion d'autrui par les signes et les images, large problématique à peine esquissée dans ma communication. A l'occasion, j'aimerais rappeler que pour Rousseau l'*absence* de signe peut devenir un signe distinctif. Ainsi, dans les *Considérations sur le gouvernement de Pologne* Rousseau prévoit que chaque citoyen qui a bien mérité de la patrie porterait un signe. Du coup, ceux qui n'en portent aucun sont bien marqués!

MME SEYRIG: Sans doute ne faudrait-il jamais oublier qu'il n'y

[3] Leigh 2017, xii.75.

a pas de système qui ne dégénère. Rousseau le dit tant de fois: en politique, on ne saurait travailler pour l'éternité.

R. A. LEIGH: C'est même un des leit-motivs du *Contrat social*.

B. BACZKO: Sans doute. Il existe chez Rousseau un pessimisme historique indélébile qui n'exclut pas pourtant l'utopie mais l'alimente. Le rêve politico-linguistique fait, en quelque sorte, le contre-poids à ce pessimisme. Par la puissance du verbe agissant le peuple devrait conjurer la dégénération de la Cité et la dégradation des mœurs. On a beaucoup insisté dans le débat sur les ambiguïtés dont est frappé la parole dans ses emplois politiques. N'oublions pas cependant que pour Rousseau le danger mortel menaçant la Cité n'est pas la *parole* mais le *silence* imposé par la tyrannie.

6

From the orang-utan to the vampire: towards an anthropology of Rousseau

CHRISTOPHER FRAYLING AND
ROBERT WOKLER

I

When Claude Lévi-Strauss credited Rousseau with having founded
the science of anthropology he cited as evidence Rousseau's dichotomies between our animal and moral attributes, and between our
natural and cultural patterns of behaviour, in the context of his distinction between savage and civilised modes of life and conduct.[1] Yet
while Rousseau's contrast of the original innocence with the contemporary depravity of man may in some respects have introduced the
divergence between nature and culture which lies near the centre of that
part of the field we now term 'social anthropology', we believe that his
contribution to the subject has been even more general and profound
than Lévi-Strauss allows.

In this paper we mean to focus upon Rousseau's account of the
zoological limits and characteristics of the human race which we
regard as having played an equally prominent role in the development
of physical anthropology in the late Enlightenment, just prior to the
time when speculation about man's place in the natural chain of being
turned in the direction of races and fossils.[2] We propose to make two
main points about his conception of the zoological boundaries of mankind in which the essence of his anthropology will be drawn not so
much in terms of a *divide* between primitive and civilised peoples as in
terms of a *relation* between man and beast. The first will be that Rousseau's remarks about the links between the ape and the savage constitute one of the most important sets of conjectures on the physical
transformation of our species, and hence about human evolution, in
the eighteenth century. The second will be that his main contribution
to social anthropology stems not so much from his praise of primitive
peoples as from his account of another form of animal transfiguration
– in this case that of a civilised man into a vampire, that is, into a beast

created, nurtured, and bred by man himself. For we regard it as a paradoxical feature of Rousseau's anthropological theory that, despite his having made some clear distinctions between 'l'homme sauvage' and 'l'homme civil', his boldest and most imaginative ideas about mankind pertain rather to the connections he perceived between the animal and human essence of both our physical form and our social behaviour. As we see it, then, his anthropology revolved not just around the divide between nature and culture in our societies but more around the double metamorphosis from natural beast to man to beast of our own making which forms the history of the self-imposed domestication of our species.

II

It was of course widely known by the eighteenth century that the outward appearance and bodily traits of animals might be altered by selective breeding, and it was sometimes argued that the domestication of certain creatures – such as the camel – had produced physical difformities in direct proportion to their usefulness for man. In fact, most of the prevailing monogenist accounts of the origin of the human race *required* the supposition that the physical variations between types of men – our differences, for instance, of colour, height, hair, and facial features – are due to the cumulative effect of the inheritance of acquired characters, transmitted over many generations. But before Rousseau such intraspecific differences were not taken to imply that we could actually have developed from some other animal species. On the contrary, the evidence was held instead to confirm the putative discontinuity between man and beast and to point essentially to the degeneration from a single stock which marked the non-white human communities that inhabited the more desolate or tropical parts of the earth. Naturalists in the eighteenth century commonly contrasted the flora and fauna of the New World unfavourably with related species in the Old, and so too they regarded non-European men and women as generally inferior copies of an older race.[3] Of course the social customs of aboriginal peoples were not infrequently held up for praise by commentators who preferred their apparently natural and simple manners to the refined frippery of advanced cultures, and some observers even depicted wild natives of tropical forests as more like apes and monkeys in their appearance and behaviour than like civilised man. But no one in the Enlightenment before Rousseau suggested that such primitive and animal features of the savage state might imply that our true progenitors were really apes. For however close the resemblance might seem, and however much speculation there might be about the imperceptible nuances between species in the natural chain, it was in the Enlightenment taken for granted that the chain as a whole was essentially fixed and static, that its main links were points of cleavage rather than conjunction, and that man and ape were separated by a qualitative gulf which, as Buffon puts it, even Nature could not bridge.[4]

For Rousseau, on the other hand, the apparent diversity between types of men throughout the world, and, still more significantly, the marked likeness between some of these types and certain species of apes, warranted a quite different conclusion. If we recognised that a great number of the variations between our bodily traits might be due to the discrepancies between the climate, forms of nourishment, and general modes of life which prevailed in widely separated parts of the earth, then why should we not conceive the possibility, which such ancient authors as Herodotus and Ctesias had attested anyway, of even more striking differences in the past?[5] In his *Discourse on Inequality* of 1755 he admitted that it would be extremely difficult to trace the course of the material metamorphoses undergone by man, since the study of comparative anatomy was still so rudimentary that we could only make the most vague conjectures about this subject. Just the same, he believed that there must have been marked changes or 'successive developments', as he termed them, in the organisation of the human body, of which some would have affected our senses only and others our outward appearance. We even had reason to believe, he added, that the differences between particular individuals within our species were sometimes sharper than the differences between some men and some beasts, an observation which the reports of travellers tended to confirm, in so far as they described the state of most of the savages they surveyed as that of animals in general.[6] Indeed, because the taming of mankind has been accomplished by agents whose victims include themselves together with members of other species as well, the distinction between primitive and civilised man was for Rousseau perhaps even greater than the difference between wild animals and beasts of burden. For by making other creatures serve us, he supposed, we had only fashioned a steeper path of decline from our natural state; we had bred livestock to satisfy our artificial needs and had thereby made our senses still more dull and our constitutions more frail, so that in modern society we were hardly any longer even animals of a certain degenerate kind, but only pets, or prey, broken in by ourselves – weak, docile, fattened, and fleeced.[7]

Now Rousseau's account of the civilisation of humanity as a self-imposed form of domestication points to one of the most original elements of his anthropological theory. For if 'l'homme sauvage' and 'l'homme civil' were distinguished not only by their social characteristics but also by their bodily traits, and if it was the case that the differences between them were even greater than the divergence between wild and tamed animals of the same species, then it followed for him that the physical properties and faculties which ultimately set us apart from all other creatures might in fact be *less* sharply defined than most commentators on this subject had supposed. At least some of the creatures which had a constitution similar to our own, he contended, were quite possibly varieties of the human race itself, and in his speculations about this subject, both in the *Discourse* and in his later 'Letter to Philopolis', he focused his attention especially upon the creature which he described as an orang-utan.[8]

Drawing at length upon the sixteenth- and seventeenth-century African voyages of Andrew Battel, Olfert Dapper, and Girolamo Merolla as recounted in the abbé Prévost's *Histoire générale des voyages*,[9] Rousseau put forward the hypothesis that the large Congolese animals described by these travellers, and taken to be of the same family as the 'Orang-Outangs of the East Indies', might really be human beings like the rest of us. A number of modern commentators had imagined that orang-utans 'occupy some intermediate place between mankind and the baboons', but Rousseau was too much impressed by the extent to which his authorities were agreed about the animal's 'human countenance' and its striking and 'exact' physical 'resemblance to man'. For if it was true that the beast was in so many respects just like a man, then why should we not accept at least a prima facie case for its humanity?[10]

Scientists like Buffon might proclaim that ours was the most noble species set apart from all the rest, on the grounds that there could be no hybrid progeny resulting from the sexual union of a man or woman with any beast, but for Rousseau that was a matter which had still to be ascertained. We could only establish by experiment, he insisted, whether matings between ourselves and orang-utans would prove fruitful.[11] Neither was he deterred by the monogenist contention that the progenitors of modern man must originally have been white, and in this regard he did not even have to confront the thesis – which Buffon, once again, had already rejected – that apes might represent a stage in the physical degeneration of man beyond that of the Negro.[12] While most eighteenth-century naturalists were adamant in holding to the view that orang-utans were beneath the level of humanity because they lacked the capacity to think and speak like men, Rousseau maintained that our savage ancestors were unlikely to have been wiser or more loquacious than orang-utans, since both reason and speech were just 'facultés virtuelles' which must have undergone a long history of development in complex social settings before they could have become manifest in our behaviour. We could not point to the languages of civilised peoples as proof of the sub-humanity of orang-utans, because linguistic competence must be mastered and in itself is not a natural characteristic of our race. Hence the apparently mute condition of the orang-utan could be explained merely in terms of the creature's scant opportunity to employ and develop those vocal organs which it shared with the rest of us, and on Rousseau's account that condition lent no support at all to the thesis that Nature had formed a great and unbridgeable gulf between mankind and ape. Indeed, the fact that apes were speechless might even be attributable, not so much to their want of training, as to their quite deliberate and perfectly rational choice. For according to Negro observers it was a 'trick of monkeys', he later remarked, to pretend that they could not speak, 'out of fear that they might otherwise be made to work'.[13]

Of course since Rousseau probably never saw a true orang-utan, and since his account of the creature's behaviour was drawn from statements of witnesses who disagreed amongst themselves, his reflections about its capacities must be treated with a little scepticism and reserve. It was not until the 1770s that a sufficient number of live specimens came to be available in Europe for detailed and reliable studies to be undertaken,[14] and it was not until after Rousseau's death that scientists came to agree that the animal was definitely a species of ape different from the chimpanzee, with which Rousseau, Buffon, and their contemporaries had confused it. But the originality, if not the significance, of his comments about the humanity of orang-utans was widely recognised in the late eighteenth-century. His views were treated with derision by some critics, especially by the unknown writer who concluded a letter falsely ascribed to Jean-Jacques with the signature 'Rousseau, until now . . . citizen of Geneva, but at present ORANG-OUTANG'.[15] They were challenged, moreover, by theorists of the origin of language, such as Herder, and by naturalists, such as Bonnet and Blumenbach, while, on the other hand, they were endorsed enthusiastically by Lord Monboddo, who consequently suffered even more ridicule than Rousseau for espousing such an unorthodox idea of the nature of primitive man.

In the present context, however, two important points should be borne in mind about Rousseau's thesis on this subject. The first is that his elaborate commentary in the *Discourse on Inequality* forms one of the earliest and boldest hypotheses regarding the physical transformation of mankind in an age when most arguments about the chain of being remained fundamentally wedded to a belief in the fixity of species.[16] To be sure, we must not credit him with a fully fledged theory of human evolution, since, for one thing, he supposed that modern man could have developed from certain animal species still present in the contemporary world, and, for another, he believed that apes and men were together zoologically distinct from all other species, and that monkeys could not possibly be counted among our progenitors because they lacked the attribute of perfectibility which only apes and humans shared.[17] Rousseau, nevertheless, was the first Enlightenment figure, in our view, to suppose that there might be a temporal and sequential relation between particular species in the natural chain, and the first, moreover, to conceive that the last link in the chain – that is, the relation between apes and men – might be one of genetic continuity.

Our second point is that Rousseau's portrait of the orang-utan as a kind of savage in the state of nature was drawn with greater accuracy than any description of the animal's behaviour for a further two hundred years or so – a fact all the more remarkable because there is no reason to suppose that he ever actually saw one. He followed other commentators of his day in recognising the orang-utan's natural habitat to be the tropical forest, but while most of his contemporaries were agreed about the creature's promiscuity he alone in the eighteenth century inferred that it never formed lasting sexual attachments with other members of its species.[18] Some naturalists of the period imagined that orang-utans were carnivorous in their diet and aggressive in their conduct, but Rousseau had no doubt that they were frugivorous and generally peaceable animals.[19] Not until the publication of Wallace's *The Malay Archipelago* in 1869 was it confirmed that orang-utans are nomadic beasts without clearly defined territorial ranges, again as Rousseau had already perceived in the *Discourse on Inequality*.[20] And not until the late 1960s was it established that he had been right all along in his guess that orang-utans even lack any distinct social system and that, apart from copulation, their lives are essentially solitary and indolent.[21]

It will no doubt seem rather odd that so accurate a likeness of the orang-utan should have been produced merely by abstracting from civilised man those traits which Rousseau supposed unattributable to social life alone. Yet, however speculative this method might appear, it enabled him to construct a more exact account of the creature's behaviour in the wild than any which we have had until the last decade. Even today, Edward Tyson's *Orang-Outang* of 1699 remains by common consent[22] the best anatomical description ever published of any non-human primate, though that work is of course a study of a chimpanzee. In our view the *Discourse on Inequality* ought to be acclaimed as an Enlightenment contribution of similar importance, towering over the field, as it has, for an almost equivalent period. And yet to our knowledge no one – apart from Voltaire, who characteristically thought the idea absurd[23] – has ever recognised that Rousseau's 'homme sauvage' was really an orang-utan. A fierce and protracted dispute about the factual standing of his portrait of the state of nature in the *Discourse* could perhaps have been avoided if this simple truth had been perceived. For if it had, Jean-Jacques would now occupy a prominent place, not only in the history of speculative anthropology, but in the history of empirical primatology as well.

III

With regard to orang-utans, then, no theological considerations prevented Rousseau from supposing that primeval man might have been an ape. He was equally undaunted by the more secular objections to the possibility of the existence of vampires put forward by the *philosophes*, whose main concern was to explain away the symptoms of vampirism by reference to known natural causes.[24] Thus, for instance, it was not blood which had been found in the tombs of vampires, but 'pieces in the dead body which, by nitrous particles fermenting with them, could be brewed into a liquor rather resembling blood'.[25] Since there was no doubt that the creature was beyond the bounds of possibility, the assumption of the *philosophes* had to be that the vampire itself – as opposed to the superstition it represented or the havoc it appeared to cause – was a subject of no interest. Of the sixteen known treatises and dissertations published after an epidemic of vampirism in Eastern Europe in 1731–2, many presented the problem in these or similar terms. Only in the *Treatise on Apparitions and Vampires* of Dom Augustin Calmet – a Benedictine abbot and the most respected Biblical scholar of his day – was it stressed that the evidence, both from eyewitness accounts and in Scripture, should be weighed with the care required to establish whether or not there was irrefutable proof.[26] For their part, the *philosophes* and their allies generally scoffed at any attempt to confirm the real existence of the phenomenon. It is up to the 'educated and enlightened among us' to set an example to 'the half-witted and ignorant', wrote one commentator among the eighteenth-century men of Reason[27] – and in the *Encyclopédie* and elsewhere they ridiculed the vampire as a vestige of the barbarity, credulity and ignorance of a past age.

For Rousseau, however, who first turned to the subject in the 1750s, the matter was not at all so clear. In one sense, surely, there could be no doubt that vampires really did exist – that is, in the minds of those army officers, civil servants, and priests who solemnly swore that they had witnessed their presence. For 'if there is in the world an *attested* history, it is just that of vampires', he wrote in his *Letter to Christophe de Beaumont*, Archbishop of Paris.[28] 'Nothing is lacking – depositions, certificates of notables, surgeons, curés, and magistrates. The proof *in law* is utterly complete. [. . .] Yet with all this', he continued, 'who actually believes in vampires? Will we all be condemned for not believing in them?' In an unpublished note which he drafted following the *Letter to Beaumont*, Rousseau reiterated this point and referred to an article in the *Gazette des Gazettes* of 1 November 1765 for further endorsement.[29] That article had supplemented a fairly standard account of the vampire epidemics with a critical commentary on the evidence which once again raised the question of how such evidence might be judged or attested. In the view of its anonymous author, the eminent status of vampire witnesses as men of probity, or as notables, confirmed the authenticity of their reports, as did 'so many [other] examples, all equally supported by witnesses', as well as the public notoriety of the phenomenon in general. The *Gazette* account concluded with the following challenge: 'It is up to the *philosophes* to seek out the *causes* which can produce events so little in accord with nature.'[30] For Rousseau, too, doubts about the existence of vampires persisted not for lack of witnesses but for want of any plausible explanation of the alleged facts. He did not take up the challenge implied by the *Gazette*, however, perhaps because his main reason for addressing himself to the subject went far beyond that of establishing what constituted a rational explanation of its causes or origins. From the few direct references in his works to the phenomenon of vampirism it is clear that the question of the existence of vampires was of no special importance to him. They might be real creatures; they might not. But it was futile, he argued in a draft of the fourth book of *Émile*, to suppose that their reality could be confirmed by arguments analogous to those employed in, for example, discussions of miracles: 'Who will venture to tell me how many eyewitnesses are required to make a miracle credible? [. . .] Of what use are [. . .] miracles as proof of your doctrine if miracles themselves require so much proof?', he asked about both miracles and vampires.[31] The more interesting question was why the vampire (or miracle) should have become such an important article of popular belief. Eyewitness accounts were unconvincing, not because they were indubitably false or illusory – as the *philosophes* supposed – but because no rational account of the existence of these monsters had as yet been offered to the rest of us. Like Calmet, then, though for different reasons, Rousseau kept an open mind about the status of the testimony of vampire epidemics. The essential point was that neither the exegesis of Scripture nor the rationalists' attempts to explain paranormal phenomena could really teach us anything about the nature of vampires, or about the manifest nightmares those perhaps mythical creatures represented to us.

Yet while the strength of popular belief in vampires may have had no bearing upon the case for their real existence, Rousseau nevertheless regarded such beliefs – so widely dismissed by the *philosophes* – as of the utmost importance in themselves. In our view, two of his claims on this subject feature as prominently in his social anthropology as do his views about orang-utans in the context of his theory of the physical transformation of mankind. The first was that however little so-called 'attested histories' instructed us about the status of vampires, they revealed much about the nature of authority in civilised society. In the *Letter to Beaumont* Rousseau observed that vampires were miraculous phenomena that required obscurantist dogmas to explain them just *because* common sense was insufficient. Miracles remain an extraordinary feature of our fears and hopes about the world only so long as a special place in the community is entrusted to their interpreters, and at the same time the authority which is wielded over us by these interpreters of Scripture depends upon our faith in their ability to grasp the sense of miracles better than we can ourselves. Vampires are thus yet another manifestation of the sombre and nefarious tyranny of opinion exercised by priests over the minds of men. In the *Letter* Rousseau described miracles as 'scholarly subtleties in Christianity' which require above all else that the flock of believers should submit to principles they cannot grasp by reason and sense. Miracles are an instrument for the enforcement of duties employed by the purveyors of a Gospel unfathomable to ordinary men, and in that context, as Voltaire put it, 'the true vampires are the churchmen who eat at the expense of the people'.[32] For Rousseau both sacred and secular authority derived their strength from popular superstitions, and fear of a miraculous monster such as the vampire helped to underpin our respect for and submission to the worldly agents of an omnipotent God. In this way the dreaded superhuman force of vampires transforms the divinity of God into the wretched practice of obedience to his temporal ministers, and vampires – whether they be real or unreal creatures – wield a sinister power over men which is plain enough.

The second point to make about Rousseau's interest in vampirism is less explicit in his writings and draws its force essentially from the context in which he placed his references to the phenomenon. This is that the relations between vampires and their prey are an extremely potent symbol for characterising even the ordinary ties of dependence that bind individuals together in civilised society. Not only temporal rulers but their subjects as well had come to behave as vampires do, according to Rousseau; for 'dependence on men', he wrote in *Émile*, 'being out of order, gives rise to every kind of vice, and through this master and slave become mutually depraved'.[33] Modern man is both predator and quarry to other members of his own species in a war of each against each which is all the more terrible because it is contrary to his nature. For every one of us, 'le vampire, c'est les autres'.[34] Anatomical evidence of our teeth and intestinal tract shows that we must originally have been frugivores like the horse, sheep and rabbit,[35] but civilisation has made us carnivores with an appetite for conquest and blood in addition to food. There have been two causes of this development, Rousseau believed: on the one hand, the artificial cultivation of the soil, which slowly depleted the natural resources of the earth and unavoidably brought men into conflict over the vegetation that remained, and, on the other, the institution of private property, which turned strangers into enemies and made each of us a predator not just of the diminishing produce of the soil but of the degraded humanity of our neighbours too. With the birth of property and the growth of agriculture we have transfigured ourselves into masters and slaves in turn, everyone moved by contempt for the person and lust for the goods of the next man, so that we have finally become a species of animal which in its totality is self-destructive. Like Marx after him[36] Rousseau may have been attracted to the vampire image because it offered a vivid means of symbolising modes of mutual dependence in society which were not benign – as many of their contemporary social theorists argued – but benighted, parasitic, and grotesque – a master–slave dialectic, with teeth.

Here, then, was the ultimate irony in the history of the civilisation of mankind. The demonic creature of our worst fears might or might not exist in fact, but if we only looked into ourselves we should find the demon there already. Having degenerated from our original animal state we had transformed ourselves into monsters of our own making, so that the denaturation of the orang-utan had culminated in the rise of a supernatural world inhabited only by vampires and their victims. It is these metamorphoses, as we understand them, which constitute two of the most striking limits of Rousseau's anthropology.

Notes

An earlier version of this paper was presented at the Fifteenth International Congress of the History of Science, Edinburgh, August 1977. For fuller discussions of the subject see the introduction to *The Vampyre: Lord Ruthven to Count Dracula*, ed. Frayling (London, 1978); Wokler, 'Perfectible apes in decadent cultures: Rousseau's anthropology revisited', *Daedalus* (summer, 1978); and Wokler, 'Rousseau's *Discours sur l'inégalité* and its sources', *SV* (forthcoming).

1 Lévi-Strauss, *Le Totémisme aujourd'hui* (Paris, 1962), pp. 142–6, and 'Jean-Jacques Rousseau, fondateur des sciences de l'homme', in *Jean-Jacques Rousseau*, ed. Samuel Baud-Bovy *et al.* (Neuchâtel, 1962), pp. 239–48. These dichotomies, however, and especially Lévi-Strauss's account of the passage from nature to culture in Rousseau's anthropology, were substantially foreshadowed two centuries ago by Kant in his *Anthropologie in pragmatischer Hinsicht*, first published in 1798.

2 The most extensive accounts of Rousseau's anthropology are those of Michèle Ansart-Dourlen, *Dénaturation et violence dans la pensée de Rousseau* (Paris, 1975); Michèle Duchet, *Anthropologie et histoire au siècle des lumières* (Paris, 1971); Marc Eigeldinger, *Rousseau: univers mythique et cohérence* (Neuchâtel, 1978); Victor Goldschmidt, *Anthropologie et politique: les principes du système de Rousseau* (Paris, 1974); and Ronald Meek, *Social Science and the Ignoble Savage* (Cambridge, 1976). For general introductions to Enlightenment anthropology, both physical and social, see especially Carminella Biondi, *Mon frère, tu es mon esclave!* (Pisa, 1973); Duchet, *Anthropologie et histoire au siècle des lumières*; Clarence Glacken, *Traces on the Rhodian Shore* (Berkeley and Los Angeles, 1967), chs. 11–14; John Greene, *The Death of Adam* (Ames, Iowa, 1959); Georges Gusdorf, *Dieu, la nature, l'homme au siècle des lumières* (Paris, 1972); Meek, *Social Science and the Ignoble Savage*; Franck Tinland, *L'Homme sauvage* (Paris, 1968); and Herbert Wendt, *Ich suchte Adam, Roman einer Wissenschaft*, chs. 1–5 (Hamm and Westfalen, 1953). The best history of anthropology for the period after Rousseau is provided by George Stocking, Jr, in his *Race, Culture, and Evolution* (New York, 1968).

3 For an excellent treatment of these contrasts see Antonello Gerbi, *La disputa del Nuovo Mondo* (Milano, 1955).

4 See the passage from the fifth volume (1755) of Buffon's *Histoire naturelle* (Paris, 1749–1804) reproduced in the *Œuvres philosophiques de Buffon*, ed. Jean Piveteau (Paris, 1954), p. 359a.

5 *Inégalité* n. 10, *Pléiade* iii.208.

6 *Pléiade* iii.140–1 and n. 10, p. 208, and Rousseau's letter to François-Joseph de Conzié of 17 January 1742, Leigh 43, i.134 and 142, n. *o*. Rousseau's remark in both of these texts that 'il y a plus de différence de tel homme à tel homme que de tel homme à tel bête' was explicitly borrowed from a passage in Montaigne's *Essais*, and Montaigne, in turn, drew the idea from Plutarch.

7 *Inégalité*, *Pléiade* iii.139.

8 'Orang-utan' is originally a Malay term meaning 'man of the woods', and it is now applied exclusively to one species of anthropoid ape (*Pongo pygmaeus*) found in Borneo and Sumatra only. In European letters, however, the word was first employed (by Nicolaas Tulp in his *Observationum medicarum* of 1641) in connection with the African chimpanzee, and until about the end of the eighteenth century these two species, and many other great apes, both real and fictitious,

as well, were regularly assimilated under the generic name 'orang-utan'. Some of the confusions about the identification of this creature in the Enlightenment are discussed in Wokler, 'Tyson and Buffon on the orang-utan', *SV*, clv (1976), 2301–19. For Rousseau's comments on the orang-utan in his 'Lettre à Philopolis' (Bonnet) of 1756, see *Pléiade* iii.234–5 or Leigh 328, iii.189–90.

9 Each of these figures is cited in a long passage from the *Histoire générale des voyages* (Paris, 1746–89), v. (1748), 87–9, that Rousseau quotes almost in full in the *Inégalité*, n. 10 (*Pléiade* iii.209–10). Prévost's authorities in the same passage include not only Battel, Dapper and Merolla, but also Filippo Pigafetta, who had provided an account of the late-sixteenth-century voyage to the Congo of Duarte Lopes not mentioned in the *Inégalité*. But Rousseau refers again to Battel, Dapper and Merolla in a later passage of n. 10 (p. 211), adding there the name of Samuel Purchas, who had rendered an account of the travel of Battel in his *Purchas his Pilgrimage*, first published in 1613. See also Georges Pire, 'Rousseau et les relations de voyages', *RHLF*, lvi (1956), 357–8, 368 and 372.

10 *Inégalité*, n. 10, *Pléiade* iii.209–11.

11 *Inégalité*, *Pléiade* iii.211. In his long quotation from the *Histoire générale des voyages*, however, Rousseau incorporates Dapper's rejection of the claim that orang-utans are the products of matings between women and monkeys, an idea Dapper decried as a 'chimère que les Négres mêmes rejettent'. For Buffon's views on the nobility of our species, of which the lack of hybrid offspring or variations was an important sign, see especially the *Œuvres philosophiques de Buffon*, pp. 378a–b.

12 If anything, the black man was for Rousseau more like the natural savage than was the white man (see *Inégalité*, *Pléiade* iii.137, n.). In 'Rousseau and the Negro', *Journal of Negro History*, xxi (1936), 294–303, Mercer Cook makes the interesting point, too seldom remembered, that Thomas Day's poem *The Dying Negro* was dedicated to Rousseau (in the third edition of 1775). For Buffon's reflections on skin colour and degeneration, see especially his *Histoire naturelle*, vol. 3 (1749), pp. 502–3; the *Œuvres philosophiques de Buffon*, pp. 345b–5a; and the commentary on this subject of Phillip Sloan, 'The idea of racial degeneracy in Buffon's *Histoire Naturelle*', in *Studies in Eighteenth-Century Culture*, vol. 3, ed. Harold Pagliaro (Cleveland, 1973), pp. 293–321.

13 Rousseau to Hume, 29 March 1766, Leigh 5129, xxix.66. The suggestion that apes or monkeys remain silent for good reasons of their own, especially to avoid work and enslavement, appeared at least as early as 1623 in Richard Jobson's *The Golden Trade*.

14 See especially Arnout Vosmaer, 'Description de l'Orang-Outang' (Amsterdam, 1778), pp. 12–13; Buffon, 'Addition à l'article des Orangs-outangs', *Histoire naturelle*, suppl. vol. 7 (1789), 15–16; and Petrus Camper, 'De l'orang-outang, et de quelques autres espèces de singes', in his *Œuvres* (Paris, 1803), 1.46–51.

15 Leigh, A 286, xii.301–6.

16 On this subject see especially Arthur Lovejoy, *The Great Chain of Being* (Cambridge, Mass., 1936), ch. 9. With regard to the idea of evolution in the Enlightenment see also Peter Bowler, 'Evolutionism in the Enlightenment', *History of Science*, xii (1974), pp. 159–83; William Bynum, 'The Great Chain of Being after Forty Years: An Appraisal', *History of Science*, xiii (1975), pp. 1–28; *Forerunners of Darwin: 1745–1859*, ed. Bentley Glass *et al.*, 2nd edn (Baltimore, 1968), chs. 2–9; Émile Guyénot, *Les Sciences de la vie aux XVIIe et XVIIIe siècles: l'idée d'évolution* (Paris, 1941); and Jacques Roger, *Les Sciences de la vie dans la pensée française du XVIIIe siècle* (Paris, 1963).

17 *Inégalité*, n. 10, *Pléiade* iii.211 and 1371, and the 'Lettre à Philopolis', *Pléiade* iii.234.

18 *Inégalité*, *Pléiade* iii.147 and n. 12, iii.216–17. The orang-utan's general promiscuity, however, was so widely taken for granted in the eighteenth century that some critics, such as Jefferson, for example (in his *Notes on the State of Virginia* of 1785), even assumed that the creature was more sexually attracted to Negro women than to females of its own species.

19 *Inégalité*, *Pléiade* iii.160 and n. 5, iii.199. Rousseau made the same point in *Émile* II (*Pléiade* iv.411), though in both the *EOL* IX (p. 99) and other passages of the *Inégalité* (*Pléiade* iii.135 and 161) he also spoke of our progenitors as having the capacity to choose their diet – of being omnivorous, that is, and occasionally becoming hunters.

20 *Inégalité*, *Pléiade* iii.159–60, and Alfred Russel Wallace, *The Malay Archipelago* (London, 1869), I. 91.

21 *Inégalité*, *Pléiade* iii.138 and 140; John MacKinnon, 'The behaviour and ecology of wild orang-utans', *Animal Behaviour*, xxii (1974), pp. 51 and 65–7; MacKinnon, *In Search of the Red Ape* (London, 1974), p. 64; and Peter Rodman, 'Population composition and adaptive organisation among orang-utans of the Kutai Reserve', in *Comparative Ecology and Behaviour of Primates*, ed. Richard Michael and John Crook (London, 1973), pp. 187, 195–7 and 206. MacKinnon's general conclusion (*In Search of the Red Ape*, p. 64) is that the orang-utan appears to be 'a solitary nomad'. According to Rodman (p. 197), 'The dispersion of orang-utan populations and the simplicity of social relations within them are both striking and disappointing when compared with the complexity of social structures found among other primates.'

22 See, for instance, the remarks of Montague Ashley Montagu in his introduction to the facsimile reprint of *Orang-Outang* (London, 1966), p. 12.

23 See the following passage from Voltaire's *Dictionnaire philosophique*, article 'Luxe', in his *Œuvres complètes* (Kehl 1784–9), xli.506, n. 3: 'Tout ennemi du luxe doit croire avec *Rousseau* que l'état de bonheur & de vertu pour l'homme est celui, non de sauvage, mais d'orang-outang.' Professor Leigh has pointed out to us that this statement does not figure in any of the editions of the *Dictionnaire philosophique* published in Voltaire's lifetime, nor in his *Questions sur l'Encyclopédie* frequently incorporated in expanded versions of the *Dictionnaire*. It may therefore be doubted whether the passage was really written by Voltaire himself. In the absence of any manuscript evidence, our own guess is that it *is* one of his compositions. Not only does it have 'un tour voltairien', but it also seems to recapitulate Voltaire's frequently invoked animal metaphors in his descriptions of Rousseau's own character, as for example in the following portrait in his letter to Charles Borde of 4 March 1765 (Leigh 4095, xxiv.138, or Besterman D 12431, xxviii.426): 'Ah! Monsieur, vous voiez bien que Jean Jaques ressemble à un philosophe comme un Singe ressemble à l'homme.' See also Voltaire's comment (George Havens, *Voltaire's Marginalia on the pages of Rousseau* (Columbus, 1933), p. 10) that 'il y a dans l'homme un instinct et une aptitude qui n'est pas dans le Singe', in connection with Rousseau's remark in the *Inégalité* (*Pléiade* iii.151), that 'il est impossible d'imaginer pourquoi dans cet état primitif un homme auroit plûtôt besoin d'un autre homme qu'un singe ou un Loup de son semblable'.

24 'Epidemics' of vampirism were reported to have occurred in Istria (1672), East Prussia (1710, 1721 and 1750), Hungary (1725–30), Austrian Serbia (1731–2),

Silesia (1755) and Wallachia (1756). But the *philosophes* only commented at length on those 'epidemics' which involved named individuals, or which were the subject of formal government reports ('duly attested') – the cases of Giure Grando (Khring, Istria, 1672), for instance, Peter Poglojowitz (Gradisch, Hungary, 1725) and, especially, Arnold Paole (Medwegya, near Belgrade, 1731–2). For details of the sixteen formal treatises and dissertations that discussed the implications of the 1731–2 'epidemic' (most of them written by German doctors and theologians), see Tony Faivre, *Les Vampires* (Paris, 1962), pp. 154–9; Dieter Sturm and Klaus Völker, *Von denen Vampiren oder Menschensaugern* (München, 1973), pp. 519–23; and Frayling's introduction to *The Vampyre* (London, 1978), pp. 31–4. The philosophical debate in France was further stimulated by the publication of Dom Augustin Calmet's *Dissertations sur les apparitions, des anges, des démons et des esprits – et sur les revenans et vampires de Hongrie, de Bohème, de Moravie et de Silesie* (Paris, 1746), and especially by the *Dissertation sur les vampires* contained in Part II, pp. 247–464. From 1750 onwards, most philosophical discussions about the 'problem' of vampirism made reference to Calmet's commentary: Lenglet Dufresnoy's *Traité historique et dogmatique sur les apparitions, les visions, et les révélations particulières, avec des observations sur les Dissertations du R. P. Dom Calmet* (Paris, 1751), II, ch. 12, pp. 91–173, challenged Calmet's uncritical presentation of anecdotes; Jaucourt, in the *Encyclopédie* (Neuchâtel, 1765), XVI.828, col. 2, under 'Vampire (Hist. des superstit.)', concluded that Calmet's absurd book just succeeded in establishing how prone is the human mind to superstition; while Voltaire, in his article 'Vampires' in the *Dictionnaire philosophique*, XLIII.386–92, mocked Calmet's attempts to understand the phenomenon of vampirism by reference to Scripture alone. Apart from their interest in Calmet's presentation of the evidence, the *philosophes* were generally concerned to reduce the data contained in the formal reports about vampire 'epidemics' to the level of received notions regarding 'natural causes': the point being not to challenge the evidence (although subsequent embellishments could, of course, be challenged), but to 'negotiate' the facts and make them appear reasonable. It was only later in the century (the 1780s) that the vampire came to be treated as a *monster* and that vampirology came to be accepted as a branch of the more general science of teratology.

25 Le marquis d'Argens, *Lettres juives* (La Haye, 1738), letter 137, IV.155. D'Argens reckoned that his conclusions about 'les Raisons Physiques de cet Ecoulement' had been confirmed by a simple experiment: take an ovenware dish, and mix one part milk with two parts oil of Tartar; bring to the boil; the liquor will change colour, from white to red, as the salts in the oil of Tartar begin to dissolve the fatty substances in the milk, and the contents of the dish will eventually be converted into 'une espèce de sang' (at least, the consistency and colour will *resemble* blood). By extension, it was not beyond the bounds of possibility that juices in a dead body would be converted into a liquor rather like blood, as the heat of the sun ferments the nitrous particles in the soil of the grave, and at the same time causes these nitrous particles to insinuate themselves into the corpse. D'Argens's experiment represents the most extreme example of the simultaneous *acceptance* of the documentation (after all, the government report had been signed by notable people) and *rejection* of the 'supernatural' explanation.

26 See Calmet's *Dissertations sur le apparitions* [. . .] *et vampires* of 1746. Although Calmet took full note of current 'explanations' (such as premature burial, soil conditions, rats and mice chewing on funeral shrouds, normal growth of hair

and nails after death, differing rates of decay in corpses), his conclusions were studiously open-ended: 'Dans tout cela je ne vois que ténèbres et que difficultés, que je laisse à resoudre à de plus habiles et de plus hardis que moi.' If the vampire anecdotes were not true, then Calmet saw little point in pursuing them; if they were true, then they had to be 'explained' within the terms of reference of Roman Catholic orthodoxy.

27 The quotation is from an analysis of the Silesian 'epidemic' by Giuseppi Davanzati, Archbishop of Trani, published in 1774 (although written several decades earlier); see Frayling, *The Vampyre*, pp. 36–7, and Franco Venturi, *Italy and the Enlightenment* (London, 1972), pp. 128–9. Davanzati was the first commentator to pose the related questions of why vampires were 'so fond of baseborn plebeian victims' and why they 'have up to now never been known to assume the form of a man of quality, a scholar, a philosopher, a theologian, a landowner, or a bishop'. His simple answer was that of one confident of his own enlightened status: 'I will tell you why. It is because men of education and men of quality are not so easily taken in and deceived as idiots and those of low birth, and therefore do not so easily permit themselves to be fooled by appearances.' The vampire of nineteenth-century French and English literature, by contrast, invariably assumed the form of a man (or woman) 'of quality' – so the balance was eventually to be redressed.

28 Rousseau, *LCB, Pléiade* iv.987.

29 See Neuchâtel, BV, ms. R 18, fol. 52*v*. The note by Rousseau reads 'Sur le Vampirisme attesté, dans la lettre à M. de Beaumont: Voyez la Gazette des Gazettes 1765, novembre 1re Quinzaine p. 14–19.' We are grateful to Professor Leigh for drawing our attention to this reference.

30 *Gazette des Gazettes ou Journal Politique*, pour l'année 1765; novembre, première quinzaine; p. 19. The article is introduced by the Berlin correspondent of the *Gazette*, and it quotes in full an account published earlier in October, 'qui contient des détails singuliers, et qui méritent d'être rapportés, pouvant un jour servir à l'histoire de l'esprit humain'. This account, apparently by a gentleman who had recently travelled through the wilds of 'l'Esclavonie Autrichienne dépendante de Hongroie', is in fact a highly inaccurate re-telling of the Paole story and the equally well-known case of Peter Poglojowitz, the vampire of Gradisch. Since Rousseau was mainly interested in the question of *attestation*, he may have been struck by the following passages: 'Cette opinion toute étrange qu'elle puisse paroître, est prouvée par tant de faits qu'on n'en sçauroit raisonnablement douter, vû la qualité des témoins qui les ont certifiés' (p. 15); or '*Je ne suis rien moins que crédule*; mais il me semble qu'on ne peut réfuser de croire une chose qui est de notoriété publique, attestée juridiquement et par des gens de probité, vû surtout qu'il y en a tant d'exemples réitérés et tous également constatés. Je laisse aux Philosophes à rechercher les causes capables de produire des événemens si peu naturels' (p. 19).

31 For the final version of this passage see *Émile* iv, *Pléiade* iv.612; for the first draft see Pierre-Maurice Masson's edition of the *Profession de foi du Vicaire savoyard* (Fribourg and Paris, 1914), pp. 331, n. 3, and 332. In the manuscript draft, dating from 1758–9, Rousseau's discussion of miracles referred explicitly to the vampire example: 'Quel vrai miracle n'a pas été contrefait par de faux miracles semblables. Quel mensonge n'a pas été asses attesté par des peuples fanatiques (comme les plus incontestables vérités). Depuis quelque tems toutes les nouvelles publiques ne nous parlent que des Wampires; il n'y eut jamais de fait plus

juridiquement attesté que leur existence. Avec cela montrez moi dans toute l'Europe un seul homme de sens qui croye aux Wampires et qui daignast seulement en aller vérifier la fausseté. Qui est-ce qui m'osera dire combien il faut de témoins oculaires pour rendre un prodige digne de foi.' In the final version reference to vampires was omitted, perhaps because Rousseau thought that, in this context, the Calmet debate raised issues too specific for his purposes, perhaps because the vampire controversy was not, in fact, 'in the public news' at the time of the original *Profession*, perhaps because he thought the direct parallel between miracles and vampires might prove unwelcome to the censors. Rousseau was, however, less cautious four years later, when he included an expanded version of the vampire example in *LCB*.

32 See Voltaire, 'Vampires', *Dictionnaire philosophique*, XLIII.386–92.
33 *Émile* II, *Pléiade* iv.311.
34 To put it another way, the development of *amour-propre* encourages vampiric relationships.
35 On Rousseau's views about frugivores and carnivores, see the *Inégalité*, *Pléiade* iii.135, 160–1, 199 and *Émile* IV, *Pléiade* iv.411.
36 For Marx's more sophisticated use of the vampire image in chapter 10 of *Das Kapital* ('On the Working Day'), see Frayling, *The Vampyre*, pp. 81–2. In symbolising the attributes of capital, Marx employed a whole series of fantasy images, the unifying theme of which was blood; thus, for example, 'capital is dead labour that, vampire-like, only lives by sucking living labour, and lives the more, the more labour it sucks'.

Discussion

C. BERRY: I should like to enter a minor caveat against crediting Rousseau with the most accurate depiction of the 'life-style' of the orang-utan for two hundred years. The term orang-utan was used very loosely in the eighteenth century (as Tyson's work admirably illustrates), and could equally have been applied to the very different habits of, say, baboons with their extreme gregariousness. It is thus an accidental feature of Rousseau's thought that the product of his conjectural experiment, which he calls an orang-utan, corresponds to what is now zoologically specified as such. What credit is due to a serendipitous accident is problematic.

R. WOKLER: There are at least two separate points at issue here. The first is that the term 'orang-utan' (which is in fact a Malay expression meaning 'man of the woods'), was employed as a generic name by European commentators to describe many species of ape, real and fictitious, for more than two hundred years from the mid-seventeenth century. When the gorilla was finally identified by Western scientists as late as the middle of the nineteenth century – initially by a Dr Savage, no less – it was classified as a new species of orang-utan, so that this originally Oriental name did not come until quite recently to be applied exclusively to the ape from Borneo and Sumatra we now call the orang-utan. Since there are practically no recorded cases of live specimens of true orang-utans in the West before the last three decades of the eighteenth century, Rousseau's contemporaries, moreover – including men like Linnaeus and Buffon with established reputations in the field of natural history – commonly supposed that reports of orang-utans from the East Indies pertained to another variety of the African chimpanzee, much as Tyson had done at the end of the seventeenth century. Buffon in particular was so confused by the customary ascription of a generic name to a distinct species that he had to revise his original article on the orang-utan for his *Histoire naturelle*, and admitted in a supplement that he had been under a misapprehension before, as there were actually two distinct species of the creature, one brown and the other red.

But the second point is that Rousseau in fact *did* describe the behaviour of the true orang-utan more accurately in the *Discours sur l'inégalité* than any scientific observer was to do for a long time afterwards. It's most important to stress this even today, because orangutans in the wild show very few of the characteristics – such as hierarchical social structures, territorial control, and aggression – which some ethologists now attribute to all animal species in an attempt to show that man cannot escape from his zoological roots. In that context, the frugivorous, peaceable, solitary, nomadic orang-utans Rousseau portrayed in the *Discours* seem to be the most vital missing link in a natural chain which is taken to imply that social inequality and competition are inescapable features of the life of each type of organism. I might add that the great apes in general fail to exhibit the instincts of aggression, territoriality, and the like which are sometimes ascribed to every animal species, but the truth of that proposition is most apparent in connection with orang-utans. Of course Rousseau hit upon this discovery quite by chance, since the creature he called an orang-utan is nothing more than an abstraction – that is, civilised man stripped of his social and moral traits. Yet it was a most significant discovery just the same, extraordinary enough in a period when our faculties of reason and speech were so widely supposed to be signs of our superiority over all other beasts, and remarkable even today, when our animal qualities are falsely regarded by many commentators as evidence of the fact that our lives have been destined by Nature to be nasty, brutish, and short, with individuals perpetually at each other's throats, or else held in check by intimidation.

R. A. LEIGH: Irrespective of confusions of nomenclature (and even here I don't think 'serendipity' is altogether fair), I wonder whether this line of thought does justice to the picture of early primitive man we find in the *Discours*. As your own forthcoming book will remind us, Rousseau did a good deal of reading before presenting this picture. Of course, it *is* an extrapolation (I prefer this term to 'hypothesis'): but surely it relates to a phase in the history of very early man when he was barely distinguishable from an animal, and about which, in the nature of things, there can be very little evidence. After all, does anyone actually *know* that very early man, or one of his immediate ancestors, did not live very much as Rousseau assumes he did?

M. LAUNAY: Pouvez-vous donner quelques indications sur les textes de Diderot concernant les orang-outangs, et pensez-vous qu'on puisse opérer un rapprochement significatif entre le texte du *Discours sur l'inégalité* évoquant les 'expériences' qu'il faudrait tenter pour savoir si l'orang-outang et l'homme sont ou non de la même espèce, et les développements de Diderot (*Rêve de d'Alembert* etc.) sur les 'chèvre-pieds'?

R. WOKLER: So far as I can recall there is no direct reference anywhere by Diderot to Rousseau's views on the humanity of orang-utans, though there is a fascinating passage in the *Suite de cet entretien* in which he puts the problem Rousseau had raised – namely what constitutes the difference between man and ape if they are outwardly so alike – in the clearest possible form. This is the well-known anecdote in which the Cardinal de Polignac says to the orang-utan (again, of course, the chimpanzee) in the glass cage at the Jardin du roi; 'Parle, et je te baptise!' But Diderot did not address himself to this subject so much as we might have expected, say, from his *Lettre sur les sourds et muets*. The leading French anthropological theorists of Rousseau's day who did take a strong interest in the nature of apes or in the idea of language conceived as link or barrier between man and beast were, I suppose, La Mettrie, Buffon, and Condillac, though Bougeant had treated these subjects at length somewhat earlier in the eighteenth century. It's perhaps surprising that Buffon in particular never came to oppose his own views on the sub-humanity of orang-utans to Rousseau's thesis, since he took issue in other ways with the account of the solitary 'primitive' presented in the *Discours sur l'inégalité*; but Monboddo, as you know, later contrasted at some length the different pictures of the orang-utan given by Rousseau and Buffon, and endorsed Rousseau's account. The only major figure I am aware of among Rousseau's continental contemporaries who does seem to have grasped the full import of his argument was Voltaire, who ridiculed the proposition that primitive man might have been an orang-utan. Even this, however, is not beyond doubt, since the relevant passage in his work, a footnote to his article 'Luxe' in the *Dictionnaire philosophique*, was first published in the 1780s in the Kehl edition. There is no known manuscript source, and it may be an editorial addition [see note 23].

J. STAROBINSKI: I wonder whether your account of Rousseau's conception of evolution and the animal origins of humanity should be pressed to the point of suppressing the fundamental distinction he makes between animality and humanity.

R. WOKLER: I agree with you that Rousseau perceived a distinction between man and beast which still left a break in the chain of being that separated humanity from sub-human species. All the varieties of mankind possessed the attributes of liberty and perfectibility, in his

view, which allowed them to undergo a history of change and development on a more extensive scale even than that of animal domestication, and it was these uniquely human qualities which must have
enabled them alone to acquire moral characteristics and in this way
lift themselves out of their natural state. Thus while Rousseau allowed
that perfectibility was a trait of orang-utans too, I think his main
point there was to try to make credible the possibility that these
strange and mute animals were still forebears of our race rather than to
show how non-human creatures could have transformed themselves
into men. Since he supposed that monkeys were not perfectible,
and since monkeys resembled us more than any other type of fauna
aside from orang-utans, his argument had the effect of relocating the
boundary between man and beast at a point which now set monkeys
apart from orang-utans, but it did not remove the boundary altogether,
and this is one of our reasons for claiming that Rousseau had no fully
fledged theory of man's evolution from more primitive zoological
organisms.

Just the same, however, we should keep in mind the real significance
of his redefinition of the limits of humanity. For by drawing a new
line just below the level of orang-utans he substantially narrowed the
divide between mankind and the rest of Nature at one extreme and
at the same time opened up a gulf between savage and civilised peoples
at the other which was wider than any that had been perceived before.
His arguments undermined a doctrine accepted by most ancient and
modern authorities to the effect that our race was set apart from (and
above) every other species by virtue of our reason, or language, or
sociability – faculties which Rousseau held were among our acquired
rather than natural attributes, and the lack of which could not be
taken as proof of a creature's sub-humanity. He regarded many of
our bodily characteristics as historically developed traits as well, and
unlike nearly all of his anthropological precursors he thought the
physical discrepancies between us and apes could be explained as a consequence of our own evolution instead of as a result of the degradation of apes. So while I agree with you that the boundary between
man and beast remains intact – though more faint in his philosophy –
I think the principal focus of Rousseau's interest lay in the even wider
gulf that separates the animal savage from denatured civilised man, and
in the organic as well as social history of the evolutionary metamorphosis of one into the other.

R. A. LEIGH: I should just like to point out that Rousseau's
remarks at the beginning of Part 1 of the *Discours sur l'inégalité* seem
to imply that he leaves the question open, because of lack of evidence,

and also, he hints, because of theological difficulties. But he seems to indicate, by a kind of negative preterition, the possibility that primitive man developed from an animal ancestor.

S. S. B. TAYLOR: The paper could be illustrated very precisely from graphic or iconographic comment on Rousseau. The tendency to dismiss Rousseau's views on anthropology as absurd, paradoxical and ridiculous is clearly evident in Boswell's project for a 'ludicrous print' and Fuseli's frontispiece showing primitive, natural or savage man as a 'missing link' or ape-man, backed up in Boswell's case with attendant ape.

Even in *Candide*, Voltaire represents the attempted copulation of apes with a woman and the reference here must be more important than it has hitherto been seen to be. On top of this we have Voltaire's constant harping on the 'quadripattes' motif based on Palissot's theatrical satire of Rousseau on all fours eating his vegetarian diet.

R. A. LEIGH: – Itself based no doubt on Voltaire's own letter ('Il prend envie de marcher à quatre pattes quand on lit votre ouvrage'). – Switching to vampires, may I stress that Rousseau seems to be attacking, in the *Lettre à Christophe de Beaumont*, orthodox apologists for Christianity, who in defending miracles and the Resurrection, emphasised the importance of 'witness'? Rousseau's argument is really that if you believe those who witnessed Christian miracles, then you ought to believe in vampires, just as well attested. The implication, of course, is not that we should believe both, but that we should believe neither. And that is precisely how the allusion to vampires in the *Lettre* was understood by contemporaries (Bonnet to Haller, 10 May, 1763, Leigh 2685). There is a parallel passage in Diderot's *Pensées philosophiques* [XLVI]: 'Un peuple entier, me direz-vous, est témoin de ce fait; oserez-vous le nier', etc.: 'moins un fait a de vraisemblance, plus le témoignage de l'histoire perd de son poids. [. . .] Tout Paris m'assureroit qu'un mort vient de ressuciter à Paris, que je n'en croirois rien.' I think we may connect all this with that strange episode in *La Nouvelle Héloïse*, in which after the death of the heroine the rumour spreads that Julie is alive after all. It is an oblique attack on popular superstition and is intended as a parallel to another more celebrated resurrection.

II

LANGUAGE, LITERATURE, MUSIC

7

The idea of love in *La Nouvelle Héloïse*

JOHN CHARVET

The love story of *La Nouvelle Héloïse*, like all good love stories, is one of unhappy mutual love, a story of the lovers' striving for a perfect union, and of the obstacles which ensure the continued frustration of their hopes. We know, now, that these obstacles to love's fulfilment – in Rousseau's story it is the prejudices of the Baron d'Étange and then Julie's 'unavoidable' marriage to Wolmar which provide the main obstacles, although there are many lesser ones which bring about the separation of the lovers – are in some way integral to this type of story. They are necessary, not simply to provide the interesting events which keep the story going, but simply because the ideal object that is being pursued by the lovers cannot be preserved without them. While the lovers must strive for a perfect union, the earthly fulfilment of their love, in the overcoming of obstacles in a permanent union, would destroy the passion that aims for perfection. Rousseau himself presents this view of the nature of love in a letter from Claire to Saint-Preux:

Si l'amour est un desir qui s'irrite par les obstacles comme vous le disiez encore, il n'est pas bon qu'il soit content; il vaut mieux qu'il dure et soit malheureux que de s'éteindre au sein des plaisirs.[1]

Claire goes on to say that while the lovers have overcome many obstacles, their love has not confronted the most powerful, which is that of having no more to conquer, and so having to live off itself.

The paradoxical quality of passion-love is that it appears to need the frustration of its own aims. It would be banal to reduce these aims to that of sexual union, and the frustration to a means of heightening desire. The sexual element and its repression are, of course, important, and I will discuss them later; but what the lovers seek is, as they tell us no doubt an excessive number of times, a perfect union of pure and virtuous souls, a union which completes their existence as lovers of virtue and beauty, as souls not bodies. How are we, then, to understand the paradox of passion-love? If we see its aim as unrealisable in the terms in which it presents this aim to itself, that is as an earthly union of pure souls, we might, then, say that the real object of the lover's search is not such an earthly union of a particular man and woman, but something beyond this.

One writer who has devoted an interesting book to the exploration of the nature of passion-love from this perspective is Denis de Rougemont in *L'Amour et l'Occident*.[2] He identifies an archetypal form of love story in the medieval romance of Tristan and Isolde. The love of Tristan and Isolde Rougemont calls eros, distinguishing it from the Christian agape. The lovers driven by eros are in love with love, not with each other as particular beings, and what they seek is not the fulfilment of love in a settled union with the other, but in the first place the perpetuation of the state of yearning. Ultimately, however, they seek the abandonment of self in a union which absorbs them utterly and in which they die. Union in death is the secret, because unavowable, end of passion-love. Rougemont claims that the origins of the eros-governed love story lie in the Manichæism which influenced the courtly and troubadour poets who created the Tristan myth. Manichæism, according to Rougemont, denies the orthodox Christian belief that the divine is embodied in the world, and so holds that the world and the flesh are wholly evil. Love for God is, then, desire for a union with the divine which requires an utter repudiation of the body and the attainment of a purely spiritual state. The eros, whose passion is depicted in the Tristan myth, is this same love transposed by the poets into the aspiration of lovers. Hence its real aim and driving force must take the lovers far beyond their ostensible object. It expresses an urge beyond anything that can satisfy man in ordinary life, for it demands extreme purity and unity, the renunciation of the finite in which division and impurity is unavoidable, and the absorption in to the One. We thus find that, contrary to what one might expect, the sexual union of the lovers is that which must above all be avoided as the essentially impure, the great fault, and the union that is desired is spiritual, typically achieved in the lovers' union in death. We are to understand the earthly obstacles to the lovers' union, then, according to Rougemont, as the necessary conditions of preserving the true object of their love. Earthly union would undermine eros's passion and deprive it of its goal.

Rougemont runs a rapid glance over the later history of the Tristan myth in European literature, and notes the important place Rousseau's novel has in giving it renewed life – albeit in a rather toned-down and middle-class form.[3] It is clear that Rousseau's story contains all the typical features of the Tristan myth – the aspiration to a pure spiritual union, sexual union as the great fault, the invocation of death (infrequent perhaps), all the classic obstacles to an earthly union, of course, and finally death and the hope of reunion of the lovers in death. But it is also clear that the second part of Rousseau's story – the celebration of Julie's marriage and the depiction of the idyllic society of Clarens – constitutes what would seem a strong anti-eros direction that Rousseau has given to the story, and even if this experiment in overcoming eros might be said to fail, this new direction suggests a different and more Platonic understanding of the story.

According to Rougemont, the lovers really seek a relation to the divine being or the infinite, and are driven to desire death because there is nothing in the finite world which satisfies their implicit desire. But if the real object of their love is union with the divine, they are mistaken in seeking it in a relation between themselves, and this suggests that they could be cured of their mistake, and could be brought to direct their desire to its true object. We could, then, see the mutual love of the lovers not as simply a mistake, but as a preparation for the greater love, a preliminary to the discovery of a more adequate object for their love. This Platonic type of ascent would not involve the abandonment of self, but rather a form of self-fulfilment. In the light of such a conception we can see Julie's marriage and the community of 'belles âmes' at Clarens as an initial attempt to find a more adequate object of love in an earthly condition, which, because it fails, takes us on to the final ascent of Julie to communion with God. J. L. Bellenot in his discussion of the forms of love in *La Nouvelle Héloïse* interestingly places the story in this perspective, although he fails to stress sufficiently the Christianised form of Platonism that Rousseau presents.[4]

I think it is reasonably clear that elements of Rougemont's account of the love story and also elements of the Platonic idea are present in *La Nouvelle Héloïse*. I do not intend to argue against these versions. Rather I aim to show that we can understand them by seeing how an internal contradiction in love is engendered by the very conception of love that Rousseau has. (Of course, I do not mean that Rousseau is the only person who has this conception and displays this contradiction, although it is perhaps clearer in Rousseau than in others.) Since this contradiction is present in Rousseau's ethical thought more generally – love being, as I understand it, a form of ethical life – I shall place my account of Rousseau's idea of love in the context of his ethical thought, and begin with a delineation of what I see as the contradiction in the latter.[5]

We find in Rousseau's mature ethical and political writing a radical opposition between the moral will of the virtuous man or the general will of the citizen on the one hand, and the individual's or citizen's private or particular will on the other hand. These two wills are by their natures opposed to each other, although they might contingently coincide, with the result that the individual, at least in his earthly existence, is not and cannot be a unity. Yet it is this unity in the individual himself and in his relations with others in an earthly existence which constitutes the aspiration and dynamic of Rousseau's thought. In this respect his thought marks a failure. He does not, that is to say, conceive from the beginning of the impossibility of an earthly resolution of the conflicts in man's nature. On the contrary his thought contains the hope of finding a form of life in which social man can be, like natural man, at one with himself, while becoming one with others also. The love-passion – the exclusive love of the lovers – is the search in a particularly restricted but intense form for that undivided life in union with another. The failure to realise this aim is, as I have already remarked, an integral feature of the classic love-story, and a feature of Rousseau's story also.

The failure to achieve the aim of unity in all forms of Rousseau's ethical thought results from the way in which the undivided nature of the union of self and other is conceived. The general will which represents this unity does not just unfortunately turn out to be often opposed to the particular wills of the same persons in respect of their natural and independent existence as men, but comes into being in opposition to this particular will. It is defined by its function of repressing the particular will. The realisation of the good will of the virtuous man or citizen necessarily involves an unceasing combat of the moral individual or citizen against himself in order to make his higher will prevail.

The ethical aspiration to an undivided life in relation to another is an aspiration to a unity between oneself and the other such that one can find oneself and love oneself in the other. Oneself and the other are one; the other's good is one's own. In its political form this unity is the common interest and identity of the citizens; through it they are one and have one will. But this ethical identity of self and other runs contrary to the natural direction of the individual's self-love, which is always to give preference to self over others. This is an obvious opposition, but it is masked in Rousseau's thought by his argument that the love of others is grounded in or derived from natural self-love, through an appropriate alteration of the direction of that love. It is this argument which allows him to believe in the possibility of attaining the undivided life. But the promise is disappointed, for we find Rousseau soon enough in both *Émile* and the *Social Contract* describing the moral or communal state as one of self-division and incessant self-combat.

This self-division re-emerges in Rousseau's thought because the moral or general dimension of the individual's life is constructed out of a purely abstract notion of the individual, and because this construct leaves the nature of the particular will unchanged in its natural 'egoism'. The moral or general will is constructed out of the natural individual's sense of his absoluteness, the absoluteness of his desires, which, once he is forced to recognise others and comes to see himself in them, he transfers to them too, and acknowledges in them an equal right with himself. But this acknowledgement of equality of oneself and others is established in abstraction from the relations between the individuals' particular desires. It involves the recognition of the equal worth of oneself and the other in pure, undifferentiated terms as men or as pure citizens, quite apart from one's own and the other's particular interest. It is because a common identity and interest which unifies men is conceived of in this abstract way as purified of all particular interests – it is not an arrangement of particular interests – that it exists as an ideal, leaves the nature of the particular will unchanged, and so can only be realised in opposition to that will. The two crucial characteristics of the ethical common will uniting men that I wish to emphasise, then, are (1) that it is inherently pure and ideal; (2) that it leads to the inner division in man between his moral or common will and his particular will. It is these fundamental structuring elements in Rousseau's ethical thought that are to be found in his love story, and that explain its development.

That the love relation is conceived of as an ethical relation in the above sense involving the union of the lovers, their constitution as a common being, hardly needs much emphasis. It is an inevitable part of lovers' talk. But let me just point to the letters in which Julie proposes to will for both of them, and Saint-Preux accepts.[6] Julie talks of their being united for ever, and says that 'nos âmes se sont, pour ainsi dire, touchées par tous les points, et nous avons par tout senti la même cohérence'. Saint-Preux in his reply asks her to dispose of him as one who exists only in relation to her, and not at all for himself. This idea is taken up again later when Saint-Preux affirms that Julie's soul is to rule for both of them; it has two bodies to govern.[7] But this conceived identity is obvious enough.

Less obvious is the fact that the union is conceived of as pure and ideal in the above sense, as inherently purified of all particular interest. But a little attention to this reveals a constant, and probably to us a tedious, reiteration of the purity of the lovers' sentiments for each other and the inherent virtue and innocence of their relation. The theme is entered upon from the beginning. In the very first letter it is the charm of Julie's pure sentiments rather than of her physical person that attracts Saint-Preux. Julie to substantiate Saint-Preux's view of her is always talking, at least, of the 'douce union de deux âmes pures'.[8]

This purity of sentiment and innocence of relation is celebrated as paradise on earth – the accord of love and innocence.[9] Julie once having avowed her love for Saint-Preux is afraid that love means sex also, but, not falling immediately to the sexual threat, she regains confidence in herself in tasting the 'plaisir délicieux d'aimer purement'.[10] These pure and innocent days are soon seriously under attack from Saint-Preux's sexual passion, and are brought to an end by the commission of the sexual fault, together with the developing barrier of the Baron d'Étange's opposition and prejudices, and Julie's required engagement to Wolmar. They continue to be celebrated, however, in being lost; for example, when Julie compares their past love with their present passion: before 'un feu pur et sacré bruloit nos cœurs' and now 'livrés aux erreurs des sens nous ne sommes que des amans vulgaires'.[11] This harking back to the time of their happiness as a time of innocence continues throughout the story.

For the most part purity and innocence of love are defined in opposition to sexual desire. But they are also defined in terms of the absence of harm being done to others. Thus Julie's reason for refusing Lord Bomston's offer of a home and estate in England for herself and Saint-Preux is that she would not be able to escape the guilty conscience that would result from her abandonment of her parents. Her love must be innocent to be enjoyed, and she could not accept the offer without making her parents suffer.[12] We might feel here that Julie is being a rather lukewarm lover in preferring the comfort of her family to the sacred fire of her love, did we not know that the best way to preserve that sacred fire is by putting obstacles in its way. The reason for the rejection of the proposals, however, shows the importance attached to the purity of their love. Insofar as the success of their love involves harm to others, to her father, to Wolmar, the love becomes impure, unacceptable and to be sacrificed. This, in effect, is Julie's reason for obeying her father and accepting Wolmar. If her love for Saint-Preux had won against her family and Wolmar, it would have lost its noble purity, its charm, perfection and so on. Unless it is pure, it is not to be had. Since purity is not to be had in this world, love is always a fatal passion, an unhappy destiny – the traditional lovers' complaint duly echoed by our two lovers.

We must notice not only the ideal purity attributed to their love, but also the extraordinary virtue that the lovers parade in. This is specially true of Julie, who is described by more persons than her lover as a semi-divine being, sent by God to show the perfection humanity is capable of.[13] But even the fallible Saint-Preux comes in for a good deal of praise along these lines, not only from Julie: Lord Bomston also enthusiastically affirms the extraordinary nature of the lovers' souls.[14] All this may be said to be lovers' hyperbole supported by secondary characters. There is, however, more point to this hyperbole than that of being a means of conveying the enthusiastic state which the lovers are in. The role that Rousseau gives to Julie, on account of her exceptional virtue, of being the guide first of Saint-Preux, and then of the whole society of Clarens, is very much an expression of the traditional medieval courtly theme of the perfect and virtuous lady who leads her lover, not to the fulfilment of a base and sexual passion, but to an understanding of the true good and to a fulfilment of a purely spiritual nature. The different treatment that Rousseau gives to this theme lies in his realism; in this case his presentation of the attributions of perfection to the beloved as quite illusory. At the same time the illusory nature of the attributions does not detract, for him, from the worth and genuineness of the love.

The classic statement by Rousseau of this view of love is to be found in *Émile*. It goes thus:

Il n'y a point de véritable amour sans enthousiasme et point d'enthousiasme sans un objet de perfection réel ou chimérique, mais toujours existant dans l'imagination. De quoi s'enflameront des amans pour qui cette perfection n'est plus rien, et qui ne voyent dans ce qu'ils aiment que l'objet du plaisir des sens? Non, ce n'est pas ainsi que l'âme s'échauffe et se livre à ces transports sublimes qui font le délire des amans et le charme de leur passion. Tout n'est qu'illusion dans l'amour, je l'avoüe; mais ce qui est réel ce sont les sentimens dont il nous anime pour le vrai beau qu'il nous fait aimer. Ce beau n'est point dans l'objet qu'on aime, il est l'ouvrage de nos erreurs. Eh! qu'importe? En sacrifie-t-on moins tous ses sentimens bas à ce modèle imaginaire? En pénetre-t-on moins son cœur des vertus qu'on prête à ce qu'il chérit? [. . .] Nous nous moquons des Paladins! C'est qu'ils connoissoient l'amour et que nous ne conoissons plus que la débauche.[15]

This account of the illusory nature of love is to be found in the novel also. Thus Julie:

O que les illusions de l'amour sont aimables! Ses flateries sont en un sens des vérités: le jugement se tait, mais le cœur parle. L'amant qui loue en nous des perfections que nous n'avons pas, les voit en effet telles qu'il les réprésente; il ne ment point en disant des mensonges; il flate sans s'avilir, et l'on peut au moins l'estimer sans le croire.[16]

The illusory nature of love is even given by Julie as a reason for her having married Wolmar rather than Saint-Preux. One should not base marriage on love, she argues, since once the illusions of love have gone, the former lovers see each other as they really are, and not finding in the real person the object that they had loved, despise what is really there.[17]

This is a clear-headed statement of the reason why the ideal of pure love cannot be realised in an earthly union: precisely because it is not attached to any solid or real virtues of the lovers, but takes off into the *pays des chimères*. The ideal of pure love is an abstraction from the particular natures of the lovers, their particular needs and desires, and posits a perfect harmonisation of pure beings. Since men and women have particular natures, and since the problem of their harmonious union is that of harmonising their particular needs, it is obvious that the ideal as such is unrealisable. Hence the love-passion founded on such an illusion of abstract perfection can only be preserved so long as it does not have to face the test of realisation. *Unhappy* mutual love is a necessary consequence of love conceived in this way.

To explain it thus is not to reject altogether either Rougemont's or the Platonic understandings of love. For in Rougemont's view what the lovers are in love with is love, and what they ultimately desire is death. That they love love follows from the fact that their love is not of the other as a real particular person, but of the ideal of pure love itself, which can only be maintained so long as the lover continues to be inspired by it. As for the death wish, this in a way follows from the impossibility of an earthly way out – the impossibility of the love-passion enduring, and yet the necessity for the lovers to stake their whole being on its continued existence. A permanent union in death is the only way for the lovers to preserve their love.

According to the Platonic view of love what is really loved in the other is something which transcends the beloved's real person, and is abstract perfection – Beauty itself. Since Rousseau's view of the illusion in love is a version of the Platonic conception, any accounting for Rousseau's idea will account for the Platonic one also. Of course, in the Platonic ascent to the divine, the beloved is left behind altogether, and attention is to be concentrated on the pure form of Beauty and Goodness; whereas in Rousseau's story the movement towards union with the divine being carries the lovers along with it. The lovers do not abandon hope of their union, but seek this as perfectly purged spiritual lovers in the presence of a third, who is an all-seeing paternal judge, first in the form of Wolmar, and then in the form of God himself who will finally restore them to each other in another life.

I think, then, that it is clear enough that the love of the lovers in *La Nouvelle Héloïse* is conceived of as essentially pure and ideal, in the sense of abstracted from all particular natures and interests. The second part of my claim about the nature of Rousseau's ethical thought and the conflicts arising in it was that this abstract conception of the ideal necessarily involves, insofar as it is imagined as being sought in real particular life, an internal division within the actual person between his moral being conceived of as an abstract, ideal self, pursuing perfect love and his particular will concerned with his real empirical nature, its needs and desires. I must now show how this division is present in Rousseau's love story. I have already indicated that what the movement of the ideal will in love has to oppose is sexual desire. That sexual desire has to be fought against in order to make pure love prevail is certainly a central element in the Tristan myth as Rougemont presents it to us.[19] The essentially spiritual nature of the true lovers' love is a theme repeated ad nauseam in the courtly and Petrarchan literature,[18] from which Rousseau draws his inspiration. Rougemont represents the required chastity of love in the Tristan myth by the drawn sword that lies between the lovers when they have left King Mark's palace and have become wanderers in the forest. This is not to say that the lovers do not enjoy sexual union, but it is the greatest fault that they can commit.

This theme of the sexual fault is to be found throughout *La Nouvelle Héloïse*. From the first declaration of her love Julie is on the one hand terrified that it will lead to sinful sexual conduct, and on the other hand she defines their love as essentially pure, innocent, virtuous and so on, to mark precisely its opposition to sexual desire.[20]

Love is connected with sexual desire, but at the same time opposed to it. In his response to Julie's appeal to him to respect her honour, Saint-Preux vows to keep his love pure – meaning that he will repress his sexual desire. The whole first part of the work involves an account of the struggle of Saint-Preux against his sexual desire in the name of pure love.[21] It is, indeed, through Julie's pity for Saint-Preux in his struggle to repress his sexual passion, that the sexual fault is committed. Julie first thinks that she can allow something – a kiss in the 'bosquet' – to Saint-Preux's passion, but this turns out to be a mistake, for it succeeds only in enflaming both their desires. Once the fault has been committed we get a continuous complaint from Julie that the time of their love's innocence and purity has been lost and consequently that the greatest charm of their love has been destroyed.[22] Julie now hopes for redemption from her sin through Saint-Preux's honest love. At the beginning of Part III when Julie's mother is dying, Claire berates Saint-Preux for having brought Julie and her family to their present state and demands that Saint-Preux renounces Julie for ever; for, she says, this will enable the sexual fault that Julie has committed to be covered over by an eternal veil.[23] Finally, after a temporary moral relapse into hopes for an adulterous sexual union, the rest of the story charts the lovers' progress as spiritual beings wholly purged of the desire for sexual possession.

In all this, sexual desire is the enemy against which the battle for pure love is fought and in the first instance lost. But despite this initial setback, the war is carried on and is eventually successful. Nevertheless it must be admitted that there is a certain ambiguity in the story's attitude to sexual union. Saint-Preux celebrates the lovers' night together in extravagant terms as the supreme happiness.[24]

Claire later refers to that time as the height of their love from which point it could only decline,[25] and adds that fortune must have arranged their separation immediately after the attainment of the summit, so as to preserve their love from extinction in sexual satiety. Even Julie, who is most persistent in identifying sex with the loss of innocence, writes in one letter of pure love as the most chaste of all bonds and of its divine fire purifying our natural instincts by concentrating them on a single object.[26] It appears here that Julie has nothing against the sexual dimension of love in itself, but only against its expression outside the legitimating bonds of marriage.

Bellenot observes[27] that what is really celebrated in the *nuit d'amour* is not the ecstasy of the senses, but the union of souls that follows the satisfaction of the senses:

Quel calme dans tous mes sens! [Saint-Preux writes] quelle volupté pure, continüe, universelle! Le charme de la joüissance étoit dans l'ame; il n'en sortoit plus; il duroit toujours. Quelle différence des fureurs de l'amour à une situation si paisible! . . . c'est de toutes les heures de ma vie, celle qui m'est la plus chère, et la seule que j'aurois voulu prolonger éternellement.[28]

It is only because of the satisfaction of the senses that this eternal moment is experienced, yet the physical side is devalued in comparison with the condition of the lover's soul.

Furthermore, the lovers have no sooner enjoyed sexual possession than they are torn apart from each other and separated as eros-governed lovers for the rest of the story. It is as though they have to pay for the great joy that sexual fulfilment brought about, but this 'punishment' is, as Claire observed, also their good fortune, for it ensures that the image of ideal love cannot be tarnished by the lovers' continued possession of each other. Also, once the eternal moment is over the sinful view of sex comes to the fore again, and Julie is overcome with remorse for her fault, and shame for her dishonour.

The possible ambiguities in the story's attitude to the sexual element, however, can only be grasped in relation to an overall understanding of its place in the ideal of pure love. In Rougemont's view the repression of the sexual element is an integral part of passion-love because it springs from the aspiration of the lovers to a mystical union with pure being, which involves seeing the flesh as the embodiment of evil. In my view this represents the true account in a mystical form.

Passion-love is an attempt to realise in a relation between two particular individuals a pure union, a union of pure beings. The object of the lovers' desire must ostensibly be mutual possession in a lasting earthly union. If this were the true and coherent object of their desire, there would be no reason for sexual fulfilment not to have its place in that union. But since the actual possession by the lovers of each other must necessarily include their particular natures and needs, an understanding of which is wholly absent from the lovers' conception of each other and their love, actual possession is the disaster that must at all costs be avoided. It is for this reason that the classic love story, which enacts in imaginative form the pursuit of this ideal, must present the lovers with endless obstacles to their love. Typically the love is made, in conventional terms, an illicit one; the Tristan myth is a myth of adulterous love.

The love being illicit, sexual possession is also. But because the lovers can possess each other despite the conventions, the inbuilt necessity of the ideal of pure love to oppose its own realisation must be expressed as a repudiation of sexual desire. The sexuality of the lovers comes to be identified as the essentially impure element in their love, although what is really the impure element is the actual mutual possession of two particular beings. But, obviously, this could not be acknowledged without the ideal of pure love disintegrating.

Rousseau's story does not follow the archetypal Tristan myth all the way, but according to Rougemont himself ends with an affirmation of the values of marriage and so in a rejection of the myth itself.[29] This is misleading, however. What the reunion of the lovers in the society of Clarens represents is an attempt to conceive of their actual union in an earthly condition, from which the impure sexual element has been expunged. Julie's marriage to Wolmar is supposed to have brought this about in Julie herself and to have made it possible for

Saint-Preux also. Thus in the letter in which Julie describes the transformation she underwent at her wedding, she tells Saint-Preux that
on returning home and thinking of him for the first time since her
wedding, she feels that she loves him as much as and more than before,
but completely without sexual desire, completely without shame, with
perfect innocence. She is moved with joy at this and feels that she has
been reborn.[30] The idea that this last part seeks to realise is that of a
love between Julie and Saint-Preux which is truly innocent. They are
really to be spiritual lovers, for there is no adultery in spiritual love.
Saint-Preux is more difficult to cure, but he enters into this aim and reports on the progress he is making in the required direction. Thus he
affirms that while it is always Julie who reigns in his heart, his sentiment for her has not been enfeebled, but rectified and purified.[31] He
adores Julie, but as his best friend. In justifying his claim to have
changed the form but not the species of his love, he says that he no
longer desires to be alone with Julie, but on the contrary desires the
presence of a third person.[32]

The third person here is first of all Wolmar, and then later this role
is given to God.[33] The third, in always being present, guarantees the
innocence and purity of the relation. The third has to be a paternal or
God-like figure, which Wolmar is. Wolmar is not a full person – a
passionate being – he is rather a living eye and pure rational observer.
Thus Julie's marriage to him leaves her in a sense unattached. It does
not provide Saint-Preux with a competitor for Julie's heart, but a
father to regulate and purify his love. With some exaggeration one can
say that this last part of the novel does not celebrate Julie's marriage so
much as continue the story of the love of Julie and Saint-Preux. Indeed Wolmar himself is preoccupied with their love, and says that his
aim is not to break, but to regulate it.[34]

In the perfect purification of their love Julie and Saint-Preux are
supposed to come to love each other as friends – a disinterested relation
in which the desire for possession is absent.

Thus their pure love can form part of the intercourse of a wider
circle of friends. One element in this purification process is the banish-
ment from their memories of the images of their former passion-love.
Saint-Preux especially, who has come to live in the past, is still in
love with Julie d'Étange, and Wolmar's cure for this is to keep him as
much as possible in the presence of Julie de Wolmar.

This cure is not successful. While undoubtedly Rousseau wants us to
feel the idyllic character of life at Clarens, it does not ultimately satisfy
either Julie or Saint-Preux. The episode on the lake, when they are
forced to land at Meillerie, reawakens in them the memory of their old

love, and compels them to a sense of what they have lost. Although living continuously with Julie and in perfect accord with her, Saint-Preux is forced to recall that he does not possess her, that she is not his. It is Saint-Preux who describes this experience, but he says that their hearts understood each other, if for the last time. According to Saint-Preux Julie experienced a great struggle with herself and won.[35]

What did she fight? Not sexual desire. Rather the desire for the possessive relation of the lovers who are all and only for each other. It is this desire again which moves Saint-Preux when, travelling to Italy with Bomston, he stays in the same room of an inn which he had stayed at many years earlier on first being sent away by Julie. It is his lost love which drives him to despair. He desires Julie's death. Her life and happiness mean his death. She lives and is happy, but does not live for him.[36]

For all that it is clear also that Julie is not happy. She says that she is surfeited with happiness and has nothing more to desire. But this is supposed to be her ground for being tired of her life and desiring death![37] Something of great importance is obviously lacking in her life and she seeks this in communion with God, which itself is not perfectly attainable in this life. Indeed, death finally offers her the hope of a reunion with Saint-Preux, and what can this reunion consist in that is not available in the society of Clarens, if it is not the fulfilment of their eternal destiny as lovers, to possess each other in heaven because this aspiration is denied them on earth?

The argument of this paper reaffirms in a different form Rougemont's thesis of the inherent self-destructiveness of passion-love. But these comments on the nature of love should not be understood to spring from a complete scepticism as to the possibility of love, as though I were simply mocking Rousseau's lovers. It is love conceived of in pure and abstract terms which is the source of this confused story. The ideal, if it is not to turn against particular life, must be grounded in it, not abstracted from it. This applies as much to Rousseau's ethical and political thought as to his conception of love. His abstract idea of the pure citizen is as repressive and destructive of particular life as is his idea of the pure lover.

Notes

1 *La NH* III. 7, *Pléiade* ii.320.
2 D. de Rougemont: *L'Amour et l'Occident* (Paris: Plon, 1939), translated into English as *Passion and Society*. References will be to the revised and augmented English version (Faber & Faber, 1956).

3 op. cit., ch. 14.
4 J. L. Bellenot, 'Les formes de l'Amour dans *La Nouvelle Heloïse*', *AR*, xxxiii, pp. 149–208.
5 For a fuller account of my views, see my *The Social Problem in the Philosophy of Rousseau* (Cambridge University Press, 1974).
6 *La NH* I. 11 and 12, *Pléiade* ii.55–6.
7 *La NH* I. 21, *Pléiade* ii.73–4.
8 *La NH* I. 4, *Pléiade* ii.40.
9 *La NH* I. 9, *Pléiade* ii.51.
10 Ibid.
11 I. 32, ii.102.
12 II. 6, ii.207–9.
13 Saint-Preux, I. 38, ii.116; Claire, II. 5, ii.203–4. Saint-Preux again, v. 2, ii.532, and on many other occasions.
14 I. 60, ii.165.
15 *Pléiade* iv.743.
16 I. 46, ii.129.
17 III. 20, ii.372–4.
18 Rougemont, Book I, passim.
19 Rougemont, Book II, ch. 6.
20 I. 4, ii.38–41.
21 See especially I. 8.
22 I. 32.
23 III. 1, ii.308–9.
24 I. 55; see also I. 31.
25 III. 37.
26 I. 50, ii.138.
27 Bellenot, pp. 171–2.
28 I. 55, ii.148–9.
29 Rougemont, p. 216.
30 III. 18, ii.355.
31 IV. 3, ii.415.
32 IV. 6, ii.425.
33 V. 5, ii.593.
34 IV. 12, ii.495.
35 IV. 17, ii.521–2.
36 V. 9, ii.515–16.
37 VI. 8, ii.694.

Discussion

R. A. LEIGH: Your thought-provoking paper deserves, of course, much closer study than is possible in an impromptu discussion: but I am bound to say I read *La Nouvelle Héloïse* in an entirely different way. For me, it is not an abstract treatise on passion, nor a collection of essays on the subject by five philosophers. Nor do I see in it primarily or directly an account of 'Rousseau's ideal [or idea] of love or passion'. Indeed, one of the great question-marks suspended over the end of the book is whether Julie's heroism was not, after all, a fundamental mistake. ('Vous m'avez cru heureuse, et je n'étais pas heureuse.') As I see it, *La Nouvelle Héloïse* is first and foremost a novel: it is about human beings locked into a number of intractable situations, which drive them to the verge of nervous collapse, and, indeed, sometimes beyond. These situations involve five different people, most of them continually developing, expressing not only the immediacy of their reactions, but also constantly interpreting and reinterpreting their experiences (sometimes wrongly), sometimes contradicting one another, sometimes saying what they think and sometimes not, converted in the course of the work to values very different in many ways from those with which they began. You think you have discovered the author's point of view in all this. I wonder. Rousseau sometimes explicitly dissociates or 'distances' himself from his characters: this is a novel with footnotes! Since it is also in letter-form, nowhere (except in the footnotes, and, no doubt, in some of the satirical essays about life in Paris) can it be safely assumed that Rousseau speaks in his own person. The passages you have drawn on as an expression of his thought express in the first place the thoughts of his characters. It is this which constitutes the great obstacle to attempts to treat this novel as normative, exemplary or paradigmatic, not only in the way you have done, but also in a political or social sense. This is, may I repeat, a novel, not a section of an unwritten treatise on ethics or politics. As Dr Frayling has pointed out, Rousseau wrote in the margin of an early version of

147

v.3: 'Le lecteur se souviendra que ce n'est pas ici un livre de philosophie.'

The essence, then, of a valid work of art is that it is concrete and
particular: and I don't mean by that simply that it has 'a local habitation
and a name'. You keep saying or implying that the book is 'abstract',
but it is you who have made it so. It seems to me rather that it is
embedded in a particular, concrete reality, and so resists reduction to
a series of propositions about life and love in the way you have chosen.
That might be possible if it were a mere 'roman à thèse'. But because
of its structure, its many-sidedness, its complexities and (in my view)
the fundamental problems raised but left deliberately unsolved, *La
Nouvelle Héloïse* does not lend itself readily to such generalising extra-
polations.

May I give just one illustration of the sort of thing I mean? Right
at the beginning of your paper, you quoted from one of the most
beautiful passages in the novel, one of the sources, no doubt, of Keats's
Grecian Urn ('Forever wilt thou love, and she be fair'). But this passage
needs to be considered in its context. It occurs in a letter (iii.7) in
which Claire attempts to console 'Saint-Preux' for the loss of Julie.
We need to ponder it very carefully before concluding it is a contribution to a general theory about love.

This is not to say that a genuine work of art cannot embody or
convey some general outlook. But the critic who aims at disengaging
it is bound to proceed with extreme caution and sophistication.

J. S. SPINK: Your approach via de Rougemont is justified by
Rousseau's use of the word 'romance' (*Pléiade* ii.18) with its medieval
and plaintive associations, but it seems to me that Rousseau keeps
down to a plausible level of life and experience in this long story
lasting thirteen years. At the end of Part iv, the original end of the
story, the love affair belongs to the past and has become a tender
memory saved from the years. Each character has his or her explanation, and Julie attempts a Christian one. I do not think that the name
'Saint-Preux' implies anything more medieval than that the girls like
to play the game of chivalry. It is a nickname, and hides what could
not but be a Vaudois family name, had it been revealed, seeing that
'Saint-Preux's' father distinguished himself at Vilmergen. The different
approaches one can make to *La Nouvelle Héloïse* show how rich is this
masterpiece of the eighteenth-century novel.

G. HALL: While I agree with the sound points raised by Professors
Leigh and Spink, the application of the Tristan and Isolde archetype
to *La Nouvelle Héloïse* seems to me to deserve a warmer reception than
it has so far received. I do think, however, that Mr Charvet might

have given his argument a broader literary base, by reference to other fiction. Some seventeenth-century examples come to mind, notably *La Princesse de Clèves*. Even through its very different narrative technique, it shows a comparable archetypal triangular love story and certain analogous features in the handling of erotic material, with a significant difference between Saint-Preux (reminiscent of the faithful shepherds related to Céladon in d'Urfé's *L'Astrée*) and Nemours, whose reputation is more like that of d'Urfé's contrasting inconstant lover Hylas. The biographical evidence for Rousseau's personal involvement with something like the archetype is strong, and it could be argued to show up in other works, notably *Le Devin du Village* (in an attenuated form with no trace of adultery). But perhaps it would be better to say that *La Nouvelle Héloïse* contains among other things an evolving triangular relationship that may be illuminated both by the Tristan and Isolde archetype and *Le Devin du Village*, though the latter are not otherwise very much like each other. Though much abused of late, an archetypal approach does have the advantage of suggesting the importance of form in the handling of subject material. How different is the triangle towards which Rousseau's love story moves from the story of Héloïse and Abelard! Readers of literary sensibility may feel that the difference can be profitably discussed with reference not only to Rousseau's personal experience, and to the Tristan and Isolde archetype, but to mme de Lafayette's great novel, with which it otherwise contrasts in obvious ways.

C. FRAYLING: I would like to raise two problems about your rather abstract account of Rousseau's philosophy of love in *La Nouvelle Héloïse*, both of which arise from the fact that the text is, after all, a novel, or a '*discours romanesque*'. Indeed, if one accepts Rousseau's reminiscences about the composition and drafting of the novel contained in the *Confessions*, the author's retreat into the *pays des chimères* constitutes a rejection of exactly that type of systematic, abstract presentation – one might almost say, of that artificial coherence – which you have imposed on the *Héloïse*. Rousseau realised that the various systematic treatises he was preparing (on education, *la morale sensitive* and political institutions, for example) had been undertaken 'sans consulter mes forces', and the initial period of 'distraction' (out of which the novel eventually emerged) was a direct result of this realisation. 'Les sistèmes de toute espéce', wrote Rousseau, 'sont trop au-dessus de moi.' The first problem is about the relationship of the author to his own '*discours romanesque*'. At various stages in the drafting of the novel, Rousseau attempted to distance himself from his own creations. He added 'editor's' footnotes, to remind readers of the text's fictitiousness, and in the second *Préface* stressed that, although the two lovers *think* they are philosophising, 'ils sont dans le délire', their words are not to be trusted. We must look closely at the ways in which the Tutor and Julie use words like 'virtue', 'nature' and 'fortune', says Rousseau, since they are usually employing them to their own temporary advantage. You cannot expect the young lovers to speak or behave as if they were 'philosophes'. The second problem is that although *La Nouvelle Héloïse* may be, in part, a *roman à thèse*, it is still a novel, and the coherence you have attempted to impose on the themes you discuss (a coherence you then criticise Rousseau for not sustaining) tends to divert attention from the fact that several of these themes are treated in the *Héloïse* in a more open-ended manner than you allow. The novel begins with the words 'il faut vous fuir, Mademoiselle, je le sens bien', and ends with Julie's admission that 'je me suis longtems fait illusion' – the lovers have encountered obstacles to their affair even before the story begins, and this must, of course, affect their actions and words: if there ever was a time when their love was 'pure', it is certainly not contained within the time-span or narrative of the novel. And Julie's final admission shows that the socialisation of her love – which you rightly say is one of the key themes in the second half of the *Héloïse* – has not worked. The human problems raised by the various relationships in the novel are not resolved. If they were, the novel would be a great deal less interesting than it is. The *Héloïse* begins with a question-mark, and ends with one as well.

Both of the problems I have raised need to be considered before one attempts to treat the text as a systematic philosophical discourse about the theme of love, and the status of the various quotations you have used needs to be looked at more closely.

R. GRIMSLEY: Perhaps the 'archetypal' aspects of the novel discussed in the paper ought to be supplemented by a consideration of its psychological aspects. It is not a question of a simple progression from passion to morality and religion. Julie is an ambiguous character, perhaps sexually frigid, and reflects Rousseau's own inability to envisage the loved woman as she is in herself, for he sees her in various roles – as mistress, sister, friend. Saint-Preux explicitly addressed Julie in these terms (cp. *Pléiade* ii.149, and the interesting manuscript variant, p. 1428a, which includes 'ma mère, ma fille').

J. HOPE MASON: I agree with Dr Charvet that Rousseau tended to take a purified and idealised view of love, but it was surely not as abstract as he suggests. In *La Nouvelle Héloïse* it is not sex itself but the social attitudes to sex which cause the difficulties. In *Émile* the love between Émile and Sophie includes sex without any hesitation or reserve; their sexual feelings are mutual and sexual enjoyment also – 'La possession qui n'est pas réciproque n'est rien' (*Pléiade* iv.684).

Nor is Rousseau's conception of the general will abstract, as Dr Charvet suggests. To see another person in terms of his general will is not to see him in 'an abstract sense'. The general will is part of him as much as his particular will is part of him. The fact that the first may be in opposition to the second does not mean that it amounts to a denial of individuality. What we share with others, the common interest, can be as valid and meaningful to us *personally* as what we regard as distinctly our own.

R. HOWELLS: May I suggest that the *names* of the two protagonists both seem to invite Dr Charvet's reading of the text: the reference to Eloisa in some sense, and more obviously 'Saint-Preux' with its literary and cultural implications of Christian knighthood and platonic idealisation of the lady.

R. A. LEIGH: May I make a brief comment on the name 'Saint-Preux'? Professor Spink has reminded us that it is a pseudonym. May I recall also that in the pays de Vaud, on Lake Geneva, there is a village Saint-Prex, and in the neighbourhood of Montmorency, another called 'Saint-Prix'? As for the medieval and knightly harmonics of 'Saint Preux', reflection on the character created by Rousseau suggests that some irony may have been intended.

J. CHARVET: 1. On Professor Grimsley's point about the presentation of Julie as a frigid woman and the psychological ambiguity involved in her character: I agree that Julie is presented as without strong sexual passions; but is this not a natural accompaniment to the conception of the beloved as pure and virtuous being? Also, I do not see how this point is connected with any psychological ambiguity.

2. Professor Spink made a number of points about the writing and character of *La Nouvelle Héloïse* with which I agree. I don't think that my account of the novel, although ignoring these points, is incompatible with them. In particular, I did not intend to suggest that Rousseau's conception of the beloved was at all peculiar and unrelated to previous traditions.

With regard to the interpretation of the episode on the lake, I did not mean that the lovers' love was reawakened and that they desired to possess each other again. I meant that they became fully aware of what they had lost, and what they had lost was their aspiration to mutual possession (not sexual possession), their living wholly for each other.

On re-reading my account of the episode, Professor Spink's interpretation of my remarks seems to me not unjustified. I should have said that the lovers were fighting *despair* at the loss of their love in its old form as a desire for mutual possession. They were not, as Professor Spink understood me to be saying, fighting the desire itself.

3. Professor Leigh said that he did not read *La Nouvelle Héloïse* as an abstract treatise on the sexual passions. This is not, in fact, my view of the novel. Of course it is a story, and I thought that I had made the story element clear enough. But it is at the same time an imaginative enactment of ideas about love. It would be quite wrong to say that because *La Nouvelle Héloïse* is a story, ideas play no part in it, and that we cannot understand it through these ideas.

4. Dr Frayling and Professor Leigh both made the point that because *La Nouvelle Héloïse* is a novel we should not identify the author with the views expressed by his characters. I said in fact that the attributions by characters to each other of every perfection were not, of of course, to be taken as the views of the author. These beliefs are to be seen as illusory. But this itself is a view of love, expressed in the novel through a character, which is certainly Rousseau's view, since we have such excellent independent evidence in the form of *Émile*. In general, if my approach involves a distortion of the story, I should like to know the specific points at which I was misinterpreting it.

5. Mr. Hope Mason argued that I was completely misinterpreting Rousseau in saying that a man could not have a general will and a particular will at the same time. This is a misunderstanding of my position. Of course, a man has both a particular and a general will at the same time. This combination, however, ensures the essentially divided nature of man in Rousseau's thought. For what I argued was that the two wills, although both necessary, were by their natures opposed to each other; the one aiming for self-preference, the other for equality.

8

L'Héritage littéraire de Rousseau

BERNARD GAGNEBIN

Quand on médite sur la pensée de Jean-Jacques Rousseau, on oublie parfois qu'une partie seulement de son œuvre a paru de son vivant. A la mort de l'écrivain, on ne connaissait ni les *Confessions*, ni les *Dialogues*, ni les *Rêveries* qui forment l'essentiel de ses écrits autobiographiques, ni plusieurs de ses textes politiques comme le *Projet de constitution pour la Corse*, ou les *Considerations sur le gouvernement de Pologne*, ni non plus ses nouvelles et ses comédies, ni ses *Lettres sur la botanique*, ni l'*Essai sur l'origine des langues*, ni de nombreux textes sur la musique comme la *Lettre sur l'Opéra*, l'*Examen de deux principes avancés par m Rameau*, la *Lettre à Burney*, les *Observations sur l'"Alceste" et sur l'"Orphée" de Gluck*. Bref, une importante partie des écrits de Jean-Jacques Rousseau a un caractère posthume.

Quant à la correspondance de l'écrivain, qui comprend tant de lettres importantes, historiques, biographiques, descriptives, philosophiques, à l'exception des lettres publiées dans des périodiques et dans publications séparées, elle était en grande partie inconnue. Et nous mesurons aujourd'hui l'importance des lettres à Malesherbes et à Franquières, aux pasteurs Moultou et Vernes, au maréchal de Luxembourg et à la marquise de Verdelin pour mieux connaître les mobiles psychologiques de Rousseau, ses ideés sur la religion ou son art d'écrire.

Comment ces textes, représentant au moins le quart de son œuvre (plus de la moitié si l'on ajoute la correspondance) sont-ils venus à notre connaissance? Par quel moyen sommes-nous en possession de tant de manuscrits inédits? Avant tout grâce à la collaboration de trois amis éclairés de Rousseau, le marquis de Girardin, le Neuchâtelois Du Peyrou et le Genevois Paul Moultou associés puis brouillés dans cette grande aventure.

L'héritage littéraire de Rousseau est immense. Aujourd'hui nous nous bornerons à examiner l'histoire de l'édition des *Œuvres complètes* de 1782 à 1789, qui jusqu'ici n'a jamais fait l'objet d'une étude.

Le jour même, puis le lendemain de la mort de Rousseau, le marquis de Girardin écrivit à Pierre-Alexandre Du Peyrou et à Paul Moultou, qu'il savait détenteurs d'une grande partie des manuscrits de Rousseau, pour leur faire part de la perte qu'ils venaient d'éprouver et pour les informer des dernières volontés de l'écrivain. 'Il m'a chargé, Monsieur, de réclamer votre amitié et votre parole de ne jamais laisser sortir de vos mains aucune de ses pensées, et de ne jamais remettre ce dépôt forcé qu'à sa malheureuse femme', lit-on notamment dans ces deux lettres.[1]

Trois semaines plus tard, fournissant à Du Peyrou un récit détaillé de l'ultime matinée de Jean-Jacques, le marquis plaçait parmi les dernières paroles de Rousseau le désir de ne point voir ses amis disposer de ses papiers sans le consentement de Thérèse. Et Girardin d'ajouter qu'il souhaitait rencontrer son correspondant soit à Ermenonville soit à Neuchâtel, afin de prendre les mesures convenables à la mémoire de Rousseau et à l'avantage de sa veuve.[2]

Du Peyrou ayant répondu qu'il n'était pas en état de voyager, Girardin proposa de se rendre lui-même à Neuchâtel avec sa femme, sa fille aînée, ainsi qu'avec mme Rousseau, tout en souhaitant y rencontrer également Paul Moultou, afin d'envisager en commun une édition des œuvres complètes du 'citoyen de Genève'.[3]

On sait comment Du Peyrou était entré en possession des manuscrits de Rousseau. A la fin de l'été, puis en automne 1765, lorsque Rousseau dut quitter précipitamment Môtiers, puis l'île de Saint-Pierre, il laissa entre les mains de son ami la plupart de ses papiers. Très respectueux des volontés de l'écrivain, Du Peyrou n'y toucha pas, sinon pour expédier tel ou tel manuscrit que Jean-Jacques réclamait, de sorte qu'à la mort de l'écrivain, l'ancien négociant neuchâtelois se trouvait le dépositaire d'une importante collection, dont il n'a malheureusement laissé aucun inventaire. Nous avons essayé de reconstituer cet ensemble et pouvons affirmer aujourd'hui que s'y trouvaient la première version des *Confessions*, les *Lettres à Sara*, l'*Essai sur l'origine des langues*, des fragments politiques, les brouillons de plusieurs des *Lettres écrites de la montagne*, de nombreux textes sur la musique, les brouillons des écrits de l'abbé de Saint Pierre, *Émile et Sophie ou les solitaires*, deux comédies *Arlequin amoureux malgré lui* et l'*Engagement téméraire*, des textes autobiographiques comme le *Persifleur* et *Mon Portrait*, le discours *Sur la richesse*, des traductions d'auteurs de l'antiquité, des liasses de correspondance, et surtout des recueils contenant des minutes de lettres, des notes de lecture, des ébauches de textes, bref une quantité énorme de papiers.

Dans sa précipitation, Rousseau avait laissé ses manuscrits dans 'un désordre épouvantable', nous dit Du Peyrou dans une lettre à son ami d'Ivernois. C'est ainsi que l'ancien négociant de Surinam s'efforça de séparer les manuscrits des livres, de les classer et de les numéroter, mais il se garda d'y jeter un coup d'œil, trop conscient qu'il était du caractère soupçonneux et de l'hyper-sensibilité de Jean-Jacques.

Pendant son séjour à Strasbourg, Rousseau réclama successivement les manuscrits de *Pygmalion* et de l'*Engagement téméraire*, l'*Examen de deux principes avancés par M. Rameau*, des copies de lettres antérieures à 1742, les lettres à Malesherbes, soit en original, soit en copies. D'Angleterre, il pria Du Peyrou de lui adresser *La Vision de Pierre de la Montagne*, puis pris de panique, il se décida à expédier à son ami neuchâtelois, par le canal de m de Cerjat, des paquets ficelés à la hâte contenant surtout de la correspondance et des matériaux dont il pensait n'avoir plus besoin. Bref, au moment du décès de Jean-Jacques, Du Peyrou se trouvait le détenteur d'une quantité de brouillons, de copies, de manuscrits achevés ou inachevés, dont il ignorait le contenu, mais qu'il avait soigneusement conservés.[4]

De son côté Paul Moultou conservait précieusement à Genève les manuscrits que Rousseau lui avait remis quelques jours avant de quitter Paris pour Ermenonville, notamment un manuscrit complet des *Confessions*, les *Dialogues de Rousseau juge de Jean-Jacques*, *Émile et Sophie ou les solitaires*, le *Projet de constitution pour la Corse* et peut être même un des manuscrits des *Considérations sur le gouvernement de Pologne*. Moultou était un des rares Genevois en qui Rousseau avait encore confiance. A plusieurs reprises, Moultou avait exprimé le vœu de posséder un manuscrit de Jean-Jacques. C'est ainsi qu'en janvier 1762, Rousseau lui avait envoyé une copie autographe de la *Profession de foi du Vicaire savoyard* et en avril le manuscrit de l'*Oraison funèbre du duc d'Orléans*. Moultou détenait donc toute une série de textes inédits, de sorte qu'il se mit en relations avec Du Peyrou, qui lui répondit le 5 août 1778 pour rappeler qu'il avait envisagé de publier l'ensemble des œuvres de l'écrivain, mais qu'aucun arrangement n'avait pu être conclu, à la suite de la dispute de Trye. 'Tel que ce dépôt se trouve, écrit-il ce 5 août, je ne peux en disposer que sur un ordre de la Veuve.'

En réponse, Moultou demanda à son correspondant de lui adresser un état des papiers qu'il possédait, mais Du Peyrou lui écrivit le 18 août que les ouvrages de Rousseau restés en dépôt chez lui étaient tels qu'il les avait reçus, à l'exception de quelques pièces que l'écrivain lui avait réclamées entre temps.

Avant de faire des propositions à la veuve de Rousseau, Du Peyrou estimait nécessaire d'attendre la visite du marquis de Girardin. 'Il nous sera très aisé de nous entendre les trois, à juger des sentimens de

m de Gerardin par ses lettres, et par l'attachement qu'il annonce pour
la memoire de R[ousseau]' écrit-il, ce jour-là. Dès ce 18 août, Du
Peyrou informe son correspondant que la Société typographique de
Neuchâtel se met sur les rangs pour éditer les œuvres complètes de
Rousseau, mais il n'entend rien conclure avant d'avoir obtenu par le
canal de Girardin l'accord de la Veuve.

Cependant des bruits se mirent à courir sur la publication des
Confessions de Rousseau, ces fameux mémoires que toute l'Europe
lettrée attendait et redoutait en même temps. En juillet, la préface des
Confessions parut dans le *Journal de Paris* par les soins d'Olivier de
Corancez, qui avait assisté à l'inhumation de Rousseau dans l'île des
Peupliers d'Ermenonville. Peu après, l'éditeur de Boubers à Bruxelles
annonçait la publication des *Confessions* dans sa *Collection complète des
Œuvres de Rousseau*. Le manuscrit tant convoité avait-il été dérobé?
S'en était-il répandu des copies? Le pire était à craindre. C'est pourquoi
Du Peyrou souhaitait une réunion aussi proche que possible des trois
dépositaires.

Hélas, à la fin d'août, Moultou informait son correspondant neuchâtelois de la nécessité où il était de prendre les eaux à Aix[5] et Girardin
se dérobait à son tour au début de septembre, désireux qu'il était de
protéger sa femme et la veuve de Rousseau des intrigues, manèges et
cabales (ce sont ses termes) qui leur feraient trop aisément perdre la
tête en son absence. Le marquis proposait de reporter son voyage au
début du printemps suivant, ce qui laisserait aux trois correspondants
le temps de mettre en ordre les papiers qu'ils détenaient. En attendant
Girardin offrait de faire tenir à Du Peyrou un petit état des écrits qu'il
possédait, ainsi que les lieux où retrouver les manuscrits qui devaient
être en d'autres mains, et, en post-scriptum, il priait Du Peyrou
d'envoyer à son banquier quelques graines des sapins rouges des
montagnes neuchâteloises et du Champ du moulin pour les planter à
Ermenonville autour de la tombe de leur commun ami.[6]

Le public quelque injuste que Rousseau l'ait cru à son égard ne doit rien
perdre de ce grand homme. Quant à moi, je n'oublierai jamais les derniers
mots qu'il m'a fait entendre, mon ami j'ai toujours compté sur vous, vous ne
souffrirés pas qu'on deshonore ma mémoire. Mon cœur en a pris l'engagement, Monsieur, et il remplira ce devoir sacré.

A son retour de Montlésy à Neuchâtel, Du Peyrou prit connaissance
des papiers que lui avait laissés Rousseau et de la correspondance qu'il
avait échangée avec l'écrivain. Il put ainsi établir quels étaient les
manuscrits qu'il avait renvoyés à Jean-Jacques, et il continua à tenir

Moultou au courant de ses relations avec Girardin. Ainsi le 26 septembre lui écrit-il notamment:

Je ne saurois blamer m de G[erardin] de l'intéret actif qu'il paroit mettre à recueillir au profit de la Veuve, tout ce qui lui est possible. Mais je le plains, s'il est encore aveuglé sur le compte de cette femme, et s'il adopte avec trop de confiance, toutes ses assertions. Laissons le dans son prejugé, jusqu'à ce qu'une entrevüe nous permette de nous ouvrir à lui avec plus de confiance que nous le devons par lettres, et travaillons tout à la fois à procurer à cette Veuve un sort tranquille au dessus du besoin, et à remplir les intentions connües de nôtre ami. (Dossier Du Peyrou–Moultou, lettre du 26 septembre 1778)

Trois jours plus tard, Girardin annonce à Du Peyrou qu'il continue à rassembler les manuscrits que Rousseau peut avoir dispersés. Il l'informe notamment qu'un jeune Anglais a averti la Veuve de Jean-Jacques qu'il possédait un manuscrit (on saura plus tard qu'il s'agit du *Premier Dialogue*), qu'il a l'intention de lui remettre à moins qu'il n'en fasse lui-même usage.

Je travaille tout à la fois tant à cette recherche qu'à recueillir, déchiffrer et mettre au net différens brouillons sur feuilles volantes qui pourront peut être servir à completer jusques au point de faire environ un volume un petit ouvrage moral, pour lequel il [Rousseau] jettoit de côté et d'autre à mesure qu'elles lui venoient ce qu'il apelloit ses rêveries [. . .]. (BV, Neuchâtel, ms. R 118, fol. 18*v*)

C'est la première fois que le titre de cet ouvrage apparaît dans la correspondance de Girardin avec Du Peyrou. Ce sera l'un de ceux qui leur causera le plus de soucis.

Toujours désireux d'agir dans l'intérêt de Thérèse Levasseur, Girardin s'efforça également de réunir les partitions de musique. Le 13 septembre Du Peyrou lui écrit:

Vous devez avoir [. . .] un intermede intitulé *Daphnis et Chloé* dont la musique est charmante, et bien supérieure à celle du *Devin du Village*, telle du moins qu'elle a d'abord été composée et je pense qu'il y a aussi une collection de romances.[7]

A quoi le marquis répondra qu'il a retrouvé à Ermenonville le premier acte et quelques morceaux détachés du second acte de *Daphnis et Chloé*, ainsi que les airs du *Devin du Village* que Rousseau a refaits à la fin de sa vie.

Le marquis de Girardin se mit à multiplier les démarches. Il écrivit à milord Harcourt pour lui demander de rechercher les partitions que Rousseau avait laissées entre les mains de mlle Davenport, et rappela que la lettre sur la musique addressée au Docteur Burney devait se trouver également en Angleterre. Il engagea Du Peyrou à s'adresser à Madame de Nadaillac, abbesse de Gomerfontaine, à qui Rousseau avait autrefois confié des manuscrits. Une fois toute la musique réunie, qu'il s'agisse de musique de chambre, de romances ou d'airs pour voix seule et duo, Girardin se proposait de la présenter au public séparément et par souscription au profit de Thérèse. Le 27 septembre 1778, Du Peyrou écrivait à Girardin:

Je me borneray donc à présent à vous dire que parmi les papiers qui forment ce dépôt, on peut distinguer

(1) plusieurs manuscrits de main étrangère sur divers sujets, et qui ne doivent pas faire partie du recueil projeté.

(2) plusieurs paquets de lettres adressées à m R. par ses amis pour la plupart et dont il ne faut conserver que celles qui peuvent avoir trait aux circonstances éventuelles, l'honnêteté exigeant que le reste soit supprimé.

(3) plusieurs livres plus ou moins remplis de copies ou brouillons de ces lettres, ou d'idées jettées sur le papier et déjà employées ou mises dans ses ouvrages imprimés.

(4) plusieurs paquets contenant l'arrangement projetté pour une édition, avec les ouvrages qui devoient la compléter. Cette partie est incomplète, M. R. m'en ayant demandé en différents tems quelques morceaux que je luy ay envoyés et qui me manquent tels que *Pygmalion*, le *Lévite* et les *Solitaires*, etc. Ces morceaux doivent se retrouver parmi ce que vous avez en mains, à moins que M. R. n'en ait disposé en d'autres mains.

(5) enfin 10 paquets cotés de A à K qui portent pour étiquette *appartenant* à m *Du Peyrou de Neufchâtel*. Ces paquets sont restés cachetés et tels que m R. les avoient remis à un de mes amis en Angleterre pour me les faire passer. J'ay crû devoir les laisser dans cet état jusques à présent, par des considérations de delicatesse et de prudence, qui n'existent plus mais je les laisse encore ainsi en attendant que le besoin nous engage à les examiner. Comptant sur votre arrivée ici et sur celle de mme Rousseau, j'étois bien aise d'ailleurs de vous les montrer tels que je les ay reçus.

A l'esquisse que je viens de vous tracer, il faut ajouter

(1) une oraison funèbre du feu Duc d'Orléans père de celui d'aujourd'hui.

(2) un manuscrit sur la Pologne d'environ 200 pages in-8°.

(3) un fragment de la continuation d'Emile, ou les Solitaires.

Et quelques lettres qui méritent l'impression. Ces articles seront fournis par M. Moultou.

Le 4 octobre 1778, Girardin proposa à Du Peyrou de s'associer avec Paul Moultou pour entreprendre une édition des ouvrages de Rousseau, lui-même se désistant d'une pareille entreprise, tant à cause de son incompétence que de son éloignement. Ce jour-là il demande à son correspondant de vérifier si les *Considérations sur le gouvernement de*

Pologne qu'il détient sont bien le double conservé par l'auteur, car le manuscrit qu'il a retrouvé à Ermenonville n'est qu'un brouillon incomplet. Girardin rappelle que Rousseau a remis son texte à m de Wielhorski 'à la condition expresse de s'en servir uniquement pour le bien de sa patrie, mais de ne le point faire imprimer'. Mais il sait que des copies subreptices en ont été prises à la demande de d'Alembert, de sorte qu'un manuscrit court dans Paris, puisqu'il a été offert à la Veuve Duchesne, libraire rue St-Jacques. Ce 4 octobre 1778, Girardin envoie à Du Peyrou une *Note* de la musique que Rousseau avait réunie pour en faire un Recueil destiné à paraître après sa mort, le Catalogue des livres que Rousseau avait apportés à Ermenonville et surtout l'état des écrits posthumes retrouvés par le châtelain d'Ermenonville dans la chambre de Rousseau.[8] Cet état n'a, à notre avis, jamais été publié jusqu'ici:

État
des écrits posthumes qui sont ici ou dont on
s'est procuré connaissance ailleurs

1º Considérations sur le gouvernement de Pologne, minuté de la main de l'auteur dans laquelle il y a beaucoup de ratures.
Le cahier contient 87 pages in 4º, les pages 83, 84, 85 et 86 manquent et paroissent avoir été déchirées.

2º Un cahier de 17 pages in 4º contenant le Lévite d'Ephraïm au net.

3º La scène de Pigmalion petit cahier in 16 de 9 pages et très au net.

4º Les Rêveries du Promeneur solitaire en 128 pages in 12º sur un cahier où il reste environ un tiers de papier en blanc.
Cet ouvrage dans l'état actuel consiste en 7 promenades qui en forment les divisions.

5º Un cahier de 34 pages in 4º qui contient un brouillon d'Émile et Sophie ou les Solitaires. Les 27 premières pages de ce cahier présentent une première lettre d'Émile à son Instituteur. Cette première lettre est suffisamment au net. Les pages depuis 29 jusques à 34 sont le commencement d'une seconde lettre, et sur un autre petit cahier il y a encore trois pages d'écrites pouvant servir à la continuation de cette seconde lettre, mais sans la conduire jusques à la fin. Tout ce qui existe de cette seconde lettre n'est qu'un brouillon très difficile à lire, et fort surchargé de renvois et de ratures.

6º Une lettre de 9 pages in 4º dont les deux premières sont écrites d'une main étrangère qui a sans doute écrit sous la dictée ou copié d'après l'auteur, le reste est de son écriture. Cette lettre est datée de Monquin du 25 mars 1769. [Il s'agit de la lettre à Franquières du 15 janvier 1769, avec une lettre d'envoi du 25 mars.]

7º Une lettre de 5 pages in 4º datée du 5 février 1768 et adressée à m d'Yvernois, négociant à Geneve.

8º Une lettre de 16 pages in 4º adressée à m de St Germain ancien Capitaine de Dragons demeurant à Monquin près Bourgoin en Dauphiné, qui en a le double qui luy a été adressé.

9° Une Réponse en 4 pages et demi in 4° du Petit faiseur à son prete nom sur un morceau de l'Orphée de Gluck, et un cahier informe de brouillons contenant un fragment d'une lettre au Docteur Burnet auteur anglois de L'histoire de la musique, et une critique de la partition de l'Alceste italien de m Gluck.

10° Brouillons de lettres à sa cousine (c'est ainsi qu'il appeloit M^de de Lessert fille de M^de Luze). Ces brouillons sont des espèces d'Élémens de Botanique pour une jeune personne. Ils consistent en 25 pages in 4° presque indéchiffrables.

11° 17 petites cartes griffonnées dont 8 écrites en crayon et un petit livre dans lequel sont différentes idées, notes, et notices et un brouillon d'une traduction du 1er livre du Tasse, le tout presque indéchiffrable.

12° Quelques lettres de différentes personnes, et reponses de luy dont la plupart sont dans le même cas que celles que vous avés et que l'honnêteté exige également de supprimer en ne conservant que celles qui ont trait à des circonstances essentielles. Ces lettres sont icy en très petit nombre car il avoit brulé à Paris avant de venir ici tout ce qu'il avoit jugé d'inutile.

Voila tout ce qui s'est trouvé icy en y ajoutant le Catalogue de sa Musique copié sur celui de sa main et le Catalogue des livres de Botanique qu'il a laissés à ma fille.

Un herbier commencé.

A l'État cy dessus vous pouvés ajouter

1° Les 6 premiers livres offerts des Confessions par la tierce personne.

2° Idem l'Éloge du Régent.

3° La Constitution de Pologne. Manuscrit sans doute plus au net et plus complet que celui qui est icy, en tout cas on pourroit reclamer pour l'impression l'original entre les mains du Comte de Welorsky en Pologne dont vous pouvez facilement vous procurer l'adresse par vos correspondants de Berlin.

4° Idem le Manuscrit d'Émile et Sophie ou les Solitaires devant être plus complet et plus au net entre les mains de la personne qui vous a proposé de la fournir.

A l'État cy dessus qui existe entre nous, voici la Notice de ce que je suis parvenu à connoître d'ailleurs

1° La traduction au net d'un livre du Tasse entre les mains de Mr Foulquier conseiller au Parlement de Toulouse, qui en remettra une copie exacte, l'original étant relié dans une belle édition du Tasse.

2° Une lettre de 3 pages in-12 adressée à tout François aimant encore la Justice et la Vérité, et remise à m Caillot sur laquelle j'en ai fait une copie moi-même. Cette lettre est une réclamation touchante contre des calomnies qu'on répand traitreusement et qu'on pourra repandre contre lui.

3° Ses Dialogues ouvrage qui a été remis en 3 parties, savoir 1er à un jeune

Anglois nommé m. Bootby, qui de lui même a confessé sa dette et écrit à M^de Rousseau que ce qui luy avoit été remis consistant en 3 Dialogues étoit entièrement à sa disposition pour son avantage suivant les intentions de celuy qui les lui a remis.

4º Une autre partie de ce même ouvrage entre les mains de M^r le C[om]te d'Angivillers qui sur ma reclamation est convenu de le remettre à la Veuve en observant toutefois qu'il ne croioit pas cet écrit de nature à être imprimé.

5º à m l'abbé de Condillac de l'Academie françoise qui m'a répondu sur pareille reclamation que cet écrit ne lui avoit été remis par M^r R[ousseau] que pour être imprimé après le siècle révolu et il ne me paroit rien moins disposé qu'à le rendre.

De crainte d'être démasqué, Girardin proposa à Du Peyrou de faire écrire leurs adresses par des tiers et de parler des possesseurs des œuvres de Rousseau par allusions. Ainsi mme de Nadaillac devint-elle la dame à la marmelade de fleur d'orange, les *Dialogues* sont en partie chez un jeune Anglois, en partie chez m. D'angev . . ., en partie chez l'abbé de Cond . . . 'Je n'ai rien vu des *Confessions* ni de ces mémoires ou *Dialogues*', écrit Girardin. 'Tout ce que je scais par lui-même [Rousseau] c'est que son vœu particulier étoit [. . .] que ses *Confessions* ne fussent imprimées autant que faire se pourroit que longtems après sa mort et celle des personnes intéressées.' L'ensemble des manuscrits que le marquis avait trouvés dans la chambre de Rousseau à Ermenonville et qu'il avait transportés au château, ainsi que ceux dont il avait retrouvé la trace pouvaient former, pensait-il, une édition des *Œuvres posthumes* de nature à attirer l'attention du public et à constituer pour Thérèse un capital ou une rente qui la mettrait à l'abri des soucis matériels.

A son tour Du Peyrou dressa la liste des œuvres de Rousseau qui se trouvaient en sa possession et l'envoya à Girardin. Malheureusement nous ne possédons pas sa lettre du 27 octobre 1778 accompagnée de la note qui y était jointe. Nous n'avons retrouvé qu'une 'Note [. . .] des pièces contenues dans un des Paquets restés des mois sous cachet jusqu'à ces derniers jours'.

Dans cette Note, on lit:

1º Émile et Sophie, brouillon.
2º Deux lettres à Mr de Luxembourg, brouillon et copie.
3º Réponse à Mr Rameau, brouillon et copie.
4º Réponse à M^r d'Offreville.
5º La Reine fantasque.
6º Trad. du premier Livre de l'hist. de Tacite.
7º Le Levite d'Ephraim, brouillon.

8° Pygmalion, scéne lyrique.
9° Sara, brouillon.
10° Quatre lettres à m. de Malesherbes.
11° Vision de Pierre de la Montagne.

Si l'on ajoute à ces deux ensembles, les manuscrits en possession de Paul Moultou, on mesure la quantité et la richesse des inédits que Girardin, Du Peyrou et Moultou étaient en mesure de révéler au public. Encore fallait-il trouver un éditeur, en référer à Thérèse Levasseur et obtenir d'elle l'abandon de ses droits sur les manuscrits de Rousseau. De plus Moultou et Du Peyrou se demandaient s'ils devaient entreprendre une édition générale de toutes les œuvres du 'citoyen de Genève' ou seulement celle des écrits posthumes.

A la fin d'octobre 1778, rien encore n'était décidé ni conclu. Dans une lettre à Moultou, Du Peyrou avoue même qu'il ignore le montant de la somme à proposer à Thérèse. Le 4 novembre, il a dressé une liste complète des pièces que possèdent les trois correspondants:

Les dix paquets cottés de A à K. contiennent peut-être quelque chose de plus. Mais les ayant reçûs à mon retour du Chateau de Trye, par conséquent après la résiliation de nos engagemens, je ne me suis point crû le maître de les ouvrir, les tenant tels quels à la disposition de l'auteur. Je lui ay demandé plus d'une fois ses ordres tant sur ces paquets cachetés que sur le reste des papiers. Il m'a répondû une couple de fois qu'il ne vouloit plus entendre parler de ces papiers, que je n'avois qu'à les bruler; Ensuite un peu revenû de cette idée que je me suis bien gardé de suivre, il m'a écrit dans un moment où il se croyoit en danger de mourir:

Quand à ce qui est entre vos mains, et qui peut être complété par ce qui est dans celles de la Dame à la marmelade de fleurs d'oranger, je vous laisse absolument le maître d'en disposer après moi, de la manière qui vous paroîtra la plus favorable aux interets de ma Veuve, à ceux de ma filleule, et à l'honneur de ma mémoire.[9]

Mme de Nadaillac étant encore abbesse de Gomerfontaine, Du Peyrou lui écrivit pour lui demander si elle détenait encore des papiers de Rousseau. Elle répondit aussitôt que l'écrivain lui avait réclamé, en septembre 1770, le cahier des *Confessions* qu'il lui avait confié. En revanche elle possédait toujours 'des liasses de papiers, un carton fisselé où est écrit affaires de Corces dont il faisoit cas', mais qu'il n'avait jamais redemandés et elle offrait de les faire parvenir à Du Peyrou, à la condition que celui-ci agisse de concert avec Madame Rousseau.[10]

Le 12 novembre 1778, Du Peyrou explique très bien à Girardin le travail de préparation à accomplir pour faire une édition générale:

Il faut auparavant avoir rassemblé tous les morceaux épars; avoir fait transcrire au net les manuscrits chargés de renvoys, et de corrections, avoir trié dans la correspondance ce qui peut paroître et enfin avoir établi un arrangement convenable pour la distribution de chaque pièce à sa place. Ce n'est qu'alors que l'on pourra traitter de bonne foy avec des libraires.

L'idée première de Du Peyrou visait à publier deux ou trois morceaux formant deux volumes 8°, par exemple les six premiers livres des *Confessions* 'pour piquer la curiosité du public', l'ouvrage sur *le gouvernement de Pologne*, 'pour prévenir la publication par d'autres mains', le *Discours sur la vertu la plus nécessaire au héros*, 'tel que l'auteur l'a fait et non comme il a été imprimé à son insçü et tronqué sur un manuscrit non corrigé'. Ce troisième ouvrage, ajoute Du Peyrou 'servirait à convaincre le publiq. des friponneries dont il est la dupe, à le prémunir contre toute annonce d'une édition générale'.[11]

Pour fixer la valeur des inédits de Rousseau et faire une proposition à sa veuve, Girardin rappela à Du Peyrou que le libraire Réguillat de Lyon avait offert en 1764 seize cents livres de rente viagère, ce qui représente un capital de 16,000 livres, plus 3,000 livres au comptant, soit un total de 19,000 livres pour éditer l'ensemble des œuvres de Rousseau tant imprimées que manuscrites. La Société typographique de Neuchâtel avait fait à la même époque une offre analogue, mais les malheurs et les persécutions qu'éprouva l'auteur avaient fait échouer l'entreprise.[12]

En janvier 1765, Rousseau avait lui-même dressé un projet d'édition en six tomes in-4°, où l'on trouvait non seulement les œuvres déjà publiées, mais encore un certain nombre d'inédits; notamment les extraits de l'abbé de Saint-Pierre, le *Discours sur la vertu du héros*, *L'Engagement téméraire*, *Pygmalion*, *Émile et Sophie*, le *Lévite d'Ephraïm*, les *Lettres à Sara*, la *Reine fantasque*, le *Mémoire* lu à l'Académie des sciences en 1742, la *Réponse à Rameau*, l'*Essai sur l'origine des langues*, des lettres et des traductions.

En ajoutant les pièces éditées depuis lors, qui n'étaient pas nombreuses, il est vrai – Rousseau s'étant engagé en sortant d'Angleterre à ne plus rien publier de son vivant – ainsi que les nombreux inédits, Girardin pensait pouvoir élever à 24,000 livres la valeur de l'ensemble, donc le prix à offrir à Thérèse et cela sans compter les mémoires ni la correspondance.

Au cours de l'hiver 1778–9, les trois amis de Rousseau ne cessèrent de se communiquer leurs découvertes, leurs réflexions et leurs préoccupations. Girardin fit graver la *Musique de chambre* de Rousseau, comprenant des romances sur des paroles anciennes et modernes, des ariettes et duos dialogués; il vendit six mille francs les sept nouveaux airs du *Devin du Village*, qu'il avait découverts dans les papiers de l'écrivain et s'efforça de faire terminer la musique de *Daphnis et Chloé*, dont il avait retrouvé le manuscrit inachevé. Mme de Nadaillac envoya à Girardin les papiers qu'elle possédait encore, mais le châtelain d'Ermenonville n'y trouva que des livres italiens relatifs à la Corse, quelques fragments d'extraits d'ouvrages faits par Rousseau et neuf liasses de lettres qui lui avaient été adressées. En décembre, Girardin se mit à rassembler les *Rêveries du promeneur solitaire* qui forment, nous dit-il,

une espèce de journal de ses pensées depuis la conclusion de ses *Dialogues*, lequel journal par tout ce que je viens d'y joindre et de rassembler de ses brouillons forme actuellement deux promenades les 8e et 9e et le commencement d'une troisième de plus, et conduit jusques au jour de Pâques fleuries dernier, c'est à dire six jours avant sa sortie de Paris pour venir icy [. . .][13]

A plusieurs reprises, Moultou et Du Peyrou interrogèrent Girardin au sujet du manuscrit des *Confessions*. Le marquis répondit imperturbablement qu'il ne croyait pas connaître l'endroit où il était conservé, que Rousseau en avait donné lecture chez la comtesse d'Egmont et chez m de Pezay à Paris, qu'il n'était qualifié ni pour en conseiller, ni pour en interdire la publication. Selon lui, il appartenait aux dépositaires de connaître les intentions précises de l'auteur. Lui-même s'en rapportait au jugement de Du Peyrou sur la nature et le contenu des six premiers livres 'ne l'ayant jamais entendu lire'.[14]

On a beaucoup critiqué Girardin d'avoir caché à ses amis l'existence du manuscrit des *Confessions* parmi les papiers qu'il avait retrouvés à Ermenonville. Or Moultou n'avait pas procédé autrement pour la seconde partie de ce texte. Les Archives Girardin à Chaalis conservent une lettre écrite par le Genevois à Girardin le 9 décembre 1778, dans laquelle nous lisons:

Mr Du Peyrou me demande si l'on peut assurer que la suite des memoires de R[ousseau] ne paraîtra point pendant le cours de l'impression de ses ouvrages. Je ne puis répondre à cette question, n'aiant aucune connoissance de cet ouvrage que je n'ai jamais vu ni lu. Quant Mr R[ousseau] me fit entendre que les derniers livres de ses mémoires (Je ne sais ni en quel nombre ils étoient, ni jusqu'où ils alloient), n'existaient plus. Cependant il ne me dit pas positivement. Il me parlait des Dialogues et des VI premiers livres de ses memoires; Et les autres repondis-je. – Je ne veux affliger personne me dit-il car je ne ressemble pas à mes enemis, la 1re partie de mes memoires ne dit du mal que de moi, vous m'aimerez pourtant après l'avoir luë, je n'ai pas attendu cela, lui repliquai-je, pour vous aimer [. . .].[15]

Il était temps de se mettre à la recherche d'un éditeur. Après avoir songé à publier séparément quelques inédits, Moultou et Du Peyrou en vinrent à l'idée d'une édition générale des œuvres de Rousseau. La publication de l'*Émile* et du *Contrat social* interdits en France posait un problème délicat. Aussi est-ce vers la Suisse que se tournèrent les deux amis de Rousseau. La Société typographique de Neuchâtel, animée par le banneret Osterwald, fut la première à se mettre sur les rangs.

De son côté Moultou négocia avec un groupe de Genevois qui créèrent à cet effet la Société typographique de Genève représentée par mm Boin, d'Ivernois et Bassompierre. Dans sa correspondance avec Moultou, Du Peyrou donne à propositions égales la priorité à Genève sur Neuchâtel, sans exposer ses raisons mais peut-être à cause d'une responsabilité qu'il redoutait:

Je vous avoue Monsieur [écrit-il à Girardin le 1er décembre 1778] que l'idée de faire une edition generale de nôtre ami, à Genève me paroissoit la plus belle apologie pour l'auteur et la satyre la plus sanglante de sa patrie ingrate. Ce seroit avec d'autre considération pour la partie typographique, une raison qui me feroit preferer à conditions égales, que l'edition se fit à Geneve.[16]

Et Moultou de faire chorus avec Du Peyrou dans une importante lettre écrite une dizaine de jours plus tard à Girardin:

Je serais enchanté moi même que cette édition se fit à Genève et sous mes yeux. J'y donnerais tous mes soins, et il me serait bien satisfaisant pour moi de consacrer deux ans de ma vie à une entreprise qui mettra le sceau à la gloire de mon ami. Il a souhaité lui même que je fusse l'éditeur de ses ouvrages ; outre une lettre qu'il m'écrivit pour me le demander, Mr du Peyrou a trouvé dans ses papiers une note par laquelle il me charge d'en composer la préface. Je le lui promis, Monsieur, et j'acquitterai une dette que le zéle de l'amitié m'a fait contracter, et à laquelle j'aurais dû me refuser si je n'avais consulté que mes talens. Quoiqu'il en soit cette édition sera très fidelle, et Rousseau n'a besoin que de cela pour aller à l'immortalité. Si l'édition se fait à Genéve, elle sera très belle, on me promet de faire fondre à Paris, et en Hollande les caractères neufs, d'emploier pour les gravures les 1ers artistes de Paris, et de ne se servir que du plus beau papier, que l'on fera venir d'Auvergne. Deux jeunes avocats qui sont à la tête de la Société typographique de Genève veulent donner à leurs presses de la célébrité, et c'est un motif bien fort pour eux de traiter R[ousseau] comme il merite de l'être.

Ainsi Monsieur, les vœux de ses amis seront remplis, les siens même l'auraient été s'il vivait encore. J'ajoute enfin que l'édition faite à Genève est une sorte de réparation aux mânes de R[ousseau] des injustices que lui fait son ingrate Patrie; Helas Monsieur je n'en fus pas le complice, mais tout mon zéle ne put arrêter l'aveugle rage de ses ennemis.[17]

Connaissant Thérèse Levasseur, son caractère querelleur et ses éclats, Moultou et Du Peyrou se firent céder par elle et par écrit tous ses droits sur les œuvres de son 'mari', pour pouvoir négocier avec les libraires et lui assurer une rente viagère.

Le 22 décembre 1778, mme la Veuve Rousseau autorisait Moultou et Du Peyrou à traiter avec la Société typographique pour l'impression d'une édition générale des œuvres de Jean-Jacques Rousseau. Un mois plus tard, le 23 janvier 1779, une convention sous seing privé était signée entre les représentants de la Société typographique de Genève d'une part, Du Peyrou et Moultou d'autre part, l'acquiescement du marquis de Girardin étant réservé sur l'exemplaire de la convention conservé à la Bibliothèque de Genève. Cette convention, à quelques détails près, sera reprise par devant notaire lors de la visite de Girardin à Neuchâtel en septembre 1779.

Dans un délai de vingt mois, à partir de la première livraison, Moultou et Du Peyrou s'engageaient à remettre les différents textes qui devaient composer la collection complète des œuvres. La Société typographique de Genève s'engageait de son côté à payer à la veuve Rousseau la somme de 24,000 livres de France, ou plus exactement – car la rédaction est ambigüe – à verser à Thérèse les intérêts de 5 pour cent de cette somme, soit 1,200 fr. sous forme de rente viagère, à partir de la date de la première livraison. Moyennant quoi, la Société typographique devait publier une édition in-4º et éventuellement une édition portative, aussi recommandables, par la fidélité et l'exactitude du texte, la beauté du papier et des caractères que par la qualité des planches, vignettes et culs de lampes.

Créée spécialement pour publier cette édition, la Société typographique de Genève dut se procurer les fonds nécessaires à une telle entreprise.[18] Elle obtint tout d'abord le cautionnement de Gabriel Cramer, éditeur qui avait fait fortune et s'était retiré à Sécheron, puis ultérieurement celui de Samuel de Tournes.

En février 1779, Girardin avertit Du Peyrou que les quatre lettres de Rousseau à m de Malesherbes couraient dans Paris et qu'il était le seul à ne les avoir point encore vues. En revanche, il avait obtenu copie des douze lettres échangées par Rousseau et Buttafuoco. D'autre part, la Maréchale de Luxembourg lui avait remis 'le manuscrit unique des *Aventures de Mylord Edouard*' destiné à être imprimé à la suite de *La Nouvelle Héloïse*.

Pour éviter que les lettres à Malesherbes ne soient publiées sans l'accord des intéressés, Girardin fut invité à dîner par le président qui lui montra les originaux et lui confia deux autres lettres de Rousseau, l'une sur les herbiers, l'autre sur les mousses. Au cours du repas, Malesherbes avoua avoir lu la première partie des *Confessions,* en même temps que l'Académicien Duclos. 'Il m'a dit, écrit Girardin, qu'il y étoit question chemin faisant d'une passade avec une femme qui étoit nommée en toutes lettres. Cette vérité un peu trop cinique pouvoit passer tout au plus dans l'ombre du cabinet ou entre peu de personnes [. . .].' Et de proposer de supprimer les noms pour éviter de faire tort aux vivants ou à leurs familles.[19]

Ainsi peu à peu un grand nombre d'inédits venait grossir le dossier constitué par le marquis de Girardin, d'autant plus que Madame de Lessert lui confia les *Lettres élémentaires sur la botanique*, que Rousseau avait écrites pour l'éducation de sa fille.

Cependant, Girardin se faisait l'écho de divers bruits de nature à inquiéter les amis de Rousseau. Les quatre lettres à Malesherbes avaient été envoyées au *Journal de Paris* pour être publiées; plusieurs copies des *Considérations sur le gouvernement de Pologne* circulaient dans la capitale. Enfin Brooke Boothby manifestait son intention de publier le *Premier Dialogue* que Rousseau lui avait confié avec un billet portant: 'Choisir un Anglois pour mon dépositaire et mon confident seroit ce me semble réparer d'une manière bien authentique le mal que j'ai pu penser et dire de sa nation, on l'a trop abusée sur mon compte pour que j'aie pu ne pas m'abuser quelque fois sur le sien.'[20]

Au printemps de 1779, les trois amis apprirent par la *Gazette de Leyde* que le sieur Boubers, libraire à Bruxelles – qui avait publié en 1774–5, sans l'accord de Rousseau, une édition des *Œuvres* de l'écrivain en neuf volumes – prétendait posséder les mémoires de Rousseau et annonçait son intention de les publier à la suite de son édition. Le philosophe n'avait pas cru devoir protester de son vivant contre la publication de Boubers, mais il en avait été affecté, d'autant plus qu'elle contenait des pièces de jeunesse, le *Verger des Charmettes* et autres pièces de vers, la *Découverte du nouveau monde* et les fragments d'*Iphis*, ainsi que douze lettres qu'il avait adressées à Madame de Warens et qu'il jugeait intimes. Du Peyrou et Girardin invitèrent la Veuve à contester les droits de Boubers et à publier un démenti dans une gazette.

Le choix du papier, des caractères, du nombre de lignes par page fit l'objet de l'examen attentif de Moultou et de Du Peyrou. Des épreuves naviguèrent entre Genève et Neuchâtel et l'on se mit d'accord sur une édition in-4° rappelant celle de Buffon et sur un tirage in-8° comptant 24 lignes par page (et non 32 comme le proposaient les imprimeurs).

Après avoir songé à charger Watelet de graver les planches, puis à emprunter celles qui ornent l'édition de Boubers, les trois amis convinrent de renoncer à illustrer l'édition des *Œuvres complètes* de planches, vignettes et culs de lampe, étant donné les difficultés et les soins que requérait une telle gravure. Ils ne songèrent qu'à un frontispice représentant Rousseau, d'après le buste moulé par Houdon: 'Ce buste placé sur une espèce d'autel champêtre seroit accompagné de quelques enfans s'amusant à le couvrir de fleurs, tandis que l'on verroit des meres occupées à nourrir elles mêmes et à écarter les diférens liens et entraves qui garottoient autrefois l'enfance, etc.'[21] Un tel frontispice serait placé en tête de l'*Émile*. Peut-être pourrait-on ajouter une seconde planche représentant l'île des Peupliers. En réalité ils préféraient donner tous leurs soins à une édition exacte, complète et correcte des écrits de Rousseau.

En mai 1779 parut le prospectus de l'édition intitulé: 'Recueil des écrits de Jean-Jacques Rousseau, proposé par souscription, à Genève chez la Société typographique, in-4° et in-8°, avec un portrait de l'Auteur'. Le prospectus précise que la collection entière paraîtra en trois livraisons, chacune de 4 volumes in-4° (ou 8 volumes in-8°), au prix de 10 livres par volume in-4° (12 après la livraison), et 3 livres par volume in-8°. La liste des pièces composant le Recueil suit approximativement l'ordre que Rousseau avait donné en 1765. Les inédits sont signalés par des italiques: extraits de l'abbé de Saint-Pierre, *Discours sur la vertu du héros*, *Engagement téméraire*, *Muses galantes*, *Lévite d'Ephraïm*, *Essai sur l'origine des langues* et surtout lettres à Malesherbes, à Buttafuoco sur la Corse, au maréchal de Luxembourg sur la Suisse, *Lettres sur la botanique*, *Rêveries du promeneur solitaire*, les six premiers livres des *Confessions*. Ce prospectus était d'autant plus nécessaire qu'il devait dénoncer l'imposture du sieur de Boubers.

Désireux d'être en possession des manuscrits qu'ils souhaitaient éditer et dont ils annonçaient maintenant la publication, Du Peyrou et Moultou prièrent Girardin de les leur adresser après les avoir empaquetés et placés dans une cassette. Un rendez-vous fut convenu avec un homme de confiance, mais Girardin attendit huit jours à Paris dans sa demeure de la rue Sainte-Anne sans que le personnage désigné pour le transport se présente à sa porte, de sorte qu'il retourna à Ermenonville avec sa cassette.

État des papiers dans la cassette pour Monsieur
Du Peyrou. Le 11 juillet 1779.[22]
N° 1 Considérations sur le gouvernement de Pologne.
  2 Le Levite d'Ephraïm.
  3 Les Reveries du Promeneur solitaire.
  4 La scene de Pigmalion.
  5 Brouillon d'Émile et Sophie ou les solitaires.
6 et 7 Dans le même paquet Lettre sur l'existence de Dieu, et Lettre à m Dyvernois Le Pere sur les affaires de Genève.

8 Une lettre du petit faiseur sur l'Orphée, Lettre à m Burney auteur de l'histoire de la musique et Réflexions sur l'Alceste de m Gluck.

9 et 10 Dans le même paquet lettres elementaires sur la botanique et traduction de l'episode d'Olinde et Sophronie.

11 Les aventures de Mylord Edouard.

12 et 13 Dans le même pacquet Lettres de m. du Tens à m D. B. sur la réfutation du livre de l'Esprit de m Helvetius par J.-J. Rousseau avec quelques lettres de ces auteurs, et 3 cahiers de lettres à milord Newham aujourd'hui Lord Harcourt, à la duchesse de Portland et à différentes personnes en Angleterre.

14 et 15 Lettres à m Lalliaud de Nismes, et copies de lettres adressées à différentes personnes.

16 3 lettres sur la même feuille quotée de la main de m Rousseau et adressées à m de Graffenried Baili de Nidau. La copie de la lettre à tout françois collationné à l'original entre les mains de m Caillot, une autre à un invalide de Bourgoin remise par m Faujas de Saint Fonds, et deux autres copies remises par m Benoit.

17 20 lettres adressées à m de Mirabeau et remises par m Dyvernois le fils.

18 Brouillons sur la botanique.

19ᵉ 3 petits paquets de lettres trouvées chés lui.

20 Examen politique et justificatif de la révolution de l'isle de Corse et Memoria sopra la Constitutione politica da stabilire nel regno di Corsica et deux pieces envoyees à m Rousseau avec une lettre qui n'est pas signée et est seulement datée de Carpentras du 15 9ᵇʳᵉ 1764.

21ᵉ 12 liasses de lettres et 6 paquets depuis A jusques N compris envoyées par la Dame à la Marmelade de fleurs d'orange.

22ᵉ 17 petites cartes [biffé].

23ᵉ Un petit livre ou sont des brouillards [biffé].

La santé de Du Peyrou l'ayant obligé à prendre les eaux en Valais (Loeche les Bains), ce ne fut qu'en septembre 1779 que le marquis put prendre la route. Il avait l'intention de visiter la Suisse avant de rencontrer Moultou et Du Peyrou à Neuchâtel, aussi renonça-t-il à emporter la fameuse cassette jugée trop encombrante et trop précieuse pour être trimballée deci et delà. Après avoir parcouru les Hautes Alpes de Grindenwald à la Furka, puis tout le Valais depuis la source du Rhône jusqu'à son embouchure dans le lac Léman, le marquis et son valet de chambre renoncèrent à se rendre à Meillerie à cause du mauvais temps et gagnèrent Neuchâtel, sans pouvoir admirer le rocher que Saint-Preux avait inondé de ses pleurs.

L'entrevue entre les trois amis de Rousseau eut enfin lieu à la mi-septembre dans le bel hôtel que Du Peyrou s'était fait construire à Neuchâtel. Il en résulta une convention qui fut passée le 18 septembre devant le notaire de Du Peyrou, G. Jeannin. On y lit notamment que,

noble René-Louis Gerardin 'mestre de camp de dragons au service de
France, seigneur vicomte d'Ermenonville', etc., Paul Moultou 'membre
du Grand conseil de la République de Genève' et noble Pierre Alex-
andre Du Peyrou, 'bourgeois de Neuchâtel', agissant tous trois comme
amis de Rousseau et dépositaires de ses papiers, 'tant pour honorer sa
mémoire, que pour assurer un entretien honnête à sa veuve Dame
Marie Thérèse Levasseur', d'une part, et mm Boin, d'Ivernois et
Bassompierre formant la Société typographique de Genève, représentés
par d'Ivernois d'autre part, ont signé une convention assurant la
publication du recueil authentique des écrits de Jean-Jacques Rousseau.[23]

Par ce texte, la veuve de Rousseau cédait à la Société typographique
de Genève 'tous ses droits sur les ouvrages de feu son époux', aussi
bien à l'égard de ceux qui lui sont connus que de ceux qui sont hors
de sa disposition, exception faite de:

(a) Tous les ouvrages qui d'après les intentions de l'auteur ne
    devaient pas paraître dans ce siècle.
(b) Tous ceux qui n'ont pas été jugés dignes par l'auteur lui-même,
    ou qui ne seraient pas jugés dignes par ses amis, d'entrer dans
    cette collection.
(c) Toute la musique qui fait un objet à part.

Suivait une liste des écrits de Jean-Jacques Rousseau où l'on re-
trouvait les œuvres publiées de son vivant, ainsi que les textes retrouvés
dans ses papiers.

Les trois amis de Rousseau s'engageaient en outre à remettre à la
Société typographique l'exemplaire des *Œuvres* de 1764 corrigé par
l'auteur.[24]

De son côté la Société typographique s'engageait à payer aux amis
soussignés ou à leur ordre la somme de 24,000 livres de France,
acquittés en un seul paiement le 1er octobre 1782 (somme destinée à
servir une rente viagère à Thérèse), à faire une édition in 4º, 'libre à
elle d'y joindre d'autres éditions portatives', recommandables 'par la
fidélité, l'exactitude, la beauté du papier et des caractères'. La Société
s'engageait en outre à parachever l'édition trois ans après la première
livraison des copies de manuscrits.

Une différence extrêmement importante est intervenue entre la
convention sous seing privé du 21 janvier et celle devant notaire du
18 septembre. En janvier, c'est à Thérèse que la Société typographique
s'engage à verser la somme de 24,000 livres; en septembre c'est aux
trois amis soussignés que la Société doit verser la dite somme, ce qui
permettra ultérieurement à la Société typographique de s'opposer au
versement du capital à Thérèse, devenue incroyablement intéressée,

sous l'influence de son homme de confiance. De plus un arrangement privé a été arrêté entre les trois promoteurs et signé à Neuchâtel le 21 septembre, dans lequel il est convenu que les intérêts des 24,000 livres de France seront appliqués à l'entretien de Thérèse et lui seront comptés de six en six mois contre reçu et cela dès le 1er octobre 1779. Quant au capital il devait être placé le 1er octobre 1782 'sûrement et convenablement', pour revenir après la mort de Thérèse aux enfants éventuels ou aux héritiers de Rousseau.

Chacun des participants confirma être en possession de tel ou tel manuscrit de Rousseau. Un seul texte important restait introuvable: le manuscrit des *Confessions*, dont Rousseau n'avait pu se dessaisir. Aux questions répétées de Moultou et de Du Peyrou, Girardin répondit tout d'abord que les intentions de Rousseau ne permettaient pas de rendre publics ses mémoires, puis il affirma que le manuscrit ne se trouvait pas à Paris. Dans leur correspondance Moultou et Du Peyrou s'étaient étonnés de l'attitude du marquis à cet égard:

'Ce qu'il y a de certain, suivant moi', écrivait Du Peyrou à Moultou le 5 décembre 1778,

c'est qu'il existe au moins un autre manuscrit des *Confessions* que le votre et le fragment du mien [. . .]. Ce qui le prouve encore c'est que R[ousseau] dans cet ouvrage nomme toutes les femmes avec lesquelles il a été bien, notamment M^{de} d'Epinay. Or l'attention que vous avés de ne produire vôtre manuscrit à personne, devient un indice qu'il en existe un autre, car le mien que je viens depuis deux jours d'ouvrir, ne va que jusqu'au séjour de Lausanne, et finit par ces mots: 'Je ne saurois dire exactement combien de tems je restai à Lausanne; je n'apportai pas de cette ville des souvenirs bien rappelans. Je sais seulement que [. . .]' Il reste encore du papier en blanc, et cette fin indique que l'auteur en étoit la de son ouvrage, quand il prit le parti d'envoyer ses papiers à mon ami de Cerjat, et de quitter l'Angleterre. J'ay eü entre mains un autre manuscrit du même ouvrage, que je lui remis à Trye. C'etoit un 8° relié en veau assés epais. Est-ce celui là Monsieur que vous avés? Mon manuscrit est in 4° cartonné en papier marbré, et contient 182 p. d'écrites [. . .].[25]

Lors de leur rencontre à Neuchâtel, Du Peyrou et Moultou furent frappés de la précision et de l'ampleur des renseignements que Girardin possédait sur la vie de Rousseau, mais ils ne songèrent pas un instant que le marquis leur cachait être en possession du manuscrit des *Confessions*, ce manuscrit que l'écrivain avait conservé chez lui jusqu'à son dernier jour. Sans prendre de décision définitive, les trois amis pensaient faire suivre les six premiers livres des pièces justificatives, des lettres envoyées et reçues par Rousseau. C'est pourquoi, dès son retour à Ermenonville, Girardin fit copier les recueils de lettres que l'écrivain

avait établis, deux volumes in-4° formant 480 pages environ. En tête
de l'un d'entre eux, on lisait de la main de Rousseau :

Que c'est à ceux entre les mains de qui tombera ce Recueil, s'ils aiment la
justice de faire à l'aide de ce guide les perquisitions nécessaires pour la rendre
un jour à l'innocence du plus infortuné des mortels, et venger sa mémoire
des outrages de ses persécuteurs.[26]

En passant à Bâle, Girardin profita d'examiner la qualité du papier
de Hollande qui devait être utilisé pour les exemplaires de luxe et il
s'occupa avec le libraire Bassompierre de fixer l'interligne de l'édition
in-8°, ce qui montre à quel point les trois amis tenaient à publier une
édition de qualité. Le marquis demanda aussi à Du Peyrou de lui
adresser une cinquantaine de livres de graine de foins pour ses vaches,
ayant apprécié le lait qu'il avait bu à Neuchâtel !

Jusqu'alors, Girardin s'était efforcé de défendre la mémoire de
Rousseau et les intérêts de sa veuve. Moultou et Du Peyrou, dans leur
correspondance avec le marquis, avaient évité de lui parler du caractère
de Thérèse, de ses intrigues et de l'influence néfaste qu'elle avait eue
sur la misanthropie de Jean-Jacques. Lui avouèrent-ils leurs sentiments
lors de la rencontre de Neuchâtel ? Quoiqu'il en soit, dès son retour à
Ermenonville, le marquis reçut la visite de Thérèse qui lui demanda
'de la manière la plus impertinente de lui rendre compte de ses affaires
et de ses revenus actuels'. Le marquis lui apporta lui-même ses comptes
et, à sa stupéfaction, il apprit de la veuve de Jean-Jacques qu'elle
voulait se remarier.

On connaît l'histoire. Alléché par le contrat signé à Neuchâtel, le
valet de chambre du marquis, sans doute informé du succès de la
négociation relative aux *Œuvres complètes*, proposa à Thérèse de
l'épouser et en informa son maître. Celui-ci eut beau lui représenter ce
qu'une telle union avait de ridicule et quel sort il lui réservait, s'il
restait à son service. 'L'idée d'être maître chez lui l'a totalement en-
traîné', remarque le marquis dans une lettre à Du Peyrou.[27]

Outré de la conduite de Thérèse et de son valet, il n'eut plus qu'à
leur signifier de vider les lieux et d'aller loin des cendres de l'homme
infortuné que la disgrâce poursuivait au-delà de la tombe. Le 24
décembre 1779, Girardin pouvait écrire à Du Peyrou : 'Cette horrible
Xantippe est enfin sortie de chez moy', non sans lui avoir adressé une
lettre remplie d'ingratitude et d'impertinence et dans laquelle elle
réclamait les manuscrits de Rousseau.[28] Girardin n'eut pas de peine à
répondre à Thérèse que les dépositaires de la confiance et des intentions
de Rousseau n'en devaient compte qu'à sa mémoire et à leur honneur.[29]

La brouille de Thérèse Levasseur avec le marquis de Girardin eut une conséquence inattendue. La veuve de Jean-Jacques écrivit à Du Peyrou une longue lettre qu'elle se borna à signer et dans laquelle elle fit savoir au fidèle Neuchâtelois qu'elle avait réclamé les manuscrits de son mari en quittant Ermenonville: 'Au sujet des papiers qu'il [Girardin] dit des *Confessions* et en partie des *Dialogues* et bien autres papiers qu'il a fait copier depuis la mort de mon mary, il m'a toujours deffendu d'en parler, tant à vous qu'à m Moultou.' Selon elle Girardin s'était approprié l'ensemble des manuscrits de Rousseau, au moment de sa plus grande douleur, sous prétexte de les mettre en sécurité et de peur que les ennemis de Jean-Jacques ne s'en emparent.[30] Au reçu de cette missive, Du Peyrou comprit que Girardin avait caché soigneusement à ses deux correspondants l'existence du fameux manuscrit des *Confessions* que tout le monde recherchait avidement. Encore fallait-il s'assurer que Thérèse disait la vérité. Après un échange de correspondance, Thérèse précisa que le manuscrit des *Confessions* était, au décès de Rousseau, 'enveloppé et cacheté d'une feuille de papier blanc, avec deux grands livres de lettres que mon mary copiait'. Elle chargea son homme de confiance, ce fameux Bally que Girardin avait renvoyé de chez lui, de rédiger une longue lettre circonstanciée, sur les événements de juillet 1778. Profitant de son désarroi, le marquis, marchant sur la pointe des pieds, s'était emparé de tous les papiers de Rousseau et les avait transportées dans son château:

Les *Confessions* sont en petit format, entre l'in-8° et le petit in-4°, assés épais, écrit d'un caractère très minutté et serré. C'était le premier manuscrit au net de cet ouvrage, sur lequel mon mari avait copié celui par lui remis ès mains de m Moultou, son respectable ami [. . .]. Ce formât est le même des autres que vous avez vû, et qui ont été sous vos yeux, le même papier, parce que mon mari tiroit son papier du même marchand. Il était couvert aussi, d'abord d'un parchemin, sur lequel était appliqué et collé un papier marbré brun [. . .]. Dans le secrétaire, il se trouvait cacheté comme les autres ouvrages, avec une inscription: *Confessions*, etc. Cet enlèvement par m de Girardin fut fait avec un empressement plus mystérieux; mais je vous observe, qu'une heure avant la mort, mon mari m'a dit: En cas que m Moultou vous fasse difficulté de remettre les papiers que je lui ai confiés à Paris pour vous, en cas de mort, vous trouverez dans mon secrétaire, la copie manuscritte de mes *Confessions*, qui sont la même chose.[31]

Dès le 10 février 1780, Du Peyrou avait averti Moultou de ce qu'il venait d'apprendre, Thérèse justifiant sa sortie d'Ermenonville par la dépendance absolue dans laquelle elle était tenue par le marquis de Girardin:

A toutes ces absurdités elle ajoute quelque chose d'assez vraisemblable mais dont je dois douter jusqu'à ce qu'elle m'ait donné les renseignements demandés, des preuves de son allégué [nous dit Du Peyrou]. Elle prétend donc que m de Girardin a en mains les *Confessions*, une partie des *Dialogues* et d'autres morceaux, sur tous lesquels il lui avait recommandé le plus grand secret vis-à-vis de vous et de moi. Ceci expliquerait bien des choses obscures pour nous, si l'assertion de cette femme a quelque vérité, et il deviendra très intéressant pour nous de concerter ensemble sur la manière de nous conduire en pareil cas. Ceci entre nous, Monsieur.[32]

Du Peyrou fut fort embarrassé sur le parti à prendre pour récupérer le manuscrit des *Confessions* détenu par Girardin. Soutenir la revendication de Thérèse, c'était risquer mettre entre les mains de cette femme un manuscrit qu'elle n'aurait pas manqué de négocier ensuite. Mieux valait obtenir la cession des droits de Thérèse sur le manuscrit et le réclamer en son nom en se fondant sur la lettre que Rousseau avait écrite à Du Peyrou le 12 janvier 1769: 'Quant à ce qui est entre vos mains, [. . .] je vous laisse absolument le maître d'en disposer après moi de la manière qui vous paraîtra le plus favorable aux intérêts de ma veuve, à ceux de ma filleule et à l'honneur de ma mémoire.'[33]

Du Peyrou écrivit donc à Thérèse une lettre habile où il la laissait libre de choisir l'homme de confiance qui se chargerait de réclamer à m de Girardin le ou les ouvrages qu'il conservait indûment par devers lui. Et il pria le fils de Moultou de se rendre au Plessis-Belleville – où résidait la veuve de Rousseau depuis sa sortie d'Ermenonville – pour entendre ses confidences et obtenir l'acte de cession.[34]

Cet acte signé de Thérèse est conservé à la Bibliothèque de Neuchâtel (ms. R 119):

C'est à vous Monsieur Dupeyrou, déjà dépositaire de la majeure partie des papiers de mon mary, acquis par ses letres. Il avoit laissé le droit de les garder, et celuy de retirer les autres, pour en disposer de la manière la plus honorable à sa mémoire, et la plus avantageuse aux intérêts de sa veuve; C'est à vous, Monsieur, que j'ay cédé tous les manuscrits qui vous ont été remis, et c'est à vous que je céde tous ceux restés encore entre les mains de Mr de Gerardin ou autres personnes, afin que vous les réclamiés, et en suiviés les intentions de leur auteur; deux mots raturés nuls;

>   approuvé le criture ci-dessus
>   femme gean gacques rousseau
>   marie therese le vasseur[35]

Du Plessis Belleville ce 11. juillet 1780.

A la suite des révélations de Thérèse, Du Peyrou dut interroger une fois de plus le marquis de Girardin, qui répondit le 30 avril:

Je n'ai aucun autre papier ni livres que ce que je vous ai marqué dans la note que je vous ai envoyée si ce n'est l'opéra que j'ai reçu depuis d'Angleterre et quelques petits volumes épars de la bible [. . .] lorsque je suis parti, elle m'a conjuré si m M. n'étoit pas le premier à m'en faire l'aveu, de ne parler ni à lui ni à vous du double que j'avois. Mais puisqu'en ce moment elle m'affranchit elle même d'une parole que je n'ai gardée vis à vis de vous qu'avec la plus grande peine, je n'hésite pas à vous confier que j'ai en effet deux paquets même format que celui dont vous avez un. Ces deux paquets sont cachetés d'un cachet qu'elle a gardé.[36]

C'est pourquoi, ajoute-t-il, il avait jugé inutile d'en parler puisqu'il ne pouvait rompre le cachet.

Aux reproches et aux demandes d'explications, le seigneur d'Ermenonville finit par reconnaître quinze jours plus tard qu'il avait ouvert le paquet en présence de Thérèse et du médecin Lebègue de Presles, qu'ils avaient parcouru rapidement cet écrit et découvert au début du 7e livre que Rousseau disait lui-même que, si la destinée dépendait de lui, 'il ne serait jamais publié qu'après la mort de toutes les personnes intéressées'.[37] C'est pourquoi il avait prié Thérèse de recacheter le paquet. Supposant que le double était entre les mains de Paul Moultou, il s'était tu.

Du Peyrou eut beau réclamer le manuscrit conservé par Girardin, ce dernier s'y refusa absolument. 'Je tiens de M. R. les papiers qu'il avoit chés moi', écrit-il le 10 juin. 'La charge m'en a été remise de son ordre exprés, et je n'en devois compte qu'a sa mémoire et a ma conscience.' Le ton monta au cours de l'été et, en septembre, Girardin renvoyait à Du Peyrou une lettre qu'il jugeait inacceptable. La brouille entre les deux hommes était consommée.

L'impression commença par *La Nouvelle Héloïse* et par l'*Émile*, suivis l'un et l'autre d'inédits: les *Amours de Milord Edouard*, d'une part, *Émile et Sophie ou les Solitaires*, d'autre part. Le portrait de Rousseau donna quelque souci aux trois protagonistes de l'édition. Le graveur Choffard fit dessiner par Cochin les traits de Rousseau d'après la terre cuite de Houdon, mais Girardin trouva la physionomie trop forte et massive, 'ce qui est tout l'opposé de celle de Rousseau'. Girardin songea à demander à Houdon lui-même de dessiner le visage de Rousseau, n'osant critiquer le dessin de Cochin. Puis il se demanda s'il ne valait pas mieux dessiner les traits de Jean-Jacques d'après le pastel de La Tour qui se trouvait chez la Maréchale de Luxembourg.

En février 1780, la cassette contenant les manuscrits de Rousseau que Girardin n'avait pas encore transmise à Du Peyrou put être enfin acheminée vers Neuchâtel. Dans sa lettre, le chatelain d'Ermenonville énumère très sommairement le contenu de la cassette, persuadé que sa correspondance avec Du Peyrou est épiée par les ennemis de Rousseau ou par des libraires à la recherche d'inédits. Ainsi écrit-il:

n° 1 un paquet de lettres de feu m le P^e de C.
n° 2 Const. de P. manuscrit de Wielh.
n° 3 Rev. du Pr. sol.*
n° 4 brouill. de traduct.
n° 5 Brouill. sur la Bot.
n° 6 L'original du P.S.
n° 7 Lettres de m L'All de N.[38]

L'astérisque précise qu'il s'agit de la copie du commencement des *Rêveries* que Girardin avait établie, le double ayant été remis à Du Peyrou à Neuchâtel. Malgré son hésitation à transporter des manuscrits au cours de son voyage en Suisse, Girardin avait donc bel et bien transmis à Neuchâtel une première cassette contenant probablement le *Transmis d'Ephraïm*, *Pygmalion*, les *Solitaires*, les réflexions de Rousseau sur l'*Orphée* et l'*Alceste* de Gluck et surtout des liasses de correspondances. Partaient maintenant pour Neuchâtel les lettres du Prince de Conti, les *Considérations sur le gouvernement de Pologne*, la copie des *Rêveries du promeneur solitaire*, les *Lettres élémentaires sur la botanique* et la correspondance avec Laliaud de Nîmes.

La *Collection complète des Œuvres de Jean-Jacques Rousseau* parut sous une quantité de formes différentes: une édition générale in-8° comptant primitivement 24 tomes, puis 30 avec un premier supplément et 33 avec un second supplément; une édition in-4° tirée sur grand papier pour les présents et les bibliophiles ou sur papier ordinaire; une édition in-12 en 24 puis 30 tomes; enfin une édition des *Œuvres posthumes*, destinée à attirer les amateurs d'inédits, en 9 tomes in-8°.

La première livraison, formant 4 tomes in-4° ou 8 tomes in-8° ou in-12, parut en été 1780, mais elle déçut les souscripteurs. Elle ne comprenait que *La Nouvelle Héloïse* et l'*Émile* suivis des pièces dont nous avons parlé.

Dans son compte rendu du *Journal helvétique* de janvier 1781, David-Henri de Chaillet donne des extraits de quelques pages inédites et conclut: 'Cette édition n'a pas rempli l'attente des souscripteurs. Le papier n'en est pas beau, ni l'impression nette, ni la correction extrême: elle n'a aucune élégance [. . .] où est Marc Michel Rey? [. . .]'

Il est vrai que Chaillet ne jugeait que l'édition in-8° et qu'il n'avait pas vu l'édition in-4°. Cela n'enlève rien à ses critiques:

C'est une coutume très-peu charitable de MM. les éditeurs, [nous dit-il] de donner tous leurs soins au *quarto*, et de négliger beaucoup l'*octavo*. L'*octavo* est pourtant l'édition des littérateurs, l'édition qu'on lit, qu'on a sur sa table, qu'on porte avec soi; tandis que le *quarto*, [. . .] est placé en parade sur les tablettes de quelques bibliothèques fastueuses, dont les possesseurs ne l'ouvrent guère que pour les faire voir à des curieux.[39]

Il fallut attendre un an pour recevoir la seconde livraison qui, elle, révélait un certain nombre de textes inconnus jusqu'alors, comme le *Lévite d'Ephraïm*, les *Lettres à Sara*, le *Persifleur*, les traductions de Sénèque, de Tacite et du Tasse, les écrits sur la botanique, le théâtre (notamment l'*Engagement téméraire* et les *Muses galantes*), enfin trois volumes d'écrits sur la musique où l'on avait placé l'*Essai sur l'origine des langues*.

La troisième livraison parut à la fin du printemps de 1782. On y trouve l'ensemble des textes politiques: les *Discours sur l'inégalité* et sur *l'économie politique*, le *Contrat social*, les *Considérations sur le gouvernement de Pologne*; deux volumes de lettres (au prince de Wurtemberg, à m de Malesherbes, au maréchal de Luxembourg, à Diderot, etc.); enfin trois gros morceaux inédits: les premiers livres des *Confessions*, les *Rêveries*, les *Dialogues de Rousseau juge de Jean-Jacques*. C'était la révélation que l'on attendait.

Dès le mois de juin 1782, D.-H. de Chaillet consacrait un article aux *Confessions* et aux *Rêveries* en remarquant que l'édition partielle avait paru avant l'édition générale:

Pauvres souscripteurs! [. . .] [écrit-il. Et de commencer son analyse par ces mots] Mais que dire des Confessions? Je suis fort embarrassé à en parler: je les ai plutôt dévorées que lues; [. . .] elles m'ont occupé l'esprit, frappé l'imagination, rempli la tête pendant plusieurs jours je n'ai pensé qu'à cela [. . .].[40]

Quoiqu'en dise David-Henri de Chaillet, l'édition Moultou-Du Peyrou des *Œuvres complètes* de Rousseau est un modèle pour l'époque. Les éditeurs ont travaillé sur les manuscrits avec un soin, une attention et un respect du texte évidents. Ils ont publié les principaux textes connus de Jean-Jacques d'après les éditions originales, en tenant compte des errata ou d'après l'édition de 1764 corrigée par Rousseau. Quant aux inédits, ils se sont efforcés de les éditer le plus correctement possible, reconstituant les textes, lorsque les manuscrits étaient enchevêtrés, respectant le plus possible les volontés de l'écrivain. Sans doute ont-ils unifié l'orthographe de Rousseau, mais ils ont constamment travaillé avec le souci d'honorer la mémoire du disparu.

Il vaut la peine, pour terminer, de se pencher un instant sur la diffusion de l'édition. Et tout d'abord de remarquer que 62 personnes reçurent le tirage 4° sur grand papier, notamment, m de Beville gouverneur de Neuchâtel, m Boothby, m Coindet, le marquis de Conzié à Chambéry, m de Corancez, le roi d'Angleterre, mme Delessert, m Du Peyrou, la duchesse d'Enville, m Foulquier, Mylord Harcourt, le sculpteur Houdon, m Le Noir lieutenant général de la police de Paris, m de Malesherbes, m Meister, mme Necker, m de Neuville intendant de la librairie, la duchesse de Polignac, la veuve Rousseau, m Rousseau de Perse, m de la Tourette de Lyon, mme de Vermenoux. La Bibliothèque de Genève, m Cramer l'ainé et m Regnault de Lyon reçurent des exemplaires sur papier ordinaire.

Les libraires de toute l'Europe commandèrent l'une ou l'autre édition. Parmi les plus 'gourmands', nous avons noté les noms de la veuve Esprit à Paris (262 ex. in-4°, 765 8°, 259 in-12, sans parler des suppléments), Brun à Nantes (563 ex. de divers formats), Plombeux de Liège (380 ex.), Caron à Amiens (247 ex.), Lepagnez à Besançon (234 ex.), Le Boucher à Rouen (176), Mossi à Marseille (160), La Bottière à Bordeaux (156), les frères Gay à Strasbourg (151), etc. etc. Hors de France, nous avons relevé les commandes d'Elmsley à Londres (109), de Combaz à Lausanne (108), de Chirol à Genève (98), Fabre à Saint-Petersbourg (92), Fontaine à Mannheim (62), Du Saulchoy à Amsterdam (57), Bassompierre à Liège (48). Des libraires de Bruxelles, Maastricht, Amsterdam, Leyde, La Haye, Francfort, Münster, Berlin, Breslau, Nurembourg, Gotha, Vienne, mais aussi Parme, Reggio, Gênes, Florence, et enfin Cambridge (Martyn, 13 ex.), ont commandé des exemplaires pour leurs clients. Neuchâtel, sans doute fâchée d'avoir été prétéritée par Genève, semble avoir boudé. Deux libraires se sont approvisionnés auprès de la Société typographique de Genève: Fauche (26 ex.) et Meuron (14 ex.). Nous tirons ces renseignements de l'inventaire des ventes dressé le 1er mai 1784.[41]

En gros la 'Société typographique pour l'impression des Œuvres de Rousseau' a tiré 140 ex. in-4° sur grand papier, 1000 ex. sur papier ordinaire, un peu plus de 1,500 ex. in-8° et 1,500 in-12. Les Œuvres posthumes ont connu un tirage de 2,400 ex. environ.[42]

Divers inventaires ont été dressés le 1er mai 1784. En les réunissant en un tableau nous obtenons les chiffres de la page 179.

Dans l'ensemble, l'édition n'a pas connu le succès souhaité et les promoteurs n'en tirèrent aucun profit. Bien plus ils furent incapables de fournir ultérieurement les 24,000 livres qu'ils avaient envisagé de placer au profit de Thérèse Levasseur, puis de léguer aux héritiers de Rousseau. Le seul tirage qui fut presque entièrement vendu fut celui des *Confessions*, tirées à part à près de 8,000 exemplaires (exactement 7,972), et dont il ne restait que 80 en magasin le 1er mai 1784. L'inventaire nous fournit à ce sujet un renseignement précieux, car les bibliophiles se sont longuement interrogés sur l'édition en gros caractères des *Confessions*, y voyant parfois un tirage parisien. Or l'inventaire nous dit que ce texte a été composé en caractères saint Augustin, ce qui signifie corps 13 et correspond effectivement à l'édition en gros

	tirage total	vendus	reste en magasin
Œuvres 4° grand papier (12 tomes)	140	128	12
„ 4° papier ord. (12 tomes)	1013	112	901
„ 8° (24 tomes)	4005	3364	641
„ 12° (24 tomes)	4088	1889	2199
Supplément 4° grand papier (3 tomes)	158	88	70
„ 4° papier ord. (3 tomes)	1557	498	1059
„ 8° (6 tomes)	1527	1394	133
„ 12° (6 tomes)	1475	617	858
Œuvres posthumes 1–3	2415	2144	271
„ „ 4–9	883	653	230
Confessions	7972	7892	80
Figures de l'in-12		734	

caractères. Ah, combien on peut regretter que les corps 3, $5\frac{1}{2}$, 6, 7, 8, 9, 10, 13, 14, 17, 18, 20 aient remplacé les anciennes appellations de Perle, Nonpareille, Mignonne, Petit texte, Gaillarde, Petit Romain, Philosophie, St Augustin, gros texte, Gros Romain, Petit et gros Paragon, enfin Palestine (22). Le système de notation chiffrée n'a décidément pas plus d'avantages en typographie qu'en musique!

Notes

1 La lettre de Girardin à Du Peyrou est conservée à la BV, Neuchâtel, ms. R 118, fol. 2. La lettre de Girardin à Moultou a disparu, mais le brouillon figure à Chaalis dans les Archives Girardin, dossier III.

2 Neuchâtel, BV, ms. R 118, fol. 10 (22 juillet). Récit publié par J. S. Spink, *AR* xxvi (1935), pp. 161–70.

3 Neuchâtel, BV, ms. R 118, fol. 12–13 (11 août).

4 Dans un article de la *Revue neuchâteloise*, mlle Claire Rosselet a fort bien relaté le va et vient des papiers de Rousseau laissés en dépôt à Du Peyrou (5e année, n° 19 (1962), pp. 11–21).

5 Dans cette lettre du 20 août 1778, Moultou exprime le vœu de voir publier les ouvrages de Rousseau. Il sait qu'il a laissé beaucoup de musique, et qu'il a refait presque en entier le *Devin du Village*, mais il ignore s'il a achevé son opéra de *Daphnis et Chloé*.

6 Neuchâtel, BV, ms. R 118, fol. 16–17, (lettre du 5 septembre 1778).

7 Musée de Chaalis, Archives Girardin, dossier IV. Nous tenons à remercier vivement mlle Claire Rosselet de nous avoir communiqué le texte de plusieurs lettres de Du Peyrou à Girardin qui sont conservées au Musée de Chaalis. Nous les avons examinées à deux reprises, en 1954 et en 1974, sans pouvoir copier tout ce qui nous intéressait.

8 Neuchâtel, BV, ms. R 118, fol. 24–35. Cet état a été recopié par le secrétaire de Du Peyrou et envoyé à Moultou. Nous le conservons précieusement.

9 Dossier Du Peyrou–Moultou, lettre du 4 novembre 1778.

10 Neuchâtel, BV, ms. R 118, fol. 143–5.

11 Musée de Chaalis, Archives Girardin, dossier IV.

12 Neuchâtel, BV, ms. R 118, fol. 29, lettre du 13 novembre 1778.

13 Neuchâtel, BV, ms. R 118, fol. 36 (11 décembre 1778).

14 Neuchâtel, BV, ms. R 118, fol. 39 (20 décembre 1778).

15 Musée de Chaalis, Archives Girardin, dossier III.

16 Musée de Chaalis, Archives Girardin, dossier IV.

17 Musée de Chaalis, Archives Girardin, dossier II, lettre du 9 décembre 1778.

18 L'association pour la publication des *Œuvres* de Rousseau a fait l'objet d'une déclaration officielle sous la raison sociale de Société d'imprimerie de Bassompierre, d'Ivernois et Boin (Archives d'État de Genève, Livre des Sociétés, A, p. 544).

19 Neuchâtel, BV, ms. R 118, fol. 54–6, lettre du 13 février 1779.

20 Neuchâtel, BV, ms. R 118, fol. 58, lettre du 28 février 1779.

21 Musée de Chaalis, Archives Girardin, lettre du 1er avril 1779.

22 Musée de Chaalis, Archives Girardin, dossier IV.

23 Cette convention a été publiée par L. Montandon dans le *Musée neuchâtelois* (1922), pp. 208–12.

24 A ce sujet notons ce que Du Peyrou écrivait à Moultou le 18 novembre 1778: 'J'ay examiné Monsieur, les ouvrages imprimés et corrigés par l'auteur lui même. La majeure partie des corrections roule sur le changement des titres, ou sur l'ortographe ou la ponctuation. Il y a quelques additions en forme de notes, mais en petit nombre, ce qui pourtant donne un prix réel à l'exemplaire que j'ay en main [. . .]'

25 Lettre de Du Peyrou à Moultou, du 5 décembre 1778. Publiée partiellement par Charly Guyot, *Un ami et défenseur de Rousseau, P. A. Du Peyrou* (Neuchâtel, 1958), p. 161.

26 Neuchâtel, BV, ms. R 118, fol. 78 (lettre du 7 octobre 1779).

27 Neuchâtel, BV, ms. R 118, fol. 80 (lettre du 3 novembre 1779).

28 Neuchâtel, BV, ms. R 118, fol. 83*v.*

29 Au début de l'année 1780 parurent les deux recueils de musique de Rousseau procurés par les soins de m Benoit. La rupture entre Thérèse et le marquis de Girardin avait retardé la sortie du volume. Devant notaire, la compagne de Rousseau céda à m Benoit les fragments de *Daphnis et Chloé* pour 1,800 livres et les six nouveaux airs du *Devin du Village* pour 3,000 livres (lettre de Benoit à Du Peyrou du 17 janvier 1780. Neuchâtel, BV, ms. R 118, fol. 125–6). Le bénéfice éventuel devait revenir à l'Hospice des Enfants Trouvés. Sous le titre de *Fragments de Daphnis et Chloé composés du premier acte, de l'esquisse du prologue et de différents morceaux préparés pour le second acte et le divertissement*, on trouvait 12 pages de texte et 167 pages de musique gravée. Quant aux six nouveaux airs du *Devin du Village* chantés à l'Opéra le 20 avril 1779, également gravés in-folio, ils remportèrent peu de succès, à cause de la prévention des musiciens français à l'égard de la musique de Jean-Jacques, ce qui n'empêcha pas m Benoit de mettre en souscription un troisième recueil contenant près de cent morceaux, et intitulé les *Consolations des misères de ma vie ou Recueil d'airs, romances et duos, par Jean-Jacques Rousseau*. L'exemplaire était vendu par souscription au prix de 24 livres de France.

30 Neuchâtel, BV, ms. R 118, fol. 113 (lettre du 18 janvier 1780). Sur tous ces événements, cf. le livre de Charly Guyot, *Plaidoyer pour Thérèse Levasseur* (Neuchâtel, 1962), pp. 155–62.

31 Neuchâtel, BV, ms. R 323, fol. 52–3, lettre du 6 mars 1780, publiée également par Charly Guyot, *Du Peyrou*, p. 173.
32 Dossier Du Peyrou–Moultou.
33 Leigh, xxxvii, 6526.
34 Les lettres de Du Peyrou à Moultou fils et à Thérèse Levasseur figurent dans le livre de Charly Guyot, *Du Peyrou*, pp. 177–82.
35 Ces trois lignes sont de l'écriture de Thérèse Levasseur.
36 Neuchâtel, BV, ms. R 118, fol. 94, lettre du 30 avril 1780.
37 Neuchâtel, BV, ms. R 118, fol. 97–8, lettre du 17 mai 1780.
38 Neuchâtel, BV, ms. R 118, fol. 85–6, 5 février 1780.
39 *Journal helvétique* (janvier 1781), pp. 34–5.
40 *Journal helvétique* (juin 1782), pp. 30–58.
41 Archives de la Société Jean-Jacques Rousseau de Genève, ms. 159.
42 Sur la Société typographique de Genève, voir le livre d'Otto Karmin, *Sir Francis d'Ivernois* (Genève, 1920), pp. 41–6. La Société céda le 27 mai 1784 les volumes invendus au libraire Jean-Marie Barret, de Lyon, pour la somme de 102,810 livres. Sa liquidation n'intervint qu'en 1801 et Thérèse reçut une rente, parfois diminuée, jusqu'à cette date.

Discussion

R. A. Leigh: Cette communication si précise et basée sur tant de documents inédits ou peu connus, se passe de commentaires. Qu'il me soit permis seulement d'y ajouter quelques fioritures. J'aimerais d'abord rappeler certains travaux qui éclairent l'histoire complexe de la transmission des manuscrits de Rousseau, et notamment les deux ouvrages de mme Hermine de Saussure (mme Seyrig), présente aujourd'hui dans cette salle: *Rousseau et les manuscrits des Confessions* (1958), et ensuite son *Étude sur le sort des manuscrits de* [. . .] *Rousseau* (1974). Sur la publication par Boubers des œuvres de jeunesse de Jean-Jacques, et surtout de ses lettres intimes, de même que sur la réapparition des manuscrits de celles-ci, je prendrai la liberté de rappeler mon article sur Rousseau et mme de Warens (*SV* lxvii (1969), pp. 165–89). Sur Thérèse, sa brouille avec Girardin, sa liaison avec le 'palfrenier' de celui-ci, et ses dernières années, on lira toujours avec plaisir l'article de Georges Lenôtre (*Vieilles maisons, vieux papiers*, t. IV).

Quant aux dernières paroles attribuées à Jean-Jacques, paroles dont Girardin a essayé de se prévaloir au cours de sa négociation avec Moultou et Du Peyrou, je crois avoir montré au colloque de Paris qu'elles avaient été probablement inventées de toutes pièces par Girardin, pour défendre ses intérêts ('La Mort de Jean-Jacques Rousseau: images d'Épinal et roman policier', colloque de Paris, juillet 1978, imprimé dans la *RHLF* (1979), pp. 187–98). Girardin n'a pas été témoin des dernières heures de Jean-Jacques. Seule Thérèse a pu savoir ce qui s'était passé: et comme l'a signalé Le Bègue de Presle, elle était bien incapable de retenir d'aussi longs discours. Du reste, plusieurs années plus tard elle a avoué: 'Il est mort dans mes bras, sans prononcer une seule parole.' Au surplus, il ressort de votre récit même que Girardin était passablement menteur.

Vous avez parlé, en passant, du 'billet' remis par Rousseau à Brooke Boothby avec le ms. du *Premier Dialogue*. Ce 'billet' figure dans le ms. de Londres et fut imprimé dans la première édition de ce *Dialogue* sous la forme d'une note de Rousseau, au bas de la page, accompagnée d'un bref commentaire de la part de Boothby. Note et commentaire furent également reproduits dans plusieurs contrefaçons de cette édition. Ils n'existent pas dans les mss. de Genève et de Paris, postérieurs à celui de Londres, et pour cette raison ils furent rélégués par l'édition de la *Pléiade* (la vôtre) dans les 'Notes et variantes' bloquées à la fin du volume.

En ce qui concerne la correspondance de Rousseau, il y a intérêt à savoir sous quelle forme elle a été connue de son vivant, et c'est là une des choses auxquelles je me suis attaché dans mon édition. Sans entrer ici dans un détail qui serait déplacé, je me permets de rappeler que la correspondance de Rousseau a été diffusée sous deux formes principales. Il y avait d'abord les copies qui circulaient en manuscrit, et qui furent recopiées parfois dans ces recueils de morceaux divers qui abondaient au XVIIIe siècle. Il y avait en même temps les imprimés: lettres isolées parues dans des journaux, gazettes et revues de l'époque, dans des ouvrages ou il était question de Jean-Jacques directement ou seulement en passant, en appendice dans des éditions d'ouvrages isolés de Jean-Jacques, ou encore dans des éditions collectives de ses ouvrages. Tel billet de Jean-Jacques sur le devoir des mères 'a fait le tour du monde' (*dixit* Jean-Jacques lui-même) avant d'être imprimé. Les lettres à Malesherbes ont aussi été lues par quelques rares privilégiés avant d'être imprimées par Roucher dans son poème des *Mois*. La lettre d'abdication avait paru dans les gazettes: celle addressée à Voltaire, sur l'optimisme, avait été imprimée, à plusieurs reprises, et même séparément: les lettres à Hume ont été connues par l'*Exposé succinct*, d'autres encore dans les ouvrages polémiques dirigés contre Montmollin, ou dans des ouvrages apologétiques comme le *Rousseau justifié* de Bérenger (qui utilise les dossiers Moultou et d'Ivernois). On connaissait les lettres à Graffenried, les lettres sur la brouille avec Montaigu, truquées par Voltaire et restituées dans l'édition Duchesne. Si bien que cette dernière édition, parue à partir de 1764, contient déjà une cinquantaine de lettres, la plupart parues précédemment et la plupart d'une grande importance. N'empêche que, pour la correspondance de Rousseau, comme je l'ai dit ailleurs, et comme il ressort en partie de votre exposé, nous devons une fière chandelle à Du Peyrou. Son activité ne s'est pas bornée à la simple conservation des liasses que lui a confiées Rousseau. Il a transcrit nombre de brouillons (sans les variantes, s'entend), il a importuné les correspondants de Jean-Jacques ou leurs héritiers, leur soutirant soit les originaux soit des copies des lettres qu'ils détenaient. Et ce dévouement, cette activité, ont survécu à sa collaboration avec Moultou. C'est pourquoi les éditions successives de Neuchâtel, faites sous son égide, sont plus riches de lettres que celle de Genève, dont je ne songe nullement du reste à déprécier les mérites.

Un dernier détail. Vous avez retrouvé la liste des heureux destinataires d'un exemplaire de l'édition en grand papier de l'in-4⁰ de Genève. Cette liste comprend un 'm Rousseau de Perse'. Il y a quelques années, j'ai eu la chance de mettre la main sur cinq volumes de l'exemplaire réservé à ce personnage. Il s'agit de Jean-François-Xavier Rousseau (1738–1818), cousin de Jean-Jacques, et ancêtre des barons Rousseau. On pourra voir, dans notre exposition Rousseau, sous le n° 91, un volume de cet exemplaire.

9

Rousseau et l'éloquence

JEAN STAROBINSKI

'Un écrivain éloquent et philosophe': c'est ainsi que d'Alembert, par 'antonomase', désigne Rousseau dans le *Discours préliminaire* de l'*Encyclopédie*. L'éloquence, c'est la qualité évidente que tous – partisans ou ennemis – saluent en Rousseau, dès l'apparition du premier *Discours*. Chaleur, énergie, couleur (ce sont les termes consacrés), sont reconnus et loués d'un commun accord dans la langue et la diction de Rousseau. Les admirateurs formulent cet éloge parmi d'autres considérations louangeuses. Les détracteurs, eux, n'omettent pas de rendre hommage aux qualités oratoires de Rousseau, mais pour en faire l'indice d'un péril redoublé, l'éloquence rendant séduisantes des idées fausses et pernicieuses. Aux uns il apparaît comme le porte-parole enthousiaste de la vertu; aux autres, comme un dangereux rhéteur. Par quoi il incarne, dans sa parole et sa personne, l'ambiguïté qui fut inhérente à l'art oratoire presque dès l'origine. Pour qui l'accepte, l'orateur est le 'vir bonus dicendi peritus' de la tradition cicéronienne; pour qui lui oppose une fin de non recevoir, son 'feu' n'a pas de 'substance', il est le flatteur, l'astucieux cuisinier que dénonçait le *Gorgias* de Platon. Et Rousseau a très vite été *averti* de la nature ambiguë de l'accueil qu'il recevait: pour les uns, maître de sagesse; pour les autres, homme à paradoxes, sophiste capable de soutenir n'importe quelle idée, à condition qu'elle lui assure l'attention du public. C'est la conscience de l'effet oratoire qui commande, chez Rousseau, tant de justifications (dans les *Confessions*, les *Dialogues*), destinées à en révéler la *véritable* source; ou qui l'amène à formuler certaines dénégations (du genre de: 'Je prie les lecteurs de vouloir bien mettre à part mon beau style')[1] que la rhétorique récupère sans difficulté sous la rubrique de la 'précaution oratoire'.

Il est remarquable que la critique moderne se soit si peu arrêtée à l'éloquence de Rousseau.[2] Son feu oratoire est considéré, précisément, comme la part du feu. L'on trouve assez à faire avec les idées de Rousseau, avec les pages où son éloquence se fait oublier, avec celles où semble prévaloir, plutôt que de l'éloquence, un ton de poésie où la sensibilité 'moderne' accepte de se reconnaître. S'il arrive aujourd'hui qu'on persiste à le condamner pour ses élans oratoires, il n'arrive guère qu'on l'aime pour cette même raison. Cela fait bien voir que l'éloquence n'est plus pour nous ce qu'elle était au dix-huitième siècle : un *genre* traitant d'égal à égal avec la poésie, une *qualité* exigible pour qu'une œuvre ait droit à la reconnaissance.

Ces considérations laissent entrevoir l'intérêt que pourrait avoir – sur ce plan précis – une histoire de la *réception* de Rousseau. En 1878, Amiel tenait encore à louer Rousseau d'avoir excellé dans toutes les formes d'éloquence. Aujourd'hui, alors que la cote de l'éloquence est au plus bas, nous n'avons pas cessé de nous intéresser à Rousseau : cela montre à l'évidence que le 'message' de Rousseau est en partie dissociable de sa 'diction éloquente', que, par conséquent, sa richesse et sa complexité sont assez grandes pour appeler différents accueils, différentes réponses au cours du temps. Mais voici que nous avons redécouvert la rhétorique classique, sa théorie des figures, son système de description et de prescription : nous nous avisons qu'elle avait une assez claire notion des divers types 'd'actes de parole', qu'elle incluait toute une 'pragmatique', tenant compte des diverses personnes, des divers objets mis en relation par le discours. Nos intérêts modernes rendent vie à cette discipline oubliée. Il est alors inévitable que l'éloquence de Rousseau – et l'éloquence *selon* Rousseau – deviennent l'objet d'une attention sérieuse.

Si nous voulions traiter méthodiquement notre problème, il conviendrait de le subdiviser, pour le moins, en trois parties – ou moments. Premier moment : dans sa pensée 'systèmatique', dans ses écrits de 'doctrine', Rousseau inclut une véritable théorie de l'éloquence, dont il n'est pas malaisé de recueillir les traits essentiels, principalement dans l'*Émile*, mais aussi dans les deux *Discours* et dans l'*Essai sur l'origine des langues*, sans oublier non plus le *Contrat social* (notamment le chapitre sur le législateur). Deuxième moment : presque chaque œuvre de Rousseau, à la seule exception du *Dictionnaire de musique* (qui n'est pas exempt d'éloquence occasionnelle) peut être abordée comme une variété d'éloquence en action, comme la manifestation d'une *pratique* de l'éloquence : elle s'est d'abord affirmée, par deux fois, dans le genre du *Discours*, puis dans celui de la lettre publique, variant ses effets selon les desseins de l'auteur, selon le destinataire du texte, etc. . . . En troisième lieu, nous devrions porter notre attention sur le *corpus* assez large des textes où Rousseau, pour son apologétique personnelle, s'explique sur la nature de son éloquence (sur ce point, les *Dialogues*, trop peu lus, constituent un document capital; mais les *Confessions*, les *Lettres à Malesherbes*, et dans une moindre mesure les *Rêveries* apportent un matériau de même ordre). L'éloquence est donc d'abord l'objet thématisé et problématisé d'une réflexion théorique de caractère très général; elle est ensuite l'une des qualités *inhérentes* à l'écriture même de Rousseau; elle est enfin la matière d'une réflexion justificative, qui concerne la *validité* d'une pratique éloquente que Rousseau suppose mise en question, taxée d'hypocrisie et de sophistique par ses persécu-teurs: la réflexion a dès lors pour objet le sujet même qui tient ou a tenu éloquemment la plume.

La méthode descriptive que j'indique ici paraît claire et relativement simple. Cette clarté est l'effet d'un artifice, comme il en va généralement de toutes les méthodes. Dans la réalité du texte de Rousseau, les choses sont plus mêlées: c'est de manière éloquente que Rousseau prend l'éloquence pour objet de son propos théorique ou de son argumenta-tion défensive. La réflexivité, chez lui, n'abolit pas la 'chaleur', l' 'énergie' qui se trouvent être, en même temps, la chose en question pour la pensée réflexive. Réfléchir sur l'éloquence (fût-ce, à mainte reprise, pour la condamner) est souvent pour Rousseau l'occasion d'un redouble-ment d'éloquence.

Je n'ai donc esquissé mon plan méthodique que pour en prendre à mon aise avec lui. Je mêlerai les différents problèmes que j'ai distin-gués. Et le premier point que j'exposerai de façon plus détaillée concernera deux types d'*effets* que l'éloquence de Rousseau a cherché à produire: *accuser* et *séduire*.[3] Rousseau le dit au livre x des *Confessions*: quand sa vocation littéraire s'est déclarée, l'élan décisif lui est venu de 'l'indignation de la vertu'. La colère, assure-t-il, lui a '*tenu lieu* d'Apol-lon'.[4] Par rapport au modèle absolu de l'inspiration lyrique (patronnée par la divinité Apollon), il s'est agi d'une source substitutive, non divine, d'essence *passionnelle* et *morale*. Ce mouvement est celui du refus scandalisé, face aux misères et aux injustices du monde tel qu'il va. L'illumination de la route de Vincennes, à la fin de l'été 1749, a révélé à elle-même cette fureur accusatrice. Mais dès le début de cette même année, Rousseau avait connu des accès de hargne vengeresse. Humilié par Rameau, mais trouvant l'occasion d'une riposte dans les articles qu'on lui a demandés pour l'*Encyclopédie*, Rousseau décrit de la façon suivante son état d'esprit et ses intentions, dans une lettre à Madame de Warens:

Je tiens au cu et aux chausses des gens qui m'ont fait du mal et la *bile* me donne des forces et même de l'esprit et de la science:

> *La colère suffit et vaut un Apollon.*[5]

Rousseau sentait naître en lui des pouvoirs nourris par le ressentiment. Et la citation du vers de Boileau (Satire I, vers 144), lui-même imité d'un vers de Juvénal (*Natura si negat facit indignatio versum*, Satire I, vers 79), est révélatrice, puisqu'elle en appelle à un sentiment que la tradition littéraire associe étroitement au genre *satirique*. Mais la définition complète de la satire, chez Juvénal, chez Boileau, ajoute à la *colère* dirigée contre les *vices*, le *rire* dirigé contre les *ridicules* des hommes. La 'bile', la 'colère' ne suffisent pas à faire un satiriste, si le *rire* fait défaut.

Diderot saura être un satiriste au sens plein; Rousseau n'est qu'un *demi-satiriste*. Mais la colère, inspiration substitutive, énergie passionnelle d'essence négative et négatrice, a eu le pouvoir d'induire, au dire de Rousseau, par une sorte de suractivation, tous les sentiments que peut produire l'inspiration la plus haute: 'l'enthousiasme', 'l'ivresse', le 'feu vraiment céleste', bref, tous les élans qui caractérisent l'authentique 'furor' poétique, tel que l'avait défini la tradition platonicienne. Selon le système d'explication que Rousseau nous propose ici, l'indignation de la vertu est une donnée première, et l'éloquence s'échauffe par la suite, au fil du discours, où la colère s'explicite. La juste colère a précédé; puis le feu a gagné. Ceci explique le surgissement de l'éloquence, et en excuse l'*excès*. Cette explication s'apparente à celle de Kleist décrivant le progressif perfectionnement de la pensée au long du discours.

Mais il est une autre narration que Rousseau fait coexister avec celle que nous venons de mentionner: c'est le récit bien connu qui fait tout commencer par 'l'inspiration subite', par l'illumination sur la route de Vincennes. Selon cet autre récit, l'exaltation et l'*intuition* sont données en un premier temps éblouissant: le travail d'écriture ultérieur n'étant que l'essai de reconstitution, laborieux et fragmentaire, du système de vérités qui s'était imposé à l'esprit pendant un trop bref instant. Le dévoilement total du système, l'existence initiale d'un instant d'évidence, servent alors de *garant*, pour excuser tous les défauts et lacunes que l'exposé *écrit* des arguments élaboré a posteriori peut comporter. A l'origine, le système était sans faille – et il était exaltant. Il n'a pu être intégralement transcrit lorsqu'il s'est manifesté: ainsi s'expliquent et s'excusent, s'il est besoin, le défaut de cohérence logique, ou les obscurités, les tournures laborieuses qu'on pourrait être tenté de reprocher à Rousseau.

Mais dans l'un et l'autre récit du *commencement* de l'œuvre (et dans d'autres versions encore du même événement), ce qui marque le premier *temps* de l'intervention de Rousseau, c'est toujours et chaque fois le mouvement d'*accusation*. La seule trace immédiate de l'illumination – la prosopopée de Fabricius – est une apostrophe accusatrice, que Rousseau fait prononcer, *contre* les Romains dégénérés de l'Empire, par le vertueux consul républicain rappelé (rhétoriquement) d'entre les morts.[6]

A ce premier essor de la parole éloquente – qui est celui de la *dénonciation* véhémente du mal – succède un second mouvement, déjà esquissé dans les premiers *Discours*, mais que Rousseau (dans le récit des *Confessions*) fait naître avec la *Lettre à d'Alembert*. 'Jusqu'alors l'indignation de la vertu m'avait tenu lieu d'Apollon, la *tendresse* et la *douceur d'âme* m'en tinrent lieu cette fois.' A l'éloquence dirigée contre le *mal* succède, dans la même 'effervescence', une éloquence dont le but est de donner force d'évidence à tout ce qui n'est pas le mal: l'humanité telle qu'elle fut avant l'intrusion du mal social, les diverses formes de bonheur que l'homme pourrait trouver en faisant sécession hors de la sphère du mal: cette éloquence, appelons-la *nostalgique*, si elle parle d'un bonheur perdu, ou *séductrice*, si elle offre l'espoir d'une réparation, d'un dédommagement toujours possibles. Les œuvres qui parachèvent le 'systeme', l'*Émile* et le *Contrat social*, sont les contre-parties positives de l'accusation négatrice. Elles développent, comme l'avait déjà fait *La Nouvelle Héloïse*, des univers *contrastants*, qui font apparaître à l'esprit du lecteur un *salut*, une issue hors du mal omni-présent. Elles offrent l'image d'un ordre, à l'opposé du désordre présent de la société. Elles font voir l'état désirable, sous tous ses aspects: ce qui n'est plus, ce qui pourrait être, 'ce qui n'est pas'. Ces diverses modalités ont en commun de pouvoir, à tour de rôle, constituer le fondement idéal du refus opposé à *ce qui est* . . .

Qu'on n'aille pas croire que la ligne de partage entre éloquence accusatrice et éloquence séductrice marque une séparation entre des groupes d'œuvres (bien que Rousseau nous incite parfois à le croire). A lire attentivement l'*Émile*, on verra très clairement qu'elle passe souvent entre des paragraphes successifs, ou parfois même à l'intérieur d'un paragraphe. Entre l'accusation qui culpabilise le lecteur, et la parole attendrissante qui vise à gagner son cœur et sa foi, le battement est souvent rapide.

Cette manœuvre oratoire a été, d'emblée, singulièrement efficace, et reconnue comme telle. Nulle merveille si, pour en contrecarrer l'effet, les adversaires de Rousseau ont eu recours à l'argument traditionnel qui peut être opposé à toute parole efficace: ce n'est *que* de l'éloquence. Nulle merveille non plus si Rousseau, sensible plus que tout autre à ce reproche, a eu recours à la dénégation également traditionnelle: ce n'est pas de l'éloquence, mais la dictée d'une 'vive persuasion'.

[. . .] Son cœur, échauffé par l'idée du bonheur futur du genre humain et par l'honneur d'y contribuer, lui *dictait* un langage digne d'une si grande entreprise. [. . .] Il étonna l'Europe par des productions dans lesquelles les âmes vulgaires ne virent *que* de l'éloquence et de l'esprit.[7]

Avais-je quelque vrai talent pour écrire? Je ne sais. Une *vive persuasion* m'a *toujours tenu lieu d'éloquence* et j'ai toujours écrit lâchement et mal quand je n'ai pas été fortement persuadé.[8]

La vive persuasion qui dictait mes écrits leur donnait une chaleur capable de suppléer quelques fois à la force du raisonnement: élevé pour ainsi dire au-dessus de moi-même par la sublimité de mon sujet, j'étais comme ces avocats plus célèbres qu'éloquents qu'on prend pour de grands orateurs parce qu'ils plaident de grandes causes, ou plutôt comme ces *prédicateurs évangéliques* qui prêchent sans art mais qui touchent parce qu'ils sont touchés [. . .]. C'est un grand avantage pour bien parler que de dire toujours ce qu'on pense, la bonne foi sert de rhétorique, l'honnêteté de talent et rien n'est plus *semblable* à l'éloquence que le ton d'un homme fortement persuadé.[9]

Rousseau insiste une fois encore sur une substitution: la colère, nous avait-il dit, lui a 'tenu lieu d'Apollon', et voici que la 'vive persuasion' lui 'tient lieu d'éloquence'. En l'occurrence, la substitution, le 'supplément' n'est pas un pis-aller. C'est la substitution d'une valeur d'authenticité, de spontanéité, de vérité intérieure à une qualité d'art, laquelle est suspecte en tant que telle.

Ainsi pour défendre la valeur de vérité de sa parole, pour nier qu'il ait recouru délibérément aux artifices de la rhétorique, Rousseau développe un troisième genre d'éloquence, que nous pouvons nommer *apologétique*. Éloquence qui doit se faire indirecte, non-oratoire, pour être efficace – et qui prend la forme 'oblique' du récit, du dialogue, du monologue. Elle se donne le ton d'une réflexion non passionnelle prenant pour objet ce qui fut (dans les livres antécédents) le discours passionné de Jean-Jacques. A cet égard, les *Dialogues* présentent un intérêt extraordinaire, car ils formulent contre Rousseau (par la bouche du Français) toutes les accusations possibles, à quoi le personnage Rousseau apporte longuement la réponse – la justification réparatrice, le dédommagement. Prêtons attention aux calomnies dont Rousseau se fait l'écho à satiété, comme s'il avait à cœur de s'infliger à lui-même la pire blessure, afin de se donner la possibilité d'une jouissance liée au travail mental de justification. L'attaque supposée porte contre tous les aspects, toutes les parties de la relation oratoire: elle porte d'abord contre le locuteur, l'auteur – plus précisément: elle met en doute son identité: Jean-Jacques n'est pas le véritable auteur de ses livres, de sa musique; il est un plagiaire, il a usurpé l'œuvre d'autrui, etc. . . . En second lieu, l'accusation supposée porte contre le *contenu* du message: il est contradictoire, incohérent, paradoxal, etc. . . . Enfin, c'est l'*effet* du message sur son *destinataire*, sur le lecteur, qui est tenu pour délétère, pervers, destructeur. A quoi le personnage Rousseau, dans les trois *Dialogues*, répond par les arguments qui lui permettent de rétablir l'identité du locuteur Jean-Jacques, de prouver la cohérence de son système, de revendiquer la moralité de l'*effet* produit par ses œuvres sur le *cœur* du destinataire. Les preuves sont destinées à se renforcer les unes par les autres. Jean-Jacques est bien l'auteur de ses livres parce que lui seul pouvait s'exprimer de cette façon si touchante. Ses livres ne peuvent avoir qu'un effet bienfaisant, parce qu'ils sont l'expression fidèle d'une âme innocente, transportée par l'enthousiasme de la vertu. Son système n'est pas un tissu de paradoxes, ne fût-ce que parce qu'il est la peinture fidèle de celui qui tient la plume.

Le mythe d'un 'monde idéal' peuplé d'initiés, dont Jean-Jacques fait partie de naissance, pose comme une *donnée* de nature (mais réservée à une élite limitée) la possibilité d'une communication parfaite, allant du cœur au cœur sans distorsion du message, sans perte d'énergie affective et sans recours à des moyens plus développés qu'un certain *signe*, un certain *accent*. Le signe *perçu* est alors le double intégral de l'émotion qui a recouru au signe:

Des êtres si singulièrement constitués doivent nécessairement s'exprimer autrement que les hommes ordinaires. Il est impossible qu'avec des âmes si différemment modifiées, ils ne portent pas dans l'expression de leurs sentiments et de leurs idées l'empreinte de ces modifications [. . .]. C'est un signe caractéristique auquel les initiés se reconnaissent entre eux, et ce qui donne un grand prix à ce signe, si peu connu et encore moins employé, est qu'il ne peut se contrefaire, et que jamais il n'agit qu'au niveau de sa source, et que quand il ne part pas du *cœur* de ceux qui l'imitent, il n'arrive pas non plus *aux cœurs* faits pour le distinguer; mais sitôt qu'il y parvient, on ne saurait s'y méprendre, il est vrai dès qu'il est senti.[10]

Ce que Rousseau pose ici comme la règle linguistique d'un autre monde, d'un 'monde enchanté' – constitue, en fait, le *critère* qu'il utilisera au bénéfice de sa propre apologétique. Jean-Jacques *parle* comme un habitant du monde enchanté. Il peut être *reconnu* par les habitants du monde enchanté. C'est d'ailleurs lui-même qui joue les deux rôles: parler et reconnaître. Et la confirmation de l'identité menacée se développe comme une opération interne, du 'cœur' au 'cœur'.

Le rappel de ce *critère* de la communication intégrale, dont Rousseau s'est servi pour sa défense personnelle, nous amène à considérer la théorie de l'éloquence qu'il a développée au cours de son œuvre, et dont on peut dire qu'elle reste toujours sous la dépendance du même idéal linguistique.

Considérons les écrits d'éducation.

Comme nombre de ses contemporains, et sans rompre avec une tradition qui remonte à l'antiquité même, Rousseau conjugue le mépris de la rhétorique (telle qu'on l'enseigne dans les collèges et les traités), et la célébration de l'éloquence (telle qu'elle éclôt sur les lèvres des hommes passionnés). Le *Projet d'éducation de m de Sainte-Marie* n'élimine pas complètement la rhétorique, mais la réduit au strict minimum, en recourant 'tout au plus' à l'*Art de parler* de Bernard Lamy.

Lorsqu'il s'agira d'Émile, même attitude dédaigneuse: la rhétorique est l'art d'obtenir ce que nous désirons, en forçant le consentement de ceux qui peuvent nous l'accorder. Elle est donc liée au système de la *flatterie*. L'objet convoité est ce qui 'flatte notre passion' et c'est, de plus, en flattant autrui que 'l'artificieuse éloquence' arrive à ses fins. Qu'on relise les lignes où Rousseau tourne en dérision la rhétorique enseignée dans les collèges:

Quel extravagant projet de les exercer à parler sans sujet de rien dire, de croire leur faire sentir sur les bancs d'un collège l'énergie du langage des passions et toute la force de l'art de persuader *sans* intérêt de rien persuader à personne! Tous les préceptes de la rhétorique ne semblent qu'un pur verbiage à quiconque n'en tire pas l'usage pour son profit.[11]

La rhétorique a donc une fonction transactionnelle: elle est une forme courtoise, non-violente, de l'extorsion. Il est presque légitime que la passion y ait recours. La passion est la source des 'figures'. 'Comme les premiers motifs qui firent parler l'homme furent des passions, ses premières expressions furent des tropes.' Si l'on discerne, dans l'*Essai sur l'origine des langues*, une nostalgie des figures – de la *chaleur* éloquente des langues primitives – on voit, dans l'*Émile*, Rousseau condamner la lecture trop hâtive de La Fontaine, parce que l'enfant est inapte à comprendre le langage *figuré* de la fable: passion, figures, basse flatterie, voilà ce qui fait que *Le Corbeau et le renard* n'est pas un texte pour les enfants. C'est, beaucoup plus tard, 'le temps des fautes', occasionnées par la passion, qui sera 'celui des fables'. Mais Émile est supposé avoir peu de passions, peu de désirs; il n'est pas dépendant du bon vouloir d'autrui. Il n'a donc pas à le flatter. Le recours passionnel aux moyens de persuasion, lui-même préférable à l'apprentissage scolaire, ne sera donc pas le fait de l'élève que Rousseau met en scène:

Mon Émile n'est pas dans une situation si avantageuse à l'art oratoire. Borné presque au seul nécessaire physique, il a moins besoin des autres que les autres n'ont besoin de lui, et n'ayant rien à leur demander pour lui-même, ce qu'il veut leur persuader ne le touche pas d'assez près pour l'émouvoir excessivement. Il suit de là qu'en général il doit avoir un langage *simple* et *peu figuré*. Il parle ordinairement au propre et seulement pour être entendu. Il est *peu sentencieux* parce qu'il n'a pas appris à généraliser ses idées; il a peu d'images, parce qu'il est rarement passionné.

Ce n'est pas pourtant qu'il soit tout à fait flegmatique et froid [. . .]. Son langage a pris de l'*accent* et quelquefois de la *véhémence*. Le noble sentiment qui l'inspire lui donne de la force et de l'élévation; pénétré du tendre amour de l'humanité il transmet en parlant les mouvements de son âme; sa généreuse franchise a je ne sais quoi de plus enchanteur que l'*artificieuse* éloquence des autres, ou plutôt lui seul est *véritablement* éloquent puisqu'il n'a qu'à *montrer* ce qu'il sent pour le communiquer à ceux qui l'*écoutent*.[12]

Il suffit d'un adjectif, puis d'un adverbe ('artificieuse', 'véritablement') pour faire basculer l'éloquence du royaume du mal à celui du bien. Émile parle comme parlent ses 'initiés' du 'monde enchanté': il échappe au péril du malentendu.

Ainsi, grâce à l'éducation 'négative' qui écarte les livres et retarde les passions, l'on arrive à un résultat *différé* qui surpasse le but que visait l'éducation des collèges et des manuels. La 'généreuse franchise' constitue un art supérieur, un art de l'immédiateté retrouvée. Le mot 'éloquence', suspect tant qu'il restait associé aux transactions de la convoitise, retrouve toute sa légitimité et toute son innocence quand il définit un pouvoir qui assure le passage direct de l'*émotion*. La parole n'est plus alors un artifice interposé, la monnaie d'un échange inégal; elle assure, renforcée par le regard, la communication fidèle du sentiment. Elle montre à découvert – tandis que le mal consistait tantôt dans le déguisement, tantôt dans l'éblouissement provoqué par le 'faux éclat'.

Au moment plus tardif où le précepteur s'attachera à former le goût de son élève,[13] il n'oubliera pas de 'lui apprendre à faire l'analyse du discours', et de le rendre sensible 'à toutes les beautés de l'éloquence et de la diction'. Venu tard aux 'livres agréables', à la lecture comparée des grands auteurs français et latins, à la grammaire générale, Émile étudiera 'les règles de l'art de parler'. Et les objets de jouissance que le précepteur propose à son goût restent ceux que la tradition avait consacrés: l'éloquence et la poésie des anciens. Émile semble ainsi rentrer dans le rang, après un long détour.

Mais cet apprentissage servira à quelque chose de plus important que la formation du goût. Dans *Émile et Sophie*, le récit par lettres qui fait suite à *Émile*, Émile est enlevé par des pirates et retenu captif en Alger, avec d'autres compagnons. Les esclaves sont maltraités par leur maître. Émile qui est courageux, mais qui n'a d'autre ressource que la parole, s'adresse à ses compagnons et leur propose de faire grève. Son discours, toutefois, n'est pas 'écouté avec beaucoup d'émotion'.

Un jeune chevalier de Malte, en revanche, parle à la troupe des captifs 'avec plus de véhémence', excitant ainsi 'leur indignation' et enflammant 'leur courage': ces résolutions, prises dans l'enthousiasme, ne durent guère. Sur quoi Émile observe: 'Je savais que les effets de l'éloquence sont vifs mais momentanés. Les hommes qui se laissent si facilement émouvoir se calment avec la même facilité: le raisonnement *froid* et *fort* ne fait point d'effervescence, mais quand il prend il pénètre et l'effet qu'il produit *ne s'efface plus*.'[14] Un nouveau critère – d'ordre pratique et moral – apparaît ici: la *durée* de la persuasion communiquée par le discours. La mauvaise éloquence n'est pas seulement celle qui agit à travers un rapport faussé, c'est celle dont l'effet reste fugace, même s'il est vif, même s'il est acclamé. Le 'raisonnement froid et fort' d'Émile, son 'discours simple et simplement prononcé' représentent une *autre* éloquence, un meilleur usage de la parole.

Nous n'avons rien dit encore de la place que Rousseau attribue à l'éloquence dans sa philosophie de l'histoire. Prêtons-y attention maintenant. Nous verrons reparaître – de façon amplifiée – les ambiguïtés que nous avons signalées au départ.

Quiconque a lu les deux premiers *Discours* a retenu les sarcasmes que Rousseau dirige contre les méfaits de l'art oratoire, de la parole spécieuse. 'Ce sont des rhéteurs qui vous gouvernent',[15] s'exclame Fabricius en s'adressant aux Romains dégénérés. L'éloquence figure en bonne place dans l'inventaire des 'arts' et Rousseau lui assigne pour origine un essaim de vices, alors que les autres arts n'ont qu'une source unique:

L'astronomie est née de la superstition; *l'éloquence de l'ambition, de la haine, de la flatterie, du mensonge*; la géométrie, de l'avarice; la physique, d'une vaine curiosité; toutes, et la morale même, de l'orgueil humain.[16]

Dans les cités antiques, l'entrée en scène de l'éloquence a aussitôt déterminé le déclin des vertus viriles:

Rome se remplit de philosophes et d'orateurs; on négligea la discipline militaire, on méprisa l'agriculture [. . .]. La dépravation des mœurs et du gouvernement des Athéniens furent l'ouvrage des orateurs.[17]

Mêmes accusations, mais en remontant plus haut dans le temps, au fil de l'histoire hypothétique narrée par le *Discours sur l'inégalité*; la société patriarcale regroupe les familles; des fêtes rassemblent la jeunesse:

Chacun commença à regarder les autres et à vouloir être regardé soi-même, et l'estime publique eut un prix. Celui qui chantait ou dansait le mieux; le plus beau, le plus fort, le plus adroit ou *le plus éloquent devint le plus considéré*, et ce fut là le premier pas vers l'inégalité, et vers le vice en même temps.[18]

Et si la société civile a mal commencé, c'est parce que le riche a su trouver les belles paroles qui ont dupé les hommes, pour les amener à conclure un mauvais contrat – un contrat de soumission. Je dois, toutefois, ajouter ici une remarque: tout au long de ce récit qui relate les méfaits de 'l'artificieuse éloquence', Rousseau ne cesse d'évoquer la virtualité d'une *éloquence du refus*, demeurée inactive, qui aurait dû apostropher les hommes pour les empêcher de courir à leur perte, d'écouter les imposteurs, d'ajouter foi à leurs promesses:

Que de crimes, de guerres, de meurtres, que de misères et d'horreurs n'eût point épargnés au genre humain celui qui, arrachant les pieux ou comblant les fossés, eût *crié à ses semblables*: Gardez-vous d'écouter cet imposteur.[19]

La véhémence accusatrice de Rousseau projette, dans le passé hypothétique, des portes-parole éloquents, qui auraient dû dénoncer les méfaits de l'éloquence.

Ce n'est pas tout: voici qui pourra, à première vue, paraître surprenant: quand Rousseau cesse de pratiquer lui-même l'éloquence accusatrice et s'abandonne aux transports de son éloquence nostalgique, ce qui fait l'objet du regret, c'est encore une fois l'éloquence!

Après avoir désigné le langage (et surtout le langage éloquent) parmi les causes qui ont occasionné la *perte* d'une égalité et d'un bonheur primitifs, Rousseau ne peut se défendre de penser l'histoire du langage sur le même mode de la *perte*; c'est l'histoire d'une dégradation, d'une déperdition du pouvoir de communication. Nos langues sont devenues sourdes, froides, inexpressives. Comment nommer le pouvoir originel qui a été perdu? Le mot qui se propose, en vertu de sa polysémie, c'est encore une fois le mot *éloquence!* 'La langue française devient de jour en jour plus philosophique et moins éloquente.'[20] Ainsi le même terme en vient-il à désigner ce qui a provoqué une première perte, et quelque chose de précieux qui, à son tour, a été perdu.

Le regret se tourne, en fait, vers un temps primitif où l'éloquence n'était pas un art *séparé*, et où, par conséquent, elle n'était pas une puissance *séparante*:

[Les langues primitives] du midi durent être vives, sonores, accentuées, éloquentes, et souvent obscures à force d'énergie. Dire et chanter étaient autrefois la même chose, dit Strabon; ce qui montre, ajoute-t-il, que la poésie est la source de l'éloquence. Il fallait dire que l'une et l'autre eurent la même source et ne furent d'abord que la même chose.[21]

L'éloquence précède le raisonnement et [. . .] les hommes furent orateurs et poètes longtemps avant d'être philosophes.[22]

C'est, encore une fois, dans une étroite corrélation que Rousseau évoque 'les effets prodigieux de l'éloquence, de la poésie et de la musique parmi les Grecs'.[23] Et l'on sait comment, dans les pages maintenant célèbres de l'*Essai sur l'origine des langues*, Rousseau rattache entre eux la perte de la musicalité éloquente du langage, le divorce de la musique et de la parole, et la disparition de la liberté politique.

Cette vision catastrophique de la fin des langues et de la fin des sociétés – dans le froid, la séparation des consciences, la violence muette – n'exclut pas l'éventualité d'une régénération, d'une réconciliation de la culture et de la nature, au prix d'un effort supplémentaire de la réflexion. Si l'*art* a été la cause du mal, le remède pourrait se trouver non dans le refus de l'art, mais dans le mal lui-même, et le salut pourrait résulter de 'l'art perfectionné'. Ce qui est vrai des rapports sociaux doit être vrai, éminemment, des langues et de la musique. L'art perfectionné doit permettre de réinventer les vertus et les énergies premières, la plénitude antérieure aux effets séparateurs de 'l'art commencé'. La première langue associait étroitement parole et musique; ce dont Rousseau est fier, dans le *Devin du Village*, c'est d'avoir réussi un *récitatif* 'bien modulé, bien ponctué, bien accentué', c'est d'avoir réalisé 'le parfait accord des paroles et de la musique';[24] il a su ramener à l'*unité* ce que l'histoire avait séparé. '*Persuader sans convaincre*':[25] tel avait été l'un des pouvoirs de la langue primitive – pouvoir d'éloquence non étudiée. Or le législateur qui institue un peuple ne survient pas toujours au commencement des temps. Il peut intervenir au moment où un peuple, ayant traversé une 'crise' profonde, 'reprend la vigueur de la jeunesse en sortant des bras de la mort':[26] le législateur possède un art consommé du langage. Il a recours, de façon consciente et réfléchie, à l'autorité religieuse, en vue d'imposer au peuple les préceptes d'une sagesse tout humaine. L'effet obtenu retrouvera l'efficacité de la langue primitive, et Rousseau se sert des mêmes termes pour le formuler: 'Ainsi donc le Législateur ne pouvant employer ni la force ni le raisonnement, c'est une nécessité qu'il recoure à une autorité d'un autre ordre, qui puisse entraîner sans violence et *persuader sans convaincre*.'[27] La première version, plus explicite, s'efforçait de définir l'éloquence du Législateur:

Mais il n'appartient pas à tout homme de faire parler les Dieux ni d'en être cru quand il s'annonce pour leur interprète. La grandeur des choses dites en leur nom doit être soutenue par une éloquence et une fermeté plus qu'humaine. *Il faut que le feu de l'enthousiasme se joigne aux profondeurs de la sagesse et à la constance de la vertu.* En un mot la grande âme du législateur est le vrai miracle qui doit prouver sa mission.[28]

Ce qu'attend Rousseau, c'est un mixte, composé des qualités primitives du langage ('le feu de l'enthousiasme') alliées aux qualités morales qui sont le produit d'un long effort réfléchi (les 'profondeurs de la sagesse' et 'la constance de la vertu'). L'éloquence du législateur possède tout ensemble les caractères *caloriques* ('chaleur', 'effervescence') de la langue passionnelle du commencement, et la stabilité calme (la 'constance') qui ne peut être acquise que par la maîtrise des passions. Cette 'éloquence plus qu'humaine' est donc une synthèse dans laquelle l'art est dépassé, mais dans le sens d'un artifice suprême, d'une *fiction* bienfaisante, bien au-delà des 'vains prestiges' dont 'tout homme', tout menteur ingénieux serait capable.

L'éloquence inaugurale du Législateur instaure un ordre où les citoyens, tout en se réunissant fréquemment, n'auront guère besoin de l'éloquence. La cité du *Contrat* est réglée par la volonté générale exprimée par le 'peuple assemblé': dans la situation idéalement imaginée par Rousseau, l'*évidence* de la décision à prendre n'implique aucune dépense oratoire:

Un état ainsi gouverné a besoin de très peu de lois, et à mesure qu'il devient nécessaire d'en promulguer de nouvelles, cette nécessité se voit universellement. Le premier qui les propose ne fait que dire ce que tous ont déjà senti, et il n'est question *ni de brigues ni d'éloquence* pour faire passer en loi ce que chacun a déjà résolu de faire, sitôt qu'il sera sûr que les autres le feront comme lui.[29]

Le langage d'Émile, nous l'avons vu, est 'un langage simple et peu figuré': mais la *chaleur* de la langue primitive n'est pas perdue. Cet homme qui va entrer dans l'âge adulte porte en lui les énergies chaleureuses qui prévalurent au commencement des temps:

Dans le feu de l'adolescence, les esprits vivifiants retenus et cohobés dans son sang portent à son jeune cœur une chaleur qui vibre dans ses regards, qu'on sent dans ses discours, qu'on voit dans ses actions.[30]

La chaleur sublimée ('cohober' est une opération chimique très proche de la 'sublimation') transmue les forces passionnelles en 'noble sentiment'. L'éloquence d'Émile réconciliera le *froid* raisonnement, en quoi excelle le langage perfectionné de la fin des temps, et l'accent, la chaleur qui animaient la langue primitive. Cette éloquence supérieure, plus efficace que 'l'artificieuse éloquence des autres', a reconquis la puissance expressive de la première langue, mais elle est désormais au service des causes morales, non des intérêts passionnels: elle s'offre à nous comme la synthèse supérieure, où se résout et s'apaise le conflit entre la nature et la culture.

L'achèvement de l'*Émile* et celui de l'*Essai sur l'origine des langues* sont à peu près contemporains: la théorie de l'éloquence aboutit d'une part au constat de la mort de l'éloquence publique et de la liberté; d'autre part à l'éducation privée qui forme un individu maître de ses actes et de sa parole. Comment celle-ci trouvera-t-elle à s'employer? Elle s'élèvera solitairement, dans l'exil et la captivité, pour inciter des compagnons d'infortune à refuser leur condition d'esclaves. Or la situation d'oppression dans laquelle Émile, prisonnier en Alger, incite ses camarades au refus, offre une profonde analogie avec la situation d'étouffement du langage que Rousseau décrit comme celle de la France contemporaine, à la fin de l'*Essai sur l'origine des langues*; et l'on peut voir dans l'une et l'autre l'emblème hyperbolique de la situation dans laquelle Rousseau lui-même s'imagine captif et s'adresse à ses contemporains. Sous le triple aspect de la fiction, de la réflexion historique, et de la représentation 'autocompréhensive', l'on se trouve en présence d'une même situation de menace extrême, d'où l'issue et le salut ne sont possibles qu'au prix d'un 'acte de parole' – qui serait le fait d'un homme audacieux s'adressant à ses 'semblables'. Telle est la 'situation oratoire' à laquelle l'imagination de Rousseau n'a cessé de revenir de façon presque obsédante: un héros, un orateur solitaire, mais placé parfois, comme Émile, en rapport de concurrence, doué d'une clairvoyance supérieure, ayant par avance accepté la mort, ou venu lui-même d'entre les morts, *apostrophe des captifs* (tenus dans les fers par le bey d'Alger, ou par les prestiges de l'illusion, ou par leur propre du reproche et de l'accusation, il s'adresse à son destinataire pour lui même la parole en public, Rousseau n'a cessé, dans les pages de ses livres, de se mettre en scène lui-même, sur le papier, dans l'acte de la parole vive et de l'admonestation véhémente.

Par cet acte, il s'élève lui-même à une nouvelle identité, à la fois plus forte et plus risquée. Et c'est aussi l'acte dans lequel, sur le ton du reproche et de l'accusation, il s'adresse à son destinataire pour lui demander ce qu'il a fait de son identité, pourquoi il est devenu *autre* qu'il n'était auparavant selon la nature ou selon la norme sociale. Un orateur qui a renforcé sa propre identité s'adresse à un destinataire qui, lui, n'a pas su préserver la sienne.

Personnage 'fictif', Fabricius presse de questions les Romains dégénérés: 'Que sont *devenus* ces toits de chaume et ces foyers rustiques [. . .] Insensés, qu'avez-vous fait?'[31] C'est la question que Julie, après sa 'conversion', pose à Saint-Preux: 'Qu'étions-nous, et que sommes-nous *devenus*? [. . .] Que font maintenant ces amants si tendres [. . .] Qui l'apprendra sans gémir sur eux? Les voilà livrés au crime [. . .]. Quoi, *sont-ils bien les mêmes*? Leurs âmes n'ont-elles point *changé*?'[32] Distribuant dans la rue, autour de 1772, son 'billet circulaire', Rous-

seau apostrophe les Français en posant à nouveau la même question
– la question du devenir, de l'infidélité à l'image première:

Français! Nation jadis aimable et douce, *qu'êtes-vous devenus?* Que vous êtes
changés pour un étranger infortuné . . .[33]

L'éloquence accusatrice de Fabricius est devenue l'éloquence apologétique et le plaidoyer défensif de Jean-Jacques. Mais l'élan générateur
est resté le même. La parole, née de l'excès de l'indignation, monte
irrésistiblement aux lèvres du solitaire, qui eût préféré persévérer dans
le silence de l'innocence, dans la tranquillité de la vertu. Il *doit* parler,
parce que le malheur des autres, et leurs erreurs désastreuses, ne lui
permettent pas de garder le silence. Il veut les délivrer du mal, et tout
ensemble se délivrer de leur malignité. Il les accuse d'avoir coupable-
ment *changé*, alors que, lui, il est demeuré le gardien d'une identité
difficilement sauvegardée, d'une bonté que rien n'a pu altérer, d'une
image de la nature qui ne s'est jamais effacée. Peut-être est-ce là le
secret de l'efficacité toujours agissante de l'éloquence de Rousseau.
Peut-être est-ce aussi la raison pour laquelle il ne cesse de nous irriter.
Il rejoint en nous une culpabilité que le cours de l'histoire n'a fait
qu'exaspérer et renforcer: nous ne sommes pas fiers de ce que nous
sommes *devenus*, de ce que le monde est *devenu*. Mais quel privilège, sinon
celui, admirable et détestable, du langage, permet-il à Rousseau de
s'excepter, et de se conférer – à lui *seul* – le droit du juger la civilisation,
le droit de chercher dans la dictée de son cœur le remède à tous les maux
de l'humanité? Il nous atteint, indéniablement; il arrive même que,
comme son Législateur, il sache 'persuader sans convaincre': mais comment, aussitôt, ne pas mettre en doute cet empire: car enfin, si Rousseau
parle en prophète, de quelle divinité, de quelle *autorité* est-il le prophète? Seulement, Rousseau a prévu notre rébellion contre son
éloquence: il y a répondu, et longuement, par avance.[34] Il faut donc,
encore une fois (et pour combien de temps encore?) continuer à
l'écouter.

Notes

1 *LM*, *Pléiade* iii.686.
2 Signalons les exceptions: Peter France, *Rhetoric and Truth in France* (Oxford
 University Press, 1972); Robert J. Ellrich, *Rousseau and his Reader: the rhetorical
 situation in the major works* (Chapel Hill, 1969).
3 Nous avons tenté d'aborder cet aspect de Rousseau dans deux articles: 'The
 Accuser and the Accused', *Daedalus* (summer 1978), pp. 41–58; 'Rousseau:
 accuser et séduire', dans *Le Nouveau Commerce* (automne 1978), pp. 21–36.

4 *Pléiade* i.495.

5 Leigh ii.113.

6 Cf. notre article, 'La prosopopée de Fabricius' dans *Revue des sciences humaines*, clxi (1976), pp. 83–96.

7 *Dialogues* II, *Pléiade* i.829.

8 Deuxième lettre à Malesherbes, *Pléiade* i.1136.

9 Fragment biographique, *Pléiade* i.1113.

10 *Dialogues* I, *Pléiade* i.672.

11 *Émile* IV, *Pléiade* iv.546.

12 *Émile* IV, *Pléiade* iv.546–7.

13 *Émile* IV, *Pléiade* iv.675.

14 *Pléiade* iv.922.

15 *Pléiade* iii.14.

16 *Pléiade* iii.17.

17 *Pléiade* iii.14.

18 *Pléiade* iii.169.

19 *Pléiade* iii.164.

20 Prononciation, *Pléiade* ii.1250.

21 *EOL*, ch. XI.

22 'L'origine de la mélodie', *Revue de Musicologie*, lx (1979), p. 63.

23 *EOL*, ch. XII.

24 *Dialogues* I, *Pléiade* i.683.

25 *EOL*, ch. IV.

26 *CS* II.viii, *Pléiade* iii.385.

27 *CS* II.vii, *Pléiade* iii.383.

28 *CS* (ms. de Genève), *Pléiade* iii.317.

29 *CS* IV.i, *Pléiade* iii.437.

30 *Émile* IV, *Pléiade* iv.547.

31 *Premier Discours*, *Pléiade* iii.14.

32 *La NH* III.xviii, *Pléiade* ii.352.

33 Billet circulaire, *Pléiade* i.990. Cette question réitérée ne définit pas l'essence de l'éloquence de Jean-Jacques: ce n'est que l'un des thèmes favoris qu'il met en œuvre pour accentuer son propos accusateur. Mais c'est l'occasion pour nous d'apercevoir un trait fondamental de cette parole, qui veut être le témoin de ce qui ne change pas, face à ce qui change, à qui s'altère. Citons encore quelques exemples. Relatant la dernière entrevue avec Madame de Warens, Rousseau s'exclame: *'Etait-ce la même* Madame de Warens jadis si brillante' (*Confessions* VIII, *Pléiade* i.391). Et à propos de Venture de Villeneuve, retrouvé après maintes années: 'Qu'il me parut *changé*' (*Confessions* VIII, *Pléiade* i.398). Après l'infidélité de Sophie, Émile reporte l'interrogation sur lui-même: 'Tu l'accuses de *n'être plus la même*! O Émile, et toi n'as-tu point *changé*? Combien je t'ai vu dans la grande ville *différent* près d'elle de ce que tu fus jadis! Ah son inconstance est l'œuvre de la tienne' (*Émile et Sophie*, *Pléiade* iv.896).

34 'Je vois donc à la fois dans l'ouvrage de la législation deux choses qui semblent s'exclure mutuellement; une entreprise au-dessus de toute force humaine, et pour l'exécuter, une *autorité qui n'est rien*' (*CS*, ms. de Genève, *Pléiade* iii.316).

Discussion

M. LAUNAY: Pourriez-vous préciser votre analyse de la théorie rousseauiste sur l'éloquence du Législateur? L'utilisation de la notion de 'grande âme du Législateur' comme critère de la légitimité de l'action de ce Législateur est-elle un renvoi pur et simple à la subjectivité? Si une 'grande âme' se reconnaît non à des discours, mais grâce aux actes, aux actions, à la vie qui sont les conséquences concrètes et les manifestations de cette 'grande âme', nous ne sommes pas renvoyés à la pure subjectivité, mais au contraire à l'objectivité de la cohérence ou de l'incohérence de la vie, des actes et des paroles de ce Législateur. D'autre part, comment relier cette notion de 'grande âme' (que cette grande âme s'inscrive et se manifeste par des discours ou par des actes) et ce que dit Rousseau sur l'art du Législateur qui 'place ses décrets dans la bouche des Immortels', et use de ruse? Enfin, pourquoi semblez-vous privilégier la parole ou le cri, dans les textes comme celui de la Deuxième Partie du *Discours sur l'inégalité*, où Rousseau commence au contraire par évoquer les actions non verbales et les gestes physiques: la bonne éloquence de celui qui combat la mauvaise éloquence du riche imposteur n'a-t-elle pas précisément pour critère le fait que celui qui dénonce l'imposture de la propriété privée joint le geste et l'acte à la parole: 'celui qui, *arrachant les pieux et comblant les fossés*, eût crié à ses semblables [. . .]'. L'acte d'arracher les pieux et de combler les fossés précède, dans le texte, le cri, et en tout cas il lui est grammaticalement simultané. Ne serait-ce pas la coïncidence et le primat de l'acte et du geste par rapport à la parole ou au cri, qui authentifierait la bonté de cette éloquence, opposée à la mauvaise éloquence de l'imposteur et des riches, où il y a décalage et contradiction entre le discours et la réalité? Enfin (enfin?) ce qui séparerait la bonne et la mauvaise éloquence, ce serait seulement l'action du temps ('on les reconnaîtra à leurs fruits') et la froide fidélité, à travers tous les obstacles, au but qui est le service et l'émancipation du peuple: comme vous l'avez bien montré à propos d'*Émile et Sophie* et d'Émile conducteur sage d'une grève d'esclaves.

J. Starobinski: Le postulat fondamental est celui d'une communication complète, du 'cœur' au 'cœur'. Ce postulat ne perd donc jamais de vue l'*efficacité* (sentimentale, intellectuelle, pratique) de l'acte de communication. Selon les circonstances historiques et le degré d'évolution des sociétés, la communication efficace se dispensera du langage articulé ('éloquence muette', 'langage d'action'), ou bien recourra à la parole 'chaude' de la société naissante, ou enfin mettra en œuvre les ressources intellectuelles de nos langues refroidies. A mesure que progresse la précision intellectuelle, un risque s'établit: c'est qu'un écart s'interpose entre le *dire* et le *faire*, écart que peut exploiter la tromperie. Joindre l'acte à la parole, c'est littéralement 'combler le fossé', comme si Rousseau avait voulu nous faire entendre que l'écart entre propriétaires et non-propriétaires, à l'origine des sociétés, était homologue à l'écart entre dire et faire. Mais le *cri* contre celui qui a 'enclos' son 'terrain', et le *geste* associés, que personne n'a osés, Rousseau les conçoit sans doute comme appropriés à un âge de l'humanité où ce type de langage eût été mieux entendu. L'éloquence 'froide' d'Émile appartient à autre moment de l'histoire.

J.-L. Lecercle: Lorsque Rousseau fond la véritable éloquence sur la sincérité, la pureté de l'intention, l'accord entre les paroles et les actes, ne croyez-vous pas qu'il cache quelque chose? Tout le monde sait qu'il ne suffit pas d'être sincère pour être éloquent. Lui-même le savait bien, qui avait travaillé avec tant d'acharnement pour acquérir sa maîtrise. Mais on l'accusait d'être un charlatan. Il était donc conduit à masquer le rôle de l'art dans son éloquence. C'est pourquoi je crois que, quand il fait la théorie de l'éloquence, il ébauche déjà sa propre défense.

J. Starobinski: Sans doute, et le second *Dialogue* le démontre parfaitement. Rousseau s'acharne à prouver que son éloquence n'est pas de la rhétorique, mais le résultat d'une 'vive persuasion'. Il ne peut nier l'art dont il a fait usage. Pour surmonter la contradiction, dès le premier *Discours*, il a fait usage de la métaphore pharmaco-médicale du 'remède dans le mal'. L'éloquence bien inspirée et bien dirigée peut servir à guérir les maux suscités par l'éloquence fallacieuse.

R. Wokler: I wonder if I might return to the point raised by m Launay regarding your distinction between 'true' and 'false' eloquence and endorse what I take to be his view that Rousseau differentiated types of eloquence more by virtue of their objects or purposes than in terms of their character or forms. First let me say, however, that I would not go so far as you have done in contrasting the nature of the eloquence employed by the Legislator in the *Manuscrit de Genève* as against that of the final version of the *Contrat social*, since even in the

Contrat the Legislator is described as 'persuading' the populace, though he employs techniques which, Rousseau remarks, 'persuade without convincing'. So I would not wholly agree with your suggestion that the arts of persuasion apply only to the Legislator of the *Manuscrit*. But I entirely agree with you that the idea of eloquence figures in a decisive way in the *Discours sur l'inégalité*, in the passage from the second part which you have quoted. In it, Rousseau portrays eloquence, together with adroitness, as one of the first traits which early human societies recognise as worthy of esteem on the path towards their moral corruption. In fact, I should go even further than you have done in emphasising the importance of eloquence in the *Discours*, for the idea figures not only in that passage but also implicitly in the discussion of private property at the beginning of the second part. After all, private property in the *Discours* can be largely defined in terms of eloquence and deception. The first man who enclosed a piece of land may have applied his adroitness or dexterity upon the soil, but his entitlement to property must have been gained by eloquence – that is, by duping others foolish enough to believe him that his claim was legitimate.

Property, then, was for Rousseau largely a product of eloquence. And my question to you is this: How in terms of 'true' and 'false' eloquence, can you distinguish the rhetoric employed by this pernicious founder of civil society from the rhetoric of the marvellously inspired Legislator of the *Contrat social* who persuades his audience into forming a wise confederation? In connection with Dr Ellenburg's paper we have already discussed the problem of the Legislator and the need for such a figure to engender public-spiritedness among individuals who otherwise have no apparent motive in joining together. And I'm afraid that I find it difficult to see how your opposition between 'true' and 'false' eloquence captures the essential difference between these two figures in Rousseau's political thought. Are not both the first owner of private property *and* the Legislator equally tricksters and deceivers? Do they not both captivate an unwitting audience simply through the power of their words – through rhetorical devices that seem to herald the truth only because they are uttered by glib persuaders? In each case, we are spellbound by eloquence which seems more false than true in character – an 'éloquence trompeuse', to use your expression – and yet the outcome of one is that we run headlong into our chains, while the consequence of the other is that we are uplifted into a new world of moral self-fulfilment. In order to understand Rousseau's distinction between these two types of eloquence, therefore, I believe we must refer more to the respective objects for which apparently similar modes of persuasion are employed in each instance than to the substantially less clear differences between the false and true character of the rhetoric employed. Is it not with regard to the *purpose* of eloquence that Rousseau – like Plato before him – distinguished two kinds of misrepresentation; one which feigns divine inspirations for personal gain, the other which is expressed through an analogous deception, but which is based ultimately on a profound wisdom that benefits others?

J. STAROBINSKI: En gros, je dirais que *Manuscrit de Genève* décrit les ressources morales et verbales du Législateur, tandis que le *Contrat social* resserre la définition du personnage en la limitant à l'effet de sa parole: 'persuader sans convaincre'. Peut-être Rousseau a-t-il éliminé la mention de l'éloquence du Législateur parce que, au livre IV, chap. I du *Contrat*, il précisera: 'il n'est question ni de brigues *ni d'éloquence* pour faire passer en loi ce que chacun a déjà résolu de faire'. Je crois qu'il faut recourir au couple conceptuel *séparer – rassembler*, si souvent utilisé par Rousseau, pour comprendre ce qui, à ses yeux, permet de distinguer la bonne et la mauvaise éloquence. La bonne éloquence est celle qui 'institue un peuple', qui le rassemble, qui est intelligible au 'peuple assemblé' – tandis que la mauvaise éloquence est foncièrement séparatrice. Elle interpose un artifice verbal entre celui qui parle et celui qui écoute, et son résultat consiste à les éloigner, de toutes les manières possibles, l'un de l'autre.

M. EIGELDINGER: Dans l'*Essai sur l'origine des langues* et dans *Émile*, Rousseau valorise la 'langue des signes', le langage gestuel. Peut-on considérer qu'une éloquence leur est attachée de même qu'à la parole et à l'écriture?

J. STAROBINSKI: Oui: il suffit de se référer à l'exemple du Lévite d'Ephraïm, déchirant le *corps* de sa compagne pour l'envoyer aux tribus d'Israël. Rousseau parle d'''éloquence muette' à ce propos (et à propos de l'exhibition du corps de Phryné). Reste que cette éloquence muette fait l'objet d'une évocation nostalgique par les moyens du langage verbal le plus élaboré qui soit.

C. FRAYLING: You have discussed the emphasis given to the concept of eloquence in the *Lawgiver* section of the Geneva manuscript, and the type of eloquence employed by Émile, when he addresses the galley-slaves. In the light of your remarks about these two examples of the positive application of eloquence, could you comment on the 'cold, inexpressive' language used by m de Wolmar when he is trying to convince (or persuade) 'Saint-Preux' (another kind of prisoner, perhaps) at Clarens?

J. STAROBINSKI: Vous avez raison de signaler d'étroites ressemblances entre le rôle que Rousseau attribue au Législateur, et celui qu'il prête à m de Wolmar. Dans les deux cas, la considération raisonnable du bien collectif aboutit à une pédagogie indirecte, qui dose les influences les plus diverses, en fonction du but poursuivi. La 'vertu' qui les caractérise implique la réflexivité la plus développée. Leur pouvoir, dès lors, ne réside pas dans la primitive spontanéité, mais dans le choix judicieux qu'ils font entre tous les moyens humains, qu'ils tiennent à leur disposition.

Rousseau écrivain

MICHEL LAUNAY

Les lignes que nous proposons sous ce titre tentent de creuser une recherche amorcée à propos de l'écrivain politique et élargie aux écrits autobiographiques,[1] puis généralisée à partir de la notion d'"écriture contractuelle'.[2] Nous la poursuivons sous la forme d'un bilan, sans cesse provisoire, sur 'Rousseau écrivain', bilan dont nous ne sommes pas près de voir la fin, puisque chaque lecteur de Rousseau recrée en lui, à chacune de ses lectures, un nouveau 'Rousseau écrivain'. Il ne peut donc s'agir d'un illusoire 'état présent sur Rousseau écrivain', mais plutôt d'une réflexion sur ce qui devrait être 'l'essentiel', à partir d'un questionnaire qui m'a valu la chance de plusieurs réponses.[3] Esquissons, à partir de ces contributions, une nouvelle et toujours provisoire tentative de synthèse.

I. L'ÉCRIVAIN: 'AUTEUR DISTINGUÉ' OU 'BARBOUILLEUR DE PAPIER'?

Un premier bilan que j'ai dressé sur Rousseau écrivain était sous le signe d'une phrase extraite du livre IV d'*Émile*: 'Il faut employer beaucoup d'art pour empêcher l'homme social d'être tout à fait artificiel' (*Pléiade* iv.640). 'Le remède dans le mal' de Jean Starobinski m'est expédié avec une dédicace extraite du livre I des *Confessions*: 'Quand, cherchant le remède dans le mal même, on eût voulu pour jamais amortir mes sens dépravés, on n'aurait pu mieux s'y prendre' (*Pléiade* i.19).

L'avantage d'une construction de l'objet 'Rousseau écrivain' à partir de ces deux citations est qu'elle permet de se délivrer de tout découpage artificiel du texte de Rousseau selon les habituelles catégories universitaires et positivistes ('L'homme/l'œuvre' ou 'L'homme/le penseur/ l'écrivain'). Elle permet surtout d'être attentif à la prière de Rousseau, qui refusait catégoriquement d'être rangé dans la catégorie des 'barbouilleurs de papier', des écrivains qui ne sont qu'écrivains: 'Je prie les Lecteurs de vouloir bien mettre à part mon beau style, et d'examiner seulement si je raisonne bien ou mal' (*LM*, *Pléiade* iii.686). Parler de Rousseau écrivain, si l'on veut le faire en tenant compte de l'objurgation de Jean-Jacques, ce serait donc examiner seulement s'il raisonne bien ou mal? Que non: précisément grâce à la dialectique du mal et du remède, de l'artificiel et de l'art, on peut dépasser la fausse opposition, et même la fausse distinction de 'l'écrivain' et du 'penseur', et se situer peut-être au cœur de la position de Rousseau écrivain–penseur.

La ligne de la morale des Lumières (le salut est dans la diffusion des sciences et des arts) n'est pas contradictoire avec la position de Rousseau, précisément grâce à la dialectique du mal (l'artificiel) et du remède (l'art). Dans l'état de corruption où se trouve la société, le salut est dans la diffusion d'une 'instruction' permettant à tous les citoyens de n'être pas dupes des voleurs, des charlatans, des jongleurs et des sophistes que sont les riches, les gouvernants et les écrivains payés par les riches et les gouvernants:

Né citoyen d'un État libre, et membre du souverain, quelque foible influence que puisse avoir ma voix dans les affaires publiques, le droit d'y voter suffit pour m'imposer le devoir de m'en instruire. (*CS*, *Pléiade* iii.351)

Chaque écrivain a le devoir de faire entendre sa faible 'voix' pour exercer une minuscule 'influence' en s'instruisant et en instruisant ses lecteurs, les citoyens, sur les affaires publiques.

En revanche, il faut creuser un peu plus le sujet de la 'vie' et de la 'vérité', le rapport de la 'vie' et du 'discours sur la vie'. Rousseau assume le ridicule de passer pour un curé ou de jouer au curé, de dire et de faire dire le catéchisme: 'J'aimois mieux être Ministre, car je trouvois bien beau de prêcher' (*Confessions* I, *Pléiade* i.25). Rousseau écrivain, dans cette perspective, ce serait la compensation, tout au long d'une vie, et par le détour des livres, de la frustration créée par l'interdiction sociale (et en dernière instance économique) d'écouter la vocation religieuse:

Mais le petit revenu du bien de ma mère à partager entre mon frère et moi ne suffisoit pas pour pousser mes études [. . .] Après de longues délibérations pour suivre mes dispositions naturelles, on prit enfin le parti pour lequel j'en avois le moins, et l'on me mit chez m Masseron, greffier de la Ville, pour apprendre sous lui, comme disait m Bernard, l'utile métier de grapignan. (*Pléiade* i.25 et 30)

Dans la Seconde Préface de *La Nouvelle Héloïse*, le 'métier des Prédicateurs' qui 'nous crient: *Soyez bons et sages*, sans beaucoup s'inquiéter du succès de leurs discours' (*Pléiade* ii.20) est condamné, mais le nom de 'prêcheuse' devient charmant, puisque c'est le surnom donné à

Julie par ceux et celles qui l'aiment. Là encore, on retrouve la dialectique de l'artificiel et de l'art, du mal et du remède: être un 'prédicateur de métier', c'est le mal, c'est être artificiel, vénal, corrompu; être 'une charmante prêcheuse', c'est le remède, c'est l'art qui empêche l'homme social d'être tout à fait artificiel, c'est 's'inquiéter du succès de son discours': 'Le citoyen qui s'en inquiète ne doit point nous crier sottement: *Soyez bons*; mais nous faire aimer l'état qui nous porte à l'être' (*Pléiade* ii.20).

Ne craignons donc point d'être curés, d'être des 'officiers de morale' (c'est-à-dire, selon le *Projet de constitution pour la Corse*, d'être d'anciens curés récupérés en citoyens chargés de faire aimer, de rendre aimable la vertu). Assumons le ridicule, c'est-à-dire l'apparence de ridicule aux yeux du monde et des gens corrompus, de prêcher et de faire prêcher l'aimable vertu à de jolies filles. On le fait pour le plaisir, et non pour gagner de l'argent.

C'est là où le 'remède dans le mal' de Jean Starobinski, psychologisant ou psychanalysant la lecture du texte de Rousseau, nous semble admirable, et castratrice. Elle est admirable pour explorer les dimensions 'intérieures' ou 'subjectives' de la dialectique de Rousseau artiste ou écrivain. Mais elle gomme les dimensions 'sociales' ou 'objectives' de Rousseau écrivain: elle s'abstient d'indiquer si le retentissement de l'écriture de Rousseau jusqu'à nos jours est explicable par le mal social objectif qu'il a dénoncé, ou seulement par 'l'oubli paranoïaque' (p. 273) trouvant un écho chez d'autres 'paranoïaques'. Et même dans cette dernière perspective, il resterait à chercher pourquoi, de Rousseau à nos jours, il y a tant de paranoïaques, tant de chômeurs, tant d'injustices, tant de propriétaires qui disposent de plus que le nécessaire alors que la multitude est affamée, et tant de barbouilleurs de papier qui écrivent pour avoir du pain, des sucettes, des honneurs, des épées d'académiciens, de bons articles de critiques qui eux-mêmes . . . :

J'aurois pu me jetter tout à fait du côté le plus lucratif, et au lieu d'asservir ma plume à la copie, la dévouer entière à des Écrits, qui, du vol que j'avois pris et que je me sentois en état de soutenir, pouvoient me faire vivre dans l'abondance et même dans l'opulence, pour peu que j'eusse voulu joindre des manœuvres d'auteur au soin de publier de bons livres. Mais je sentois qu'écrire pour avoir du pain eût bientôt étouffé mon génie et tué mon talent qui était moins dans ma plume que dans mon cœur, et né uniquement d'une façon de penser élevée et fière qui seule pouvait le nourrir. Rien de vigoureux, rien de grand ne peut partir d'une plume toute vénale. La nécessité, l'avidité peut-être, m'eût fait faire plus vite que bien. Si le besoin du succès ne m'eût pas plongé dans les cabales il m'eût fait chercher à dire, moins des choses

utiles et vraies, que des choses qui plussent à la multitude, et d'un auteur
distingué que je pouvois être, je n'aurois été qu'un barbouilleur de papier.
Non non, j'ai toujours senti que l'état d'Auteur n'étoit, ne pouvoit être
illustre et respectable qu'autant qu'il n'étoit pas un métier. (*Pléiade*, i.402–3)

Parler de Rousseau écrivain, si l'on ne veut pas rapetisser Rousseau,
se rapetisser soi-même et tenter de rapetisser les autres lecteurs, c'est
donc, nécessairement, commencer par tenter d'élucider pourquoi le
fait 'd'écrire pour avoir du pain', selon Rousseau, 'eût bientôt étouffé
son génie et tué son talent': c'est s'interroger sur la distinction radicale
qu'il établit entre les 'auteurs distingués' et les 'barbouilleurs de papier'.
C'est seulement lorsqu'on a pris position sur ce point qu'on peut
nuancer, en commentant le 'talent qui était moins dans ma plume que
dans mon cœur': Rousseau admet que son talent était *un petit peu* dans
sa 'plume', il instaure la dialectique du cœur et de la plume, de la nature
et de l'art, à partir de la condamnation du mal, de l'artificiel, de l'état
social d'inégalité parmi les hommes.

L'art est légitime, dès lors qu'il se fonde sur les 'prises' que lui offre
la nature dans les cœurs des hommes, et dès lors qu'il préserve, con-
solide et développe ces prises naturelles contre les progrès du mal.
L'amour, l'amitié, la bienfaisance, la confiance, la pitié sont quelques-
unes de ces prises: mixtes de nature et de société, mais non pas
irrémédiablement artificiels. Au contraire, le désir du gain, des honneurs et de l'argent, s'ils entrent pour quoi que ce soit dans le cœur
et sous la plume de l'écrivain, tuent son talent, étouffent son génie, le
rabougrissent.

Pour clore cette première partie de mon sermon, en tentant de
provoquer, par cette 'clôture', d'autres réactions et réouvertures,
j'affirme donc, sans tentation de dogmatiser, et simplement parce qu'il
m'est demandé d''exposer avec liberté mon sentiment' (*Émile*, *Pléiade*
iv.242) que Rousseau écrivain, c'est d'abord un texte qui formule des
maximes 'dont la vérité ou la fausseté importe à connoître, et qui font
le bonheur ou le malheur du genre humain' (*Pléiade* iv.242). Pour moi,
cex maximes sont vraies, et font mon bonheur, sinon celui du genre
humain. Et il m'importe de savoir jusqu'à quel point ces maximes sont
vraies pour Jean Sgard, Jean Starobinski et pour quelques autres amis
et amies.

II. LE TALENT DE L'ÉCRIVAIN: LA PLUME ET LE CŒUR, OU L'ÉCRITURE CONTRACTUELLE

Après avoir tenté de creuser la distinction de l'écrivain et de l'écrivant,
subvertie, avec ou sans la permission de Roland Barthes, en l'appliquant

à la distinction rousseauiste de 'l'auteur distingué' et des 'barbouilleurs de papier', après avoir cherché, en suivant Rousseau, la source de son 'génie' d'écrivain, on peut (peut-être) parler de son 'talent', c'est-à-dire des rapports de sa 'plume' et de son 'cœur'. C'est là où la notion d''écriture contractuelle' peut avoir quelque utilité. Qu'est-ce qui, dans l'écriture de Rousseau, la *distingue* de la littérature, de la rhétorique, et des productions des barbouilleurs de papier? Nous faisons l'hypothèse que c'est sa structure contractuelle, impliquant le lecteur dans un rapport d'égal à égal, qui suppose un certain type de réciprocité, de respect mutuel. L'écrivain donne, ou offre, mais le lecteur doit donner aussi. Nous croyons pouvoir déceler quatre formes ou figures de cette 'écriture contractuelle'. Nous considérons ces quatre formes comme susceptibles de meilleures formulations, et comptons sur le public, les lecteurs et auditeurs de Cambridge, pour les préciser, les critiquer, les reformuler.

1. *Écriture critique, instaurant une polémique intense au cœur d'un texte*

Dès l'*Idée de la méthode dans la composition d'un livre*, on déborde les artifices de la rhétorique qui consiste à 'expliquer d'abord le sentiment commun', les 'raisons avantageuses au parti contraire' pour 'prévenir le lecteur favorablement': on 'détruit d'abord le sentiment opposé, ensuite on établit le sien' (*Pléiade* ii.1243). Écrire, c'est dépasser la rhétorique et à plus forte raison la sophistique:

Quant aux objections, il se les faut présenter de bonne foi et avec toute la solidité qu'elles peuvent avoir: la plupart des Auteurs suivent là-dessus la plus mauvaise position du monde: ils ne donnent des forces à leurs adversaires qu'à proportion de celles qu'ils se sentent à eux-mêmes; ils mesurent les objections sur leurs réponses, et ils croient avoir fait merveilles quand ils ont renversé ces foibles obstacles. Mais ils ont bientôt à faire à des gens qui ne les ménagent pas de même, et ces sortes de disputes aboutissent souvent à convaincre un auteur d'ignorance ou de mauvaise foy. On prévient cela en procédant rondement; quand on fait parler ses adversaires il faut leur donner tout l'esprit qu'on peut avoir, se mettre à leur place, se revêtir de leur opinion, se saisir soi-même au corps et ne se point marchander; dussent les solutions être de moindre valeur que les difficultés, cela feroit encore un meilleur effet que les ruses d'un Écrivain peu sincère qui donne le change et cherche à en imposer. (*Pléiade* ii.1245–6)

L'un des plus beaux exemples que je puisse donner de la mise en pratique de ce précepte concerne les passages où Rousseau, au mépris des objections prévisibles sur sa prétendue intolérance, prévoit qu'il faut expulser ou condamner à mort les athées dans la République du

Contrat social. Il va jusqu'au bout de son raisonnement, en sachant fort bien que les Philosophes se récrieront contre cette nouvelle apologie de l'Inquisition. Mais Rousseau sait aussi que, dans *La Nouvelle Héloïse*, il avait par avance répondu à ce type d'objection:

Mais loin que mon dessein dans cette note soit de me mettre lâchement à couvert, voici bien nettement mon propre sentiment sur ce point. C'est que nul vrai croyant ne sauroit être intolérant ni persécuteur. Si j'étois magistrat, et que la loi portât peine de mort contre les athées, je commencerois par faire brûler comme tel quiconque en viendroit dénoncer un autre. (*La NH* v. v, n., *Pléiade* ii.589)

Il y a là écriture contractuelle dans la mesure où la sincérité de Rousseau a pour condition la volonté du lecteur de se libérer des préjugés: Rousseau accepte de ne reculer devant aucune conséquence, même extrême, de sa logique (et c'est dans le *Contrat social*, c'est-à-dire bien postérieurement à *Julie*, que le 'Si' de l'hypothèse, 'Si j'étais magistrat, et que la loi portât peine de mort contre les athées', est pris au sérieux) à condition que le lecteur accepte une nouvelle définition de l'athéisme: l'athéisme se définit non par des pensées, mais par des actes. Celui qui dénonce un athée se comporte en athée, puisqu'il dénonce un frère, puisqu'il brise les fondements de la confiance en pratiquant la délation: c'est donc lui qu'on doit brûler d'abord. Par là, Rousseau assure une auto-régulation, qui empêche son raisonnement rigoureux de devenir tyrannique et totalitaire. Est athée celui qui commet un acte contraire à l'humanité, et qui ne s'en repent point: l'humanité doit se défendre contre cet ennemi. L'Inquisition ne trouvera là aucun argument permettant de se justifier. Dans le *Contrat social*, Rousseau laisse la contradiction se développer jusqu'au point où elle devient intolérable: il se contente de dire que son cœur murmure devant la peine de mort, et soutient ce murmure par une allusion à l'Évangile ('que celui qui est sans péché lui jette la première pierre').

C'est au lecteur d'être attentif, et non à lui, Rousseau, d'estomper les difficultés inhérentes à toute démocratie: la vraie démocratie suppose la vertu, et la vertu est force, elle n'a aucune indulgence pour les menteurs, les tricheurs et les voleurs, c'est-à-dire les riches qui peuvent se permettre le luxe d'être athées. Mais Rousseau n'est pas candidat aux fonctions de censeur, d'inquisiteur et de bureaucrate: il laisse cela aux philosophes qui vous étranglent philosophiquement, aux chrétiens qui vous étouffent chrétiennement, aux bureaucrates qui vous éliminent bureaucratiquement, et aux libéraux qui vous liquident libéralement.

On voit ici comment sont dépassés les conseils de la rhétorique, qui se contenterait de dire aux apprentis orateurs et aux futurs écrivains qu'une argumentation est faible quand elle prend un exemple trop facile ou quand elle détruit une objection elle-même trop faible. On est plus proche de l'écriture dramatique d'un Musset qui, dans la composition des *Caprices de Marianne*, avouait que parfois il donnait à Marianne des arguments si forts (contre lui, Musset) qu'il ne savait plus comment lui répondre. On est plus proche encore de Brecht qui assurait, à propos de 'l'expérience sociologique' de l'*Opéra de Quat'sous* mis au cinéma: 'Tous nos espoirs sont dans les contradictions.' Rousseau n'est pas intimidé par les contradictions qui peuvent surgir dans sa méditation: il sait que ces contradictions sont les contradictions mêmes de l'état social:

Tout n'est que folie et contradiction dans les institutions humaines [. . .] Ces considérations sont importantes, et servent à résoudre toutes les contradictions du système social.* (Note)* Dans mes *Principes du droit politique* il est démontré que nulle volonté particulière ne peut être ordonnée dans le système social [. . .] Ce principe est de la dernière importance, et mérite d'être approfondi; car c'est ici que l'homme commence à se mettre en contradiction avec lui-même [. . .] il y a tant de contradictions entre les droits de la nature et nos lois sociales, que pour les concilier il faut gauchir et tergiverser sans cesse. (*Émile* II, *Pléiade* iv.306, 311, 334 n., IV, *Pléiade* iv.640)

Ainsi cette écriture est profondément critique: critique des mots (et par exemple de l'usage commun, idéologique et faux, du mot 'athée': Rousseau généralise cette critique, dans *Émile*, par sa fameuse note sur les définitions (*Pléiade* iv.345n.) et critique des raisonnements tronqués, qui excluent la nécessité des contradictions. Et cette écriture est contractuelle: si le lecteur n'accepte pas de rentrer dans le jeu de la critique, rien ne va plus, il ne peut rien comprendre. Il doit être attentif: l'écrivain ne lui promet pas de lui faciliter la tâche, il lui promet seulement de ne pas se faciliter à soi-même la tâche.

Souterrain de papier: l'*Idée de la méthode dans la composition d'un livre* se comprend encore mieux lorsqu'on a lu le passage de la *Lettre à d'Alembert sur les spectacles* consacré au niveau intellectuel atteint par le peuple de Genève grâce à l'institution des 'cercles', ces lieux où les artisans discutent sans mâcher leurs mots, sans chercher à plaire, soucieux seulement, grâce à la discussion, même brutale, même grossière, d'atteindre plus de vérité: là est le véritable échange, là le contrat intellectuel où tout le monde, auteur et lecteur, aspire, même si peu ont le courage de le mettre en pratique; sous des formes atténuées, les jeux avec les personnages et avec le lecteur, notamment par le biais des notes en bas de page, dans *La Nouvelle Héloïse*, servent aussi à cette quête, commune à l'écrivain et au lecteur, des vérités contradictoires.

2. *L'écriture autocritique*

Mais Rousseau lui-même est-il prêt à porter la critique jusqu'au cœur de ce qu'il croit être la vérité? Oui. C'est le sens de ce petit passage des *Rêveries*, où il imagine que, peut-être, il a été persécuté *pour rien*: 'Je me crois sage, et je ne suis que dupe et martyr d'une vaine erreur.' Le doute semé au cœur de l'affirmation, voilà un autre ingrédient de l'écriture contractuelle: pourquoi, lecteur, refuserais-tu de douter, et de te remettre en cause, puisque moi, auteur, j'accepte l'éventualité de mon erreur? Et c'est précisément parce que je peux me tromper que je dis ce que je pense, et comme je le pense, pour qu'on puisse éventuellement me corriger:

Il dépend de moi de ne point abonder dans mon sens, de ne point croire être plus sage que tout le monde; il dépend de moi, non de changer de sentiment, mais de me défier du mien: voilà tout ce que je puis faire, et ce que je fais. Que si je prends quelquefois le ton affirmatif, ce n'est point pour en imposer au lecteur; c'est pour lui parler comme je pense. Pourquoi proposerois-je par forme de doute ce dont, quant à moi, je ne doute point? Je dis exactement ce qui se passe dans mon esprit. (*Émile*, *Pléiade* iv.242)

Tout est dans le 'quant à moi': le 'quant à moi' (admettant que d'autres soient d'un avis contraire) introduit le doute au cœur même de la certitude. Le ton affirmatif est exactement le contraire du ton dogmatique: Rousseau expose, et s'expose, le lecteur dispose. Dans les *Confessions*, la même attitude joue sur le plan moral. Rousseau indique que les plus belles vertus dans sa vie et dans sa personnalité sont nées de la même source d'où ont coulé l'impureté, la saleté, la boue la plus répugnante. Mais c'est au lecteur de repérer, d'opérer cette liaison. Et l'aveu même ne peut être compris que par le lecteur qui procède à une autocritique semblable: 'Et puis qu'un seul te dise, s'il l'ose: Je fus meilleur que cet homme-là.' Je me dévoile pour que tu te dévoiles; et tu ne me verras me dévoiler vraiment que si toi-même tu te dévoiles vraiment. De même, dans le contrat de confidence, qui n'est qu'un aspect, mais fondamental, du contrat d'amitié: la confidence et l'aveu ne naissent qu'amorcés par une autre confidence et une autre aveu, ou par la promesse, l'espoir et la quasi-certitude de cet aveu réciproque: sinon la confidence s'arrête au bord des lèvres, ou s'interrompt. Les *Confessions* se sont interrompues.

3. *Écriture dialogique*

Poursuivant cette logique de l'échange et de la collaboration des deux

sincérités, celle de l'auteur et celle du lecteur, la Préface d'*Émile* invite
le lecteur à faire mieux que l'auteur:

Quand mes idées seraient mauvaises, si j'en fais naître de bonnes à d'autres,
je n'aurois pas tout à fait perdu mon tems. (*Pléiade* iv.241)

Dans sa modestie, mieux que polémique, et mieux que libéral, cet appel
à la créativité du lecteur est aussi un appel à l'action.

Cela va beaucoup plus loin que 'l'art de sauter les chaînons intermédiaires', l'art de l'ellipse cher à Montesquieu: plus loin, à plus forte
raison, que l'art de la litote. Cela va également plus loin que la tactique
voltairienne selon laquelle 'les livres les plus utiles sont ceux dont les
lecteurs font eux-mêmes la moitié: ils étendent les pensées dont on
leur présente le germe'. Cela pointe plutôt du côté de Lautréamont et
des surréalistes: 'Le poëte est celui qui inspire, et non celui qui est
inspiré [. . .] La poésie doit être faite par tous. Non par un.' Pour
Montesquieu, l'écrivain-artiste, et pour Voltaire, l'écrivain-pédagogue,
il n'était qu'une vérité: celle que le philosophe a découverte, et dont il
cache une partie pour que le lecteur ait à son tour le plaisir de la
découverte. Rousseau dépasse cette pédagogie littéraire, et propose au
lecteur d'entrer à son tour en écriture, et de renverser les rôles: Rousseau est prêt à devenir lecteur de son lecteur.

On a là une véritable réciprocité, condition nécessaire de tout contrat
qui ne triche pas. L'auteur n'est pas le riche qui propose, comme dans
le *Discours sur l'inégalité*, un contrat truqué: pas plus que le lecteur,
l'auteur ne *possède* la vérité. Il se contente de la chercher, et dans cette
quête il appelle à l'aide les autres chercheurs de vérité, les honnêtes
gens. Mais là encore, attention: la dialogie n'est pas démagogie. Pour
s'en apercevoir, il suffit de suivre Rousseau dans sa tentative de dialogue
et de contrat de lecture avec les destinataires et destinatrices d'*Émile*:

Proposez ce qui est faisable, ne cesse-t-on de me répéter. C'est comme si l'on
me disoit: proposez de faire ce qu'on fait; ou du moins, proposez quelque
bien qui s'allie avec le mal existant. Un tel projet, sur certaines matieres, est
beaucoup plus chimérique que les miens: car dans cet alliage le bien se gâte,
et le mal ne se guérit pas. J'aimerois mieux suivre en tout la pratique établie
que d'en prendre une bonne à demi: il y auroit moins de contradiction dans
l'homme; il ne peut tendre à la fois à deux buts opposés. Peres et Meres, ce
qui est faisable est ce que vous voulez faire. Dois-je répondre de votre
volonté? (*Pléiade* iii.241-2)

Écriture à ce point contractuelle que si le lecteur ne remplit pas le
contrat, s'il n'entre pas dans la dialectique de l'humilité et de la véritable dignité, il en est aussitôt sanctionné, et par lui-même. Dans
l'édition suivante, après les mots 'je doute qu'il y eût dans le monde un

homme assez vil', un appel de note: 'Je me trompais, j'en ai découvert un: c'est m Formey' (*Pléiade*, iv.1489, note *a* de la p. 539).

Le critique qui n'a pas su répondre à la proposition de contrat, ou plutôt qui y a répondu en acceptant de lire le livre mais sans aller jusqu'au bout, sans abandonner son préjugé, sans préférer être comme Jean-Jacques homme à paradoxes plutôt qu'homme à préjugés, ce critique est sanctionné par la simple constatation qu'il n'a rien compris: il est nommé, c'est m Formey, homme assez vil pour trouver honteux qu'un professeur ne se trouve pas humilié parce qu'il a reçu, dans l'exercice de ses fonctions, une gifle d'un élève.

Rousseau fait de ses lecteurs ses égaux afin qu'ils le deviennent. Malheur à ceux qui ne le deviennent pas. La sanction, c'est, comme il est prévu dans le *Contrat social*, qui prend lui-même exemple dans l'Antiquité grecque, c'est qu'on les traitera de 'vilains'. Point n'est besoin ni de les brûler ni de les expulser, ces mauvais lecteurs: ils se sont exclus d'eux-mêmes de la communauté des amis, de ceux qui ont lu le livre 'avec le même cœur qui les a dictés'.

4. *Écriture dialectique*

Tout en mouvement et en approfondissement, elle unit les contraires et les dépasse en une synthèse supérieure.

La confrontation de la thèse et de l'antithèse, nécessaire au dialogue, ne suffit pas pour définir la dialectique: il faut encore l'union des contraires et leur dépassement en un troisième terme. On peut vérifier cette distinction à propos de ce qui est peut-être le plus important dans l'écriture contractuelle de Rousseau, c'est-à-dire son manque de sérieux, son goût du paradoxe.

Le vrai pacte avec le lecteur, la véritable écriture contractuelle se reconnaît par la présence d'images dialectiques, d'antithèses ou d'alliances de mots volontairement paradoxales, voires choquantes; ce sont celles que l'on retient, celles qui font que, même si par aventure toutes les œuvres de Rousseau devaient subrepticement disparaître de la surface de la terre, l'essentiel en resterait dans la mémoire des hommes, notamment grâce aux détracteurs de Rousseau qui, voulant dénoncer les détestables 'paradoxes' de l'atroce Jean-Jacques, ont le mieux collaboré à la diffusion de sa pensée. Par exemple, dans *Émile* et le *Contrat social*:

Le cœur ne reçoit de loix que de lui-même; en voulant l'enchaîner on le dégage, on l'enchaîne en le laissant libre. (*Émile* iv, *Pléiade* iv.521)

Cela ne signifie rien d'autre chose, sinon qu'on le forcera d'être libre. (*CS*, *Pléiade* iii.564)

Ce que l'article *Économie Politique* développait rhétoriquement comme un paradoxe, comme un miracle faisant disparaître d'un coup de baguette magique les difficultés, ce mystère de la loi et de la volonté générale qui efface les contradictions du système social et de la jungle des intérêts individuels, est ici énoncé tranquillement, soit d'un point de vue collectif (la vraie liberté, obéissance à la loi qu'on s'est prescrite, suppose qu'on force tout le monde et chacun sans exception à respecter la loi acceptée d'un commun accord et applicable à tous), soit d'un point de vue individuel dans les rapports individuels (le caractère enchaînant de la liberté est mis en lumière par l'analyse des développements du contrat d'amitié et des mécanismes de la reconnaissance). Plus le maître est un ami, un camarade, et plus il est véritablement, plus il devient le maître, et plus il peut exiger du disciple.

Par cette dialectique, on passe du contrat au don, au potlatch:

L'ingratitude n'est pas dans le cœur de l'homme mais l'intérêt y est: il y a moins d'obligés ingrats que de bienfaiteurs intéressés. Si vous me vendez vos dons, je marchanderai sur le prix; mais si vous feignez de donner, pour vendre ensuite à votre mot, vous usez de fraude. C'est d'être gratuits qui les rend inestimables. Le cœur ne reçoit de loix que de lui-même; en voulant l'enchaîner on le dégage; on l'enchaîne en le laissant libre. (*Émile* IV, *Pléiade* IV.521)

A la thèse (esclavage) et à l'antithèse (liberté), Rousseau ajoute la synthèse (la réciprocité du don gratuit), et il trouve, en tâtonnant, les mots de la langue française qui désignent ce troisième terme: attachement, amitié.

Maintenant qu'il commence à sentir ce que c'est qu'aimer, il sent aussi quel doux lien peut unir un homme à ce qu'il aime; et dans le zéle qui vous fait occuper de lui sans cesse, il ne voit plus l'attachement d'un esclave, mais l'affection d'un ami. Or rien n'a tant de poids sur le cœur humain que la voix de l'amitié bien reconnue; car on sait qu'elle ne nous parle jamais que pour notre intérêt. On peut croire qu'un ami se trompe, mais non qu'il veuille nous tromper. Quelquefois on résiste à ses conseils; mais jamais on ne les méprise. (*Émile* IV, *Pléiade* IV.522)

Nous sommes là dans l'alambic de l'écriture contractuelle de Rousseau et de son rapport au lecteur. Celui qui ne *sait* pas qu'ici Rousseau se trompe peut-être, mais qu'il ne cherche pas à nous tromper, et qu'il est digne d'être notre ami, celui-là devrait fermer le livre; et réciproquement le lecteur ami de Rousseau devrait fermer son cœur aux lecteurs qui mépriseraient les conseils de Rousseau. Rousseau prévoit les objections, il les renforce, il les exalte ('il y a moins d'obligés ingrats que de bienfaiteurs intéressés [. . .] vous me vendez vos dons': avis à tous les paternalistes, patrons ou professeurs), et il fait participer le lecteur à leur dépassement. C'est au lecteur à opérer la subversion des mots que Rousseau lui propose, à passer sans cesse d'un contraire (enchaîner, vendre, docile, dépendance, valet, esclave, hameçon) à l'autre (libre, liberté, dégager) jusqu'à ce qu'il finisse par comprendre le sens, cette fois non truqué, des mots 'attendrissement', 'gratitude', 'aimer', 'affection d'un ami'.

L'écriture contractuelle est aux antipodes de la rhétorique: elle cultive la lucidité du lecteur, elle la suscite, et en contre-partie, elle exige du lecteur une double résistance: résistance à l'esprit d'hyper-critique ('toujours raisonner est la maladie des petits esprits' – avoir honte de l'attendrissement est le propre d'une âme pusillanime) et résistance aux mensonges de la tendresse empoisonnée par l'intérêt privé, par le désir de possession d'autant plus dangereux qu'il tente de se nier et de se cacher sous le lyrisme suspect de la générosité bavarde:

Lui vanter vos services, c'est les lui rendre insupportables: les oublier, c'est l'en faire souvenir. Jusqu'à ce qu'il soit tems de le traiter en homme, qu'il ne soit jamais question de ce qu'il vous doit, mais de ce qu'il se doit. (*Émile* IV, *Pléiade* iv.522)

Terminons l'examen de ces quelques morceaux d'écriture contrac-tuelle par ce tout petit fragment, toujours tiré d'*Émile*:

Faites-en vos égaux afin qu'ils le deviennent. (*Émile* IV, *Pléiade* iv.538)

Si l'on prend les mots au pied de la lettre, c'est une belle contradiction: si vous en faites vos égaux, ils n'ont pas à le devenir; s'ils ont à le devenir, ils ne sont pas vos égaux. D'accord. Mais faites comme s'ils étaient vos égaux, et vous verrez qu'ils deviendront, qu'ils seront véritablement vos égaux. Le dépassement de l'antithèse en une syn-thèse supérieure se fait par l'évocation de l'action de transformation: '*Faites*-en vos égaux afin qu'ils le *deviennent*'; ce fragment d'écriture scintille dans un courant d'écrivance et donne à tout le paragraphe sa valeur d'écriture capable de faire bouger les préjugés et la fausse dignité des professeurs:

Je ne puis m'empêcher de relever ici la fausse dignité des gouverneurs qui, pour jouer sottement les sages, rabaissent leurs élèves, affectent de les traiter toujours en enfans, et de se distinguer toujours d'eux dans tout ce qu'ils leur font faire. Loin de ravaler leurs jeunes courages, n'épargnez rien pour leur élever l'âme; faites-en vos égaux afin qu'ils le deviennent; et s'ils ne peuvent encore s'élever à vous, descendez à eux sans honte, sans scrupule. Songez que votre honneur n'est plus en vous, mais dans votre élève; partagez ses fautes pour l'en corriger [...] Si je recevois un soufflet en remplissant mes fonctions auprès d'Émile, j'irois partout m'en vanter; et je doute qu'il y ait dans le monde un homme assez vil pour ne pas m'en respecter davantage. (*Émile* iv, *Pléiade* iv.538-9)

III. L'ÉCRIVAIN ET LES LECTEURS: QUI EST ÉCRIVAIN, QUI EST LECTEUR?

Faisant du lecteur (ou de la lectrice) son égal (ou son égale) afin qu'il ou elle le devienne, Rousseau modifie, beaucoup plus profondément qu'un Diderot, par exemple, le traditionnel rapport du texte et de celui qui le lit. Poursuivant ce mouvement, je devrais donc peut-être affirmer que c'est à chaque lecteur ou auditeur de ma rêverie sur Rousseau écrivain et sur l'écriture contractuelle, d'améliorer mes analyses, même au prix de quelque gifle intellectuelle qu'il m'infligerait: 'et je doute qu'il y ait dans le monde un homme assez vil pour ne pas m'en respecter davantage'.

Il en résulte une nouvelle direction de recherche: après deux cents ans où l'on a interprété Rousseau, il s'agit maintenant de le transformer. Par quelles nouvelles stratégies, ou plutôt (car la métaphore militaire, en dépit du néologisme *investigation* créé par Rousseau, n'est guère rousseauiste), par quelles ruses littéraires peut-on empêcher l'homme social d'être tout à fait artificiel? Par quelles ruses d'écriture permettrons-nous au colloque de Cambridge de n'être pas ce que Rousseau craignait le plus de tout rassemblement de professeurs 'occupant une chaire dans quelque Université', à savoir que 'leur ouvrage se sente de leur état' (*Discours sur les sciences et les arts*, *Pléiade* iii.29)? J'avais relevé huit textes de Rousseau, en général peu cités ou commentés, qui concernent, parfois avec les mêmes tournures, les professeurs et les académiciens. C'est évidemment par eux qu'il faut commencer lorsqu'on examine les rapports de Rousseau et de ses lecteurs devant un public de professeurs.

Constatons d'abord que Rousseau met dans une même catégorie les 'écrivains', les 'savants', les titulaires des 'chaires' dans les universités, les bénéficiaires de quelques 'pensions d'Académie', voire les 'ambassadeurs', tous rassemblés dans ce qu'il appelle le 'corps littéraire' (nous dirions aujourd'hui: la République des Lettres et Sciences Humaines, ou, selon la terminologie de Gramsci, les 'intellectuels organiques'). Ce 'corps littéraire' est opposé au 'peuple', et relié, par des liens essentiellement financiers ('payer', 'vol', 'pensions', 'fortune', 'place', 'intérêt') aux riches et aux Princes. Dans presque tous ses ouvrages, Rousseau insère donc une critique radicale de la fonction d'écrivain, de professeur ou de critique littéraire. Il agresse ou met en

question les premiers lecteurs de ses livres, ceux qui ont le pouvoir de
'faire l'opinion' sur ses livres. Nous sommes dans ce cas. Comment
pouvons-nous réagir?

Pour abréger, je ne recopie pas, et donne simplement les références
de ces huit passages: *Discours sur les sciences et les arts*, Pléiade iii.29;
Discours sur les richesses: passage cité dans notre *J. J. Rousseau écrivain
politique*, p. 314; *Que l'état de guerre naît de l'état social*, Pléiade, iii.609;
Manuscrit Favre d'*Émile*: *AR*, vii, p. 315; *Émile*, v, *Pléiade* iv.837
(2 passages); *CS*, *Pléiade* iii.371.

Nous avons, me semble-t-il, si nous voulons lire ces livres comme
Rousseau souhaitait qu'on les lût (et l'on voit mal comment un critique
ou un professeur consciencieux pourrait se dispenser de cette attitude),
à résister à deux tentations: la première est de censurer, d'occulter ou
d'éluder le problème posé par Rousseau aux autres 'gens de lettres' et
à lui-même: comment être écrivain, professeur, critique littéraire, sans
être, *ipso facto*, serviteur des riches et des Princes? Le seul fait de poser
ce problème, ou d'autoriser qu'il soit énoncé ou publié, permet une
réponse correcte, me semble-t-il, à la question. La seconde tentation,
toute opposée, consisterait à ne plus écrire. Contre cette tentation, nous
avons vu que Rousseau nous a mis en garde, dans la polémique con-
sécutive au *Premier Discours*, en rappelant qu'on doit s'accommoder de
l'artificiel pour lutter contre l'artificiel même. Mais on ne peut se
contenter de répéter ce que dit Rousseau. Pour ne pas le trahir (mais
on est libre de le trahir), il s'agit donc de le prolonger, de l'adapter, de
le transformer en allant dans le même sens que lui: dans le sens du
service du 'peuple', étant entendu qu'on doit accomplir ce service du
peuple au sein même du 'corps littéraire' qui s'est détaché du peuple.
Rousseau, comme Pascal, mais en restant sur terre, et sans faire appel
à Dieu, oblige à prendre parti, à être partie prenante dans le problème
qu'il pose. C'est, me semble-t-il, l'originalité de son attitude et de son
écriture 'contractuelle', et c'est pourquoi il ne suscite pas de lectures
tièdes: on est pour, ou l'on est contre.

Un *modus vivendi* peut donc s'établir entre 'l'officier de morale' et la
gent littéraire. Comment l'établir? Deux notions 'rousseauistes' peuvent
le préciser: celle d''attention', et celle de résistance. On connaît bien
les avertissements que Jean-Jacques a placés dans l'*Émile* et le *Contrat
social* pour prier le lecteur d'être 'attentif', par exemple: 'J'avertis le
lecteur que ce chapitre doit être lu posément, et que je ne sais pas l'art
d'être clair pour qui ne veut pas être attentif' (*Pléiade* iii.395). En ce qui
concerne la 'résistance', il s'agit d'une qualité également commune à
l'auteur et au lecteur, mais qui est plus active encore que l'attention:
elle consiste, malgré toutes les pressions, malgré toutes les censures

(brutales ou insidieuses, voire caressantes: les plus dangereuses), à se tenir contre le courant dominant, à freiner ce courant, à provoquer ainsi des augmentations de chaleur ou de lumière, bref, à ruser contre les autorités qui préfèrent plus de froideur et d'obscurité. C'est pourquoi il nous a semblé paradoxalement qu'aujourd'hui, dans la littérature française, prolonger Rousseau en le transformant, c'était étudier, après Mallarmé, des écrivains comme Michel Butor qui, comme Rousseau, propose une 'littérature de résistance'.

Tout l'art de Kolar est très politique. C'est un art de résistance [. . .] ce que je fais, je dirais que c'est une *littérature de résistance*. Les œuvres de Kolar ont les mêmes fonctions politiques que mes textes. (Michel Butor, *Hommage à Jiri Kolar* (Grasse, 1978))

Le nouveau rapport au lecteur impliqué par l'attitude contractuelle s'éclaire à partir de cette notion de résistance, qui implique aussi une résistance aux lecteurs et aux idéologies qui dominent subrepticement les lecteurs. Réciproquement, l'attitude de résistance s'éclaire à partir de la notion d'écriture contractuelle, qui explique à la fois l'attraction et la répulsion exercée par les textes de Rousseau sur ceux qui les lisent, en les partageant en deux catégories: ceux qui l'aiment, et ceux qui le détestent. C'est une résistance qui cherche un accord toujours plus profond et plus exigeant, en vertu du principe qu'on ne s'appuie que sur ce qui résiste.

Notes

1 Voir *Jean-Jacques Rousseau écrivain politique*, C.E.L., B.P. 66, 06322 – Cannes La Bocca Cédex, 1971; et notre préface et postface à: J. Givel et R. Osmont, *Index de Rousseau juge de Jean-Jacques, Dialogues* (Slatkine; Genève, 1978).
2 'L'écriture contractuelle de J. J. Rousseau', Symposium Rousseau–Voltaire, American Society for Eighteenth-Century Studies, Chicago, 22 avril 1978 (à paraître dans les publications de l'A.S.E.C.S.).
3 Par exemple, celles de Jean Sgard, Claude Bellesort, Peter France, Jean Starobinski, Felicity Baker, Jean Biou.

Discussion

J.-L. LECERCLE: Si j'ai bien compris, le talent de Rousseau reposerait sur un type nouveau de rapports avec le lecteur: et il est bien vrai que c'est dans le jeu de la discussion que grandit son talent – par exemple au cours de la polémique qui a suivi le *Premier Discours*. J'aimerais poser la même question que ce matin:* qu'est-ce qui se passe quand il n'y a plus de lecteur? ou quand le seul lecteur, c'est 'Dieu'?

M. LAUNAY: C'est un autre genre d'écriture, l'écriture 'potlatch'. Mais même alors il garde quelque chose de l'écriture contractuelle. Quant à Rousseau et Dieu, il y aurait fort à dire.

M. EIGELDINGER: La notion d'écriture a évolué dans l'œuvre de Rousseau. Si elle est condamnée comme 'supplément' dans l'*Essai sur l'origine des langues*, elle revêt une valeur positive dans les *Rêveries*, en tant qu'elle devient une thérapeutique, un moyen de survivre. Rousseau se dédouble en auteur et en lecteur de sa propre œuvre. N'est-il pas légitime de penser qu'il existe aussi chez lui une écriture égocentrique ou monologique?

S. S. B. TAYLOR: The problem of identifying an *interlocuteur* is an unreal one. Various forms of self-address are familiar to us – lyricism, for instance. At various points in the *Rêveries*, Rousseau uses the work as a mirror for a process of self-examination and self-discovery. Moreover, it is clear that he also deliberately uses this self-examination as a reminder for himself later in life of experiences and feelings he felt progressively less able to recapture.

J. STAROBINSKI: Ne devrait-on pas distinguer, dans les effets 'pragmatiques' de la parole de Rousseau, les invitations (assez rares) à 'passer à l'action', et les invitations (très fréquentes) sur le modèle de la prédication, à la réforme intérieure, au réveil moral, à l'abandon des illusions néfastes? Ce sont des injonctions à devenir autre, à modifier les dispositions à terme. Or, l'invitation à la modification de l'*être* me paraît l'emporter sur l'appel au *faire*.

* See p. 237. The papers are not printed in the order in which they were given.

Sur 'l'écriture contractuelle', il y a lieu de se demander si ce qui est le plus séduisant, ce n'est pas la *rupture* du contrat linguistique. On va vers un contrat nouveau fondé sur d'autres principes.

Dans la pratique, Rousseau a-t-il vraiment fait droit à la parole des autres? Et si ce fut le cas, en a-t-il été heureux? En reconnaissant l'apport de Diderot au *Discours sur l'inégalité*, l'auteur des *Confessions* est loin de s'en féliciter. Et peut-être devons-nous croire Diderot lorsqu'il note (lors de la 'brouille'): 'Un soir, causant avec lui, il eut envie de veiller. Je lui demandai un mot sur une phrase, et aussitôt il me dit: "Allons coucher, voici la phrase".' L'attitude assez constante de Rousseau me paraît être celle d'un homme qui se tient pour délié du contrat, parce que les autres, de leur côté, ne l'ont pas tenu. Il est *rendu* à son indépendance, il peut écrire: 'Moi, moi seul'.

M. LAUNAY: Mais tous les contrats sont 'autres', 'nouveaux', par exemple les contrats d'amitié. N'y a-t-il pas par exemple un contrat, tout autre, chez Pascal?

R. DESNÉ: Si j'ai bien compris, tu veux, par la notion d''écriture contractuelle', mieux marquer l'originalité de Rousseau comme écrivain. Or, si on reprend chacun des traits caractéristiques que tu as énumérés et *tels que tu les as commentés*: écriture critique, autocritique et dialectique, on peut les appliquer tout à fait à Diderot (et à des œuvres aussi difficiles que *Les Pensées philosophiques* ou *Jacques le fataliste*). Toi-même tu as parlé de Pascal; on pourrait sans doute aussi les appliquer à Montaigne. D'où ma question: quelle différence fais-tu, du point de vue de 'l'écriture contractuelle', entre Rousseau et Diderot?

M. LAUNAY: Il me semble que, dans *Jacques le fataliste*, Diderot se moque du lecteur, et que la notion du *jeu* y est essentiel. Chez Rousseau, il n'y a de jeu que quand on est seul.

MME SEYRIG: Les *Rêveries* sont essentiellement une œuvre égocentrique. Etant donné son imagination défaillante, Rousseau écrit pour lui, pour se relire.

B. BACZKO: A propos de l'écriture contractuelle: n'y a-t-il pas un problème? Entre qui et qui se passe ce contrat? Car il y a un lecteur imaginaire et un lecteur réel.

D'autre part, est-il vraiment utile de tenter de dresser une typologie pour tous les textes de Rousseau? Où se trouve le contrat avec le lecteur dans le *Contrat social*? et dans le *Dictionnaire de musique*?

M. LAUNAY: Pour le *Dictionnaire de musique*, néant. Ces concepts ne valent évidemment que pour les œuvres principales. Il y a aussi la question de la *Correspondance*. En ce qui concerne le lecteur réel et le lecteur imaginaire: bien sûr il y a les deux. Ce que j'aimerais souligner, c'est que dans les deux cas, il y a l'espoir d'un échange.

Rousseau and his reader: the technique of persuasion in *Émile*

RONALD GRIMSLEY

Since Rousseau always insisted on the simplicity and clarity of his ideas, it is perhaps ironical that they should have been so frequently misunderstood. Was he, therefore, not as clear an exponent of his message as he claimed? Or does the fault lie with generations of readers who have been unable or unwilling to understand his words? Perhaps the difficulty is due partly to his own belief that clarity and simplicity presuppose more than intellectual effort, for ideas have to be tested ultimately by 'inner assent', that is, by recourse to a deeper level of experience than mental activity. Rousseau blamed contemporary thinkers for not making this personal movement and for treating their ideas as mere concepts derived from a corrupt cultural environment that had inevitably affected their ability to seek the truth. Indeed, in Rousseau's opinion, philosophy was bedevilled by a 'subtlety' (always a pejorative term in his vocabulary) that masked the truth rather than revealed it: he treated elaborate intellectual analysis as a sure sign of dishonesty and insincerity. Nevertheless, as soon as we abandon the intellectual analysis of ideas and relate them to other aspects of the self, what is immediately grasped as clear and evident by the author may seem obscure and difficult to a reader unaccustomed to this method of examining philosophical issues. Rousseau, for example, constantly speaks of 'nature' as though it were a simple, almost self-evident notion, but as soon as his reader tries to understand its precise function in the many and varied contexts in which it is used, he may be unable to arrive at a clear and consistent comprehension of its meaning.

Rousseau has unwittingly aggravated the difficulty by first defining nature in terms of what it is not rather than of what it is. He does not begin by seeking common intellectual ground with his reader, but by directing his attention towards the reality that is to be criticised and rejected. Although Rousseau has no doubts about the corruption of contemporary society, for it is a readily observable phenomenon which cannot be disregarded, this is only one aspect of his thought: he is still faced with the problem of describing the authentic reality that is to replace the false society and civilisation so severely castigated. As the well-known opening sentences of *Émile* and the *Contrat social* make clear, his basic philosophy rests upon a fundamental antithesis involving both critical and constructive attitudes: on the one hand, there is the deplorable state of corruption and enslavement in which modern man lives, and, on the other, the 'nature' that constitutes the true source and purpose of his existence.

Yet this antithesis presupposes more than a simple opposition of different concepts: if society is directly accessible, nature, though in one sense more genuinely real than society, remains a mere possibility: it is an ideal goal and a norm which should become the object of men's efforts and aspirations since it is in conformity with God's will. For the time being, however, it remains hidden and cannot be found in the social environment; it will emerge only when men are prepared to seek it beyond their immediate situation; and they cannot begin to do this until they have freed themselves from the false personal attitudes which have been derived from their environment and which dominate their present way of life. From the very outset, Rousseau urges his readers to 'rentrer en eux-mêmes' and listen to 'la voix de la conscience dans le silence des passions'. 'A quoi bon chercher notre bonheur dans l'opinion d'autrui', he asks at the end of his first *Discours*, 'si nous pouvons le trouver en nous-mêmes?' (*Pléiade* iii.30). The still quiet voice of conscience may be difficult to hear because it is so easily drowned by the clamour of social life: but this does not obviate the need to consult personal experience as an indispensable preliminary to the search for truth. Towards the end of his career, Rousseau affirms that this had always been his own way of approaching the problem. 'D'où le peintre et l'apologiste de la nature aujourd'hui si défigurée peut-il avoir tiré son modèle, si ce n'est de son propre cœur? Il l'a décrite comme il se sentait lui-même' (i.936); he had formed 'l'habitude de rentrer en soi et d'y rechercher dans le calme des passions ces premiers traits disparus chez la multitude. En un mot il fallait qu'un homme se fût peint lui-même pour nous montrer ainsi l'homme primitif' (i.936).

There is, then, a cleavage between a social reality directly observed by the senses and analysed by the reason and a 'nature' experienced in the depths of one's own being. As long as it remains obscured by a corrupt environment this nature will seem elusive and intangible. Yet the fact that it is first experienced within us does not make it subjective and personal, for it is grounded in the 'universal system' and cosmic 'order' created by God. What for modern man is a mere 'possibility' of his existence is an original 'reality' identified with the order of things. The notion of 'originality' thus has a dual meaning: it is historical and normative, indicating both origin and authenticity. Nature can be rediscovered only if we go back to its temporal origins – the 'history' of primitive humanity, the psychological and physio-logical development of the individual and the inception of society. Yet all this is merely the starting-point for the eventual emergence of a new reality: it is necessary to go back in time in order to move forward towards new possibilities of being. History is simply the outward physical expression of a movement towards a desired goal: in other words, temporal origins – whether of mankind, the individual or society – presuppose values which determine their ultimate form and significance; it is important to know what men and things were in their early undeveloped form in order to envisage what they can become.

Rousseau's problem, therefore, is to make his reader aware of the immediate situation and yet persuade him to go beyond it to a new possibility of existence; he can do this only if he succeeds in inducing him to seek a fuller kind of experience. The purpose of beginning with a striking antithesis is to arouse the reader to an awareness of the two domains of reality: the corruption of modern society, from which he must be freed, and the new experience inspired by a true understanding of 'nature': reality and idealism must be distinctly perceived and yet ultimately united.

The issue can be clarified by means of a precise example and for this purpose attention will be concentrated on the early part of *Émile* and the ways in which Rousseau tries to involve his reader in his own exploration of the problem of the developing individual.[1] There is obviously no need to insist on the importance of the famous opening sentence of *Émile*, to which reference has already been made. From the very outset Rousseau contrasts man's degradation with the goodness of God's creation: God's – and nature's – purpose has been clearly defied by human activities which have mutilated and degraded the earth. Man has moved so far away from nature that a new-born creature could not be left to its own resources, for it would be immediately stifled and destroyed by the environment. As well as stressing a re-markable antithesis, the first two paragraphs of *Émile* aim to give an objective and factual description of the world as it is; attention is directed upon the sorry plight of a being born into an environment by which he is completely overwhelmed. This is a situation which the reader – and all the rest of us who are living in a world in which 'nous nous trouvons submergés' – cannot ultimately ignore. Moreover, the vision of nature is not only contrasted with the specific ways in which man has desecrated it but also identified more positively with the image of the newly born child as a 'sapling'.

Already this theme leads the reader away from the sterile and depressing reality of social institutions towards the richer and more fertile domain of natural growth. Then suddenly Rousseau seeks a more specific emotional reaction by appealing to the mother. Throughout his work he will speak directly to particular groups of readers, and it is appropriate that he should begin with the 'tendre et prévoyante mère' as the being primarily responsible for the survival of 'la jeune plante'. Apart from evoking a simple natural impulse, Rousseau is also relating the mother to the archetypal figure of 'mother nature' – 'la mère commune' as he calls her elsewhere.

Although the mother obviously plays a major role in the child's formative years, Rousseau does not neglect the father whom he associates with the expression of the same simple but fundamental parental feeling. By appealing to the parents Rousseau is able to emphasise the intrinsic value of the child's life – a life which is just as real and pleasurable as that of the adult. 'Pères, savez-vous le moment où la mort attend vos enfans? Ne vous préparez pas des regrets en leur ôtant le peu d'instans que la nature leur donne; aussitôt qu'ils peuvent sentir le plaisir d'être, faites qu'ils en jouissent; faites à quelque heure que Dieu les appelle qu'ils ne meurent pas sans avoir goûté la vie' (iv.302). Rousseau does not hesitate to upbraid the father who leaves to another the responsibility of bringing up his child. 'Âme vénale! crois-tu donner à ton fils un autre père avec l'argent? Ne t'y trompe point; ce n'est pas même un maitre que tu lui donnes, c'est un valet' (iv.263).

This recourse to simple natural emotions is supported and supplemented by reference to more general aspects of human experience. In an age that ignores the reality of 'nature', Rousseau has to find principles which will be acceptable even to those who have forgotten the meaning of genuine emotion. After addressing the mother, Rousseau immediately seeks to remind his reader of certain incontrovertible aspects of the human condition – aspects which even the sophisticated and corrupt victim of contemporary society will not dispute. There is a whole area of inner experience which any man, even if he makes only a superficial effort to 'rentrer en lui-même', can immediately accept as part of his essential nature. Rousseau stresses this common ground by his use of the first person plural. 'Nous naissons foibles, nous avons besoin de forces [. . .] Chacun de nous est formé de trois sortes de maitres' (iv.247). Apart from this obvious feature of human existence, Rousseau makes a more positive point by calling attention to the inescapable influence of sensibility. Again he uses the 'nous' form. 'Nous naissons sensibles et dès notre naissance, nous sommes affectés de diverses manières par les objets qui nous environnent.' In this way he can address the philosophically minded as well as the general reader, for in each case he is stressing the primary role of 'ces dispositions primitives' to which all human activities must be ultimately related. Moreover, by a skilful transition, the reader is led back to the basic dilemma of deciding whether to live in nature or society. Even though the separation is not absolute, since society – like the individual – can experience feelings inspired by 'la patrie' and 'le citoyen' (two words which must be 'effacés des langues modernes'), there is a still more important reality which extends beyond society and nation: starting from simple psychological and physiological considerations, Rousseau wishes to remind his reader of the importance of the human condition. 'Avant la vocation des parens la nature l'appelle à la vie humaine. Vivre est le métier que je lui veux apprendre.' Once again Rousseau reverts to the first person plural form. 'Notre véritable étude est celle de la condition humaine . . . Nous commençons à nous instruire en commençant à vivre.' Moreover to live is to act. 'Vivre, ce n'est pas respirer, c'est agir; c'est faire usage de nos organes, de nos sens, de nos facultés, de toutes les parties de nous-mêmes qui nous donnent le sentiment de notre existence' (iv.253). At the same time he calls attention to the negative aspect of the situation. As typical representatives of modern society, we seek a false wisdom. 'Toute notre sagesse consiste en préjugés serviles; tous nos usages ne sont qu'assujettissement, gêne, et contrainte [. . .] nos plus grands maux viennent de nous' (iv.261). In a still more fundamental way we fail to recognise our own true reality. 'Nous n'existons plus où nous sommes, nous n'existons qu'où nous ne sommes pas' (iv.308). This is because we neglect our present being for the sake of an uncertain future; we are the victims of 'cette fausse sagesse qui nous jette incessamment hors de nous, qui compte toujours le présent pour rien'. We pursue 'un avenir qui fuit à mesure qu'on avance, à force de nous transporter où nous ne sommes pas, nous transporte où nous ne serons jamais' (iv.302).

Rousseau knows that he and his reader hold opposite points of view and he soon emphasises their different attitudes by changing the 'nous' into 'vous' and 'moi'. It is his reader, not Jean-Jacques, who goes against nature. 'Voilà la règle de la nature. Pourquoi la contrariez-vous? Ne voyez-vous pas qu'en pensant la corriger vous détruisez son ouvrage, vous empêchez l'effet de ses soins' (iv.260). In the last part when Rousseau realises that he is transforming his treatise into a novel he still takes his reader to task for failing to understand the true purpose of the book. 'Il m'importe fort peu d'avoir écrit un roman. C'est un assez beau roman que celui de la nature humaine. S'il ne se trouve que dans cet écrit, est-ce ma faute? Ce devrait être l'histoire de mon espèce: vous qui la dépravez, c'est vous qui faites un roman de mon livre' (iv.777). Rousseau constantly has recourse to this dialogue with his reader, anticipating the latter's objections and observations by the use of 'vous me direz', 'c'est, me répondrez-vous', 'direz-vous'.

The use of the 'vous' and 'moi' is sometimes reinforced by a more specific invocation that lets Rousseau put himself directly before the reader's eyes . . .'Lecteurs, j'aurai beau faire, je sens bien que vous et moi ne verrons jamais mon Émile sous les mêmes traits; vous vous le figurerez toujours semblable à vos jeunes gens.' Rousseau then sees himself through his reader's eyes. 'Vous direz; ce rêveur poursuit toujours sa chimère; en nous donnant un élève de sa façon, il ne le forme pas seulement, il le crée, il le tire de son cerveau et croyant toujours suivre la nature, il s'en écarte à chaque instant.' Then Rousseau affirms his own attitude. 'Moi, comparant mon élève aux vôtres, je trouve à peine ce qu'ils peuvent avoir de commun. Nourri si différemment, c'est presque un miracle s'il leur ressemble en quelque chose' (iv.637). The point is reinforced when he momentarily puts himself in his readers' position. 'Depuis longtems ils me voient dans le pays des chimères; moi, je les vois toujours dans le pays des préjugés' (iv.548–9). Clearly they are wrong to treat 'le jeune homme que je figure' as 'un être imaginaire et fantastique', since he is destined to become 'l'homme de la nature'. Yet again Rousseau stresses the difference of attitude as he takes up the opening theme of the work. 'Mais plus nous avançons, moi pour cultiver la nature, et vous pour la dépraver, plus nous nous éloignons les uns des autres.' It is clear that 'les rêveries d'un visionnaire sur l'éducation' (as he describes his work in his preface) are intended to be closer to the lessons of nature than the writings of his contemporaries.[2]

Through this method of confrontation Rousseau seeks to challenge his reader's prejudices. If 'les rêveries d'un visionnaire sur l'éducation' seem remote from reality, it is because they are describing 'nature' – an attitude which will seem bizarre to anyone unfamiliar with its workings. 'Lecteurs vulgaires, pardonnez-moi mes paradoxes [. . .] Quoi que vous puissiez me dire, j'aime mieux être homme à paradoxes qu'homme à préjugés' (iv.323). Likewise, Rousseau does not hesitate to set himself apart from the philosophers of his day. 'Lecteurs, souvenez-vous que celui qui vous parle n'est ni un savant, ni un philosophe, mais un homme simple, ami de la vérité, sans parti, sans système, un solitaire' (iv.348). Rousseau hopes, however, that, on reflection, his readers will find more wisdom in this simple seeker of the truth than in the subtle and involved arguments of sophisticated intellectuals. This explains why on one occasion he speaks directly to young readers capable of simple but sincere emotions. Describing an episode involving Marshal Turenne, he suddenly says: 'mais toi, bon jeune homme qui lis ce trait, et qui sens avec attendrissement toute la douceur d'âme qu'il montre [. . .]' (iv.532).

At times Rousseau does not hesitate to introduce a more personal and intimate note which reveals that he himself has not always obeyed the simple natural impulses he so eloquently and forcefully extols. Such is the case with his discreet but unmistakable reference to the abandonment of his own children. There is no possible compensation or excuse for the man who ignores his responsibility as a father. 'Lecteurs, vous pouvez m'en croire, je prédis à quiconque a des entrailles et néglige de si saints devoirs qu'il versera longtems sur sa faute des larmes amères, et n'en sera jamais consolé' (iv.263).

On many other occasions Rousseau draws on his personal experience in order to illustrate the pedagogic points he is making. These, however, are stories and anecdotes rather than direct appeals to the reader's emotions. Yet throughout the work he is putting forward his personal convictions, and the reader is rarely allowed to lose sight of the author as a man deeply and fervently convinced of the truth of his ideas. Moreover, the use of the first person pronoun covers, as Pierre Burgelin has already noted (iv.cxxxi) different roles, both real and ideal: 'je' appears as a fallible human being and as a perfect tutor, so that the reader is constantly required to respond to these different *personae*.

Even at the level of direct personal address Rousseau does not allow his reader to forget the deeper human significance of a treatise that, as he affirms, has a philosophical rather than a strictly pedagogic purpose. Frequently 'lecteurs' are addressed as 'hommes', for they are deemed to be capable of humane feelings, especially when these involve a love of children. 'Hommes, soyez humains, c'est votre premier devoir; soyez-le pour tous les états, pour tous les âges, pour tout ce qui n'est pas étranger à l'homme. Quelle sagesse y a-t-il pour vous hors de l'humanité? Aimez l'enfance, favorisez ses jeux, ses plaisirs, son aimable instinct' (iv.302). After reminding his readers of their own childhood with its spontaneous laughter and contentment, he urges them not to spoil the happiness of 'ces petits innocents' who will soon have to leave for ever this idyllic period of their lives. Once again he stresses the importance of genuine experience and 'the pleasure of existing'. At every stage of existence it is important to respect humanity. 'Homme, ne déshonore point l'homme' (iv.510). The young must learn this lesson whenever they apply themselves to a practical task. 'Jeune homme, imprime à tes travaux la main de l'homme' (iv.477).

On another occasion Rousseau will use this direct appeal in order to make men aware of the simplicity and immediacy of an experience that has been spoilt by the unnecessary complications and difficulties they have brought into their lives. Speaking of education, he asks: 'O hommes, est-ce ma faute si vous avez rendu difficile tout ce qui est bien?' (iv.325). He thus reinforces his earlier point that 'on ne sait être simple en rien, pas même autour des enfans' (iv.292). It is a grave mistake for man to go beyond the limits imposed upon him by nature. 'O homme, resserre ton existence au dedans de toi, et tu ne seras pas misérable. Reste à la place que la nature t'assigne dans la chaîne des êtres, rien ne t'en pourra faire sortir [. . .] Ta liberté, ton pouvoir ne s'étendent aussi loin que tes forces naturelles et pas au-delà; tout le reste n'est qu'esclavage, illusion, prestige.' Then follows a terse definition: 'l'homme vraiment libre ne veut que ce qu'il peut et fait ce qu'il plaît. Voilà ma maxime fondamentale' (iv.308–9). Happiness involves the exercise of personal freedom, but within the limits imposed by nature. Human freedom and happiness can be effectively reconciled as long as they respect the lessons of nature.

The appeal to 'men' does not make Rousseau lose sight of particular groups of readers, and we have already commented on the way in which he addressed the mother in the opening paragraphs of his work. As we might expect, he often speaks to the would-be tutor, either to encourage or to criticise him. This is not surprising in view of the importance of the tutor's role and Rousseau's view of him as a superior being readily identified with the 'sublime souls' who figure so prominently in other didactic and fictional works. (We recall the eulogies bestowed upon the Lawgiver and the characters of *La Nouvelle Héloïse*.) 'Un gouverneur! Ô quelle âme sublime [. . .] en vérité, pour faire un homme, il faut être ou père ou plus qu'homme soi-même' (iv.263). *Émile* is as much an attempt to produce an ideal tutor as it is to create an ideal pupil, so that Rousseau can frequently address the tutor in a way that reminds him of his youth and inexperience. In the early part Rousseau compares the tutor to a young pilot about to embark on a dangerous sea. 'Jeune pilote, prends garde que ton cable ne file ou que ton ancre ne laboure, et que le vaisseau ne dérive avant que tu t'en sois aperçu' (iv.251). At all times the tutor must watch for the emergence of nature. 'Jeune maître, épiez ce premier mouvement avec soin.' 'Jeune instituteur, je vous prêche un art difficile: c'est de gouverner sans préceptes et de tout faire en ne faisant rien' (iv.440, 362). At times a note of irony may creep into Rousseau's language. 'Savant précepteur, voyons lequel de nos deux élèves ressemble au paysan' (iv.360). Or again in a more emotional way, Rousseau urges the tutor to pay heed to the seriousness of his vocation. 'O toi qui vas le conduire dans ces périlleux sentiers, et tirer devant ses yeux le rideau sacré de la nature, tremble' (iv.428). At other times Rousseau speaks to 'maîtres zélés', urging them to be 'simples, discrets, retenus' (iv.327).

As his work develops, Rousseau makes less frequent use of the method of direct address, not only because he may reasonably assume to have secured (or lost!) effective contact with his reader by overcoming his prejudices and by awakening him to the possibility of new experience, but also because the figure of the growing Émile has gradually moved to the foreground as a living individual endowed with definite characteristics. Both Rousseau and his reader will henceforth be focusing their attention on a particular child whose existence is interesting and valuable for its own sake, and yet expresses the authentic possibilities of the 'natural' human being.

Hitherto he has tended to oppose 'mon élève' to 'votre élève', but he will now let the two draw closer together and occasionally become 'notre élève'. Henceforth the reader is judged capable of sharing the author's ideas and his evolving attitude towards his young charge. 'C'est votre disciple encore, mais ce n'est plus votre élève. C'est votre ami, c'est un homme, traitez-le désormais comme tel' (iv.639). The essential point must never be forgotten. 'Songez toujours que vous êtes le ministre de la nature; vous n'en serez jamais l'ennemi.' Such is the development of the new relationship that Émile will soon be calling his tutor 'mon ami, mon protecteur, mon maître' (iv.651).

Instead of addressing his reader, Rousseau can now let himself speak to Émile and recall the nature of their relationship. 'O mon Émile, je ne supporterai jamais la douleur de t'être odieux' (iv.652). Though still only a child, Émile is able to heed his tutor's exhortations. Rousseau contrasts the happiness of his own pupil with the miserable existence of children brought up by conventional bookish methods. 'O toi qui n'as rien à craindre, toi pour qui nul tems de la vie n'est un tems de gêne et d'ennui, toi qui vois venir le jour sans inquiétude, la nuit sans impatience, et ne comptes les heures que par tes plaisirs, viens, mon heureux, mon aimable élève, nous consoler par ta présence du départ de cet infortuné; viens . . .' (iv.419). This is followed by a description of Émile's physical appearance as that of a happy and healthy child capable of enjoying his immediate existence and yet giving clear signs of a further development of his powers. Rousseau sets him down in the midst of a contemporary gathering and urges those present to examine his protégé. 'Messieurs, examinez-le, inter-rogez-le en toute confiance' (iv.420).

At the end of Book II Rousseau effectively appeals to his reader's imagination – rather than to his emotions – by recalling the earlier metaphor which compared the new-born child to a young plant. He now emphasises the parallel between the different stages of human existence and the cycle of nature's seasons, recalling in particular his own predilection for the spring. The reader is persuaded to let his imagination dwell upon the close connection between the two forms of rebirth: the fertile beauty of the earth awakening from its winter's sleep, and the human consciousness which experiences a similar sense of idyllic rebirth. 'En voyant renaître ainsi la nature, on se sent ranimer soi-même' (iv.418). As Rousseau points out, the charm of the experience lies partly in the activity of an imagination that adds to the sight of spring the vision of the seasons which are to follow. A similar reaction accompanies the picture of a 'beautiful childhood' that is in many ways preferable to the contemplation of 'maturity'; we can look at the child and at the same time imagine the man he is to become because we see a vigorous and active being whose energy and strength seem to carry him beyond himself and yet let him enjoy the fullness of his own immediate existence. 'Je le vois bouillant, vif, animé, sans souci rongeant, sans longue et pénible prévoyance, tout entier à son être actuel, et jouissant d'une plénitude de vie qui semble vouloir s'étendre hors de lui' (iv.419). The reader of Rousseau's other works is reminded of his description of primitive man who is also identified with his present experience. Elsewhere in *Émile* Rousseau establishes an explicit comparison between the child and the savage, while giving preference to the child who does not remain, like the savage, limited to the simple unchanging satisfactions of physical existence but can join his physical experience to the imaginative anticipation of the higher possibilities of his being.

Rousseau's technique is to play on different levels of personal response in such a way as to persuade his reader to consult all essential aspects of his being. *Émile* seeks to satisfy his reason by means of its metaphysical substructure which rests on the principle of *la nature bien ordonnée* – a principle which involves the progressive unfolding and development of man's possibilities within the framework of the 'universal system' and yet allows him to express his uniquely human characteristics of perfectibility and freedom. If the philosophical aspect of the book provides it with a stable rational framework, the reader, as he becomes increasingly identified with the development of an ideal individual, becomes conscious of witnessing the birth of a new nature which includes emotion and sensitivity as well as reason; with the gradual formation of Émile as a human being the reader is awakened to his own possibilities and at the same time experiences the wonder and exhilaration of discovering a pristine reality that is both new and familiar since it is related to nature's true 'origins'. The fascination of this journey of exploration and discovery ultimately involves the fulfilment of a higher purpose which includes both man and God's creation.

The reader of *Émile*, then, is not spurred on by the excitement which accompanies the elaboration of bold and unusual ideas, for Rousseau does not have the intellectual daring of Diderot, who was prepared to go beyond the limits of traditional morality in order to pursue the consequences of his dynamic materialism, the passionate irony of Voltaire anxious to do away with the particular evils of a world dominated by tyranny and prejudice, the sustained intellectual dedication of Montesquieu preoccupied with the analysis of a single but extensive area of human phenomena. Rousseau's 'traité de la bonté naturelle de l'homme' (i.934) rests upon a simple principle which, while illuminating the meaning of nature in its human and universal aspects, does not seek to go beyond the truths which, as Rousseau is fond of saying, 'it is important for him to know'. Since the oppressive influence of their social environment makes most men incapable of apprehending this simple aim, Rousseau tries to make his readers aware of man's natural goodness and the possibility of becoming a new self; the readers of *Émile* are intended to become aware of this as they exercise all the essential aspects of their being – reason, emotion, sensitivity and imagination.

As many critics have regretfully observed, Rousseau is not uniformly successful in achieving this end, for the last part of *Émile* tends to give increasing importance to the author's fantasy. Already the closing pages of Book IV had been devoted to a description of what the author himself would do 'if he were rich'. The section on *Sophie ou la Femme* is inferior to the early parts not simply because its ideas are conservative and reactionary but also because they are expounded within the context of a narrative which is more like a novel than a philosophical treatise. Unable to detach himself from his personal fantasies, Rousseau often hesitates between didacticism and fiction; he tends to lose sight of his reader in order to concentrate on the imaginative and sometimes sentimental relationship with his pupil and his bride-to-be. After apostrophising the 'heureux amants' and the 'dignes époux' Rousseau lets Émile have the last word as he entreats his former tutor to remain the counsellor and master of the 'jeunes maîtres' who still need him.

Nevertheless, if Book v is treated as an appendix and the earlier books as the main body of the work, even those readers who may have doubts about the validity of the notion of natural goodness cannot remain indifferent to the way in which Rousseau appeals to different aspects of their personality. In particular, the sense of participating in the creation of a new human being and a new world evokes a responsive chord in all who, still aware of their lost innocence, would like to begin life again. As he reads parts of *Émile*, the reader may feel some sympathy for Rousseau's own reaction to his pupil when he says: 'Je crois vivre de sa vie et sa vivacité me rajeunit' (iv.419).

Notes

1 On a number of points this paper is indebted to the pioneering study of Robert J. Ellrich, *Rousseau and his Reader: the rhetorical situation of the major works* (Chapel Hill, 1969).

2 There is another reference to this idea in Book ii (iv.351, n.).

Discussion

MME JEANNERET: Ce que vous avez dit s'applique-t-il aux autres ouvrages de Rousseau? S'applique-t-il aux autres traités d'éducation? Car malgré tout *Émile* commence comme un traité d'éducation.

M. LAUNAY: Mais l'*Émile* n'est pas un traité d'éducation: ce sont les 'rêveries d'un visionnaire'.

J.-L. LECERCLE: Il est vrai que, dans ses œuvres en général, Rousseau pense constamment à son lecteur: mais quel auteur oublie jamais son lecteur? Cependant, il y a une œuvre à part, de ce point de vue, ce sont les *Rêveries*. A ce moment-là Rousseau n'espère plus trouver de lecteurs, ni dans la génération présente, ni dans les générations futures. Le seul lecteur possible, c'est lui-même: à moins qu'on ne puisse dire que son lecteur, ce sera Dieu.

R. GRIMSLEY: Il faut considérer chaque ouvrage séparément: chaque ouvrage offre une autre solution du problème.

P. FRANCE: Rousseau wants to be believed at every moment, and knows he is going to encounter reader-resistance.

R. GRIMSLEY: We are several selves. Reading Rousseau at an intellectual level only is inadequate. I agree that he creates reader-resistance: students can't respond in the same way as more mature readers, if only on account of the difference in cultural level. The complexity of the response demanded by Rousseau does of course mean that he is not always effective.

P. JIMACK: This really brings us back to the point made by Starobinski – Rousseau's *use* of eloquence. *Émile* was written for his contemporaries: does it work today? We must also remember that even at the time many contemporaries said it was Rousseau's eloquence that made him dangerous. For the rest, I am not convinced that Rousseau was quite as conscious of his reader in the way you suggest: not of a *real* reader, at any rate.

R. A. LEIGH: Perhaps we ought to distinguish more clearly in *Émile* between the appeal to the 'reader' (real or imaginary) and rhetorical devices like the personification (and consequential harrying and sniping!) of the 'bad preceptor' ('vous voulez enseigner la géographie à cet enfant', etc.). Surely in *Émile* there is no uniformity of address.

J. STAROBINSKI: N'y a-t-il pas, chez Rousseau, à l'égard du lecteur, une certaine alternation et même une stratégie à deux temps: mise en accusation, puis manœuvre de séduction? Rousseau met tout en œuvre pour éveiller la culpabilité de l'auditeur; ce résultat obtenu, il l'invite à trouver l'apaisement et le bonheur dans la perspective qu'il imagine. L'*Émile*, me semble-t-il, fait alterner les avertissements dramatiques, et les promesses exaltantes; la rhétorique de Rousseau menace le lecteur, pour mieux le 'convertir': on reconnaît ici l'héritage laïcisé de la prédication religieuse.

12

Rousseau et la morale du sentiment
(lexicologie, idéologie)

JOHN STEPHENSON SPINK

Il y a deux cents ans exactement, au mois de juillet 1778, le marquis de Girardin employa l'expression 'cet homme [. . .] qui fut tout sentiment' (*AR* xxiv (1935), p. 169). J'ai eu d'abord l'idée d'adopter cette expression comme titre, pour parler de la sensibilité à propos de Rousseau. Girardin croyait sans doute dire une chose toute simple et immédiatement compréhensible. Mais, de nos jours, il n'en est rien. Il y a une dizaine d'années, R. Derathé a parlé de la *problématique* du sentiment chez Rousseau (*AR* xxxvii (1970)). Le champ sémantique du mot *sentiment* est devenu vaste: un coup d'œil sur le dictionnaire de Robert suffit pour s'en convaincre. Déjà en 1771 le dictionnaire de Trévoux classait sous trois rubriques différentes (métaphysique, morale, éloquence) les expressions qui contiennent le mot 'sentiment'. J'ai dû donc me limiter, et j'ai choisi la deuxième des catégories établies par ce dictionnaire, à savoir la 'morale', qui, au XVIIIe siècle, comprend la psychologie. J'ai adopté encore une méthode, l'étude de certains mots-clefs, qui sont aussi des idées-maîtresses. Cela me permettra de me limiter. Je ne veux étudier que l'emploi systématique de ces mots (et expressions), car il faut distinguer entre emploi systématique et emploi courant. Par emploi systématique je veux dire emploi sous des rapports fixes avec d'autres mots et expressions permettant de construire une structure, sinon un système rigoureusement cohérent. Cette méthode sera comparative aussi, puisqu'elle consistera en une comparaison entre l'emploi systématique que fait Rousseau de certains mots et expressions et le modèle qu'on peut construire pour la spéculation morale du XVIIIe siècle, avant Kant. Je dis 'avant Kant' et je veux dire: 'sans avoir besoin de parler de Kant'.

Le choix que je fais de la deuxième catégorie établie par le dictionnaire de Trévoux me permet d'exclure, ou plutôt de mettre entre parenthèses (car il n'y a pas de parois étanches et il y aura des bavures), certaines expressions, et notamment l'expression 'sentiment intérieur',

employé dans la *Profession de foi* et ailleurs. Dans le dictionnaire de
Trévoux, cette expression est placée sous la rubrique 'métaphysique',
qui comprend la théorie de la connaissance. C'est une expression que
Malebranche a introduite dans la discussion philosophique, comme
synonyme de 'conscience', au sens de 'connaissance réflexive', comme
l'anglais 'consciousness', qui est de la même époque. Traduisant
Shaftesbury, Diderot emploie 'sentiment intérieur' pour traduire
'consciousness'. Rousseau a pris l'expression sans doute chez Malebranche, lu aux Charmettes, mais il l'emploie autrement. Les éditeurs
de Malebranche (mme Rod-Lewis notamment) insistent sur cette
différence. Pour Rousseau le 'sentiment intérieur' est un 'assentiment'
(mot nouveau, mais que Rousseau emploie plusieurs fois); c'est une
conviction immédiate, qui se passe des procédés ordinaires du raisonnement. Il emploie 'assentiment intérieur' dans une lettre à Franquières
(1769, *Pléiade* iv.1138, Leigh xxxvii, 6529). Dans une lettre à Vernes
(février 1758, Leigh v, 616), le sentiment intérieur 'dirige [sa] croyance
indépendamment de [sa] raison'. Le sentiment intérieur peut avoir
pour objet une proposition abstraite; il fonctionne dans le domaine de
l'entendement; il n'est pas lui-même une affection, comme l'amour
qu'on peut avoir pour certaines croyances. Il me semble, par conséquent, qu'on peut mettre cette expression entre parenthèses, ce que
je fais d'autant plus volontiers que le livre de m Derathé sur le *Rationalisme de Jean-Jacques Rousseau* mit fin à un longue controverse qu'avaient
entamée Brunetière et son élève P.-M. Masson au début de ce siècle.
Du reste, les moralistes du sentiment ne sont pas ennemis de la raison
sous toutes ses formes. C'est à la réflexion, au sens de calcul, qu'ils
opposent le sentiment; la réflexion rapporte tout à soi, le sentiment est
un élan vers les autres. Ou bien on affirme qu'un raisonnement ne
peut avoir prise sur une affection, ou que 'la voie du sentiment' (affection) est plus rapide. Ce n'est pas là refuser à la raison le droit de fonder
la notion du bien. Quoi qu'il en soit, le dictionnaire de Trévoux place
l'expression 'sentiment intérieur' sous la rubrique 'métaphysique'. Il
y place encore le mot 'sentiment' tout court au sens de jugement
immédiat. Je les mets donc entre parenthèses, comme ne se rapportant
pas à ce que le dictionnaire de Trévoux appelle 'morale'.

Que dire de la troisième catégorie établie par ce dictionnaire, c'est-
à-dire l'éloquence, qui comprend ce que nous appelons 'esthétique'?
Le 'sentiment du beau', du 'beau moral', n'est-il pas connu de tout le
siècle? Certes, et l'on pourrait y voir une affection, en même temps que
la reconnaissance de la vertu; mais ce n'est pas là le domaine propre
de la 'morale'. Quant au 'sentiment de la nature', expression qui pour
nous caractérise Rousseau, il n'était pas connu sous cette forme au

XVIIIe siècle. On connaissait le goût de la nature et de la vie rustique, et nous avons été amplement renseignés sur cet aspect de l'histoire des mœurs par le *Sentiment de la nature* de Daniel Mornet et d'autres ouvrages publiés plus récemment. Mais l'expression elle-même fut employée par Claude Buffier au sens d'appréciation immédiate du vrai naturel, comme dans le vers célèbre de Boileau: 'Mais la nature est vraie et d'abord on la sent', alors que, pour Rousseau, les 'sentiments de la nature' sont les 'sentiments naturels' (*Pléiade* ii.399). L'expression 'sentiment de la nature' semble être du XIXe siècle dans son acception moderne, et je ne pense pas qu'on en ait fait l'histoire.

Il est vrai que la morale était toute proche de l'esthétique, comme elle l'était d'ailleurs aussi de la politique. Mais il y a un domaine qui lui appartenait en propre, c'est-à-dire l'étude des passions. La psychologie des passions en fait partie; elle se fonde sur une psychologie des passions. Je garde donc l'expression 'sentiment de l'existence', qui joue un rôle aussi dans la théorie de la connaissance et dans l'esthétique, parce que cette expression représente le point de départ des systèmes génétiques des passions qui caractérisent la psychologie du XVIIIe siècle.

Je retiens donc, chez Rousseau, à côté des mots 'sensible', 'sentiment', 'sensibilité', certaines expressions dont l'emploi est systématique, à savoir, 'sentiment de l'existence', 'sensibilité physique', 'sensibilité morale' ('négative' et 'positive'); puis 'sentiments naturels', 'premiers sentiments de la nature' (dont Rousseau fait un synonyme de 'conscience morale', chaque fois qu'il emploie le mot 'conscience' d'une façon systématique), et finalement 'vertu' (comme 'dépassement' au sens moderne de ce mot), car c'est l'énergie de la sensibilité morale positive qui lui permet de s'élever au-dessus d'elle-même et d'adopter une direction contraire à la sienne. Enfin, comme valeur transcendante, le 'bien commun' (*Pléiade* iii.327), ou 'intérêt commun' (371), ou 'intérêt général' (252), ou 'utilité commune' (330). Ces synonymes de 'bien général' (que Rousseau n'a peut-être pas employé) sont les noms d'une notion complexe et difficile à définir, où est comprise, comme le contexte le montre souvent, et même où est centrale et essentielle, la notion de 'justice'.

Je propose donc l'étude de certains éléments du vocabulaire de Rousseau par rapport à un modèle ou montage qu'on peut établir pour la spéculation morale de la première moitié du XVIIIe siècle.

L'étude du lexique de Rousseau date du début de ce siècle, lorsqu'Alexis François publia ses *Provincialismes de J.-J. Rousseau* (*AR* iii (1907)). De nos jours, on emploie des méthodes que la technologie moderne a mises à la disposition des chercheurs, et, comme chacun sait,

Michel Launay dirige une enquête fondamentale et compréhensive dans ce domaine. Les notes de m Launay sur le vocabulaire politique de Rousseau et sur certains éléments lexicaux de la *Correspondance* sont entre les mains des Rousseauistes depuis quelque temps déjà. Je me borne ici à signaler une thèse inédite de l'Université de Londres sur 'The vocabulary of sensation and emotion in the works of Jean-Jacques Rousseau' (1954), par J. R. Burne. Cette thèse consiste en un lexique et une étude analytique inspirée par les méthodes de Bally, de Genève, dans son *Traité de stylistique française.*

Burne montre que Rousseau emploie le mot 'sensibilité' dans toutes les acceptions signalées par les dictionnaires de l'époque, et encore dans un sens qui n'est pas signalé avant le dictionnaire de l'Académie de 1835. Voici un de ses exemples qui est d'un intérêt particulier pour mon propos. Il est tiré de la sixième partie de *La Nouvelle Héloïse* (*Pléiade* ii.725):

La sensibilité porte toujours dans l'âme un certain contentement de soi-même indépendant de la fortune et des événements.

Or, quel sens peut-on donner au mot 'sensibilité' pour que cette phrase soit compréhensible? Remplaçons le mot 'sensibilité' par le mot 'vertu':

La vertu porte toujours dans l'âme un certain contentement de soi-même indépendant de la fortune et des événements.

Rien de plus classique! Mais Rousseau n'a pas écrit le mot 'vertu'; il a écrit le mot 'sensibilité', et il choisissait ses mots avec le plus grand soin. Que faut-il en conclure, sinon que le mot 'sensibilité' a un rapport avec le mot *vertu*, mais n'est pas synonyme? En effet, la sensibilité est ici ce que Rousseau appelle ailleurs la 'sensibilité morale positive'; il s'agit du partage des douleurs, des malheurs, rendu possible par le fait qu'on a été soi-même malheureux: c'est ce que nous appelons une solidarité affective.

Dans sa thèse, Burne applique le principe reconnu par les lexicographes qui affirme que les mots dont le champ sémantique est étendu ne peuvent se comprendre que grâce à leur contexte. Il s'est servi du contexte fourni par le texte de Rousseau et par les exemples cités dans les dictionnaires de l'époque. Il me semble qu'en ce qui concerne l'emploi systématique de certains mots et de certaines expressions, on peut aller plus loin et prendre la spéculation contemporaine pour contexte.

Les moralistes de la première partie du XVIIIe siècle adoptent souvent une méthode génétique. Ils cherchent à distinguer par l'analyse un point de départ aussi simple que possible et, à partir de là, étudier le progrès des passions et leur ramification, non pour réduire l'arbre à la graine, mais pour en comprendre la structure. En consultant divers ouvrages peu originaux, mais pour cette raison plus représentatifs, en partant, par exemple de Boulainviller et de Gamaches, et en allant jusqu'au *Discours préliminaire* de l'*Encyclopédie* et à la thèse de l'abbé de Prades, mais sans oublier l'apport de Malebranche, ni des publicistes comme Pufendorf et Barbeyrac, ni des Anglais Shaftesbury, Hutcheson, Hume, connus grâce aux traductions, et en tenant compte de professeurs comme Rollin et du juriste Montesquieu, on peut recueillir des éléments lexicaux et notionnels qui permettent de construire un modèle.

Le point de départ est le sentiment de l'existence. En présence d'une sensation, le sentiment de l'existence devient le désir de la conservation de soi, qui se développe en amour de soi ou amour-propre. Ces deux expressions sont synonymes au début du siècle. En présence encore de sensations occasionnées par les objets du monde extérieur, à savoir la douleur et le plaisir, l'amour de soi se ramifie en haine et amour, qui sont les passions primitives, capables de se modifier indéfiniment selon les objets qui les occasionnent. Quand les passions ou inclinations ont un objet très général, elles sont naturellement droites. C'est Malebranche qui l'affirme. Les premières inclinations sont droites comme les mouvements physiques sont naturellement rectilignes. Bien entendu, pour lui, à ce moment-là, le corps, c'est-à-dire la chair, n'est pas encore en jeu. Mais il est à noter que le corps, lorsqu'il entrera en jeu, représentera plutôt la particularité que la concupiscence. C'est la généralité de l'objet des premières inclinations qui fait leur droiture, et cette généralité caractérisera aussi les 'passions calmes' qui sont les 'sentiments moraux' chez Hutcheson et Hume; leur objet sera très général. On peut se fier aux sentiments tant qu'ils poursuivent leur première direction. C'est lorsque la réflexion intervient et les rapporte sur le moi qu'ils perdent leur intégrité. On oppose le sentiment au calcul.

Les affections naturelles lient les hommes entre eux. Pour Shaftesbury les deux expressions 'affections naturelles' et 'affections sociales' sont synonymes. Les publicistes, de leur côté, partant de la notion de 'sociabilité' arrivent à la notion de 'civilisation' (mot nouveau qui fait son apparition dans l'*Ami des hommes* du marquis de Mirabeau). On emploie le vocabulaire de Cicéron, 'bienveillance', 'bienfaisance', 'utilité générale' (*Devoirs*, III. vi.26). Le professeur Rollin et le juriste Montesquieu parlent de la vertu antique, passion dont l'objet est le bien général. En somme, il est constamment question des rapports entre les hommes et entre l'individu et la communauté. Sans doute les moralistes ont-ils toujours parlé des rapports entre les hommes. Mais c'est une question de priorités. Le traité d'Aristote commence par une longue description de l'homme juste et n'aborde l'analyse des rapports entre les hommes que vers la fin, et encore sous la forme de l'amitié généralisée seulement. Traditionnellement, c'est la perfection personnelle qui était le premier objet des moralistes, tant scolastiques qu'ecclésiastiques. Au XVIIIe siècle, le social prime, et le vocabulaire scolastique, avec ses appétits irascibles et concupiscibles est abandonné en faveur de celui de Cicéron et des juristes.[1] C'est la notion de justice qui couronne l'édifice, et c'est la justice comme système ou réseau de rapports justes entre les hommes, rapports 'réels' selon Montesquieu (*Lettres persanes*, n° 83), 'conventionnels' selon Hume (*Enquiry*, App. III), et non seulement comme qualité de l'homme juste. C'est la justice distributive en soi, pour ainsi dire, et c'est souvent une notion revendicative.

On trouve des schémas rapides comme celui que je viens d'esquisser, ou qui en contiennent plusieurs éléments, en divers endroits, par exemple le *Discours préliminaire* de l'*Encyclopédie* ou la thèse de l'abbé de Prades. Rousseau lui-même en fait. Signalons quelques pages de la *Lettre à l'archevêque de Paris* (Pléiade iv.935–6), quelques phrases au début de la seconde partie du *Discours sur l'inégalité*. Arrêtons-nous à la description de la sensibilité qui figure dans le deuxième *Dialogue* (*Pléiade*, i.805s). C'est d'abord une distinction entre la sensibilité 'physique' et la sensibilité 'morale'. La sensibilité 'physique' concerne l'individu. Prenons la sensibilité 'morale'. Pour Rousseau, elle concerne les rapports entre les hommes. Alors que certains, tel Marivaux, se contentent d'une notion tout empirique, Rousseau rattache cette notion systématiquement au modèle que je viens d'esquisser. Le point de départ est 'le sentiment de notre être' (p. 805), qui est le 'sentiment de l'existence'. Selon le modèle classique, ce sentiment se préserve de la léthargie grâce aux sensations. Rousseau dit la même chose. C'est ensuite l'amour de soi, les passions aimantes, les passions haineuses et la distinction entre 'la sensibilité morale positive' et 'la sensibilité morale négative' (avec une allusion à Newton qui fait penser à certaine référence cartésienne implicite de Malebranche). C'est ici que Rousseau modifie le modèle en introduisant sa distinction habituelle entre l'état de nature et l'état social. La sensibilité morale a sa source dans l'amour de soi; mais, dans la nature, la sensibilité morale négative ne serait qu'une simple colère (*Pléiade* i.365), alors que, dans la société, elle devient une passion haineuse, sous l'influence de la réflexion ('se transporter hors de soi', p. 806). On reconnaît là, si l'on étudie le rôle du mot 'réflexion' au XVIIIe siècle, l'opposition entre 'sentiment' et 'calcul'. La réflexion transforme l'amour de soi en amour-propre. Elle compare et divise, alors que les premiers sentiments de la nature créent des liens entre les hommes. L'amour de soi naturel est capable de s'étendre aux autres grâce à sa force expansive ('étendre et renforcer le sentiment de notre être', p. 805). Cette notion de l'énergie même des sentiments est encore une innovation. On la retrouve sous l'expression figurée 'âme de feu' (*Pléiade* ii.493). Les 'âmes de feu' sont les 'âmes vraiment sensibles'. On retrouve ces expressions ailleurs au XVIIIe siècle, mais elles ne font pas partie du modèle 'classique', et il me semble que la notion de force d'âme comme sentiment ('la passion de la vertu', p. 493) vient de lectures anciennes, lectures de jeunesse, du Plutarque d'Amyot par exemple, ravivées par celle de Montesquieu. L'énergie même de la sensibilité morale positive suffit, en présence du bien général, pour lui donner la forme de l'amour de la vertu, et lui permet parfois de se transformer tout entière en vertu et de se proposer comme son bien suprême personnel un certain ordre. Mais cela n'est pas donné à toutes les âmes sensibles. La vertu elle-même s'exerce par opposition à la sensibilité, comme la qualité de la justice peut être altérée par la sensibilité (*Dialogues* ii, *Pléiade* i.823).

Comme je ne parle de la morale qu'à propos de la sensibilité, je n'ai pas à considérer la notion d'obligation. La sensibilité n'établit pas les valeurs. Celles-ci ont pour principe la nature et la société. La justice, par exemple, est le bien général: Hume ne dit pas autre chose. La loi pour Rousseau est l'expression du désir commun du bien; mais ce bien est l'objet de la loi, non la loi elle-même. De la loi découle l'obligation.

A l'autre extrême, je n'ai pas à parler de la notion de retour à soi, de ce mouvement de concentration et de retrait qui caractérise le solitaire redevenu homme de la nature (Robinson, *Dialogues* ii, *Pléiade* i.826).

Mais il me reste à appliquer la notion de sensibilité morale positive à *La Nouvelle Héloïse*.

La sensibilité de Julie est une sensibilité morale positive qui s'étend jusqu'aux limites de la petite communauté où elle vit. La vie morale de Julie tient dans un cadre social: la famille, la bienfaisance.[2] C'est ce que montre le sens qu'elle donne d'habitude à 'nature' (iii.xviii, *Pléiade* ii.347, par exemple), à 'dénaturé' (i.xxviii et i.xxxvii, *Pléiade* ii.94 et 114), à 'se dépraver' (i.xxxvii, *Pléiade* ii.114). Mais l'âme forte de Julie est capable de vertu; elle sacrifie Saint-Preux à certain ordre social qu'elle accepte comme étant le meilleur (iii.xviii, *Pléiade* ii.357). Se plaçant au point de vue sociologique, on dirait qu'elle accepte de s'intégrer au groupe social dans lequel elle est née, mais aucun des personnages du roman (si ce n'est le baron!) ne se place à ce point de vue.

La sensibilité de Saint-Preux est très différente. Elle s'inscrit dans un autre système de références contemporaines. Saint-Preux est un isolé. Sa sensibilité est plus 'physique' que 'morale'. En ce qui concerne la sensibilité physique, Rousseau accepte les thèses matérialistes (*Dialogues* ii, *Pléiade* i.804–5, par exemple). Il est question d'impressions et non d'affections, et il est question de la psychologie individuelle. La sensibilité physique étant le principe de la connaissance des objets, un homme très sensible perçoit mieux que les autres (*La NH* i.xxvi, *Pléiade* ii.89); il pénètre le voile que la société jette autour des choses et son jugement, resté naïf, est intègre. Saint-Preux est le seul personnage du roman qui soit intimement lié aux objets du monde extérieur par sa sensibilité physique. Il est capable d'aimer la vertu, mais n'est pas capable de vertu. A la fin, c'est la vertu qu'il aime en Julie (*La NH* vi.vii, *Pléiade* ii.675).

En composant son roman, Rousseau a opposé l'une à l'autre ces deux sensibilités. Il s'est servi du décalage entre la sensibilité plus physique de Saint-Preux et la sensibilité plus morale de Julie, et du dépassement qui élève Julie au-dessus de Saint-Preux, d'une manière qui permet de parler de 'dialectique'.

Dans les *Dialogues*, l'analyse qu'il fait de sa propre sensibilité le rapproche de Saint-Preux, mais l'accord entre sa sensibilité physique et sa sensibilité morale se fait par la constatation, plus précise que dans le cas de Saint-Preux, que les impressions qui font le plus d'effet sur lui sont celles qui intéressent ses affections (*Dialogues* ii, *Pléiade* i.807–9). Sa sensibilité morale est restée saine, mais elle n'est pas assez forte pour se transformer en vertu (*Dialogues* ii, *Pléiade* i.824 et 854–9). D'un autre côté, les 'premières inclinations de la nature' ne seraient-elles pas plus 'sûres' que la vertu même (p. 864)?

Rousseau voit dans la distinction 'physique'/'morale' une distinction entre deux substances; le ton qu'il emploie (*Dialogues* ii, *Pléiade* i.804–5) l'indique clairement. Pour ses contemporains, ce n'est que la différence entre la sensation et le sentiment ('passion'). L'amour de soi, source selon Rousseau de la sensibilité morale, est, pour Helvétius, un effet immédiat de la sensibilité physique, sous forme de douleur et de plaisir (*De l'homme* v, notes 3 et 4). La logique habituelle de Rousseau n'aurait-elle pu éviter cette réduction au plus simple, sans trancher aussi abruptement ici que fait le Vicaire savoyard de son côté? Mais des attitudes religieuses ont joué un rôle dans le débat. La morale du sentiment qu'on trouve chez Rousseau s'explique par rapport à la spéculation contemporaine et antérieure, mais il donne souvent une allure religieuse à un mode de pensée qu'il convient d'appeler 'non-théologique', plutôt que 'laïque', parce que des ecclésiastiques y ont contribué. Il emploie 'conscience' (morale) pour 'sentiments naturels' (*La NH* vi.vii, *Pléiade* ii.683*n*; *LCB*, *Pléiade* iv.936; *Lettres morales* v. iv.iiii: voir aussi *LD'A*). Pour Julie, la *révolution* (*La NH* iii. xviii, *Pléiade* ii.354, 355) qui se produit en elle est une conversion. Dans la *Seconde Préface* (*Pléiade* ii.13) le mot 'grâce' est employé. Mais, dans les exemples que je viens de signaler du mot 'conscience', Rousseau parle en son propre nom. Les 'premiers sentiments de la nature' sont les 'inclinations naturelles' de Malebranche qui sont toujours droites. Ce sont les 'affections naturelles' de Shaftesbury qui sont 'sociales'. Ce sont les 'passions calmes' de Hutcheson et de Hume. Dans les analyses des *Dialogues* est présent tout un siècle de spéculation morale que Rousseau a assimilée et qui est devenue la sienne, sans qu'il soit nécessaire de parler de 'sources'.

Quelque forte que soit la sensibilité 'physique' chez Rousseau, sa sensibilité est essentiellement 'morale'. Sa 'sensibilité morale positive' est une solidarité affective avec les petites gens. Dès le premier *Discours* il en est ainsi: 'Vertu, science sublime des âmes simples'. En outre, il s'est souvent montré capable, malgré sa timidité et son affectivité le plus souvent paisible, de cette force d'âme qui est la vertu. Il a mérité ainsi le titre de 'vertueux' que lui a accordé la génération révolutionnaire. L'homme qui 'fut tout sentiment' et le 'vertueux Jean-Jacques' ne font qu'un. Certes, il a le droit de distinguer entre deux aspects de son caractère, comme il fait au début des *Confessions* et ailleurs. Mais l'éloignement de deux cents ans nous permet de voir que, malgré toutes les vicissitudes de son destin et l'instabilité qu'il n'a su éviter, il a pu maintenir l'intégrité de sa personnalité et se préserver de cette aliénation contre laquelle il nous a si souvent mis en garde.

Notes

1 Rousseau emploie le mot 'irascible' (Burne, p. 608); il en connaît le sens scolastique (*Dialogues* i, *Pléiade* i.669), mais il lui arrive d'en modifier le sens, écrivant: 'épuré de toutes passions irascibles' (*Rêveries* vii, *Pléiade* i.1061: cp. *Rêveries*, éd. J. S. Spink (1948), 'Remarques lexicologiques', p. 228.

2 On trouve pourtant quelques hésitations: iii.xviii, *Pléiade* ii.352, par exemple ('le ciel et la nature autorisoient les nœuds qu'ils avoient formés').

Discussion

R. DERATHÉ: J'aurais deux questions à vous poser. La première porte sur la formule célèbre: '[. . .] l'homme qui médite est un animal dépravé'. Peut-on interpréter ce texte à la lumière du 'sentiment', qui, selon vous, s'oppose non à la 'raison', mais à la réflexion?

La seconde question porte sur la conception de la sensibilité ou plus exactement sur la distinction entre la sensibilité physique et la sensibilité morale exposée dans le deuxième *Dialogue*. Pour vous, Rousseau est avant tout l'homme de la sensibilité morale. Pourtant, Marcel Raymond avait souligné combien Rousseau était 'l'homme de la sensation'. Quelle est la place de la sensation, à côté de celle du sentiment, dans la théorie de la sensibilité?

J. S. SPINK: 'Méditer', 'réflexion' – les deux mots sont employés à cet endroit. Je répondrais à votre première question: 1° que Rousseau a une prédilection pour les formules frappantes, 2° que le mot 'réflexion' est un mot dont le champ sémantique est étendu au XVIIIe siècle, allant de la moindre connaissance de soi jusqu'à la réflexion proprement dite. Or, la moindre connaissance de soi est déjà une 'transcendance', mais je préfère dire 'sort l'homme du système'. Du champ sémantique du mot 'réflexion' je prendrais le moins possible et je n'irais pas jusqu'à la méditation dans le silence des passions. Marcel Raymond, on le sait, est poète lui-même. Il y a une sensibilité poétique qui date de la fin du XIXe siècle et qu'il a retrouvée chez Rousseau. Il y a des pages qui le justifient, mais nous parlons ici de la sensibilité moralisante du XVIIIe siècle.

J. STAROBINSKI: J'aurais aussi deux questions à vous poser.

N'y a-t-il pas, dans l'ordre religieux, un changement important de la fonction du 'sens intime', ou du 'sentiment', changement dont Rousseau paraît le témoin? Selon un christianisme traditionnel, 'le sentiment' apporte son assentiment à des vérités révélées, à un 'message' émanant d'une autorité extérieure à l'individu. Chez Rousseau, le sentiment est la source même de l'autorité, la manifestation même de la vérité.

Ma seconde question porte sur l'acception esthétique du mot 'sensibilité' et de l'adjectif 'sensible'. Selon l'esthétique du XVIIIe siècle, la création de l'œuvre musicale ou littéraire requiert une âme sensible. Un siècle plus tard, la fin même de l'œuvre d'art sera d'exprimer une sensibilité. La sensibilité passe ainsi du rang de cause instrumentale (parmi d'autres) à celui de cause finale: ne pourrait-on pas dire que, tout en donnant au terme une acception éthique prédominante, Rousseau, surtout dans les *Confessions* et les *Rêveries*, prépare l'époque où l'art se donnera pour but de révéler une manière individuelle de sentir?

J. S. SPINK: Vous faites une distinction importante entre 'sentiment' et 'assentiment'. Comme l'expression 'sentiment intérieur' est une de celles que je mets – dans l'incertitude – entre parenthèses, je me hasarderais tout au plus à dire que Rousseau semble employer 'sentiment intérieur', 'assentiment intérieur' et 'conviction intérieure' comme synonymes. Je cherche à attacher un sens à 'sentiment' dans ses divers contextes.

En ce qui concerne l'esthétique, il me semble qu'il est possible de trouver l'expression d'une vraie sensibilité *poétique* au XVIIIe siècle.

Dans le cercle de l'abbé de Chaulieu il y a une sensibilité poétique épicurienne; on la retrouve chez Rousseau. Il y a des auteurs qui l'ont associée à la sensibilité moralisante dans des vers consacrés à l'amitié qui adoucit la tristesse. Le Genevois, F. Vernes de Luze, fils de Jacob Vernes, en est un.

J.-L. LECERCLE: Ne faudrait-il pas distinguer entre l'auteur des *Dialogues* qui conserve encore l'espoir, et celui des *Rêveries* qui est vraiment seul?

J. S. SPINK: Vous faites allusion à cette partie de l'itinéraire de Rousseau où, loin de chercher à fonder son être moral sur ses rapports avec ses semblables, il se voit, au contraire, seul parmi eux. L'auteur des *Dialogues* est déjà l'objet d'une condamnation universelle et accusé de tous les crimes imaginables. Il est seul, mais espère encore; l'auteur des *Rêveries* accepte sa solitude. Mais, dans l'un et l'autre de ces ouvrages, Rousseau examine un cas extrême, celui de l'homme isolé qui rentre, par ce fait même, dans la nature. Il adopte même une attitude d'homme de science, pour faire cette étude.

MME BLOCH: Vous avez voulu ne pas parler du 'sentiment intérieur', prétendant qu'il ne s'agit pas ici d'une affection, mais d'un jugement; que Rousseau prend le terme 'sentiment intérieur' dans le sens d''assentiment', c'est-à-dire, d'un 'jugement'. Mais si l'on prend ce terme dans le sens de 'jugement' comment peut-on expliquer que Rousseau distingue dans *La Profession de foi du Vicaire savoyard* entre la raison qui nous fait 'connaître' le bien et la conscience (que je prends dans le sens de 'sentiment intérieur') qui nous 'porte à l'aimer'?[1]

J. S. SPINK: Il est vrai que 'sentiment intérieur' n'a pas, dans cet exemple, le sens d' 'assentiment', car on ne peut aimer que par sentiment. C'est un pléonasme. Le sens semble être: 'il reste encore de désirer les suivre'. C'est l'expression 'sentiment intérieur' synonyme d''assentiment' que j'ai exclue, ou plutôt mise entre parenthèses. On trouvera d'autres exemples. Autre exemple intéressant: le sentiment intérieur des amants (*La NH*, III.xviii, *Pléiade* ii.356), qui peut tromper! C'est Julie qui tient la plume.

M. LAUNAY: A propos de la sociabilité, je me permets de rappeler que, pour Rousseau, l'homme n'est pas un être social naturellement, quoique 'fait pour le devenir'.

J. S. SPINK: En effet, dans le *Discours sur l'inégalité* et dans le manuscrit de Genève du *Contrat social*, les affections dont le germe est la pitié se corrompent dans la société primitive, *avant* le Contrat, de sorte qu'il ne reste plus que l'intérêt, forme simple de l'amour de soi, pour fonder un ordre social capable de remplacer le règne de la force et de la ruse.

---

[1] 'Connoitre le bien, ce n'est pas l'aimer, l'homme n'en a pas la connoissance innée; mais sitôt que sa raison le lui fait connoitre, sa conscience le porte à l'aimer: c'est ce sentiment qui est inné' (*Émile* IV, *Pléiade* iv.600).

13

Les fonctions de l'imagination dans *Émile*

MARC EIGELDINGER

La conception que Rousseau propose dans *Émile* de la nature et des pouvoirs de l'imagination se distance très sensiblement de celle des philosophes du XVIIe et du XVIIIe siècle. Elle est anticartésienne, dans la mesure où elle se refuse à identifier l'imagination avec une faculté corporelle, étrangère à 'la puissance de concevoir', à la connaissance de soi et de l'autre, puis antipascalienne dans la mesure où elle ne la réduit pas à la fonction de 'maîtresse d'erreur et de fausseté', n'engendrant que la démesure, de funestes mensonges et de dangereux phantasmes. L'imagination acquiert chez Rousseau droit de cité dans l'univers spirituel et conquiert son autonomie en tant que puissance qui n'est ni limitée aux données de la perception sensible, ni soumise impérieusement au contrôle critique du bon sens. Alors que Condillac, Voltaire et même Diderot l'asservissent à reproduire des images de la sensation et ne la séparent pas fondamentalement de l'activité de la mémoire ou du phénomène de la réminiscence, Rousseau lui confère une indépendance spécifique en l'affranchissant des traces de la sensation et du souvenir, de la tyrannie de l'intelligence logique. La faculté imaginante ne correspond plus à une opération physique ou mémoriale, elle ne consiste plus uniquement en une aptitude à la représentation, elle devient créatrice en s'associant aux injonctions du désir et aux énergies de l'affectivité.

On peut discerner dans l'œuvre de Rousseau quatre fonctions majeures de l'imagination, qui font la nouveauté de son expérience et de sa vision:

1. la fonction spatiale (au niveau du 'Je');
2. la fonction créatrice, idéalisante et compensatrice (au niveau du 'Je' qui se projette vers un 'Tu' imaginaire);
3. la fonction humanitaire et érotique (au niveau du 'Tu');
4. la fonction temporelle, liée à l'ambivalence et à la bipolarité (retour au niveau du 'Je').

Avant toute interrogation sur la présence de ces fonctions dans

Émile, il importe de considérer à quel moment se produit l'éveil de l'imagination dans le développement de l'être humain. Chez l'enfant, de même que chez le sauvage, la mémoire et l'imagination appartiennent à la catégorie des 'facultés virtuelles', elles demeurent longtemps en sommeil, inertes ou passives, parce qu'elles n'ont pas encore subi la plénitude de leur éclosion qui déterminera le comportement du moi et parce que l'être est tout absorbé par les sensations, les affections qu'il éprouve en harmonie avec les impulsions de la nature. Les perceptions sensibles bornent son savoir, étranger à l'action de la mémoire et de l'imagination, aux sollicitations de ressusciter le passé ou d'anticiper sur l'avenir.

Dans le commencement de la vie où la mémoire et l'imagination sont encore inactives, l'enfant n'est attentif qu'à ce qui affecte actuellement ses sens. Ses sensations étant les premiers matériaux de ses connoissances, les lui offrir dans un ordre convenable, c'est préparer sa mémoire à les fournir un jour dans le même ordre à son entendement.[1]

La vision de l'enfant, tant qu'elle n'est pas commandée par les élans de l'imagination, se fixe sur les contours des objets et se concentre sur le spectacle du présent. Dans le système pédagogique de Rousseau, l'imagination ne s'éveille que tardivement, à l'âge de la puberté, au moment de l'élancement des premiers désirs et de la naissance des passions auxquelles elle communique la vertu de l'énergie, lorsque l'adolescent, délivré de ses penchants égotistes, découvre l'existence distincte de l'autre. Elle est aiguisée par l'exercice de la lecture, qui propose au cœur et à l'esprit les modèles de la fiction. Dès que l'imagination a pris son essor, favorisé par la *perfectibilité*, elle est particulièrement ardente et tend par la puissance qu'elle a acquise à s'accroître démesurément, à gouverner les autres facultés ou même à les supplanter. Chez les peuples du Midi, ce sont plutôt les sens qui suscitent l'éveil de l'imagination, tandis que, chez les peuples du Nord, c'est l'imagination qui attise les sens. En outre la jeune fille possède une imagination plus vive que le jeune homme, plus modelée par les formes de sa sensibilité et plus 'difficile à modérer' dans l'immédiateté de ses élans. Il en est ainsi, au-delà de la théorie des climats et de la différenciation des sexes, parce que la nature de l'imagination consiste à accroître 'la mesure des possibles' afin de combler les désirs qu'elle a engendrés. Elle s'applique à inventer le champ du *possible*, qui est, dira Baudelaire dans le *Salon de 1859*, 'une des provinces du vrai'. Le possible correspond à l'univers de l'imaginaire et du mythe, en tant que création contenant la virtualité du réel; le désir lui confère la plausibilité et lui communique la consistance de la vérité.

Sitôt que ses facultés virtuelles [celles de l'homme] se mettent en action, l'imagination, la plus active de toutes, s'éveille et les devance. C'est l'imagination qui étend pour nous la mesure des possibles soit en bien soit en mal, et qui par conséquent excite et nourrit les désirs par l'espoir de les satisfaire.[2]

1. Dans *Émile*, Rousseau met en évidence la fonction spatiale de l'imagination, définie par ses mouvements d'expansion et de dilatation, sollicitée par l'invention de la nouveauté et l'appétit de la transcendance. Elle est de toutes les facultés la plus mobile, dépassant le niveau de la perception et de l'observation; lorsqu'elle est mise en branle, elle est sujette à céder à la promptitude, à la vélocité et à l'accélération, à l'accroissement de son dynamisme qui rend difficile toute espèce de contrôle de la raison. L'imagination franchit les limites de l'espace terrestre, elle se déplace sur les axes de l'horizontalité et de la verticalité, elle se joue des frontières, des obstacles et des entraves à tel point qu'elle est mue par sa volonté d'ouverture et son aptitude au dépassement; elle possède au plus haut degré le don de la distance et de l'ubiquité, le pouvoir de se projeter au-delà de toute finitude de l'être et des choses. Toutefois ce penchant à l'expansion constitue un péril, celui de la dispersion, de la dissémination spatiale; c'est pourquoi le travail éthique de la sagesse s'applique à circonscrire le champ de l'imagination, à mettre un frein à l'impétuosité de ses mouvements et à tempérer les effets de son action.

Le monde réel a ses bornes, le monde imaginaire est infini; ne pouvant élargir l'un rétrécissons l'autre; car c'est de leur seule différence que naissent toutes les peines qui nous rendent vraiment malheureux.[3]

Il n'en demeure pas moins que l'imagination est la seule faculté capable de concevoir l'infini, de déchiffrer le sens des mystères irréductibles à la démarche logicienne et de s'élever à la vision de Dieu; animée par les puissances de l'affectivité, elle élabore les hypothèses et les conjectures, indispensables au fonctionnement de la pensée, elle pénètre dans les espaces interdits à l'entendement discursif:

Des mystères impénétrables nous environnent de toutes parts; ils sont au-dessus de la région sensible; pour les percer nous croyons avoir de l'intelligence, et nous n'avons que de l'imagination.[4]

Telle qu'elle est décrite dans *Émile*, l'imagination est *diffluente*, au sens où l'entendait Th. Ribot: elle procède du monde intérieur de l'affectivité dont elle est indissociable, et crée ces 'abstraits émotionnels' qui nourrissent les états de la rêverie et composent la demeure des chimères avec la substance du désir.[5]

2. La fonction créatrice et idéalisante de l'imagination n'occupe

pas dans *Émile* une place aussi centrale que dans *La Nouvelle Héloïse*
et *Les Confessions*, en ce sens qu'elle n'intervient que secondairement
dans un traité d'éducation, alors qu'elle est nécessaire au récit romanesque ou autobiographique. Le narrateur, contrairement à l'historien,
invente des personnages, un univers fictif qui se substitue à la connaissance de la réalité; il imagine les ornements par lesquels il embellit
les objets en leur conférant un *charme* qu'ils n'ont pas naturellement, en
les revêtant d'une dimension chimérique. C'est la chaleur de l'imagination qui transforme les objets et produit en eux une séduction suscitée
par l'intensité dynamisante de l'émotion.

Ce sont les chimères qui ornent les objets réels, et si l'imagination n'ajoute
un charme à ce qui nous frappe, le stérile plaisir qu'on y prend se borne à
l'organe, et laisse toujours le cœur froid.[6]

L'imagination forme, au-delà du spectacle des choses, les figures, les
signes et les mythes; elle déréalise la réalité et la métamorphose afin de
composer la sphère de l'imaginaire, royaume de la liberté intérieure où
le moi se découvre un refuge existentiel et se forge une société conforme aux besoins de son cœur. Elle invente 'la langue des signes' et
le langage de l'amour, porteurs du magnétisme soudain de l'affectivité.
   3. L'éveil de l'imagination coïncide chez l'adolescent avec l'acte
par lequel il s'affranchit de son égotisme et qui lui révèle l'existence
d'autrui; il fait éclater le cercle du Je, le contraint à s'ouvrir à la réalité
autonome du Tu et à reconnaître son identité. L'imagination remplit
alors sa fonction humanitaire et érotique, elle engendre les sentiments de
l'amitié et de la pitié, puis le désir et le sentiment de l'amour. 'Le premier
acte de son imagination naissante est de lui apprendre qu'il a des
semblables, et l'espèce l'affecte avant le sexe.'[7] C'est grâce à l'action
de son imagination qu'Émile peut sortir de la prison de son moi pour
aller à la rencontre d'autrui, que sa sensibilité peut être touchée par le
spectacle des misères et des souffrances de l'humanité, participer aux
tourments et aux malheurs de ses semblables.

L'enfant n'imaginant point ce que sentent les autres ne connoit de maux que
les siens; mais quand le premier développement des sens allume en lui le feu
de l'imagination, il commence à se sentir dans ses semblables, à s'émouvoir
de leurs plaintes et à souffrir de leurs douleurs.[8]

Seule l'imagination a la propriété de nous faire éprouver les maux
d'autrui et de nous mettre à sa place par les mouvements de la commisération et de la sympathie. De même la passion amoureuse ne
sauroit se concevoir sans le concours de l'imagination, qui en entre-
tient la durée en se figurant 'l'objet imaginaire' paré de toutes les

perfections et en se référant à ce 'modèle imaginaire' forgé par les élans du désir. Sans les charmes de la chimère et les prestiges de l'illusion, l'amour est voué à la mort ou à la dégradation; il ne perdure qu'animé par l'*enthousiasme* de la *perfection*, qu'agrandi par le phénomène de l'idéalisation et de l'ornementation fictive.

Il n'y a point de véritable amour sans enthousiasme et point d'enthousiasme sans un objet de perfection réel ou chimérique, mais toujours existant dans l'imagination.[9]

Aussi la possession physique ne peut-elle qu'altérer le travail de la cristallisation et de l'embellissement; le désir imaginaire prolonge la durée de l'amour, tandis que le désir sexuel en signifie la précarité et la destruction.

4. Quant à la fonction temporelle, elle permet d'établir la disjonction entre la mémoire et l'imagination plus clairement que ne l'ont fait les systèmes antérieurs. La mémoire est chargée de prolonger 'le sentiment de l'identité' du moi 'sur tous les moments de son existence', d'en garantir la continuité et l'unité par l'acte du rassemblement, de la concentration sur soi, tandis que l'imagination, habitée par l'inquiétude de la prévoyance, est tentée par le déchiffrement des signes du futur. La mémoire est unificatrice, associée à l'activité répétitive de l'habitude, en quête de l'uniformité et de la stabilité, alors que l'imagination, instable et discontinue, cède à l'appel de la nouveauté et anticipe dangereusement sur l'avenir: elle est sans cesse requise par le devenir, mobilisée par le dynamisme, qui lui est consubstantiel, aussi s'expose-t-elle aux périls de l'expansion incontrôlée, de la dissémination qui compromet l'unité ontologique.

En toute chose l'habitude tue l'imagination, il n'y a que les objets nouveaux qui la réveillent. Dans ceux que l'on voit tous les jours ce n'est plus l'imagination qui agit, c'est la mémoire, [. . .] car ne n'est qu'au feu de l'imagination que les passions s'allument.[10]

La mémoire apporte l'apaisement dans la succession de la durée, l'imagination engendre des tourments d'autant plus redoutables qu'ils échappent à toute prise par leur projection dans le champ incertain de l'avenir. La dichotomie que Rousseau instaure dans *Émile* entre les deux facultés peut en bref être représentée ainsi:

mémoire / imagination = passé / avenir =
concentration + unité / expansion + dispersion

Il en résulte que l'imagination est déterminée par son ambivalence, sa bipolarité; à la réceptivité de la mémoire, elle oppose son ardeur et sa vivacité, son penchant à la liberté et à la transcendance. Elle accroît ses mouvements *soit en bien soit en mal,* fortifie la vertu ou engendre les vices, selon l'impulsion qu'elle communique à la conduite des passions.

La source de toutes les passions est la sensibilité, l'imagination détermine leur pente. [. . .] Ce sont les erreurs de l'imagination qui transforment en vices les passions de tous les êtres bornés, même des anges, s'ils en ont.[11]

Le danger de l'imagination est qu'elle *s'enflamme* aisément, qu'elle est rebelle à toute censure extérieure, qu'elle crée des fantômes et des mirages, un univers fantastique et phantasmatique qui est désancré de la réalité et qui se substitue aux évidences de la vérité concrète. La méthode que doit appliquer l'éducateur consiste à ouvrir et à *émouvoir* l'imagination, à ne pas en contraindre les impulsions, mais à la contenir et à l'orienter en modérant ses transports. 'Ne combattez pas ses désirs avec sécheresse, n'étouffez pas son imagination, guidez-la de peur qu'elle n'engendre des monstres.'[12] Il s'agit pour le pédagogue d'instruire Émile et Sophie de manière qu'ils soient capables de maîtriser ou de réprimer l'activité de leur imagination, de remédier à ses écarts en la fixant sur des objets au lieu de la laisser vagabonder dans l'espace et le temps; il s'agit d'encourager les exercices physiques, la pratique d'un métier, qui ont la propriété d'immobiliser temporairement l'imagination, de la distraire de l'invention des songes et des simulacres qui menacent l'équilibre de l'existence. 'C'est en exerçant son corps à des travaux pénibles que j'arrête l'activité de l'imagination qui l'entraîne; quand les bras travaillent beaucoup, l'imagination se repose.'[13] Le rôle de l'éducateur est de favoriser les pouvoirs de l'imagination, de stimuler les énergies de l'affectivité, tout en leur imposant une borne et une mesure, car l'imagination est de toutes les facultés la plus dynamique et la plus violente, mue par l'ambiguïté du désir.

Bien que Rousseau témoigne dans *Émile* d'une certaine méfiance à l'endroit de l'imagination, qu'il en dénonce les écarts et les périls, il n'en propose pas moins une conception qui est l'aboutissement d'une expérience personnelle et qui se distingue dans le XVIIIe siècle par sa modernité. L'activité de l'imagination ne coïncide plus chez lui avec une opération de l'esprit et elle ne se confond pas avec les rythmes de la réminiscence, elle a conquis son autonomie spécifique en s'associant aux mouvements du désir et de l'affectivité. Pour conclure, je souhaiterais préciser brièvement quelques aspects de cette modernité. En inscrivant l'action de l'imagination dans la spatialité, Rousseau ouvre la voie à cette poétique de l'expansion qui caractérise le romantisme. En présence des paysages de la Bretagne et de l'Amérique, Chateaubriand redécouvre cette vérité fondamentale que 'l'imagination s'accroît avec l'espace', qu'elle est multipliée par le spectacle du liquide et du végétal, par l'immensité du ciel et la diffusion de la lumière. Baudelaire, préoccupé dans le *Salon de 1859* de définir la fonction de 'la reine des facultés', affirmera 'qu'elle est positivement apparentée avec l'infini'. Il n'est peut-être pas illégitime de penser que la théorie de l'amour, énoncée dans *Émile*, annonce la cristallisation stendhalienne, dans la mesure où celle-ci correspond à un acte de l'imagination qui produit l'embellissement de l'être aimé en le revêtant de 'nouvelles perfections'. L'imagination, éprise de la *nouveauté* et seule capable de se soustraire à la satiété, assure la jouissance et la durée de l'amour par le phénomène de l'idéalisation; elle fonde la cristallisation sur l'idée de la perfection qu'elle conçoit et sur les tensions du désir. L'axiome stendhalien de *De l'amour*: 'Toujours une chose imaginée est une chose existante', confirme que la réalité de l'imaginaire nourrit l'énergie de la passion. En outre Delacroix élabore dans son *Journal* une doctrine de l'imagination qui, établie sur le principe de l'ambivalence, présente des analogies évidentes avec l'expérience de Rousseau. L'imagination, distincte de la sensation et de la mémoire, est par excellence la faculté créatrice et l'agent du mouvement, c'est elle qui forge le beau et l'idéal, qui, 'devant la nature elle-même', organise et 'fait le tableau'. Elle ne dispose pas seulement du pouvoir de la représentation, elle incarne l'invention sans laquelle aucun art n'atteint à l'accomplissement. Pourtant Delacroix déclare à propos de son imagination qu'elle est '[son] tourment et [son] plaisir à la fois', son *supplice* et son *fardeau* dans l'ordre existentiel, la source de son inquiétude par les souffrances intérieures qu'elle lui cause. 'L'imagination, qui a été donnée à l'homme pour sentir les beautés, lui procure une foule de maux imaginaires.'[14] De même que Jean-Jacques, Delacroix a éprouvé dans sa vie et dans son œuvre l'ambiguïté de l'imagination, compensatrice en tant qu'elle collabore au faire de la création, funeste en tant qu'elle éveille l'angoisse et suscite les périls. Ces quelques exemples, choisis parmi d'autres, témoignent de la modernité des vues de l'*Émile* sur les pouvoirs multiples de l'imagination, pouvoirs créateurs d'un royaume enchanté aux dimensions infinies de l'espace, pouvoirs affectifs et psychiques qui déterminent le comportement du moi, qui font que l'homme est 'un animal imaginant', selon la formule d'André Malraux, en ce sens qu'il ne parvient pas à les maîtriser absolument. *Émile* nous apprend que l'imagination nous gouverne pour le meilleur et pour le pire, sur ces frontières indécises où la lumière affronte les ombres dans un combat permanent qui engage le destin de l'être en soi et au-delà de lui-même.

Notes

1 *Pléiade* iv.284. Le *Discours sur l'origine de l'inégalité* établit que l'imagination qui fait tant de ravages parmi nous ne parle point à des cœurs sauvages (iii.158).
2 *Pléiade* iv.304.
3 *Pléiade* iv.305.
4 *Pléiade* iv.568.
5 Voir Th. Ribot, *Essai sur l'imagination créatrice* (F. Alcan, 1900), pp. 163s.
6 *Pléiade* iv.418.
7 *Pléiade* iv.502.
8 *Pléiade* iv.504.
9 *Pléiade* iv.743.
10 *Pléiade* iv.384.
11 *Pléiade* iv.501.
12 *Pléiade* iv.651.
13 *Pléiade* iv.644.
14 *Journal* (Plon, 1960), i.464.

Discussion

G. HALL: Les très intéressants propos qu'a tenus m Eigeldinger sur Rousseau et son 'pays des chimères' touchent de très près au problème de la revalorisation de l'écrivain et de l'imaginaire au XVIIIe siècle que j'étudie depuis peu dans certaines comédies, notamment *La Métromanie* de Piron et *L'Amant auteur et valet* de Pierre Cerou. Or le mot 'chimères' est lié depuis le XVIIe siècle à d'autres termes dont l'itinéraire est également révélateur: 'visionnaire' et 'imaginaire'. Dans l'Argument des *Visionnaires*, comédie de 1637 où Desmarets de Saint-Sorlin valorise l'imaginaire tout en se moquant de certaines extravagances, le poète annonce qu'il présente 'plusieurs sortes d'esprits Chimériques ou Visionnaires', et l'un de ces esprits est un 'riche imaginaire'. Richelet définit 'chimérique' par le synonyme 'visionnaire'. Pierre Nicole fait suivre ses *Lettres Imaginaires* par des *Lettres Visionnaires* quand il s'attaque le 31 décembre 1665 à Desmarets dans la lettre – onzième *Imaginaire* ou première *Visionnaire* – destinée à soulever une querelle du théâtre. On sait que Molière, dont la troupe donnait de nombreuses représentations des *Visionnaires* de Desmarets, s'est signalé dans des rôles d'"imaginaire' depuis Sganarelle, le cocu imaginaire, jusqu'au Malade imaginaire: Orgon est un dévot imaginaire; Alceste, un visionnaire de la probité ou bien un honnête homme imaginaire; m Jourdain, un gentilhomme imaginaire, etc. Mais c'est dans *Les Femmes Savantes*, la comédie de Molière la plus trempée d'inspiration marésienne, que l'on voit les 'visions' de Bélise (v.325) traitées de 'chimères' (v.391s). Or, Piron reconnaît ses dettes envers Molière dans la Préface de *La Métromanie*. Mais il tait ce qu'il doit aux *Visionnaires* de Desmarets, dont sa comédie s'inspire en partie. Son poète extravagant Damis rappelle notamment le poète extravagant Amidor des *Visionnaires*, comme les rapports entre Damis et m Francaleu rappellent ceux d'Amidor avec Filidan, 'l'amoureux en idée', et Sestiane, 'l'amoureuse de la comédie'. Mais l'engouement 'chimérique' de Damis pour la littérature – le mot est aussi de Piron – ne l'empêche

pas d'être représenté comme un personnage sympathique, que son
imagination rachète et dont la folie est sage. Le poète chimérique de
Piron revalorise l'imaginaire. Il anticipe ainsi la revalorisation par
Rousseau du 'pays des chimères' et celle du visionnaire par les Romantiques, Victor Hugo entre autres. On pourrait faire une démonstration
analogue pour le terme 'original', lié parfois avec le mot 'auteur'. On
assiste ainsi à une revalorisation non seulement des auteurs et de leurs
chimères, mais de l'originalité et de l'imagination.

J.–L. LECERCLE: A l'époque de Rousseau, on le considérait non
seulement comme un écrivain très éloquent, mais comme un écrivain
très imaginatif: l'un et l'autre compliment étaient ambigus, car l'imagination peut être la force créatrice, ou l'aptitude à inventer des paradoxes déraisonnables. Or Rousseau s'est défendu âprement contre le
premier compliment empoisonné, pas du tout contre l'autre. Est-ce
vrai? Et si oui, pourquoi? Ne peut-on pas dire qu'en son temps il
pouvait ressentir vivement l'aspect dévalorisant du mot 'éloquence',
tandis qu'il estimait n'avoir rien à craindre de la réputation qu'on lui
faisait d'être un homme plein d'imagination?

S. S. TAYLOR: Ceux qui ont essayé de caractériser le phénomène
insaisissable du romantisme se sont longuement arrêtés sur la profonde
révolution sémantique qui a eu lieu dans la signification du terme
'imagination'.

Il ressort de cette discussion que, pour les Romantiques, l'imagination dépassait la formule acceptée au XVIIIe siècle pour ouvrir une
toute autre possibilité: celle d'une activité, d'un mode de vie, libérés
des contraintes du réel qui permet de réaliser ses capacités inemployées
et de compenser les insuffisances de la vie par une autre vie artistique
et créatrice.

Il y aurait donc intérêt à préciser si Rousseau se laisse définir selon
la signification acceptée au XVIIIe siècle ou selon la nouvelle signification qui sera celle des Romantiques?

J. S. SPINK: L'imagination selon Baudelaire n'est-elle pas une
faculté unificatrice en même temps que 'vaporisante', comme vous
dites si bien? La vieille imagination matérielle ou fantaisie de la
philosophie scolastique ne servait-elle pas déjà à unir les impressions
sensorielles, et à les disperser aussi en les transposant pour faire, par
exemple, les monstres du blason? Ces deux puissances contradictoires
n'en sont-elles peut-être qu'une seule? La mémoire assure la continuité de la conscience, mais la genèse de *La Nouvelle Héloïse* ne montre-
t-elle pas l'influence unificatrice de l'imagination sur la mémoire, pour
créer le petit monde où Rousseau eût pu vivre, d'où les 'méchants'
étaient exclus, car le baron lui-même n'est pas un 'méchant'?

B. GAGNEBIN: De même qu'on peut distinguer, comme l'a fait Jean Starobinski, entre une éloquence naturelle et spontanée et une éloquence fallacieuse, on peut remarquer qu'il y a chez Rousseau une imagination créatrice et une imagination tourmentante et persécutrice. Lorsque Jean-Jacques médite sur le bonheur, dans les *Rêveries du promeneur solitaire*, il déclare qu'il s'agit d'un état simple et permanent et non d'une succession de plaisirs. Puis il montre les deux dangers qui menacent le bonheur: le regret du passé et l'appréhension de l'avenir. Une trop grande imagination peut nuire à l'état paisible et permanent auquel il aspire. Dans d'autres textes, Rousseau montre qu'il faut se méfier de l'imagination. Cette notion doit avoir des limites si l'on veut être heureux.

J. STAROBINSKI: Juste une indication additionnelle. L'esthétique classique donne la haute main à la raison, mais souhaite la collaboration de l'imagination. Le primat de la raison en littérature correspond à celui du dessin en peinture, tandis que l'imagination se voit attribuer le rôle de la 'couleur'. Faut-il rappeler la querelle des poussinistes et des rubénistes? Il est curieux de constater que Rousseau, dans sa théorie de la musique, reste fidèle à cette conception classique: la supériorité de la 'mélodie' sur l'harmonie est pour lui celle du dessin sur la couleur. En littérature, comme vous l'avez montré, la part de l'imagination est aussi celle du coloris, mais elle est beaucoup plus que cela, et c'est en quoi il est novateur.

Au moment où il se fait le détracteur de Rousseau, dans l'*Essai sur les règnes de Claude et de Néron*, Diderot écrit: 'Jean-Jacques aura toujours entre les littérateurs le mérite des grands coloristes en peinture, dont les productions ne sont pas moins recherchées des amateurs malgré les *incorrections* du dessin' (*Œuvres complètes* (Club Français du Livre), xiii, p. 358). Et c'est pourquoi, selon Diderot, les ouvrages de Rousseau ont pu inspirer une 'espèce d'enthousiasme, de fanatisme même [. . .] à ces êtres mobiles et passionnés dont l'*imagination* prompte à s'allumer ouvre l'âme à toutes les sortes de séduction, et qui toujours à la discrétion du moment donnent la préférence sur le Philosophe qui les éclaire au Sophiste *éloquent* qui les émeut' (note 367 de l'*Essai sur la vie de Sénèque*). Peter France, dans *Rhetoric and Truth in France* (p. 241), rappelle une opinion identique sur Rousseau, sous la plume de Charles Bonnet.

R. A. LEIGH: C'est à juste titre que vous évoquez le nom de Bonnet: car bien avant l'*Essai* assez tardif de Diderot, le célèbre naturaliste genevois avait souvent recouru à cette métaphore pour caractériser le style, et même l'esprit de Rousseau. Pour Bonnet, dont l'opinion perd un peu de sa valeur par l'aveu, souvent répété, qu'il ne lisait pas

Rousseau, Jean-Jacques 'était un homme éloquent et rien de plus', 'abondant en expressions et vuide d'idées' (lettres de 1762). Dès la publication de *La Nouvelle Héloïse*, il avait dit de lui: 'Ce peintre n'a que le coloris et point du tout le dessin. Pour parler sans figure, je ne connois pas d'auteur qui ait moins de logique'; ou encore 'Le coloris ne fait que m'effleurer, et j'ai le malheur de n'être frappé que du dessin' (lettres de 1761). Il est vrai que, cherchant à définir cette 'éloquence vide d'idées', Bonnet recourt, non seulement à la peinture, mais aussi à la musique. Rousseau nous séduit par 'l'harmonie' (et non pas par la mélodie!): il a pris le public, et surtout le public français, 'par les oreilles'.

L'on trouve une variante curieuse de la métaphore tirée de la peinture, dans la bouche du pape Clément XIV, qui aurait dit en parlant de J.-J. que c'était 'un peintre qui, en manquant toujours les têtes, excelloit dans les draperies'.

14

Modernité du discours de Jean-Jacques Rousseau
sur la musique

MARIE-ÉLISABETH DUCHEZ

I

Le discours sur la musique apparaît comme essentiel à la pensée de Rousseau, se poursuivant au grand jour ou en profondeur durant toute sa vie, et circulant comme un courant plus ou moins sous-jacent dans toute son œuvre.[1] L'insatisfaction musicale que Rousseau ressentait, comme compositeur et comme interprète, fut sans doute pour beaucoup dans la nécessité intérieure de ce discours. Je ne veux pas insister sur ses insuffisances musicales dont on n'a que trop répété la stérile énumération. Lui-même, plus ou moins conscient de ses déficiences et tourmenté de doutes sur sa vocation de musicien,[2] défendit à maintes reprises sa compétence et ses capacités musicales.[3] Et, se jugeant parfois sans complaisance, il ne pensait pas devoir sa qualité de musicien professionnel à son œuvre de compositeur, et en particulier au *Devin du Village* que, malgré son très grand succès, il considérait comme un ouvrage d'amateur;[4] il l'attribuait à ses écrits sur la musique, et en particulier au *Dictionnaire de musique*, dont le succès fut aussi grand, et qu'il considérait comme porteur d'une véritable théorie musicale;[5] il l'attribuait surtout à ses 'découvertes'[6] – notation chiffrée, genre enharmonique moderne, unité de mélodie, équilibre entre langage et musique[7] – qui correspondent non à une problématique de compositeur, mais à une réflexion de penseur sur ce que lui indique sa sensibilité. Est caractéristique à cet égard son attitude dans la composition de *Pygmalion*, 'scène lyrique' où la phrase parlée alterne avec la phrase musicale instrumentale qui l'annonce et la prépare: créateur du principe mélodramatique dont il revendique fièrement l'invention, auteur du texte et des indications scéniques, il n'en écrivit pas (ou peu) la musique, ne connaissant, dit-il, 'que m Gluck en état d'entreprendre cet ouvrage'.[8] Il est probable que la profonde insatisfaction musicale de Rousseau joua un rôle heuristique et l'incita à élaborer un savoir lui permettant de posséder, à sa façon, la musique; et, en reprenant la dialectique du manque et du 'supplément' développée par Jacques Derrida, on pourrait dire que le discours sur la musique est né chez Rousseau de la non plénitude musicale, dans un appel dynamique de supplémentarité. Mais c'est une erreur de voir seulement dans les idées de Rousseau sur la musique les conséquences directes de sa faiblesse théorique et pratique.[9] A sa forme de sensibilité musicale (à ce qu'il appelle ses 'manières de sentir' liées, bien sûr, à son manque d'oreille polyphonique et à ses difficultés pour assimiler les démarches de la musique harmonique de son époque), à ses exigences affectives et morales, à sa puissance d'imagination et de réflexion, correspond une philosophie musicale de la simplicité, de la vérité et de la liberté; cette philosophie fut en partie inadéquate au contexte culturel de la musique de son temps, et souvent opposée à ses besoins, mais elle est loin d'être sans valeur, et son génie de philosophe et d'écrivain lui a donné une profondeur pénétrante et une singulière portée.

Le discours rousseauiste sur la musique est, comme on pouvait s'y attendre, non pas théorico-musical, mais idéologique: Rousseau se préoccupe moins des procédés de la musique que de ses fins esthétiques et éthiques, voire politiques, et de l'essence morale de son 'être', derrière les formes physiques de son 'paraître'; il ne pose pas les problèmes de la musique dans les perspectives de sa pratique, mais dans celles de son rôle et de sa nature; quand il traite de questions techniques précises, par exemple dans sa notation nouvelle, dans sa conception du récitatif, ou pour répondre aux exigences de l'*Encyclopédie* et du *Dictionnaire*, sa pensée théorique est extrêmement limitée. Conçue d'un point de vue plus esthétique que poétique, la 'théorie' musicale de Rousseau est, bien plus qu'une théorie des matériaux et de la syntaxe de la musique, une théorie de l'émotion et de la communication artistique, dont la voix humaine est l'instrument le plus simple et le plus immédiat; élaborée à partir du sentiment suivant un raisonnement philosophique et littéraire, elle fut sans fécondité proprement musicale, et n'apporta aucune solution aux difficultés musicales de l'époque. La fécondité et les solutions musicales, ce fut Rameau qui les apporta. Les positions théorico-musicales de Rousseau sont même, on l'a déjà dit[10] et on peut le constater dans de nombreux articles du *Dictionnaire*, plutôt régressives; et ceci tout à fait indépendamment de sa doctrine du retour aux sources.

Je ne crois pourtant pas que la valeur originale de la philosophie musicale de Rousseau qui, débordant de beaucoup la musique, ne cesse jamais de la concerner, résulte uniquement de la résonance de sa pensée éthique et politique, et de l'impact de sa dialectique, sur son activité de musicien amateur; ni qu'elle réside, comme on est souvent tenté de le croire, hors de la musique elle-même. Au-delà des leit-motivs rabâchés de sa polémique anti-ramiste, l'étude scrupuleuse de ce qu'il privilégie et de ce qu'il néglige, consciemment et inconsciemment, la détermination des couches d'existence de la musique qu'il réussit à atteindre, l'analyse de ce qui, dans son discours sur la musique, pouvait, ou ne pouvait pas, être autre, mettent au jour une certaine saisie rousseauiste des problèmes du monde des sons. Et cette saisie est plus amplement et plus profondément musicale que les arguments historiques, esthétiques, linguistiques et éthiques dont il étaye ses critiques de la doctrine ramiste. Car les notions musicales traditionnelles et la théorie harmonique classique, dont Rousseau a fait le procès, sont maintenant usées et stériles, mais elles étaient, malgré leurs défauts, fécondes et pleines d'avenir quand il les critiquait; et elles ont soutenu la musique occidentale pendant plus de deux siècles.

Ce n'est pas dans ce qu'il a opposé à Rameau et à son époque (la théorie accentuelle de l'imitation des passions, la démarche historico-anthropologique affirmant l'origine commune de la musique et du langage, la primauté de la mélodie, la nécessité de l'unité de mélodie), ni dans les 'vues nouvelles'[11] dont il est fier (sur l'écriture musicale, les modulations non diatoniques, le mélodrame), que se trouve la profonde originalité, qui rapproche Rousseau de la pensée de notre temps. Ce n'est pas non plus parce que les idées classiques qu'il a combattues sont, à notre époque, contestées et abandonnées; ce n'est pas parce que, comme l'a dit Schönberg, 'le temps de l'harmonie est passé'[12], et qu'il s'est opposé toute sa vie à l'harmonie, ni parce que, comme le dit Boulez, 'le temps des fugues est terminé',[13] et qu'il méprisait les fugues; ce n'est pas par ses critiques mêmes que Rousseau rejoint certaines préoccupations esthétiques et épistémologiques de notre musique contemporaine. Mais c'est par la formulation des *fondements musicaux, physiques et épistémiques de son opposition*: la limitation du domaine musical et l'incommunicabilité théorique, l'insuffisance des rationalisations physico-mathématiques de la musique. Rousseau aurait très bien pu émettre ses critiques de son époque, critiques de circonstances à la fois subjectives et socio-culturellement développées (je pense au rôle de sa lutte contre Rameau dans l'élaboration de sa philosophie musicale), sans approfondir les limites musicales de cette époque, limites auxquelles nous nous sommes, au XXe siècle, heurtés de plain front.

II L'EXTENSION DU DOMAINE SONORE ET
L'ÉLARGISSEMENT DE LA CONCEPTION DU
SON MUSICAL

L'extension du domaine des sons est quasi illimitée à notre époque qui, avec les recherches de la musique concrète et l'exploitation des possibilités de synthèse des sons (musique électronique, musique par computer) a rompu avec le système traditionnel: selon les mots de Stockhausen, 'tous les matériaux de la musique sont maintenant à notre disposition'.[14] La lente extension du système sonore qui, à partir du système grec réduit, s'était peu à peu amplifié au cours du Moyen Age et de la Renaissance (Rousseau en fait l'historique dans l'article *Système* du *Dictionnaire de musique*), était arrêtée au XVIIIe siècle, et pour longtemps; au contraire, le 'tempérament égal', définitivement adopté, aurait, selon Rousseau, appauvri le monde des sons et son pouvoir d'expression, en provoquant 'l'érosion des particularités individuelles des tons'.[15] A l'époque de Rameau et de Rousseau, on utilisait uniquement le matériau sonore fourni par une lutherie, qui s'était considérablement développée pendant les deux siècles précédents, mais qui était, comme la voix, limitée, contrôlée et justifiée par l'acoustique récente et la théorie traditionelle.

Contestant cette limitation, Rousseau dénonce, dans l'*Essai sur l'origine des langues*[16] et dans l'article *Intervalle*,[17] l'idée que seul est musical ce qui peut se noter dans notre système de musique: il écoute l'intervalle spatialement, en dehors du système harmonique; et, refusant d'identifier 'son' et 'note', il remet en question, comme les musiciens d'aujourd'hui, les pratiques de la transmission écrite.[18]

Non seulement il élargit la notion traditionnelle du 'musical', mais il en repousse les bornes telles qu'elles ont été définies en Occident jusqu'à nos jours. En effet, au XVIIIe siècle, l'opposition traditionnelle du son et du bruit est légitimée par des raisons psychologiques et physico-mathématiques: la hauteur du son est 'appréciable', c'est-à-dire qu'elle est repérable par rapport à l'échelle musicale (et qu'on en peut calculer les intervalles), alors que celle du bruit ne l'est pas; Rameau attribue objectivement cette différence à la présence des harmoniques dans le son et à leur absence dans le bruit.[19] Plus tard, on interprètera cette différence par celle des mouvements dont sont animées les particules des corps sonores: mouvement sinusoïdal facilement perçu et mesurable pour le son, mouvement non réductible à une vibration sinusoïdale pour le bruit. En fait, était considéré comme bruit ce qui était étranger au système de valeurs musicales reconnues, ce qui rompait le système ondulatoire des sons en même temps que le discours musical.

Le refus du bruit par la musique d'Occident est dû, selon Pierre Boulez, au fait qu'elle repose 'sur le principe d'identité des rapports sonores transposables sur tous les degrés de l'échelle donnée: le bruit étant un phénomène non directement réductible à un autre bruit, il était donc rejeté comme contradictoire au système'.[20] Dans un texte récemment publié sous le titre d'*Origine de la mélodie*, Rousseau convient avec Rameau que la différence entre le son et le bruit tient à 'ce que le premier est appréciable et que le second ne l'est pas';[21] il l'affirme ensuite catégoriquement dans le *Dictionnaire* (articles *Appréciable*,[22] *Bruit*, *Force*, *Opéra*, *Son*). Mais il doute que la possibilité d'apprécier le son soit due au concours des harmoniques, car pour lui il n'y a pas de différence de nature entre le son et le bruit, si ce dernier est soutenu et prolongé:[23] 'Ne pourrait-on pas conjecturer que le bruit n'est point d'une autre nature que le son', dit-il à l'article *Bruit*. '[. . .] Pourquoi le bruit ne serait-il pas du son puisque avec des sons on fait du bruit', et que le bruit 'n'est que du son modifié'.[24] Rousseau est assez proche des musiciens d'aujourd'hui qui élargissent le domaine du son, canalisé, endigué par plus d'un millénaire de théorie mathématico-physico-musicale; et pour lesquels tout son est bruit, et tout bruit, suivant l'intention de production ou/et d'écoute, est son: 'tout bruit nous paraissait pouvoir devenir musical', dit John Cage.[25]

Contestée il y a deux siècles par Rousseau, la vieille opposition du bruit et du son s'est résolue de nos jours dans un retour aux sources du son au bruit, ou, pour reprendre les termes de Pierre Schaeffer, du 'musical' au 'sonore';[26] en effet, le son musical est tiré du 'sonore brut', qui n'est pas encore réduit au phénomène acoustique, et incorporé à un système; car 'le *musical*, c'est le *sonore* construit et reconnu par une culture':[27] 'Il n'est nul son réputé musical qui ne soit bruit, écrit Schaeffer: ce son que notre tradition nous impose de reconnaître comme *musical* [. . .] possède une musicalité d'avant la musicalité culturelle';[28] et aussi: 'Nous cherchons les éléments préexistant à tout système musical possible, et prétendons qu'ils serviront à ré-expliquer aussi bien les nôtres que d'autres systèmes passés (archaïques, exotiques, sauvages) et à préparer tous les systèmes possibles. [. . .] Avant le *musical*, il convient de définir le *sonore*.'[29] Le retour aux sources, la remontée du son musical de notre musique au 'sonore naturel' originaire, au-delà des systèmes scientifiques culturels qui excluent 'une multitude d'intervalles irréguliers',[30] Rousseau l'a tenté dans *L'Origine de la mélodie*, en montrant l'origine du chant dans la parole et dans le changement de la voix parlante en voix chantante.[31] Or, la voix parlante, 'dont les inflexions ne sont pas bornées aux intervalles musicaux', mais 'sont infinies et impossibles à déterminer',[32] c'est le 'sonore naturel', le bruit inappréciable, pouvant se transformer en voix chantante, soutenue et musicale, qui 'forme des sons appréciables [. . .] et passe de l'un à l'autre par des intervalles harmoniques et commensurables'.[33] C'est aussi dans une vue linguistique (bien qu'à un tout autre niveau) que les auteurs contemporains, comme Schaeffer,[34] Lévi-Strauss,[35] Jean-Jacques Nattiez,[36] réfléchissent sur l'émergence des sons dans les bruits 'dont les critères propres, dit Pierre Boulez, ne sont pas fondamentalement différents – acoustiquement parlant – des critères d'un son'.[37] D'un autre côté, il faut rapprocher de l'intuition de Rousseau l'emploi, par les compositeurs contemporains, du langage parlé comme source vivante de sons pour la musique: un des exemples le plus frappant en est l'*Hommage à Joyce*, de Luciano Berio, qui passe progressivement de la parole à la musique en libérant le potentiel musical du texte.

III L'INSUFFISANCE DE LA THÉORIE MUSICALE

A cette croyance de Rousseau à la spontanéité du son (croyance qui tend à libérer la musique des systèmes acoustiques), de même qu'à sa méfiance à l'égard de la connaissance, à sa dénonciation de la réflexion, à sa condamnation de la science et à sa réprobation des systèmes (attitudes qui tendent à préserver la musique 'des développements de la raison'), sont liés ses doutes sur la valeur de la connaissance discursive de la musique. Son manque de confiance en la pensée théorique perce sous les critiques du système harmonique classique, et leur donne une résonance épistémique; il affleure sous les explications des concepts musicaux traditionnels dont il fait apparaître la relativité; il donne au *Dictionnaire de musique* une sorte d'ouverture qui dépasse les insuffisances techniques et le rabâchage des reproches plus ou moins fondés; il montre à quel point, et pourquoi, Rousseau a méconnu la portée de la théorie classique et la valeur de la construction polyphonique; enfin, il rejoint les problèmes épistémologiques de la musique actuelle, problèmes concernant l'existence d'un savoir objectif sur la musique et la validité des théories.

En effet, pour un certain courant de la pensée contemporaine, la musique 'grand mystère des sciences de l'homme',[38] est extrêmement difficile à pénétrer par la connaissance, et résiste au rationnel: 'nous ne savons pas grand chose de la musique, dit Pierre Schaeffer, et pis encore ce que nous savons est de nature à nous égarer plutôt qu'à nous conduire';[39] et ailleurs: 'Le savoir musical, si fragile [. . .] tente de se réclamer du savoir scientifique. Prétention dérisoire, humilité déplacée [. . .]'.[40] Refusant des positions aussi radicales, nombreux sont ceux qui discutent pourtant de la possibilité ou de l'impossibilité de la représentation théorique de la musique,[41] de la difficulté de 'penser' la musique en la reliant à nos catégories logiques,[42] de la crise du méta-langage nécessaire à sa description.[43] Certains s'interrogent sur l'efficacité de la théorie et la nécessité des codes;[44] quelques musiciens novateurs, comme Schönberg, accusent la théorie de scléroser la musique et d'entraver son développement.[45] Nous retrouvons chez Rousseau cette méfiance de tout système musical impliquant le cadre préfixé d'un langage théorico-scientifique à prétentions légis-latrices. Opposant génie et savoir,[46] opposant la force positive de l'émotion et de l'imagination à la force, négative pour lui, de la raison et du calcul (les deux pôles interdépendants entre lesquels s'accomplit la création musicale), Rousseau n'est pas le seul, à notre époque, à prôner en musique ce que John Cage appelle 'le paradis d'ignorance'.

En quoi consiste, pour Rousseau, la théorie musicale? D'abord, dans les principes originels et fondamentaux, découverts à partir de l'expérience ou imposés par les mathématiques, et 'dans lesquels la moindre erreur est source d'égarements':[47] proportions et progressions mathé-matiques, principe de la résonance du corps sonore et loi des harmoni-ques, principe de la basse fondamentale. Ces principes sont les bases des systèmes, ensembles ordonnés et rigoureusement liés de tous les intervalles et de tous les sons utilisés en musique, avec les signes qui les notent, ainsi que les règles générales de leur utilisation:[49] diagrammes anciens, échelle guidonienne, modes, système harmonique, division du temps; les systèmes, qui excluent tout ce qui n'est pas eux,[49] sont établis à partir des principes par le calcul.[50] De même, les règles pra-tiques et normatives découlent théoriquement des principes qui, fournissant 'la solution de toutes les difficultés', les légitiment et les facilitent.[51] Cette théorie musicale, Rousseau la conçoit plus explicative que constitutive; c'est pourquoi son élaboration devrait être l'affaire du philosophe 'qui réfléchit sur cet art', plutôt que celle des musiciens 'qui ne sont pas communément gens à réflexion'.[52]

Bien qu'ayant eu dans sa jeunesse 'du goût pour les recherches théoriques',[53] Rousseau a assimilé péniblement et incomplètement la théorie tonale classique, presque entièrement et définitivement formulée à son époque (il avoue lui-même n'en avoir eu 'que des demi-lueurs qui n'ont fait que égarer';[54] son âme et son esprit de mélodiste, plus attirés vers la modalité monodique,[55] ne pouvaient comprendre et vivre la *tonalité*, qui n'a de réalité que dans l'épaisseur harmonique. De plus, pour analyser et critiquer les concepts de la théorie classique, il ne possédait que le système conceptuel qui est cette théorie elle-même. Mais pour les raisons dites plus haut, ses reproches à cette théorie la dépassent et, atteignant au général, concernent toute idée de théorie musicale.

Le reproche le plus immédiat et le plus explicite est celui d'inutilité. La première musique grecque antique, l'âge d'or de la musique, n'avait point de théorie;[56] les montagnards, proches de la nature, 'ne sachant pas un mot de musique et guidés uniquement par leur oreille et leur goût, ne laissent pas de composer des choses très agréables et même très régulières, quoi qu'ils n'aient nulle connaissance des règles et qu'ils ne puissent déposer leur composition que dans leur mémoire'.[57] La théorie n'est nécessaire que pour la musique instrumentale, qu'il juge inférieure à la musique vocale,[58] et pour la musique polyphonique et harmonique, qu'il refuse:[59] ces formes de musique, qu'il qualifie d'"artificielles', exigent en effet des intervalles mesurés et combinés avec précision, et impliquent 'les rapports des sons et les règles du mode'.[60] Non seulement la théorie est inutile, mais elle peut être un obstacle: les intervalles mesurés, les échelles et les modes sont des limites qu'il déplore;[61] le système harmonique est une gêne,[62] les règles peuvent être la mort de l'expression.[63] Même le principe de la 'basse fondamentale' qu'il loue fort par ailleurs, est nocif en ce qu'il facilite tellement la composition 'que tous se sont mêlés de faire de l'harmonie', et 'que la France s'est trouvée inondée de mauvaise musique et de mauvais musiciens':[64] on reconnaît bien ici le refus moderne de 's'en remettre aux organisations du soin de composer' (Boulez)[65] et la crainte d'"un outil mental' qui risque de fonctionner comme 'un appareil' (John Cage).[66]

Le second reproche adressé à la théorie est celui d'arbitraire,[67] qui découle de la non-immédiateté, de l'éloignement de la réalité musicale.[68] Pour Rousseau, la théorie, et la notation qui la représente, sont des intermédiaires opaques entre la musique et l'homme, entre la modification sonore et l'effet sensible: elles dissimulent l'être de la musique dans une abstraction éloignée du phénomène musical physique et moral: 'Je n'entends pas les vibrations [. . .]', dit-il; ou bien, dans un moment émouvant, il s'exclame: 'Eh Dieux! il est bien question de tonique et de dominante [. . .]'.[69] Cette espèce d'aliénation de la musique dans sa théorie, aliénation profondément ressentie par Rousseau, est actuellement expliquée, selon J. H. Eggebrecht, par la dualité de la pensée musicale: cette pensée, d'une part se réalise dans son produit, la musique, d'autre part se détermine dans sa description, la théorie; mais la théorie ne pouvant saisir pleinement cette pensée, n'en est que l'expression figée, la double coagulation ('gedoppelte Geronnenheit') verbale et écrite, doublement éloignée de son origine, la musique.[70] Poussant à l'extrême la méfiance des combinaisons théoriques, Rousseau fait le procès de la 'musique écrite'[71] comme nous faisons aujourd'hui celui de la 'musique de papier' ('Papier Musik').

La théorie musicale est arbitraire et aliénante parce qu'elle est loin de la nature de la musique[72] et sans liaison avec la nature de l'homme;[73] elle substitue aux règles de la nature des 'propriétés de calcul'.[74] Et Rousseau dénonce, comme le fait Schaeffer, sa prétention à la science dans 'cette ridicule emphase de la science harmonique, ces pédantesques prétentions de doctrines',[75] et dans 'l'erreur d'un grand musicien [Rameau] qui s'égare dans la Science'.[76]

Car le principal reproche de Rousseau à la théorie musicale, c'est la subordination de la musique aux connaissances scientifiques de ses phénomènes. Malgré la facilité avec laquelle on peut faire correspondre les sons musicaux aux nombres, Rousseau conteste l'intelligibilité mathématique de la musique qui, en raison du prestige symbolique du nombre et de son existence concrète dans la conscience, avait, jusqu'au XVIIIe siècle, fait analyser et résoudre les problèmes musicaux en terme de proportions numériques.[77] Il récuse tout autant la valeur cognitive des mesures qui, sans révéler la nature du mesuré, quantifient les propriétés physiques du son, dans la nouvelle science expérimentale qui fournit ses fondements à la théorie musicale: la physique des sons ou *acoustique*. Comme Schaeffer qui dissocie les grandeurs physiques des caractères musicaux,[78] Rousseau pense qu'il n'y a pas 'identité entre les quantités abstraites, qui, dit-il ailleurs, ne sont pas les propriétés des sons, et les sensations de l'ouïe';[79] et il affirme que, 'avec les proportions et les chiffres, on ne nous explique jamais l'empire que la musique a sur les passions'.[80] Car la théorie musicale ne porte que sur le son 'physiquement considéré';[81] négligeant l'effet moral du son-signe, elle ne tient compte que du matériau de la musique et non des rapports de la musique à l'homme, et elle 'matérialise les opérations de l'âme'.[82] Rousseau refuse le transfert, si discuté de nos jours, du domaine de la physique au domaine de la psychologie; la théorie mécanique des vibrations du corps sonore n'explique pas la musique, et l'expression des sentiments ne peut être basée sur une théorie mathématique des caractères physiques des sons et des relations de vibrations idéales.[83] Ces idées ne sont pas sans rappeler un certain 'retour' actuel à l'irrationalité 'originaire' de la musique et à la spontanéité de l'oreille, préconisé par John Cage et ses disciples.[84] D'autre part, elles ne sont pas éloignées du 'Behaviorisme musical' contemporain, qui cherche la source de la théorie musicale non dans la mesure des paramètres des sons et les lois acoustiques, mais dans le comportement musical de l'homme;[85] c'est dans ce sens que la théorie musicale peut être, comme le propose C. Kiernan, une 'science humaine';[86]

elle insiste alors sur le caractère émotionnel de la musique, au contraire
de la *théorie physico-mathématique* basée sur sa scientificité, et pour
laquelle le phénomène affectif est second par rapport à la connaissance.

En montrant les limites de la rationalisation physique de la musique
('là où s'arrête le physicien'), Rousseau réclame d'aller au-delà de cette
physique: 'il faut, dit-il, une métaphysique plus fine pour [...] expliquer
les grands effets' de la musique.[87] Des raisons de son refus de l'appréhension uniquement scientifique et extérieure des phénomènes musicaux, naît une conception nouvelle de la musique qui rend compte de
son activité libre, de son essence expressive et imitative, de sa nature
intérieure et morale. Cet 'au-delà de la physique', Rousseau en trouve
le principe dans la communauté d'origine du chant et du langage, et
dans la simple expression mélodique des passions de l'âme. Il ne s'agit
pas là d'une véritable théorie musicale, pouvant être réellement opératoire et compositionnelle, mais d'un projet philosophico-moral, appuyé
sur une conception psychologique et un point de vue linguistique, et
capable d'influencer la production musicale: dans cette pseudo-théorie,
la loi existentielle et structurale de la mélodie est le langage, et l'indispensable cohérence musico-syntaxique est donnée par le texte verbal
lui-même, son rythme et son expression. Je ne parlerai pas, bien
entendu, de cette théorie, indiquant simplement que, malgré des
démarches et des buts bien différents, elle rapproche Rousseau des
théoriciens modernes qui, bien que sachant douteuses les analogies
entre le langage musical et le langage verbal, préfèrent le *modèle linguistique* au *modèle mathématique*.[88]

Le refus de la limitation de la musique par les systèmes sonores et
théoriques, et la liaison essentielle de la musique au langage (liaison
qui la met sous la dépendance des accents des diverses langues), ont
pour conséquences des prises de positions épistémologiques qui sont
les nôtres aujourd'hui, mais qui étaient alors opposées à la tradition.
Pour la tradition, 'il n'y a qu'une musique':[89] au contraire, Rousseau
mentionne à maintes reprises la relativité des systèmes de musique[90]
et le conditionnement culturel de l'oreille.[91] La relativité de la théorie,
il l'affirme dans le temps ('tant de siècles'), et s'oppose ainsi à la conception qui, dans le mirage d'un état définitif du savoir, a longtemps
fait prendre la théorie harmonique classique, codification d'un état
transitoire, pour une théorie universelle. Il l'affirme dans l'espace
('tous les pays de la terre qui ont tous une musique'[92]), et s'oppose
ainsi à l'ethnocentrisme musical qui, jusqu'à la moitié du XXe siècle,
a revendiqué l'universalité du langage musical codé par l'Occident.
De plus, rejetant le dogme ramiste qui imposait l'harmonie classique
comme un principe universel de la nature,[93] se méfiant de la notion

cartésienne de loi naturelle,[94] qui correspond à l'image de la nature construite par la physique mécaniste, Rousseau révoque en doute la notion de loi naturelle et universelle de la musique. Si de nos jours est encore répandue l'idée de l'universalité de certaines lois et de certaines constantes fondamentales dans toutes musiques[95] – lois et constantes liées à celles de l'acoustique et de la psycho-physiologie – l'idée de loi naturelle est aujourd'hui taxée d'illusion,[96] et, pour citer encore Pierre Boulez, 'l'ère de Rameau et de ses principes "naturels" est définitivement abolie'.[97]

IV

Bien d'autres idées de Rousseau, conséquences techniques de son attitude originale envers le son et la théorie, sont à rapprocher des tendances musicales de notre siècle. Ainsi l'importance donnée au *temps musical* (rythme et mesure),[98] dont Rousseau a senti la dimension fondamentale et le caractère structural; la durée est un facteur de différenciation du son et du bruit (l'appréciabilité est liée à la permanence) et les structures fondées sur le temps peuvent, en raison de leur puissante cohésion, accueillir les bruits tout autant que les sons.[99] Citons aussi la formulation de la nécessité de *liaison*, de cohérence, d'unification des idées musicales,[100] exigence assurée implicitement dans la musique classique par la Tonalité et les formes qu'elle engendra, mais explicitée par les Modernes, comme Schönberg et Adorno,[101] lorsque la tonalité fut dépassée. Mentionnons encore le mépris des ornements musicaux, la haine implacable de Rousseau contre la surcharge inexpressive et opaque des *agrémens* qui caractérisent la musique de son temps,[102] mais qui disparurent à la fin du XVIIIe siècle, suivant la direction qu'il avait montrée vers la simplicité, la clarté et l'expressivité.[103]

A côté de sa modernité, certains éléments de la pensée rousseauiste sont totalement contraires aux directions de notre époque. Ainsi son ignorance de la fécondité de la polyphonie, qu'il condamne comme une construction abstraite et artificielle: Rousseau repousse ici l'extension verticale du domaine sonore, alors qu'il en préconise l'extension mélodique horizontale, comme concrète et naturelle, et favorisant la spontanéité subjective et la 'finesse des inflexions'. Autre opposition: l'importance donnée non aux sons eux-mêmes, mais à leurs rapports,[104] conception relationnelle des sons parfois différente de la nôtre,[105] mais traditionnelle de son temps.

Car, malgré les idées 'modernes' qui l'opposent à son époque, Rousseau en a cependant traduit certaines aspirations musicales essen-

tielles. Dans la crise de la fonction métaphorico-symbolique de la
musique qui sévit depuis le début du XVIIe siècle, il a mieux que
quiconque exprimé le passage de la conception ancienne de la musique
à sa conception romantique et, pour certains, moderne: la conception
ancienne considérant la musique comme expression de 'l'harmonie du
cosmos' et participation de l'homme à cette harmonie, la conception
moderne considérant la musique comme 'expression du moi intérieur'
et communication entre les hommes. Dans la philosophie musicale de
Rousseau, les anciennes métaphores de la nécessité du nombre et de
l'équilibre harmonique sont définitivement remplacées par les métaphores de la liberté du langage et de l'échange humain. Si sa critique
de la tonalité classique s'oppose au développement tonal de la musique
des deux siècles suivants, son idéologie de penseur génial en fournit
cependant les principaux thèmes philosophiques.

v

Dans les deux problématiques fondamentales (celle du son et du bruit,
celle de la théorie musicale physico-mathématique et de la théorie
musicale linguistique), dont j'ai exposé les solutions proposées par
Rousseau, on retrouve, bien entendu, tous les couples d'opposition
de la pensée rousseauiste (raison – sentiment, abstrait–concret, culture–
nature, complexité–simplicité, supplément–origine, opacité–transparence, etc. . . .) et les idées forces de sa philosophie musicale (primauté
de la mélodie et nécessité de sa liberté expressive et de son unité); je
ne m'y suis pas arrêtée, mon but n'étant pas d'étudier les relations
d'interdépendance entre la philosophie générale de Rousseau et ses
idées sur la musique (on l'a fait, et je le fais ailleurs). Mon but, concernant la musique seulement, était de rechercher dans une certaine
attitude générale envers la musique, l'origine des idées de Rousseau
sur la musique. Cette attitude, elle réapparaît de nos jours, maintenant
qu'elle n'est plus masquée par deux siècles de succès éblouissants, dus
aux solutions apportées par la tonalité classique; elle est constamment
sollicitée, maintenant que nous devons trouver de nouvelles solutions
aux problèmes permanents de la musique occidentale, ceux de son
matériau et de sa représentation. Il ne faut pas tomber dans les actua-
lisations abusives: Rousseau n'est point ici un prophète ou un précur-
seur; mais son attitude musicale, plus réceptive que constructive, et le
niveau de sa pensée, beaucoup plus élevé que celui de sa musicalité,
lui ont fait refuser les solutions opératoires raffinées de la théorie harmonique tonale, qui résultaient d'une évolution longue, riche et complexe; et ils l'ont incité à regarder ailleurs dans le champ des ressources

musicales. Ce regard de Rousseau n'est pas sans correspondance avec le nôtre; car les problèmes sentis et effleurés par Rousseau, qui n'avait pour les formuler que des moyens conceptuels insuffisants, et qui n'était pas assez créativement musicien pour en inventer d'autres, ont été, en raison de nécessités vitales pour la musique actuelle, approfondis et précisés. J'ai cité constamment les penseurs les plus novateurs de la musique contemporaine (Schönberg, Boulez, Schaeffer, Stockhausen, Cage), dont certains en sont les compositeurs les plus géniaux. Si mes analyses sont exactes (mais je ne puis les étayer ici) ces rapprochements ne sont pas fragiles et la pensée de Rousseau, si naïve qu'elle soit, n'en sort pas amoindrie.

La philosophie musicale de Rousseau, dont la signification ne cesse de s'approfondir et d'intéresser, exprime la fragilité de notions et de catégories musicales qui remontent à plus d'un millénaire, et dont nous constatons et vivons aujourd'hui la ruine. Cette philosophie, on ne pouvait pas, à son époque de grande certitude et de grandes réussites musicales, en comprendre la véritable profondeur: on en a seulement loué, ou combattu, les critiques de circonstances, dont Rousseau lui-même sentait la vanité,[106] et les solutions immédiates, qui nous paraissent bien dérisoires à la côté de la fécondité musicale des conceptions qu'elles prétendaient remplacer. Mais les fondements de ces critiques, les intuitions auxquelles correspondent ces solutions, ce sont des interrogations sur la nature du matériau de la musique et sur la possibilité de sa représentation théorique, interrogations qui font écho à nos propres problèmes, car elles touchent aux réalités essentielles de la musique.

Notes

Pour les textes musicographiques non encore compris dans l'édition de la *Pléiade*, je renvoie aux *Œuvres complètes* (édition Furnes: Paris 1846), iii (F iii).

1 *Confessions*, *Pléiade* i.181; *Lettre à m le Docteur Burney*, Leigh 7134.
2 *Lettre à Charles-Louis-Denis Ballière de Laisement* (*du 28 janvier* 1765), Leigh 3940; *Confessions*, *Pléiade* i.181 et 383; *Dialogues* I, *Pléiade* i.674–86; II, i. 867–72.
3 *Confessions*, *Pléiade* i.334, 382, 464–5; *Premier dialogue*, 677–83, *Deuxième dialogue*, 872–3.
4 *Premier dialogue*, *Pléiade* i.681–3, *Deuxième dialogue*, i.867. Rousseau aurait dit à Antoine Bret: 'Ne vous y trompez pas, ce n'est pas de la musique que celle du *Devin*': Antoine Bret, *Variétés littéraires et morales*, cité par A. C. Keys, 'Anecdotes sur Rousseau', *AR*, xxxii, p. 188.
5 *Premier dialogue*, *Pléiade* i.678–83.
6 *Premier dialogue*, *Pléiade* i.677, et *Deuxième dialogue*, i.872.

7 *Lettre à Burney*, Leigh 7134; *Extrait d'une réponse du petit faiseur à son prête-nom*, F iii.568a; *Premier dialogue, Pléiade* i.682.

8 *AR*, iii, p. 127.

9 On ne peut pas suivre dans cette voie S. Kleinman, *La solmisation mobile de Jean-Jacques Rousseau à John Curwen* (Paris, 1974): '[. . .] théories d'ailleurs qui cachent son insuffisance, et qui sont, justement, les seules théories possibles vu cette insuffisance' [. . .] 'il essaie de faire d'une insuffisance un talent' (p. 57).

10 L. Crocker, *Jean-Jacques Rousseau: The Quest* (1712–1758) (New York, 1968), i.142.

11 Voir ci-dessus, n. 6.

12 A. Schönberg, *Le Style et l'Idée*, textes réunis par L. Stein et traduits de l'anglais par C. de l'Isle (Paris, 1977), p. 99.

13 P. Boulez, 'Auprès et au loin', *Relevés d'apprenti* (Paris, 1966), p. 194.

14 K. H. Stockhausen (entretien avec J. Longchamp), *Le Monde*, 21 juillet 1977.

15 Rousseau était opposé au *tempérament égal*, cf. *DM*, art. *Enharmonique, Tempérament, Système*; *Dissertation sur la musique moderne*, F iii.461a; *Examen des deux principes avancés par m Rameau*, F iii.550a; *Réponse du petit faiseur*, F iii.568b–9a.

16 *EOL*, p. 181.

17 *DM*, art. *Intervalle*; voir aussi art. *Chant*.

18 P. Boulez, *Musique en projet, Cahiers Renaud-Barrault*, Octobre 1975 (Paris, Gallimard), pp. 12–13.

19 Rameau, *Génération harmonique* (1737), p. 28; *Démonstration du principe de l'harmonie* (1750), pp. 12–15.

20 P. Boulez, *Penser la musique aujourd'hui* (Mayence, 1963), p. 43.

21 Texte édité par mes soins dans: 'Principe de la mélodie et origine des langues, un brouillon inédit de Jean-Jacques Rousseau sur l'origine de la mélodie', *Revue de Musicologie*, ix (1974), pp. 33–86, ici p. 62 [*OM*]. Ce texte a été publié simultanément par Robert Wokler, dans: 'Rameau, Rousseau and the *Essai sur l'origine des langues*', *SV*, cxvii (1974), pp. 179–238.

22 La définition donnée à l'art. *Appréciable* doit être complétée par celle qui est donnée à l'art. *Chant*.

23 *DM*, art. *Bruit, Opéra, Son, Voix*; *Origine de la mélodie*, p. 62. Rousseau insiste sur le caractère de soutien, de permanence et de prolongement de la tension dans le son musical et la voix chantée, caractère de discrimination entre le son et le bruit, traditionnel depuis l'antiquité (Aristoxene, *Eléments harmoniques*, 1. 1, chap. 3).

24 *DM*, art. *Bruit*; *OM*, p. 62.

25 John Cage, réponse à Daniel Charles dans *Pour les oiseaux* (Paris, 1976), p. 69.

26 P. Schaeffer, *Traité des objets musicaux* (Paris, 1966), passim.

27 Phrase de J. Molino, 'Fait musical et sémiologie de la musique', *Musique en Jeu* 17 (janvier 1975), p. 53.

28 P. Schaeffer, 'La sévère mission de la musique', *Revue d'Esthétique*; *Musiques nouvelles* (1968), p. 23.

29 P. Schaeffer, *La musique concrète* (Que sais-je? No 1287) (Paris, 1973), p. 38.

30 *OM*, p. 76.

31 *OM*, p. 62.

32 *DM*, art. *Récitatif*.

33 *DM*, art. *Voix*.

34 P. Schaeffer, *Traité des objets musicaux*, p. 33–8 et 294–313.

35 C. Lévi-Strauss, *Le Cru et le Cuit* (Paris, 1964), Ouverture.

36 J. J. Nattiez, *Fondements d'une sémiologie de la musique* (Paris, 1975), pp. 194–236.

37 P. Boulez, *Penser la musique aujourd'hui*, p. 44.

38 C. Lévi-Strauss, *Le Cru et le Cuit*, p. 36.

39 P. Schaeffer, *Traité des objets musicaux*, p. 20.

40 P. Schaeffer, 'La musique par exemple', *Musique en Jeu* 25 (novembre 1976), p. 47.

41 Cf. Milton Babbitt, 'Contemporary music composition and Music theory as contemporary music history', *Perspectives in Musicology*, éd. Barry S. Brook (Norton: New York, 1975), pp. 172–83.

42 P. Boulez, *Penser la musique aujourd'hui*, pp. 27–8.

43 Milton Babbitt, article cité, pp. 162s.; J. J. Nattiez, *Fondements* [. . .] pp. 45–50.

44 P. Boulez, Cours du Collège de France, 29 mars 1978, Codes et création.

45 Schönberg, *Harmonielehre* (Vienne, 1911), pp. 2–4, 372; cp. J. Rufer, 'Von der Musik zur Theorie, Der Weg Arnold Schönbergs', *Zeitschrift für Musiktheorie*, ii (1971, 1), pp. 1–3.

46 *Lettre à Grimm au sujet des remarques ajoutées à sa lettre sur Omphale*, F iii.578a.

47 *Examen*, F iii.547b. Cf. Expériences de Pythagore, Mersenne, Sauveur, Rameau.

48 *DM*, art. *Système*.

49 *DM*, art. *Récitatif*; *OM*, pp. 74–6.

50 *OM*, p. 69; *Examen*, F iii.548a–55a; *EOL*, p. 187; *Réponse du petit faiseur*, F iii.569b–70a.

51 *DM*, art. *Système*; *Lettre à Grimm*, F iii.577b; *Émile*, Pléiade iv.732.

52 Rousseau affirme souvent (à tort) la supériorité du penseur (le 'philosophe' au sens large du XVIIIe siècle) sur le musicien pour l'élaboration de la théorie et de l'esthétique musicales: *Dissertation sur la musique moderne*, F iii.459a; *Lettre sur la musique françoise* (LMF) 522b, 524a, 536a; *Lettre à m Lesage Père*, Leigh 228; *Réponse du petit faiseur*, F iii.570a; *DM*, art. *Notes*, *Opéra*. Cette opinion était partagée à l'époque, ainsi, J. B. Serres, *Essai sur le principe de l'harmonie* (1753), p. 18; Lessing, *Dramaturgie de Hambourg* (1767), p. 102; Diderot, *Mémoires sur différens sujets de mathématique*, 4e mémoire, *Projet pour un nouvel orgue*, éd. Assezat, ix.164. Maupertuis, 'Sur la forme des instruments de musique', *Mémoires de l'Académie des Sciences* (Paris, 1724), p. 215.

53 *Confessions*, Pléiade i.246.

54 *Lettre à Ballière de Laisement*, Leigh 3940.

55 Voir *DM*, art. *Plein chant*, mais voir surtout les nombreux textes admiratifs de R. sur la musique grecque antique, dont il affirme qu'elle ne pouvait être que monodique, entre autres: *Lettre à Burney*, Leigh 7134; *DM*, art. *Contrepoint*, *Symphonie*, *Tétracorde*; *OM*, p. 64; *EOL*, p. 183, etc.

56 *OM*, pp. 64, 66 et 69; *EOL*, p. 187.

57 *Premier dialogue*, Pléiade i.681.

58 *OM*, p. 64.

59 *OM*, pp. 73–5; *EOL*, pp. 193–5.

60 *DM*, art. *Mélodie*.

61 *OM*, p. 69; *EOL*, p. 187.

62 *OM*, p. 74; *EOL*, p. 195.

63 *LMF*, F iii.535ab et 541b–2a.

64 *Lettre à Grimm*, F. iii.577b.

65 P. Boulez, 'Auprès et au loin', *Relevés d'apprenti*, p. 202.

66 John Cage, *Pour les oiseaux*, p. 71.

67 *OM*, p. 73; *Examen*, F. iii.548a; *EOL*, p. 183.

68 *DM*, art. *Système*, l'exposition du Système de Tartini selon lequel 'les lois de l'harmonie paraissent naître le moins arbitrairement'; le manuscrit Neuchâtel R 71 donnait 'naître le plus immédiatement'.

69 *LMF*, F iii.541a.

70 Cf. J. H. Eggebrecht, 'Musikalisches Denken', *Archiv für Musikwissenschaft*, xxxii (1975, 3), pp. 232–3.

71 *LMF*, F iii.533a; *Réponse du petit faiseur*, F iii.569b.

72 *DM*, art. *Système* (Tartini); *Réponse du petit faiseur*, F iii.570a.

73 *OM*, p. 77.

74 *OM*, p. 69; *EOL*, p. 187; *Examen*, F iii.548a.

75 *LMF*, F iii.533a.

76 *Examen*, F iii.552a.

77 *DM*, art. *Consonance*.

78 Cf. P. Schaeffer, 'La musique et les ordinateurs', *Musique et technologie (Revue musicale 268–9)* (Paris, 1970), p. 76.

79 *DM*, art. *Dissonance* et *Proportions*, voir aussi art. *Système* (Tartini).

80 *OM*, p. 77, idée développée tout au long de ce texte et de celui de l'*Examen*.

81 *DM*, art. *Composition, Harmonie, Son*.

82 *EOL*, pp. 147–67 (ici p. 167).

83 *OM*, pp. 74–5; *EOL*, p. 195; *DM*, art. *Consonance*.

84 F. B. Mache, 'A propos de John Cage', *Musique en Jeu* 2 (mars 1971), pp. 52–6.

85 W. Poland, 'Theory of music and musical behaviour', *Journal of Music Theory*, vii (1963, 2), pp. 150–74.

86 C. Kiernan, 'Rousseau and music in the French Enlightenment', *French Studies*, xxvi (1972), p. 156.

87 *OM*, p. 77.

88 Ainsi P. Schaeffer: 'Si maintenant nous voulions abandonner l'hypothèse, également gratuite, d'une musique arbitrairement confondue à sa genèse mathématique, nous pourrions insinuer que dans le champ de la connaissance contemporaine il n'y a pas que la théorie des probabilités, et que la linguistique moderne semble, a priori, tout de même plus proche du langage musical que la théorie cinétique des gaz.' Cf.: 'La musique et les ordinateurs', p. 72.

89 *Lettre à Burney*, Leigh 7134.

90 *DM*, art. *Chant, Intervalle, Musique*; *EOL*, p. 149.

91 *DM*, art. *Harmonie*; *Examen*, F iii. 549b; *EOL*, p. 157.

92 *DM*, art. *Harmonie*.

93 *DM*, art. *Corde, Harmonie, Mélodie*; *Lettre à Grimm*, F iii.577 note; *Examen*, F iii.547b–52a; *EOL*, p. 155. Mais dans la *LMF*, F iii.524a, R. croit encore que 'l'harmonie a[yant] son principe dans la nature'.

94 *CS*, ms. de Genève, *Pléiade* iii.284: 'la loi naturelle, qu'il faudroit plustôt appeler la loi de Raison [. . .]'.

95 Ainsi J. Handschin, 'Das Problem der Musiktheorie', *Revue Suisse de Musicologie*, lxxx (1940, 2), pp. 32–5; W. Wiora, 'Die Fundierung der Allgemeinen Musiklehre durch der Systematische Musikwissenschaft', *Musikalische Zeitfragen*, ix (1960), pp. 45–55; A. Danielou, *Traité de musicologie comparée* (Paris 1959), p. 25, et *Sémantique musicale* (2e éd., 1967), chap. 1.

96 Cf. L. Wittgenstein, *Tractatus logico-philosophicus* (1921), 6-371-2; trad. française (1961), p. 168.

97 P. Boulez, *Penser la musique aujourd'hui*, p. 30.

98 *DM*, art. *Mélodie, Mesure, Quantité, Rythme, Rythmopée*; *OM*, pp. 67–8; *Examen*, F iii.550b–1a; *EOL*, p. 143; *LMF*, F iii.525ab.

99 C'est aussi un principe de John Cage, *Pour les oiseaux*, pp. 67–8.

100 *DM*, art. *Dessein, Phrase, Ponctuer, Prima intenzione, Unité de Mélodie*; *OM*, p. 68; *Examen*, F iii.551a.

101 A. Schönberg, *Le style et l'idée*, pp. 199–205, 223, 230; T. W. Adorno, *Philosophie de la nouvelle musique*, trad. française (Paris 1960), pp. 16–19, 36, 84, 136.

102 *DM*, art. *Accompagnement, Expression*; *LMF*, F iii.524b–8b; *Deuxième dialogue*, *Pléiade* i.870; *La NH*, 1.xlviii, *Pléiade* ii.133.

103 Sur le rôle des ornements et agréments, voir la doctrine de Schönberg, *Le style et l'idée*, pp. 231–43, proche de Rousseau.

104 *Dissertation sur la musique moderne*, F iii.476a.

105 Cf. John Cage, *Pour les oiseaux*, pp. 73–4.

106 *Fragments autobiographiques*, *Pléiade* i.1119.

Discussion

MME JEANNERET: Ne faudrait-il pas admettre que, même si les théories physico-mathématiques de Rameau nous paraissent périmées aujourd'hui, elles ont contribué, dans une certaine mesure, à la mathématisation de certains des problèmes? Et l'on sait quelle a été l'importance des travaux d'Euler, de d'Alembert, pour la mise au point par le XIXe siècle du calcul infinitésimal.

MLLE DUCHEZ: Je suis d'accord avec mme Jeanneret sur l'importance de cette question. Je n'y ai fait aucune allusion parce que cela était hors de mon sujet, déjà si difficile à réduire; et parce que, d'autre part, je tenais absolument à me garder de toutes comparaisons entre Rousseau et Rameau, les considérant comme stériles. Qu'il me soit permis d'ajouter que j'ai fait allusion à cette question dans une communication récente, au *Colloque sur l'éducation musicale scientifique* (Brest, mai 1978). Cette communication, intitulée *Théorie musicale et théorie scientifique*, tend à montrer que la théorie de Rameau se présente comme une théorie hypothetico-déductive, et paraîtra dans les *Actes* du colloque. D'autre part j'ai préparé plusieurs leçons concernant ce sujet, pour un cours d'épistémologie théorico-musicale, que je vais professer cette année à Paris, à l'Institut de Recherche et de Coordination Acoustique-Musique (IRCAM), dirigé par Pierre Boulez, et qui sera publié ultérieurement. Ce cours est intitulé 'L'Évolution du concept de science en Musique'.

R. WOKLER: Je n'oserai aborder ici des problèmes techniques dans le domaine de la musique, mais j'espère quand même que vous me permettrez d'ajouter un petit mot à votre exposé. Vous avez parlé en passant de l'origine, d'après Rousseau, du chant dans la parole, et nous savons maintenant qu'il avait d'abord eu l'intention de développer ce thème dans son *Discours sur l'inégalité*. Qu'il y ait eu des rapports entre ses idées politiques et ses idées musicales ne doit pas nous surprendre, non seulement parce qu'on voit les liens entre ces deux domaines dans la pensée politique de l'antiquité (surtout dans la *République* de Platon et dans la *Politique* d'Aristote), mais aussi parce que Rousseau lui-même dans le *Discours* voit la politique comme engendrant une sorte de fausse harmonie entre les hommes, basée sur une échelle d'inégalité sur laquelle les 'relations morales' correspondent à ce qu'il appelle le 'calcul des intervalles' dans son *Essai sur l'origine des langues*. Ne dirait-on pas qu'il y a des rapports, dans la pensée de Rousseau, entre les distinctions sociales, d'une part, et les divisions des octaves, de l'autre; entre la musique instrumentale et la politique instrumentale, et même entre la subjugation des peuples et la conjugaison des verbes dans des langues dépourvues d'inflexion tonale – des rapports que les érudits ont à peine étudiés jusqu'à maintenant?

MLLE DUCHEZ : Je pense comme vous sur l'interprétation sociale de la théorie musicale de Rousseau, et il serait à souhaiter qu'on développe les analyses que vous ébauchez.

J. HOPE MASON : There is a parallel modernity in Rousseau's ideas about the theatre. In a famous passage in the *Lettre à d'Alembert* he wrote: 'Donnez les spectateurs en spectacle; rendez-les acteurs eux-mêmes.' This happens in the theatre today. Yesterday afternoon I saw an open-air performance, as part of the Cambridge Festival, in which the actors invited the audience to join them in a mutual celebration, and the audience responded. The desire for participation is not a dream of Rousseau's, it is a living reality.

Moreover, this desire can be seen in society and politics generally. It has been said that Rousseau's contractual society can have no modern application because it is based on the traditional city-state and is therefore hopelessly limited. But it is precisely this emphasis on limits which gives Rousseau's ideas their extraordinary topicality and relevance today. In the last ten years or so we have come to recognise, as Rousseau recognised two hundred years ago, that 'Small is Beautiful'.

MLLE DUCHEZ : Il est normal que, pour le théâtre comme pour la musique, certaines idées de Rousseau soient en consonance avec celles de notre époque, qui, après des siècles d'un art 'séparé', réclame immédiateté et spontanéité.

K. SIMONSUURI : Ne peut-on pas se demander si les théories musicales de Rousseau étaient pour quelque chose dans l'admiration qu'il professait pour Homère?

MLLE DUCHEZ : Il n'est pas impossible en effet que l'opinion, suivant laquelle les œuvres d'Homère étaient chantées, entre en ligne de compte dans l'amour de Rousseau pour Homère. Cela ramène au problème général de l'emploi du terme 'chanter' pour la récitation de la poésie antique.

MME JEANNERET : Mais dans quelle mesure Rousseau connaissait-il la musique grecque?

MLLE DUCHEZ : Rousseau connaissait à peu près tout ce qu'on connaissait à son époque de la musique grecque. Il avait lu presque tout ce qu'on avait écrit à ce sujet, aux XVIIe et XVIIIe siècles, et même quelques traités du XVIe siècle; et il avait opéré des vérifications dans les textes grecs édités alors et traduits en latin. L'idéal (presqu'imaginaire) de la musique grecque joue un rôle extrèmement important dans l'œuvre musicographique de Rousseau. Je projette une étude sur ce sujet, soit à part, soit dans l'introduction de l'édition du *Dictionnaire* (si l'on m'accorde la place nécessaire, ce qui s'imposerait car plus d'un quart des articles y sont consacrés à la musique grecque).

R. HOWELLS : L'admiration qu'éprouvait Rousseau pour Homère me rappelle ce qu'on a dit, à la suite de la communication de m Eigeldinger, sur la figure du 'visionnaire'. Car précisément, pendant la première partie du XVIIIe siècle, Homère faisait figure de visionnaire. Au centre de la deuxième partie de la Querelle des Anciens et des Modernes, il était dévalorisé depuis, disons, 1660 (sur tout ceci, on pourrait consulter l'ouvrage de m Hepp, *Homère en France au XVIIIe siècle*). Que Rousseau ait revalorisé le concept du visionnaire, qu'il ait revalorisé Homère, c'est au fond deux aspects du même phénomène.

P. ROBINSON : J'aimerais réunir deux des questions précédentes (Sur la danse et sur la fête en plein air) pour vous demander encore quelques mots sur la valeur actuelle de la théorie musicale du rythme chez Rousseau.

MLLE DUCHEZ : Je suis heureuse qu'on ait soulevé cette question très pertinente, car je n'ai pas eu le temps de parler aujourd'hui de la 'modernité' de la conception du rythme chez Rousseau, modernité à laquelle je n'ai fait qu'une allusion trop rapide. Mes recherches personnelles m'ont conduite à la conclusion que la pensée de Rousseau sur le rythme et le temps dans la musique reste très actuelle.

P. ROBINSON : Il me semble que, en discutant par exemple un mot-clef tel que 'accent', on néglige souvent le côté rythmique pour prêter une attention excessive, dans le contexte des démélés avec Rameau, aux tons et aux intervalles (ce n'est pas le cas dans vos travaux à vous, bien sûr). Pourtant 'accent' signifie modification de la voix dans la durée aussi bien que dans le ton. Rousseau écrit même (article *Rythme*) que sans rythme la mélodie n'est rien, et que le rythme par lui-même est quelque chose.

MLLE DUCHEZ : Je profite de l'intervention de Mr Robinson pour ajouter que, si Rousseau semble avoir senti, de façon originale pour son époque, le rôle fondamental de la dimension temporelle de la musique, l'insuffisance de sa conceptualisation musicale l'a empêché d'exprimer autre chose que les mérites de la mesure classique.

Cette question sera traitée dans mon 'Introduction' du *Dictionnaire de musique*.

J. STAROBINSKI: 1. Peut-on alléguer une influence directe de Rousseau, quand Glück achève *Iphigénie en Aulide* par un chœur à l'unisson?

2. Ne pourrait-on-dire que, de même que Rousseau souhaitait donner les spectateurs en spectacle, il souhaite que les auditeurs deviennent les musiciens? 'Après le souper [. . .] on chantait quelque vieille chanson qui valait bien le tortillage moderne' (*Rêveries* v, *Pléiade*, i.1045). L'emploie de 'on' ici est révélateur: il s'agit d'un sujet collectif. De même, dans la fête des vendanges: 'Chacun dit sa chanson tour à tour' (*La NH*, *Pléiade* ii.609). Trois éléments sont ainsi réunis: la journée s'achève, le choix se porte sur d'anciens airs, tous participent au plaisir musical.

Index

An exhaustive thematic or conceptual index was obviously impossible, but it is hoped that the compromise adopted here will prove helpful to readers.

The problems of indexing a bilingual text have been approached on a practical basis. Where the French term is identical with or very similar to its English equivalent, it has been suppressed. Where it is alphabetically remote from its English equivalent, it is cross-indexed and repeated after the equivalent word. French words covering a wide semantic area have been entered separately, but have usually been analysed under their English equivalents. Expressions used by Rousseau, some other French expressions difficult to translate precisely or concisely, and the titles of French works, have been left in the original language. In order to avoid confusion, French words have been italicised throughout.

Many inter-related themes have been grouped. Some trivial mention of proper names (mostly geographical) is omitted, as are the names of translators, except where a particular point is being made. The names of members of the Colloquium are not indexed except as authors of works published elsewhere.

It was not thought helpful to list under a single rubric ROUSSEAU all allusion to and discussion of his ideas, personality and techniques. Reference to his works will be found under their respective French titles (which are also listed briefly under his name). Reference to his ideas and to special terms used by him will be found in the general alphabetical sequence. However, some references are given under his name, mainly to avoid ludicrous entries like 'words, dying, Rousseau's'.

Individual works of writers other than Rousseau are not separately indexed, but will be found under their author's name. Mention in the Notes of individual works, whether by Rousseau or by other writers, is not indexed where it simply supplies volume and page references. In such cases, the index entry refers to the text itself, whether the work is actually named there or not.

Abélard, 149
Académie française: Dictionnaire (1835), 242
academies, 9, 219
accent, 282
acclamation, 92–3, 103; *see also* unanimity
accusation, indictment, 187–8, 190, 195, 199, 199 n.3, 200 n.33

accuser/séduire, accuse/charm, 199, 238
acts, gestures, *actes, gestes*, 201, 204; *see also* signs
Adam, 51 n.4
Adorno, T. W.: *Philosophie de la nouvelle musique*, 273
agape, 134
Alembert, Jean Le Rond d', 159, 186, 280;

Alembert—*cont.*
 Discours préliminaire de l'Encyclopédie, 185,
  243, 244
Algiers, pirates of, 193, 198
alienation, 81–2, 99, 247
Althusser, Louis: 'Pour Marx', *Cahiers
  pour l'analyse*, 52
America, American colonists, American
  revolution, 49, 68; *see also* Mayflower;
  Jefferson, Thomas
âmes sensibles, âmes de feu, see sensibility
Amidor, 259
Amiel, 186
amour de soi, 7, 32, 77, 243–6, 250; *see also*
  self-love
amour-propre, 9, 25, 243, 245; *see also* self-
  love
Amyot, Jacques, 245
analysis, intellectual, 225
Anciens, see Querelle [. . .]
Anet, Claude, 33
anger, *colère, see* indignation
Angivillers, Charles-Claude de La
  Billarderie, comte d', 161
Ansart-Dourlen, Michèle: *Dénaturation et
  violence dans la pensée de Rousseau*, 119 n.2
anthropology, 109–15, 117–18, 128
antiquity, classical, 105, 243; *see also* Rome;
  Querelle [. . .]
Anville *or* Enville, Marie-Louise-Nicole-
  Elisabeth de La Rochefoucauld,
  duchesse d', 177
apes, 109–15, 125–6, 128–9
*Apocolokyntosis sur la mort de l'empereur
  Claude* (translated from Seneca), 177
Apollo, 187, 190
Argens, le marquis d': *Lettres juives*, 122
  n.25
Aristotle, 8, 43, 62, 244; *Politics*, 62, 280
Aristoxenus: *Eléments harmoniques*, 276 n.23
Arlequin amoureux malgré lui, 154
artifice, artificial, art, 208–9, 220; art,
  literary, verbal, 188, 196, 202; *see also*
  man
arts, the, 194; *see also Discours sur les
  Sciences et les Arts*
assemblies of the people, 90–1, 94, 103,
  197; *see also* sovereignty
assentiment, 240, 248–50
association, act of, 90; *see also* contract
atheists, *athées*, 211–13
A tout François [. . .] (a circular letter by
  Rousseau), 160
attentiveness, *attention*, 220
Augustans, Augustus, 48
author/scribbler, 211

authority, 8, 23, 26, 42, 52, 57, 117, 248;
  see also law-giver
autonomy, 30
Aventures de Mylord Edouard, 166, 169,
  175–6

Babbitt, Milton: 'Contemporary music
  composition and Music theory as con-
  temporary music history', *Perspectives in
  Musicology*, ed. Barry S. Brook, 269
Babeuf, 61–2
Báczko, Bronisław: *Lumières de l'Utopie*,
  100 n.26; *Rousseau. Solitude et commun-
  auté*, 100 n.5
Bakunin, Mikhail, 82
Bally, Charles: *Traité de stylistique
  française*, 242
Bally, John, 172–3
Barbeyrac, Jean, 65, 243
Baridon, Michel: 'Empire et patrie.
  Politique et esthétique comparée de
  Hume, Gibbon, et Rousseau', in
  XVIIIe siècle, 47
Barker, Sir Ernest: *The Social Contract:
  Locke, Hume, Rousseau*, 37, 41–4, 49, 51
  n.4
Barny, Roger: *J.-J. Rousseau dans la
  Révolution française*, 79 n.3, 84
Barrès, Maurice, 37
Barret, Jean-Marie, 181 n.42
Barthes, Roland, 210
bass, fundamental, 270
Bassompierre, Jean-François, 165, 170,
  172, 180 n.11
Bastiat, Frédéric, 68
Battel, Andrew, 112
Baudelaire, Charles, 260; *Salon de 1859*,
  252, 257
behaviourism, musical, 271
Bélise, 259
Bellenot, Jean-Louis: 'Les formes de
  l'Amour dans *La Nouvelle Héloïse*', *AR*,
  xxxiii (1956), 135, 142
Benoit, 180 n.29
Béranger, Jean-Pierre: *Rousseau justifié
  envers sa patrie*, 183
Berio, Luciano, 268; *Hommage à Joyce*, 268
Bernard, Gabriel, 208
Beville, Louis-Théophile de, 177
Biondi, Carminella: *Mon frère, tu es mon
  esclave!*, 119 n.2
Blair, Hugh, 38
Blumenbach, Friedrich, 113
Bodin, Jean: *Les six livres de la république*,
  55
Boileau-Despréaux, Nicolas: *Satires I*, 188

Boin, Pierre, 165, 170, 180 n.18
Bolingbroke, Henry St John, viscount:
    The Idea of a Patriot King, 48
Bomston, milord Edouard, 139; *see also
    Aventures* [. . .]
bonheur, see happiness
Bonnet, Charles, 113, 129, 261–2; his
    letters, 261–2
bonté naturelle, see nature, natural goodness
booksellers who ordered the Geneva
    edition of Rousseau's works: Bassom-
    pierre, Brun, Caron, Chirol, Combaz,
    Cramer, Du Saulchoy, Elmsley, veuve
    Esprit, Fabre, Fauche, Fontaine, Gay,
    La Bottière, Le Boucher, Lepagnez,
    Martyn, Meuron, Mossi, Plombeux,
    Regnault, 178
Boothby, Brooke, 161, 177, 182
Boswell, James, 129
botany: books left by Rousseau at
    Ermenonville, 160; letters to Males-
    herbes on botany, 166; writings on
    botany, 177; *see also Lettres élémentaires
    sur la botanique*
Boubers, J.-L., 156, 167–8
Boufflers-Rouverel, Marie-Charlotte-
    Hippolyte de Campet de Saujon,
    comtesse de, 38
Bougeant, Guillaume Hyacinthe, 127
Boulainvilliers, Henri, comte de Saint-
    Saire, 243
Boulez, Pierre, 265, 267, 268, 270, 273,
    280; 'Auprès et au loin', *Relevés
    d'apprenti*, 265, 270; 'Codes et création'
    (cours fait au Collège de France), 269;
    'Musique en projet', *Cahiers Renaud-
    Barrault*, 266; *Penser la musique aujourd'
    hui*, 267–9, 273
Bowler, Peter; 'Evolutionism in the En-
    lightenment', *History of Science*, xii, 120
    n.16
Brecht, Berthold, 213; *Dreigroschenoper*, 213
Bret, Antoine: *Variétés littéraires et
    morales*, *AR*, xxxii (1955), 275 n.4
bruit, see noise; sound
Brunetière, Ferdinand, 240
Bucentaur, 96
Buffier, Claude, 241
Buffon, Georges-Louis Leclerc, comte de,
    111–13, 119 n.4, 120 nn.12, 14, 125, 127,
    167; 'Addition à l'article des Orangs-
    outangs', *Histoire naturelle*, t. vii, 120
    n.14, 125; *Histoire naturelle*, 111, 119
    n.4, 120 n.12, 125
Bure, Jean de, 169
Burgelin, Pierre, 231

Burke, Edmund, 82
Burne, J. R.: 'The vocabulary of sensation
    and emotion in the works of J.-J.
    Rousseau', 242, 247 n.1
Burney, Charles, *see Lettre à Burney*
Butor, Michel: *Hommage à Jiri Kolar*, 221
Buttafuoco, Mathieu, comte de, 166, 168
Bynum, William: 'The Great Chain of
    Being after Forty Years: An Appraisal',
    History of Science, xiii, 120 n.16

Cage, John, 267, 269–71, 279 n.99; *Pour
    les oiseaux*, 267, 270, 279 n.99
Caillot, Joseph, 160, 169
Calas, Jean, 78
Calmet, dom Augustin, 115, 117, 122
    nn.24, 25, 124 n.31; *Dissertations sur les
    apparitions* [. . .] *et vampires*, 115, 122
    nn.24, 26
Calvin, Jean, 104
Camper, Petrus: 'De l'orang-outang, et de
    quelques autres espèces de singes',
    Œuvres, i, 120 n.14
Carey, Henry Charles, 68
carnivores, see food
cartesian, cartesianism, *see* Descartes, René
Cassirer, Ernst, 3, 16 nn.1, 2; *The Question
    of Jean-Jacques Rousseau*, 3; *Rousseau, Kant
    and Goethe: Two Essays*, 3
Catholic church, 96
Céladon, 149
cercles genevois, see clubs
ceremony, ceremonial, *see* rites
Cerjat, Jean-François-Maximilien, 155, 158,
    171
Cerou, Pierre: *L'Amant auteur et valet*, 259
Chaalis, archives Girardin, 164
Chaillet, David-Henri de, 176–7
Chant, *see* song
Charmettes, les, 240
Charvet, John: *The Social Problem in the
    Philosophy of Rousseau*, 146 n.5
Chateaubriand, François-René de, 256
Chaulieu, Guillaume Amfrye, abbé de, 249
child(ren), childhood, *enfants, enfance*, 231,
    234–5, 251; *see also* Rousseau's children
chimpanzees, 113, 115, 125
chivalry, medieval, knightly, 148, 151
Choffard, Pierre-Philippe, 175
Christianity, Christian tradition, Christian
    belief(s), 77, 117, 134–5, 148, 151
Cicero, 185, 243–4; *De officiis*, 243
citizen and the State, 1–17, 45, 94; *see also
    patrie*
city-state, *see* states, small
civic spirit, *civisme*, 93; *see also patrie*

civilisation: neologism, 223; *see also* man, civilised; society, civil(ised); savages

Claire, 133, 142

Clarens, idyllic society of, 135, 137, 143–5, 204

classes travailleuses, laborieuses, see working class(es)

class struggle, 72, 76; *see also* working class(es)

climate, 111

clubs, *cercles,* of Geneva, 213

Cochin, Charles-Nicolas, 175

coercion, 5, 17 nn.18, 24

cœur/plume, see heart/pen

Coindet, François, 177

colère, see indignation

Colletti, Lucio: *Ideologia e Societa,* 79 n.6, 82

colour, *coloris,* 261–2

comedy, imagination in seventeenth- and eighteenth-century French, 259–60

communication, 191, 202

communism, communist manifesto, 78

compact, *see* contract

complot, see conspiracy

Condillac, Étienne Bonnot de, 127, 161, 251

condition, human, *see* man

conditioning, cultural, of the ear, 272

Confessions, Les, 33, 106, 149, 153–6, 160–4, 166, 168, 171, 173–4, 177–8, 182, 185, 187, 189, 200, 207–10, 214, 223, 244, 247, 249, 254, 263, 269

conscience, consciousness, *conscience,* 241, 247–50, 260; moral conscience, 226, 247; *see also* ethics; sensibility

consent, *consentement,* 43, 57, 91

Considérations sur le gouvernement de Pologne, 3, 9–11, 24, 26, 33, 44, 61, 90–1, 96, 106, 153, 155, 158–60, 163, 167–8, 176–7; *see also* Poland

Consolations des misères de ma vie, Les, 'musique de chambre', 163, 180 n.29

conspiracy, *complot,* 102

Conti, Louis-François de Bourbon, prince de, 38, 176

contract, compact, pact; *contrat social,* social contract: contract, idea of, 10–11, 25, 28, 37–53, 94, 215–16; contract/ compact, 39–40; motives of participants, 2, 24–5; *see also Contrat social, du;* writing, contractual

Contrat social, du, 3, 6–15, 24–5, 27, 30–4, 37–52, 57–62, 64, 68–9, 72, 76–7, 79–84, 87, 89–92, 94, 98–9, 103–4, 107, 165, 177, 186, 189, 196, 197, 201–4, 208, 212, 216, 220, 223, 226, 232, 241; themes, *see* acclamation; assemblies; crime; free-

dom; (self-)government; liberty; majorities; states, small; sovereignty; totalitarianism; unanimity; utopia; *volonté générale;* vote [. . .] etc.; *see also Contrat social, manuscrit de Genève;* contract, compact, pact

Contrat social, manuscrit de Genève, 8, 9, 24, 95, 196, 200, 202, 204, 213, 250, 273

conviction/persuasion, 190, 196, 199, 202–4

Conzié, François-Joseph de, marquis d'Allemogne, connu sous le nom de marquis de Conzié, 177

Cook, Mercer, 'Rousseau and the Negro', *Journal of Negro History,* xxi, 120 n.12

Corancez, Guillaume-Olivier de, 156, 177

Correspondance complète [. . .], 38, 106, 111, 113, 121 n.23, 153, 158–9, 161–2, 166–9, 176–7, 183, 187, 189–90, 199, 223, 240, 242, 263, 269; *see also* Rousseau, letters

Corsica, *Corse,* 24, 44; documents on Corsica, 162, 164, 169; *see also Projet de Constitution pour la Corse*

costume, *see* dress

Cramer, Gabriel, 166 257, 261

creativeness, creation (artistic), *créativé,* 257, 261

crime: equated with treason, 15; and punishment, 2, 15, 25–6, 28–9, 32

Crocker, Lester G.: *Jean-Jacques Rousseau: The Quest,* 264

Ctesias, 111

culture, 109, 196; *see also* nature, nature/ culture

cure/disease, 199 n.3, 202, 207–9, 220

curé, see priest(s)

Damis, 259

Danielou, A.: *Sémantique musicale,* 273; *Traité de musicologie comparée,* 273

Daphnis et Chloé, 157, 164, 179–80

Dapper, Olfert, 112

Davenport, Phoebe, 157

Day, Thomas, 120, n.12; *The Dying Negro,* 120, n.12

death, death-wish, 134–5, 140, 145

death penalty, 14, 211–12

Déclaration des droits de l'homme (1789), 65, 71, 72–3, 82

Découverte du nouveau monde, La, 167

degeneration, 110–11, 118

deism, deist, 69–70

Delacroix, Eugène, 257; *Journal,* 257

Delessert, Madeleine-Catherine, née Boy de La Tour, 160; [wrongly stated by

Girardin to be the daughter of mme de Luze], 167, 177

Delessert, Marguerite-Madeleine, daughter of Madeleine-Catherine, 167

Della Volpe, Galvano, 73–5, 82, 85; *Rousseau e Marx*, 73, 75

demagogy, imposture, 94, 102

democracy, 77–8, 212; direct, 46, 101; cp. 3–15, 23, 26

dependence, 9, 59, 118

Derathé, Robert, 46, 50 nn.1, 3, 239–40; 'La problématique du sentiment chez J.-J. Rousseau', *AR*, xxxvii (1970), 239; *Le Rationalisme de J.-J. Rousseau*, 240; 'L'obligation politique selon Hume', *Revue internationale de philosophie*, 50 n.1

Derrida, Jacques, 264

Descartes, René; cartesianism, anti-cartesianism, 244, 251, 272–3

Desmarets de Saint-Sorlin, Jean, 259; *Les Visionnaires*, 259

despotism, oppression, tyranny, 59, 92, 96, 107, 212

dessin, see drawing

Devin du Village, Le, 149, 157, 164, 179–80, 196, 263

dialectic, *see* pairs, conceptual

Dialogues, see Rousseau juge de Jean-Jacques

dictionaries, *see Académie française*; Littré; Richelet; Robert; Trévoux

Dictionnaire de Musique, 186, 223, 263, 264, 266–73, 282

Diderot, Denis, 39, 70, 73, 77, 82, 126–7, 129, 188, 223, 235, 240, 251, 261; *Essai sur les règnes de Claude et de Néron* [same work as *Essai sur la vie de Sénèque*], 261; *Jacques le Fataliste*, 223; *Lettre sur les sourds et muets*, 127; *Mémoires sur différens sujets de mathématique*, 277 n.52; *Pensées philosophiques*, 129, 223; *Rêve de d'Alembert*, 127

Dieu, see God

Dijon, Academy of, 45–6

Discours sur l'Economie politique, see Economie politique

Discours sur [. . .] *l'inégalité* [. . .] 3–4, 6–11, 24–5, 27, 30–3, 40–1, 43–4, 46, 48–9, 52, 55–6, 59, 69, 73, 76, 78–81, 83, 85–7, 102, 111–15, 118, 126–8, 177, 186, 189, 194, 201, 203, 215, 223, 244, 250, 258, 280

Discours [. . .] *sur* [. . .] *les Sciences et les Arts*, 3, 9, 48, 81, 102, 163, 186, 189, 194, 198, 202, 219, 220, 222, 226, 247

Discours sur [. . .] *la vertu la plus nécessaire au héros* [. . .], 89, 163, 168

Dissertation sur la musique moderne, 266, 269, 273

divided vote, *see* vote, divided

divide/unite, *séparer/rassembler*, 204

domestication, 111–12

Dommanget, Maurice, ed. *Pages choisies de Babeuf*, 62

drawing, line, *dessin*, 261–2

dress, costume, 96; *see also* signs; laws, sumptuary

droit, droits, see right, rights

Duchesne: edition of Rousseau's works, 183

Duchesne, la veuve, née Cailleau, 159

Duchet, Michèle, 99 n.2, 119 n.2; *Anthropologie et histoire au siècle des lumières*, 119 n.2; 'Synchronie et diachronie', *Revue internationale de philosophie* [with Michel Launay], 99 n.2

Duchez, Marie-Élisabeth: 'Principe de la mélodie et origine des langues, un brouillon inédit de Jean-Jacques Rousseau sur l'origine de la mélodie', *Revue de Musicologie*, ix, 276 n.21; 'Théorie musicale et théorie scientifique', *Colloque sur l'éducation musicale scientifique*, 280

Dufresnoy, Nicolas, l'abbé: *Traité historique et dogmatique sur les apparitions, les visions, et les révélations particulières, avec des observations sur les Dissertations du R. P. Dom Calmet*, 122 n.24

Dühring, Eugen Karl, 69; *see also* Engels

Du Peyrou, Pierre-Alexandre, 153–84

Dutens, Vincent-Louis, 169

Économie politique (article for the *Encyclopédie*, later called *Discours sur* [. . .]), 6, 8–10, 24, 33, 58, 61, 69, 77, 81, 177, 217, 252

écriture contractuelle, etc., *see* writing

éducation négative, 193

education, Rousseau's writings on, 192; *see also Émile: Projet d'éducation* [. . .]

egalitarianism, radical, 2, 25, 27, 30

égalité, see equality

Eggebrecht, J. H.: 'Musikalisches Denken', *Archiv für Musikwissenschaft*, xxii, 270

Egmont, Sophie-Jeanne-Armande-Elisabeth-Septimanie de Vignerod Du Plessis de Richelieu, comtesse d', 164

Eigeldinger, Marc: *Rousseau: univers mythique et cohérence*, 119, n.2

Ellenburg, Stephen: *Rousseau's Political Philosophy: An Interpretation from Within*, 3n., 6, 8, 11, 18 n.30

Elliot, Gilbert, 38
Ellrich, Robert J.: *Rousseau and his Reader: the rhetorical situation in the major works*, 199 n.2, 236 n.1
Eloisa, Héloïse, 149
eloquence, 185–205, 238, 240, 260–1; *see also* oratory; rhetoric
emancipation of man, 78, 81; *see also* fulfilment
emblems, *see* rites; signs
Émile, 3, 6, 8–9, 29, 32–3, 38, 53, 59–60, 84, 94–6, 99, 116, 118, 123, 150–2, 155, 165, 168, 175–6, 186, 189, 192, 197, 204, 207, 210, 213–20, 225–38, 240, 246, 249–57, 259–62, 269; *Profession de Foi* [. . .], 155, 240, 246, 249
Émile et Sophie, ou les Solitaires, 38, 154–5, 158–61, 163, 168, 175–6, 193–4, 198, 200–2
emotions, *passions*, 241–6, 247 n.1, 252, 255–6, 265, 271–2; *see also* sensibility
Encyclopédie, the, 115, 185, 187, 243–4, 264; *Discours préliminaire*, *see* d'Alembert
Encyclopedists, 70, 76; *see also* Enlightenment; *philosophes*
enfant, *see* child
Engagement téméraire, L', 154–5, 163, 168, 177
Engels, Friedrich, 69, 72, 80–2, 85–6; *Anti-Dühring*, 69, 80; *L'Origine de la famille*, 86
Enlightenment, the; *siècle des Lumières, les Lumières, philosophie des Lumières*, 30, 50, 50 n.4, 68–9, 71–5, 79, 83, 109, 111, 115, 208
enslavement, political, 8–9, 33, 65, 118
entertainment, modern, 9
Enville, *see* Anville
épanouissement, 92; *see also* fulfilment
equality, *égalité*, inequality, *inégalité*, 30s, 41–4, 50, 55–65; levelling, 74–5; social and economic, 30, 61, 63; *see also* egalitarianism
Ermenonville, 154–7, 161–75
eros, 134
Essai sur l'origine des langues, 81, 87–9, 95, 98, 103, 121, 153–4, 163, 168, 177, 186, 192, 195–8, 204, 222, 266, 269, 270–3, 281
Étange, baron d', 133, 246, 260
Étange, Julie d', *see* Julie
état de nature, *see* nature, state of
ethics, *morale*, 17 n.29, 31, 135–7; *see also* morale du sentiment
ethology, 126
Euler, Léonard, 280

Evangile, l', *see* Gospel
evil(s), (social) ills, *mal, maux*, 59, 189, 209; *see also* cure/disease, *mal/remède*
evolution, *see* species, transformation of
Examen de deux principes avancés par M. Rameau, 153, 155, 266, 269–73
Extrair du Projet de paix perpétuelle: Jugement sur le projet [. . .], 154, 163, 168

Fabricius, 189, 194, 198–9
Faivre, Tony: *Les Vampires*, 122 n.24
father, role of in *Émile*, 228
Fatio, Pierre, 104
Faujas de Saint-Fond, Barthélemy, 169
feeling, *see* sensibility
fête: *politique, sociale*, 91, 282; *révolutionnaire*, 98, 100 n.26
feudalism, feudal society, 68, 71
Fichte, Johann Gottlieb, 23
figures, figurative language, 192–3
Filidon, 259
food, *frugivores, carnivores*, 111, 114, 118
force, 57
Foulquier, conseiller au parlement de Toulouse, 160, 177
Fragment biographique, 190, 275
Fragments sur la Guerre, 8, 58, 220
Fragments des Loix, 10
Francaleu, monsieur, 259
France, Peter, 261; *Rhetoric and Truth in France*, 199 n.2, 261
François, Alexis, 241; 'Les provincialismes de J.-J. Rousseau', *AR*, iii (1907), 241
Franquières, M. de 159, 240; *see also* Rousseau, letters
Frayling, Christopher: ed. *The Vampyre: Lord Ruthven to Count Dracula*, 119n., 122 n.24, 123 n.27, 147
freedom, 232; moral, 1, 6–7, 18 n.36, 30, 32; negative, 34; *see also* liberty
French revolution, *see* revolution; *see also* Babeuf; *Déclaration des droits de l'homme; fête révolutionnaire*; Jacobins; Le Chapelier; Terror, the; *ventôse*, decrees of
Friedrich, Carl Joachim, 3, 16 n.1; *The Philosophy of Law in Historical Perspective*, 3, 16 n.1
frugivores, *see* food
frustration, 133, 208
fugue(s), 265
fulfilment, self-fulfilment, *épanouissement*, 75, 78, 81, 135
Fuseli, (John) Henry, 129

Gamaches, Étienne-Simon, 243
Gazette de Leyde, 167

Gazette des Gazettes, 116
general will, *see volonté générale*
Geneva, 25–6, 48, 62, 104–5, 213; *see also*
  Contrat social, Geneva ms.
Geneva edition of Rousseau's works,
  153–84
Genève, société typographique de, 165–81
Genoa, 34
George III, king of England, 49, 177
Gerbi, Antonello: *La disputa del Nuovo
  Mondo*, 119 n.3
Gibbon, Edward, 47
Girardin, René-Louis, marquis de, 153–83,
  239
Givel, J., et Osmont, R.: *Index de Rousseau
  juge de Jean-Jacques*, 207, 221 n.1
Glacken, Clarence; *Traces on the Rhodian
  Shore*, 119 n.2
Glaris, 105
Glass, Bentley, *et al.*, ed. *Forerunners of
  Darwin: 1745–1859*, 120 n.16
Gluck, Johann Willibald von, 160, 169,
  264, 283; *Alceste*, 160, 169, 176;
  Iphigénie en Aulide, 283; *Orfeo*, 160, 169,
  176
God, *Dieu*; the divine, 134–5, 140–1,
  144–5, 187, 222, 226–7, 235, 237, 253
Goldschmidt, Victor; *Anthropologie et
  politique – les principes du système de
  Rousseau*, 56, 119 n.2
Gospel, the, *l'Evangile*, 212
government, 98; role of, 23, 26–7;
  see also representation
Graffenried, Emmanuel von, 169, 183
Gramsci, Antonio, 219
Greece, ancient, music of, 266, 270, 281–2
Greene, John: *The Death of Adam*, 119
  n.2
Greig, J. Y. T., 44
Grotius, Hugo, 2, 40, 65, 72
guilt, 199
Gusdorf, Georges: *Dieu, la nature, l'homme
  au siècle des lumières*, 119 n.2
Guyénot, Émile: *Les Sciences de la vie aux
  XVIIe et XVIIIe siècles: l'idée d'évolution*,
  120 n.16
Guyot, Charly: *Plaidoyer pour Thérèse
  Levasseur*, 180 n.30; *Un ami et défenseur
  de J.-J. Rousseau, Pierre-Alexandre Du
  Peyrou*, 180 n.25, 181 nn.31, 34

habit, *habitude*, 52–3, 255
Haller, Albrecht von, 129
Handschin, J.: 'Das Problem der Musiktheorie', *Revue Suisse de Musicologie*, lxxx,
  273

happiness, *bonheur*, 142, 145, 189–90, 232, 261
Harcourt, George Simon, second Earl,
  157, 169, 177
harmony (music), 262, 264–5, 268–72, 274;
  see also melody/harmony
Harris, James, 100 n.3; *Hermès ou les recherches philosophiques sur la grammaire
  universelle* (French translation of *Hermes,
  or a Philosophical Inquiry concerning Universal Grammar*, 1751), 100 n.3
Harvey, Simon, 100 n.5
Harvey, S., *et al.*, ed. *Reappraisals of
  Rousseau, Studies in honour of R. A. Leigh*,
  100 n.5
Havens, George: *Voltaire's Marginalia on
  the pages of Rousseau*, 121 n.23
heart/pen, *cœur/plume*, 210
Hegel, Friedrich, 23, 82–3
Héloïse, *see* Eloisa
Helvétius, Claude-Adrien, 1, 70, 246; *De
  l'Homme*, 246
Hepp, 282; *Homère en France au XVIIIe
  siècle*, 282
Herder, Johann Gottfried, 113
Herodotus, 111
history, historical evolution, historical
  perspective, scientific history, science of
  history, theory of history, 48, 50, 68,
  70, 79, 81, 99; *see also* pessimism,
  historical
Hobbes, Thomas, 1, 5, 10, 39–43, 45, 50,
  56, 65; *De Cive*, 56
Holbach, Paul Thiry, baron d', 70
Homer, 281–2
l'homme, l'humanité, see man
De l'honneur et de la vertu, 9
Houdon, Jean-Antoine, 168, 175, 177
Hugo, Victor, 260
humanity, *see* man
Hume, David, 37–51, 243–4, 247; *Enquiry*,
  52; *Essays moral and political*, 44;
  Exposé succinct, 183; *History of the
  Stuarts*, 38; 'L'Idée d'une république
  parfaite', in *Essays moral and political*,
  trans. Le Blanc, 45; 'Of the Original
  Contract', in *Essays moral and political*,
  37, 39–43, 47; 'De quelques coutumes
  remarquables', in *Essays moral and poli-
  tical*, trans. Le Blanc, 45; *Political Discourses*, 44; *Treatise on Human Nature*, 46
Hutcheson, Francis, 243, 247
Hylas, 149

idealism, bourgeois idealism, 69, 71
*Idée de la méthode dans la composition d'un
  livre*, 211, 213

identification, 95
identity, personal, 190, 198–9
image(s), 102–3, 251
imagination, *imaginaire*, 87, 234, 251–62;
    imagination/reality, 253–4, 257
imposture, *see* demagogy
independence (social and political), 59;
    see also dependence
indictment, *see* accusation
indignation, moral, 187–9, 199
inequality, *inégalité*, 73–5, 81, 194 (*see also*
    equality, *égalité*; *Discours sur l'inégalité*);
    moral or political, 7, 73; economic, 83
    (*see also* rich and poor; equality, econo-
    mic)
innocence, purity, 137–40, 141–2, 144,
    150–1, 236; *see also* virtue
Inquisition, the, 212

Jobson, Richard: *The Golden Trade*, 120
    n.13
Joly, A., 100 n.3
Jourdain, Monsieur, 259
Journal de Paris, 156
Journal helvétique, 176
Jouvenel, Bertrand de, 63; *Du Pouvoir*, 63
Julie, see Nouvelle Héloïse, La
Julie, 129, 133–51, 198, 209, 245–6, 250
justice, 241, 245
Juvenal, 188; *Satire I*, 188

Kant, Immanuel, 1–35, 79, 239; *Anthro-
    pologie in pragmatischer Hinsicht*, 119 n.1;
    'The contest of faculties', *Political
    Writings*, 3; *Critique of Practical Reason*, 3,
    5, 17 n.29; *Critique of Pure Reason*, 5; *The
    Doctrine of Virtue* (part II of *The Meta-
    physics of Morals*), 3, 5, 17 n.29; *Founda-
    tions of the Metaphysics of Morals*, 3–5, 17
    n.29; 'Idea for a universal history with
    a cosmopolitan intent', *Political Writings*,
    5; *The Metaphysical Elements of Justice*
    (part I of *The Metaphysics of Morals*), 3–5,
    10, 14, 15, 17 nn.18, 29; *Perpetual Peace*,
    3–5, 10; 'On the common saying: "This
    may be true in theory but it does not
    apply in practice",' *Political Writings*, ed.
    Hans Reiss, 3–5, 10, 17 n.24
Karmin, Otto: *Sir Francis d'Ivernois*, 181
    n.42
Keats, John: *Ode on a Grecian Urn*, 148
Keith, George (*Milord Maréchal*), 39
Kiernan, C., 271; 'Rousseau and music in
    the French Enlightenment', *French
    Studies*, xxvi, 271

Kleinman, S.: *La solmisation mobile de Jean-
    Jacques Rousseau à John Curwen*, 276 n.9
Kolar, Jiri, 221

La Fayette, Marie-Madeleine Pioche de La
    Vergne, comtesse de: *La Princesse de
    Clèves*, 149
La Fontaine, Jean de, 192; *Le Corbeau et le
    Renard*, 192
Laliaud, Henri, 169, 176
La Mettrie, Julien Offroy de, 127
Lamy, Bernard: *L'Art de parler*, 192
language, speech, *langage, langue, parole*,
    87–107, 192–3, 195, 267–8 (*see also*
    politics; eloquence; oratory; rhetoric);
    origins of language; early language, 88,
    195–7, 272; French language, 195
Larnage, Suzanne-Françoise de, née Du
    Saulzey, 166–7
Laslett, Peter, 104; *The World We Have
    Lost*, 104
Lassalle, Ferdinand, 67, 74
La Tour, Maurice-Quentin de, 106, 175
Launay, Michel, 99 n.2, 100 n.19, 241–2;
    'L'écriture contractuelle de J.-J.
    Rousseau', *Symposium Rousseau–Voltaire,
    ASECS*, 207, 221 n.2; *Jean-Jacques
    Rousseau écrivain politique*, 207, 221 n.1;
    'Syncronie et diachronie', *Revue inter-
    nationale de philosophie* [with Michèle
    Duchet], 99 n.2
Lautréamont, Isidore Ducasse, comte de,
    215
law(s), 10, 94; consent to, 12; criminal,
    14; sumptuary, 10; natural, *see* nature,
    natural law
law-giver, *see législateur*
Le Bègue de Presle, Achille-Guillaume,
    175, 182
Le Blanc, Jean-Bernard, abbé, 44; *Lettres
    d'un François à Londres*, 44
Le Chapelier, Isaac-René-Guy: la loi Le
    Chapelier, 79 n.4
Leduc-Fayette, Denise, 51 n.5; *Rousseau et
    le mythe de l'antiquité*, 51 n.5
législateur, 'legislator', law-giver, 9–12, 23,
    28, 80, 87, 89–90, 94–5, 186, 196–7, 199
    200 n.34, 201–4, 232
legislative assemblies, 9, 12, 23; *see also*
    assemblies of the people
legislative power, 8, 27–8
Leigh, R. A., 100 n.5, 121 n.23, 123 n.29;
    'Le *Contrat Social*: œuvre genevoise?',
    AR, xxxix (1980), 104 n.2; 'Jean-
    Jacques Rousseau and the myth of
    antiquity in the eighteenth century', in

Classical Influences on Western Thought A.D. 1650–1870, ed. R. R. Bolger, 51 n.5; 'Jean-Jacques Rousseau et madame de Warens: some recently recovered documents', *SV*, lxvii, 182; 'La Mort de Jean-Jacques Rousseau: images d'Épinal et roman policier', *RHLF* (1979), 182; *see also Correspondance complète* [. . .]

Lenin, Vladimir Ilyitch, 64, 74–5; *The State and Revolution*, 74–5

Le Noir, Jean-Pierre-Charles, 177

Le Nôtre, Georges: *Vieilles Maisons, Vieux Papiers IV*, 182

Lessing, Gotthold Ephraim: *Hamburgische Dramaturgie*, 277 n.52

Lettre à Burney, 153, 158, 160, 169, 263, 269, 272

Lettre à Christophe de Beaumont (Jean-Jacques Rousseau à Christophe de Beaumont [. . .]), 9, 116–17, 129, 244, 247

Lettre à d'Alembert (J. J. Rousseau [. . .] *à Mr. d'Alembert sur son article Genève* [. . .]), 9–10, 81, 94, 189, 213, 281

Lettre à d'Offreville, see Offreville

Lettre à Mr. Grimm [. . .], 269, 270, 272

Lettre à Philopolis, 3, 9, 112, 114

Lettre sur la musique françoise, 269–73

Lettre sur l'Opéra, see Lettre à Burney

Lettres à m. de Luxembourg, 161; *see also Luxembourg*

Lettres à Malesherbes, see Malesherbes

Lettres à Sara, 154, 162–3, 177

Lettres de deux Amants [. . .], *see Nouvelle Héloïse, La*

Lettres écrits de la montagne, 7–9, 62, 91, 105, 154, 185, 208

Lettres élémentaires sur la botanique, 153, 160, 167–9, 176–7

Lettres morales, 9, 247

Levasseur, Marie-Thérèse, 'veuve' de Rousseau, 154–8, 161–2, 165–7, 170, 172s, 178, 180 nn.29, 30, 181 n.34, 182

Levine, Andrew, 3, 16 n.1; *The Politics of Autonomy: A Kantian Reading of Rousseau's Social Contract*, 3

Lévi-Strauss, Claude, 109, 268; *Le Cru et le Cuit*, 268; 'Jean-Jacques Rousseau, fondateur des sciences de l'homme', in *Jean-Jacques Rousseau*, ed. Samuel Baud-Bovy *et al.*, 109, 119 n.1; *Le Totémisme aujourd'hui*, 109, 119 n.1

Lévite d'Ephraim, Le, 158–9, 161, 163, 168, 176–7, 204

liberalism, liberals, 76, 112

liberty, *liberté*, 30, 32, 57–8, 76, 83, 90–1, 99, 217; civil, 25, 30; moral, 30, 80–1; natural, 6; negative, 6–7, 18 n.36, 34–5, 80; positive, 7, 18 n.36; *see also* freedom

libraires, see booksellers

Linguet, Simon-Nicolas-Henri, 65

Linnaeus, Carl, 125

Littré: *Dictionnaire de la langue française*, 21 n.108

Locke, John, 1, 37, 45–6, 65, 74; *The True* [. . .] *End of Civil Government*, 37, 46, 57

loi naturelle, see nature, natural law

love, *amour*, 133–45, 254–5

Lovejoy, Arthur: *The Great Chain of Being*, 120 n.16

Lumières, siècle des, see Enlightenment

lutte des classes, bataille des classes, see class struggle

Luxembourg, m. and mme de, 106, 153, 161, 166, 168, 175

Luze, Marianne de, née Warney [wrongly stated by Girardin to be mother of mme Delessert], 160

Mache, F. B.: 'A propos de John Cage', *Musique en Jeu 2*, 271

Machiavelli, Niccolò, 98

Mackinnon, John, 'The behaviour and ecology of wild orang-utans', *Animal Behaviour*, xxii, 121 n.21; *In Search of the Red Ape*, 121 n.21

Maistre, Joseph, comte de, 82

majorities, majoritarianism, majority rule, 2, 12–13, 34–5

mal, le, see evil

Malebranche, Nicolas de, 240, 243–4, 247

Malesherbes, Chrétien de Lamoignon de, 153, 162, 166–7, 178, 183

Mallarmé, Stéphane, 221

Malraux, André, 257

man, *l'homme*, humanity, 231–2; early man, 111–13, 115, 195, 202, 234 (*see also* language, early); artificial, 207; civilised, 111–12, 128; natural, 136 (*see also* nature, natural); social, 136, 207, 227s; human condition, 228–9

Mandeville, Bernard, 1

manicheism, 134

Marivaux, Pierre Carlet de Chamblain de, 244

Marx, Karl; Marxism, Marxists, 33, 64, 67–86, 118; *Critique du programme de Gotha*; 67, 74–5; *Grundrisse der Kritik der politischen Œkonomie*, 68, 70, 82; *Das Kapital*, 68–70, 80, 118, 124 n.36; *Die Judenfrage*, 80, 82; *Manuscripts of 1844*, 33

Masseron, 208

Masson, Paul-Maurice, 240
master and slave, 118
materialism, historical, dialectical, *see* Marx
mathematics: and Rameau, 280; application to music, 271, 280
Maupertuis, Pierre-Louis Moreau de: 'Sur la forme des instruments de musique', *Mémoires de l'Académie des Sciences* (Paris 1721), 277 n.52
Mayflower, Mayflower compact, 49, 51 n.6
Meek, Ronald, *Social Science and the Ignoble Savage*, 119 n.2
Meillerie, 169
Meister, Jacob-Henri, 178
mélodrame, 263, 265
melody, unity of melody, origin of melody, 262–3, 265, 273; *see also* melody/harmony
melody/harmony, 261
memory, *mémoire, réminiscence*, 251–2, 255–7, 260
Merolla, Girolamo, 112
Milord Maréchal, *see* Keith, George
Milton, John: *Paradise Regained*, 38
Mirabeau, Victor Riquetti, marquis de, 169, 243; *L'Ami des Hommes*, 243
miracles, 116–17, 123 n.31, 129
mœurs, 33, 87, 91, 94, 103, 107, 194
Molière, 259; *Le Bourgeois Gentilhomme, Les Femmes Savantes, Le Malade Imaginaire, Le Misanthrope, Sganarelle, ou le Cocu imaginaire, Tartuffe*, 259
Molino, J., 'Fait musical et sémiologie de la musique', *Musique en jeu 17*, 267
Monboddo, James Burnett, Lord, 113
monkeys, 114, 128; *see also* apes; chimpanzees; orang-utans
Mon Portrait, 154
Montaigne, Michel de: *Essais*, 119 n.6
Montaigu, Pierre-François, comte de, 183
Montesquieu, 2, 29, 45, 47, 72–3, 77, 215, 235, 243–5; *Lettres persanes*, 244
Morale sensitive, La, 149
morale du sentiment, 239–50
More, Sir Thomas, 55
Morgan, Lewis H., 86
Mornet, Daniel: *Le Sentiment de la nature au XVIIIe siècle*, 241
mort, see death; *punition de, see* death penalty; *volonté de mourir, see* death, death-wish
mother, role of in *Émile*, 228
Môtiers, 154
Moultou, Paul-Claude, 153–83
Moultou, Pierre, 181 n.34
Muses Galantes, Les, 168, 177

music, 264–83; inadequacy of musical theory, 268–73; instrumental, 270; music and language, 196 (*see also* song/ speech, *chant/parole*); music and politics, 281; vocal, 270
Musique de Chambre, see Consolations [. . .]
Musset, Alfred de, 218; *Les Caprices de Marianne*, 213

Nadaillac, Anne-Jeanne de, abbesse de Gomerfontaine ('*la dame à la marmelade de fleurs d'orange*'), 158, 161–2, 164, 169
Narcisse ou l'amant de lui-même, 3, 9
Nattiez, Jean-Jacques, 268; *Fondements d'une sémiologie de la musique*, 268–9
nature, natural, 6, 18 n.29, 30, 111, 225–7, 229–30, 235, 245, 247 n.2, 249, 271–3; nature/culture, 109–10, 274; nature/ society, 244–5; human, 50, 71, 118 (*see also* man); state of nature, *état de nature*, 10, 29, 31, 33, 41, 70–1, 79 n.5, 114, 244; *sentiment, goût, de la nature*, 240–1; natural emotions, 228; natural goodness, *bonté naturelle*, 32, 235–6; natural indolence, 32, 114; natural law, 46–7; natural liberty and equality, 6; natural man, 77; natural rights, 71 (*see also* state of nature, rights)
negative liberty, *see* liberty
negroes, 112–13
Nemours, duc de, character in *La Princesse de Clèves*, 149
Neuchâtel, 26, 153–4; Du Peyrou's editions of Rousseau, 183–4
Neuchâtel, société typographique de, 156, 165
Neuville, m. de, 178
Newton, Sir Isaac, 244
Nicole, Pierre, 259; *Lettres imaginaires*, 259; *Lettres visionnaires*, 259
Noah, *Noé*, 51 n.4
noise, *bruit*, 266–8
notation, musical, 263, 266, 270
Nouvelle Héloïse, La, 6, 9, 38, 97, 129, 133–45, 147–52, 166, 175–6, 189, 198, 204–5, 208–9, 212–13, 232, 241–2, 245–7, 250, 254, 260, 262, 273, 283; *see also* Bomston, milord Edouard; Claire, Étange, baron d'; Julie; 'Saint-Preux', Wolmar
Nuneham, *see* Harcourt

obedience, obligation to obey, 23, 25–6, 34
objections, Rousseau's technique for dealing with, 211, 230
obligation, 245; *see also* obedience

Observations sur l' Alceste italien [. . .], 153, 160, 169, 176

Observations sur la réponse [. . .] (polemic following first *Discourse*), 9

Œuvres posthumes, see Rousseau

Olinde et Sophronie (translated from Tasso), 160, 169, 177

opposites, *see* pairs, conceptual

oppression, *see* despotism

Oraison funèbre du duc d'Orléans, 155, 158, 160

orang-utans, 109, 110–15, 117–21, 125–6

oratory, 93, 185; *see also* language; eloquence

Orgon, character in *Tartuffe*, 259

Origine de la mélodie, L', 195, 267, 269–73

ornament(s), *agréments* (musical), 273

Ostervald, Frédéric-Samuel, le banneret, 165

pact, *see* contract

pairs, conceptual, dialectical or antithetical, dialectic, opposites, 204, 274; (where no page references are given, see the individual entries): accuse/charm; *amour de soi/amour-propre*; art/artifice; attraction/repulsion, 221; attention/resistance, 220–1; author/scribbler; authority/obedience, 23, 26; conviction/persuasion; cure/disease, *remède/mal*; divide/unite; equality/inequality; *être/paraître*, 264; heart/pen; imagination/reality; *liberté/égalité*, 64; *manque/supplément*, 264; master/slave; melody/harmony; nature/culture; nature/society, 229, 244; *paradoxe/préjudice*, 230; physical sensibility/moral sensibility, 246, 248; *raison/sentiment*, 274; rich/poor; ruler/ruled; *sentiment/calcul*, 245; slavery/liberty; social/artificial, 219; song/speech, *chant/parole*; sound/noise, *son/bruit*; writer/reader, 219

Palissot de Montenoy, Charles, 129; *Les Philosophes*, 129

paradox, paradox/prejudice, 216–17, 230

paranoia, 209

parliaments, sovereign, 24

parole, see language

participation, 281, 283

Pascal, Blaise, 220, 223, 251

passion, 133–45, 254; *see also* love

passions, les, see emotions

patrie, patriotism, 32, 47, 91, 93–4, 97

Paul, St, 51 n.4

perfectibility, 127–8

Persifleur, Le, 154, 177

persuasion: in *Émile*, 225–38; *see also* conviction/persuasion

pessimism, historical and political, 99, 107

Peupliers, île des, 168

Pezay, Alexandre-Frédéric-Jacques Masson, marquis de, 164

philosophes, 115–17, 122 n.24, 212, 230–1; *see also* Encyclopedists, Enlightenment

physiocrats, 76

Phryné, 204

pirates, *see* Algiers

Piron, Alexis, 259–60; *La Métromanie*, 259

pity, *pitié*, compassion, *commisération*, *sympathie*, 7, 50, 250, 254

Piveteau, Jean: ed. *Œuvres philosophiques de Buffon*, 119 n.4, 120 n.11

Plato, 55, 77, 185, 204, 280; *Gorgias*, 185; *Republic*, 280

Platonic, platonic, 135, 140, 151, 185

plot, *see* conspiracy

Plutarch, 245

poetry, poetic inspiration, poetic sensibility, poetic stimulus, 186, 188, 195, 248–9

Poland, 24, 44, 96; *see also Considérations* [. . .]

Poland, W.: 'Theory of music and musical behaviour', *Journal of Music Theory*, vii, 271

Polignac, Gabrielle-Yolande-Claude-Martine de Polastron, duchesse de, 178

politics and language, 87–107

polyphony, 268, 270, 273

Polysynodie de l'abbé de Saint-Pierre, La; Jugement sur la polysynodie, 154, 163, 168

poor, *pauvres, see* rich and poor

Portland, Margaret Cavendish Harley Bentinck, dowager duchess of, 169

potlatch, writing, *écriture*, 217, 222

power, 84–5; external exercise of, 5–6, 8, 26

Prades, l'abbé Jean-Martin de, 243–4

Prévost d'Exiles, l'abbé Antoine-François, 112; *Histoire générale des voyages*, 112, 120 nn.9, 11

priest(s), preaching, 208–9, 222, 238

primitive man, *see* man

Principes de droit politique, see Contrat social, du

printing, books, 9

prison, prisons, imprisonment, 34; *see also* crime

Profession de foi du Vicaire savoyard, see Émile

professors, 219–20

Projet de constitution pour la Corse, 9–10, 24, 44, 61–2, 65, 91, 95–6, 153, 155, 162, 209; *see also* Corsica

Projet de paix perpétuelle and *Jugement sur le projet* [. . .], 154, 163, 168
Projet pour l'éducation de m. de Ste Marie, 192
Prononciation, 195
propaganda, 98, 101–3, 106; *see also* iconography
property, private property, 10, 33, 55–6, 60–1, 64–5, 71, 76, 81, 118, 201–3; *see also* equality, social and economic
Proudhon, Pierre-Joseph, 68–9, 82
public celebrations, *see fête*
Pufendorf, Samuel, 56–7, 65, 243; *Droit de la nature et des gens* (tr. Barbeyrac), 56–7
punishment, *see* crime
Pygmalion, 155, 158–9, 162–3, 168, 176, 263

Querelle des Anciens et des Modernes, 282

Rameau, Jean-Philippe, *ramiste, anti-ramiste*, 187, 264–7, 272–3, 280; *Démonstration du principe de l'harmonie*, 266; *Génération harmonique, La*, 266
Raymond, Marcel, 248
reader, reading, *lecteur, lecture, see* Rousseau and his reader
Redpath, Theodore, 37; 'Réflexions sur la nature du concept de contrat social chez Hobbes, Locke, Rousseau et Hume', in *Études sur le Contrat Social de J.-J. Rousseau*, 37
reflection, meditation, 244–5, 248
Reine fantasque, La, 161, 163
relativism, political, 44
relativity, musical, 272
religion, civil, 10
remède/mal, see cure/disease
Réponse du petit faiseur, 160, 169, 263, 266, 269, 271
representation, representative government, 8–9, 11, 17 n.13, 23, 27, 29, 46, 54, 76–7
resistance: reader-resistance, 238; *see also* pairs, conceptual: attention/resistance
resurrection, 129
rêve, vision, 87, 93
Rêveries du promeneur solitaire, Les, 3, 79, 153, 157, 159, 164, 168, 176–7, 187, 222–3, 237, 247, 249, 261, 283
revolution, revolt, 65, 68–9, 72, 83; American Revolution, *see* America; English Revolution, 68; French Revolution, 64, 68, 72, 78, 79 n.3, 82–4, 98, 101, 103 (*see also*: Babeuf; *Déclaration* [. . .]; Jacobins; Le Chapelier; Terror; ventôse)
Rey, Marc-Michel, 176

Rey, Suzanne-Madeleine-Jeanne, goddaughter of Rousseau, 162
rhetoric, 186, 192, 211–12; Marx's, 84; Rousseau's, 84; *see also* figures; eloquence; oratory
rhythm, *see* time (musical)
Ribot, Théodule-Armand, 253; *Essai sur l'imagination créatrice*, 258 n.5
Ricardo, David, 68
rich, riches, rich and poor, 62–4, 76, 79, 102, 195, 201, 208 212, 215, 235; *see also* equality, social and economic; property
Richebourg, Marguerite, 39
Richelet: *Dictionnaire*, 259
right, rights, rights of man, natural rights, juridical rights, 57–8, 74, 77–8, 82, 91; *see also Déclaration* [. . .]; natural law
rites, ritual, ceremony, 95, 97; *see also* signs
Robert, Paul: *Dictionnaire alphabétique et analogique* [. . .], 239
Rodman, Peter: 'Population composition and adaptive organisation among orangutans of the Kutai Reserve', in *Comparative Ecology and Behaviour of Primates*, ed. Richard Michael and John Crook, 121 n.21
Roger, Jacques, *Les Sciences de la vie dans la pensée française du XVIIIe siècle*, 120 n.16
Rollin, Charles, 243
Romanticism, *romantisme*, romantic, 256–8, 260, 274
Rome, Romans, myth of Rome, myth of antiquity, 47–8, 96, 189, 194, 198, 243
Rosselet, Claire, 179 nn.4, 7; article in *Revue neuchâteloise*, xix, 179 n.4
Roucher, Jean-Antoine, 183; *Les Mois*, 183
Roudaut, J., 100 n.3; *Poètes et grammairiens au XVIIIe siècle*, 100 n.3
Rougemont, Denis de, 135, 140–1, 143, 145, 148; *L'Amour et l'occident*, 134
ROUSSEAU, JEAN-JACQUES (*see introductory note to Index*) works: *see the individual titles, especially Confessions, Les; Considérations sur le gouvernement de Pologne; Consolations des misères de ma vie, Les; Contrat social, du; Contrat social, manuscrit de Genève; Correspondance complète* [. . .]; *Devin du village, Le; Dictionnaire de Musique; Discours sur l'Economie politique; Discours sur* [. . .] *l'inégalité* [. . .]; *Discours* [. . .] *sur* [. . .] *les Sciences et les Arts; Économie politique; Émile; Émile*

et Sophie, ou les Solitaires; Essai sur l'origine des langues; Extrait du Projet de paix perpétuelle; Lettre(s); Lettre à Christophe de Beaumont; Lettre à d'Alembert; Lettre sur la musique française; Lettres écrites de la montagne; Lettres élémentaires sur la botanique; Lettres morales; Nouvelle Héloïse, La; Projet de constitution pour la Corse; Rêveries du promeneur solitaire, Les; Rousseau juge de Jean-Jacques

juvenilia, 182

posthumous works, *œuvres posthumes, Œuvres posthumes*, 153, 159–64, 178

manuscripts, 154–62, 171–3, 175–6, 183 (*see also Contrat social, ms. de Genève*)

complete works, *see* Boubers, Duchesne; Geneva; Neuchâtel

his children, 231

consistency of his political ideas, 16 n. 11, 25–6

his contradictions, 213, 215 (*see also* pairs, conceptual)

his dying words, 154, 156, 182–3

combats empiricist scepticism, 1

his knowledge of English, 53

exhibition at Cambridge, 184

iconography, portraits, 106, 168, 175

visit to Lausanne, 171

his letters, 153, 156, 158–60, 166–9, 176, 182–4

music left by him at Ermenonville, 160

as a prophet, his authority, 199

attitude to his reader, 84, 207–23, 225–38

readings of the *Confessions*, 164

as a writer, 187, 207–23

motives for writing, 209–10

Rousseau juge de Jean-Jacques, 3, 9, 102–3, 153, 155, 157, 160–1, 164, 167, 173–4, 177, 182, 185, 190–1, 196, 202, 226, 244–9, 263, 265, 270, 273; *see also* Givel, J., et Osmont, R.

Rousseau, Jean-François-Xavier ('the Persian Rousseau'), 178, 184

Rufer, J.: 'Von der Musik zur Theorie, Der Weg Arnold Schönbergs', *Zeitschrift für Musiktheorie*, ii, 269

ruler and ruled, 6

Saint-Germain, Claude Aglancier de, 159–60

Saint-Pierre, island of, 154

Saint-Pierre, Charles-Irénée Castel, abbé de, 154, 163, 168; *see also Polysynodie; Projet de paix perpétuelle*

'Saint-Preux', 134, 137–45, 148, 150–1, 169, 198, 204, 245–6

salvation, *salut*, 189

satire, 188

Saussure, Hermine de (mme Seyrig), 182; *Rousseau et les Manuscrits des Confessions. Etude sur le sort des manuscrits de* [. . .] *Rousseau*, 182

savage(s), 6, 7, 41, 109–11, 114, 128, 234, 251, 258 n.1

Savage Dr, 125

Schaeffer, Pierre, 267–8, 271; *La musique concrète*, 267; 'La musique et les ordinateurs', *Musique et technologie (Revue musicale)*, 268–9, 271, 278 n.88; 'La musique par exemple', *Musique en Jeu 25*, 268; 'La sévère mission de la musique', *Revue d'Esthétique: Musiques nouvelles*, 267; *Traité des objets musicaux*, 267–8

Schoell, Franck L., *Histoire des États-Unis*, 51 n.6

scholasticism, 244, 247 n.1, 260

Schönberg, Arnold, 265, 269, 273; *Harmonielehre*, 269; *Le Style et l'Idée*, 265, 273

Schweizer, J. B. von, 69

self-government, 25; literal, 6

self-love, 136; *see also amour de soi: amour-propre*

Seneca: Rousseau's translation of the *Apocolokyntosis*, 177; *see also* Diderot

sensation(s), 242–4, 248, 251, 257

sensibility, *âmes sensibles, sentiment*, sensitive, *sensible*, 93, 97–8, 239–50, 254, 256; musical sensibility, 264; physical sensibility, 246; *see also* pairs, conceptual: physical/moral sensibility; *sentiment de* [. . .]

sentiment, see sensibility etc., consciousness; *sentiment de l'existence*, 241, 243–4; *sentiment de l'identité*, 255; *sentiment de la nature, see* nature

séparer/rassembler, see divide/unite

Serres, J. B.: *Essai sur le principe de l'harmonie*, 277 n.52

Sestiane, comic character, 259

sex, sexual desire, passion, satisfaction, consummation, frustration, 138–45, 150–1, 154, 254–5 (*see also* love; passion); sexual life of orang-utans and primitive man, 114

Sganarelle, comic character, 259

Shaftesbury, Anthony Ashley Cooper, earl of, 240, 243, 247

signs, symbols, emblems, 87, 95–9, 102, 105, 204, 254; *see also* language, rites gestures

silence, silent communion, 93–4, 103
slavery, galley-slaves, 193, 198, 201, 204; slavery/liberty, 217; *see also* enslavement; master and slave
Sloan, Phillip: 'The idea of racial degeneracy in Buffon's *Histoire Naturelle*', *Studies in Eighteenth-Century Culture*, 120 n.12
Smith, Adam, 68
Social Contract, see Contrat social
society: civil(ised) society, 117–18; corruption of contemporary society, 225–6; foundations, 25; juridical basis, 25; origins, early society, 25, 49–50, 202–3, 250 (*see also* man); *see also* nature/society
Solitaires, les, see Émile et Sophie
solitude, 114, 249
song, *chant*, song/speech, *chant/parole*, 267, 272, 280–1
Sophie, 200 n.33
sound, son(s), *domaine sonore*, 266–8; sound/noise, *son/bruit*, 274
sovereignty, sovereign people, sovereign citizenry, popular sovereignty, *peuple souverain, souveraineté populaire, volonté du peuple, volonté populaire*, 8–9, 11, 14, 23, 27, 33, 39, 46, 54, 60, 77-8, 87, 90–1, 99, 101; *see also volonté générale*
species, transformation of, evolution, human, 109–10, 113–14, 126–8; fixity of, 114
speech, *see* language
Spink, John Stephenson: 'Un document inédit [. . .]', *AR*, xxiv (1935), 179 n.2; ed. *Rêveries du promeneur solitaire*, 247 n.1
Starobinski, Jean, 41; 'Le remède dans le mal', 209 (*see also* cure/disease); 'The Accuser and the Accused', *Daedalus*, summer 1978, 199 n.3; 'La Prosopopée de Fabricius', *Revue des sciences humaines*, clxi, 200 n.6; 'Rousseau: accuser et séduire', *Le Nouveau commerce*, autumn 1978, 199 n.3 (*see also accuser/séduire*)
state, states, 10, 76; large states, 7, 46, 76, 91; small states, 103, 281 (*see also* Glaris); face-to-face societies, 103
state of nature, *see* nature
Stendhal: *De l'amour*, 257
Stockhausen, Karl-Heinz, 266; 'Entretien avec J. Longchamp', *Le Monde*, 21 July 1977, 266
Stocking, George Jr: *Race, Culture and Evolution*, 119 n.2
Strabo, 195
strength, *force*, 42
Sturm, Dieter, and Völker, Klaus: *Von*

denen Vampiren oder Menschensaugern, 122 n.24
superstition, 118, 129
Sur la richesse, 154, 220
Surinam, 155
symbols, *see* signs; rites
sympathie, see pity
system(s), 149

Tacitus: Rousseau's translation of the first book of, 161, 177
Talmon, J. L., 23
Tasso, Torquato, *see Olinde et Sophronie*
Terror, the, 78, 82
Thomson, James: *The Seasons*, 48
time (musical) and its notation (rhythm, bar, *mesure*), 273, 282
Tinland, Franck: *L'Homme sauvage*, 119 n.2
Tocqueville, Charles-Alexis Clérel de, 63
tonality, key, 269, 273, 274
totalitarianism, totalitarian, 23, 59, 102–4, 212
Tournes, Samuel de, 166
travail, see work
Trévoux, Dictionnaire de, 239–40
Tristan and Isolde, Tristan myth, 134–45, 148–9; *see also* love; passion; frustration; death-wish
Tulp, Nicolaas: *Observationum medicarum*, 119 n.8
Turenne, Henri de La Tour d'Auvergne, maréchal de France, 231
tutor, *précepteur*, his role in *Émile*, 232–3
type size, *caractères d'imprimerie*: Gaillarde, Gros Paragon, Gros Romain, gros texte, Mignonne, Non pareille, Palestine, Perle, Petit Paragon, Petit Romain, Petit texte, Philosophie, St Augustin, 178–9
tyranny, *see* despotism
Tyson, Edward, 114, 125; *Orang-Outang*, 114, 121 n.22

unanimity, 91, 93, 101, 103; *see also* vote, divided
union, earthly, perfect, personal, sexual, spiritual, unity of souls, 133–4, 136, 142
Urfé, Honoré d': *L'Astrée*, 149
utopia(n), utopianism, 64, 71–2, 74, 99

vampires, 109, 115–18, 121–4, 129
Vaughan, C. E., 59
Venice, 44, 96
ventôse, decrees of, 64
Venture de Villeneuve, 200

Venturi, Franco: *Italy and the Enlightenment*, 123 n.27

Verdelin, Marie-Madeleine de Brémond d'Ars, marquise de, 153

Verger de madame la baronne de Warens, Le, 167

Vernes, François, 249

Vernes, Jacob, 153, 240

Vicaire savoyard, le, 246, 249; *see also* *Émile: Profession de foi* [. . .]

vice, 194, 256

Vincennes, Rousseau's mystical experience on the road to, 187-8

violence, 78

virtue, 9, 29, 91, 139, 205, 212, 241-3, 245-7, 256; *see also* innocence; purity; antiquity

vision, *see rêve*

Vision de Pierre de la Montagne, La, 155, 162

visionnaire, 259-60, 282; *see also* imagination

Völker, Klaus, *see* Sturm, Dieter

volonté générale, general will, 2, 8, 11-14, 23, 34, 59-60, 72, 78, 91-2, 99, 136, 151, 197

Volpe, *see* Della Volpe

Voltaire, 29, 47, 69-70, 76-7, 115, 117, 121 n.23, 124 n.32, 127, 129, 183, 215, 235, 251; *Candide*, 129; 'Luxe', *Dictionnaire philosophique*, 121 n.23, 127; 'Vampires', *Dictionnaire philosophique*, 117, 122 n.24

Vosmaer, Arnout: *Description de l'Orang-Outang*, 120 n.14

vote, 103-4; divided, 34-5 (*see also* majorities); *see also* acclamation; unanimity

Wallace, Alfred Russel, 114; *The Malay Archipelago*, 114

war, 10, 32, 41 (*see also* crime); civil war, 45; social war, 118; warfare, 15

Warens, Françoise-Louise-Eléonore de La Tour, madame de, 167, 182, 187, 200 n.33

Watelet, Claude-Henri, 167

Wendt, Herbert: *Ich suchte Adam, Roman einer Wissenschaft*, 119 n.2

wholeness, 84-5

Wielhorski, count Michel, 159-60, 176

will, individual, private, particular, *volonté particulière*, 34, 136-7, 151, 152 (*see also* *volonté générale*); moral, 137

Wiora, W.: 'Die Fundierung der Allgemeinen Musiklehre durch der Systematische Musikwissenschaft', *Musikalische Zeitfragen*, lx, 273

witness, evidence, proof, 129; *see also* miracles

Wittgenstein, Ludwig: *Tractatus logico-philosophicus*, 273

Wokler, Robert: 'Perfectible apes in decadent cultures [. . .]', *Daedalus*, 1978, 119n.; 'Rameau, Rousseau and the *Essai sur l'origine des langues*', *SV*, cxvii, 276 n.21; 'Rousseau's *Discours sur l'inégalité* and its sources', 119n.; 'Tyson and Buffon on the orang-utan', *SV*, clv (1976), 120 n.8

Wolmar, monsieur de, 133, 140, 143-4, 204-5

women, 18 n.30

work, *travail*, 68, 70, 74-5

working class(es), *classes laborieuses*, *travailleuses*, 78, 83

writing, *écriture*: contractual, 207-23; dialectical, 216-19; egocentric (monologue), 222-3; reciprocal, *écriture dialoguée*, 214-16; self-critical, *autocritique*, 211-14

Xanthippe, 172